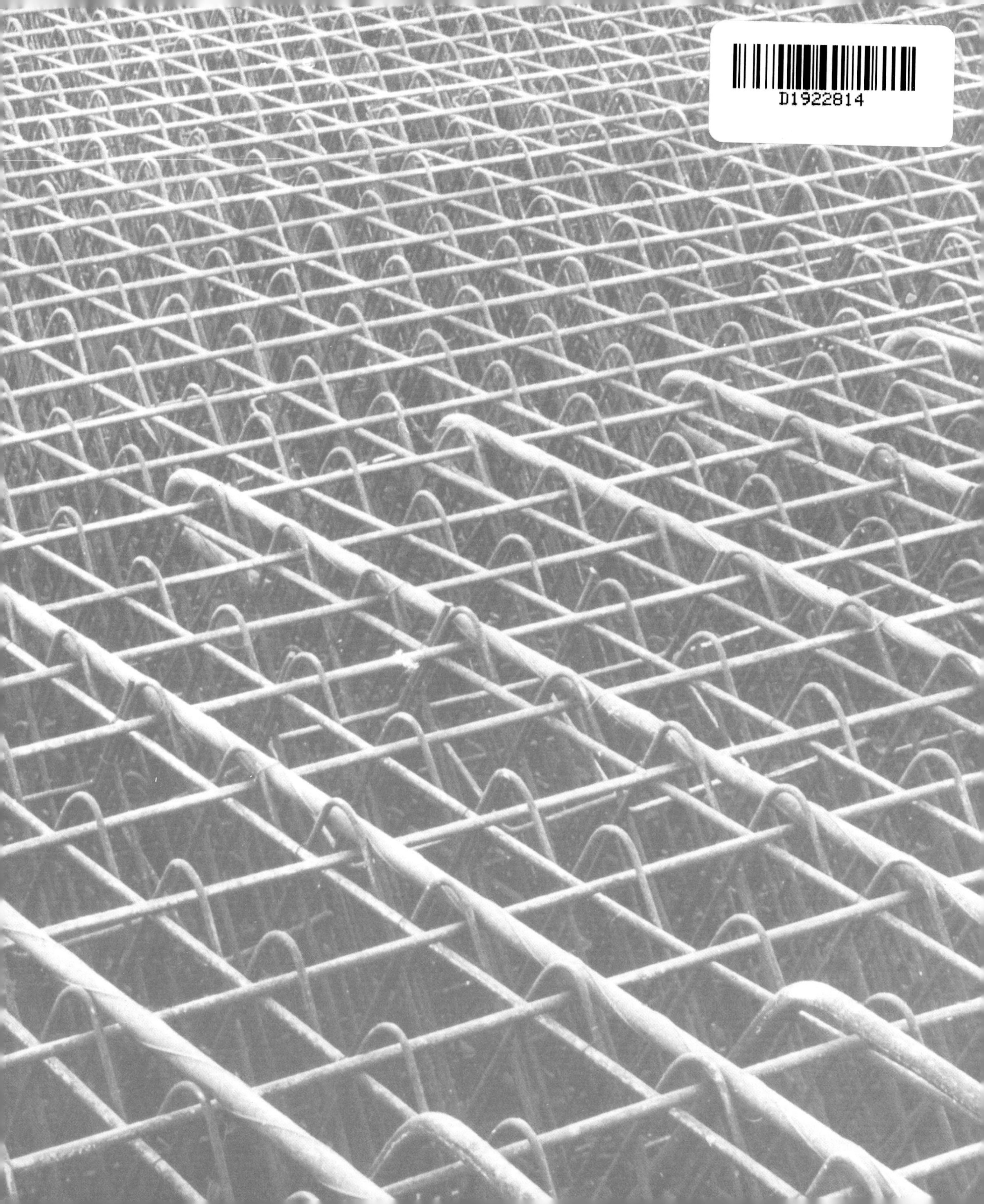

Bunkerwelten

Michael Foedrowitz

Bunkerwelten

Luftschutzanlagen in Norddeutschland

Ch. Links Verlag, Berlin

Die Deutsche Bibliothek – CIP-Einheitsaufnahme

Foedrowitz, Michael:
Bunkerwelten : Luftschutzanlagen in Norddeutschland /
Michael Foedrowitz. – Berlin : Links, 1998
ISBN 3-86153-155-0

1. Auflage, September 1998

Zehdenicker Straße 1, 10119 Berlin, Tel. (030) 44 02 32-0
Umschlaggestaltung: KahaneDesign, Berlin, unter Verwendung
eines Fotos des Geschützturmes in Hamburg-Wilhelmsburg
Satz & Gestaltung: Herbert Debes, Berlin
Gesetzt aus der Stempel Garamond und der Futura Book
Lithos: psb – presse service berlin
Druck und Bindung: Franz Spiegel Buch GmbH, Ulm
ISBN 3-86153-155-0

7 **Vorwort**

Planung und Bau der Bunker

Das »Führer-Sofortprogramm«
9 Der Beschluß von 1940
14 Planung und Verwaltung des Projekts
18 Grenzen der Machbarkeit
22 Bunkerprivilegien der Prominenz
25 Bunkerbau als Wissenschaft

Bunkertypen und Luftschutzanlagen
32 Bau und Ausstattung der Bunker
39 Die billigere Variante – Luftschutzstollen
41 Architektur der Tarnung

Verwaltung und Logistik
45 Die Luftschutz-Bauämter
47 Grundstücksbeschaffung
49 Transportprobleme und Baustoffmangel
51 Baufirmen und Arbeitskräfte

55 *Bunker der Wirtschaft und der Streitkräfte*
56 Krankenhausbunker
60 Luftschutzanlagen der Deutschen Reichsbahn
63 Werkluftschutzbunker
70 Luftschutzanlagen der Streitkräfte und Befehlsbunker

Das Bunkerbauprogramm in den norddeutschen Städten
74 Wilhelmshaven
78 Kiel
80 Bremen
85 Wesermünde (Bremerhaven)
86 Emden
88 Lübeck
89 Hamburg
91 Rostock
92 Hannover
94 Braunschweig und Watenstedt-Salzgitter
95 Oldenburg und Cuxhaven
96 Wismar, Flensburg, Helgoland

98 *Durchschlagene Bunkermauern*

Die Nutzungsphase – Alltag im Bunker

105 Das Bunkerpersonal
110 Sirenengeheul und Flakfeuer
115 Wer darf in den Bunker?
122 Vor den Eingängen
124 Der Aufenthalt im Bunker
129 Zwischen Todesangst und Disziplin
137 Das Kriegsende im Bunker

Bunkerschicksale im Nachkriegsdeutschland

143 Notquartiere und Bunkerhotels
152 »Entfestigung« oder Sprengung?
168 Bunker gegen die Wohnungsnot
173 Die Wiederbelebung des Zivilschutzes in der Bundesrepublik Deutschland
178 Der Zivilschutz in der Deutschen Demokratischen Republik
180 Der Bunker als Schandfleck, Kunstwerk oder Mahnmal

185 **Bunker in Norddeutschland – eine Bilanz**

Anhang

188 Anmerkungen
203 Quellenlage
204 Quellenverzeichnis
214 Abbildungsnachweis
215 Danksagung
216 Ortsregister
218 Personenregister
221 Angaben zum Autor

Gewidmet meinen Großeltern, Christine Wilhelmine und Hugo Rohwer, die am 28. Juli 1943 im Feuersturm von Hamburg mit siebzig anderen Menschen in ihrem Luftschutzkeller erstickten und verbrannten.

Christine Wilhelmine Rohwer, geb. Busch, mit meiner Mutter, Alice Rohwer, und Hugo Rohwer.

Vorwort

Niemand braucht der Kriegsgeneration anzugehören, um mit dem Wort Bunker sofort eine konkrete Vorstellung zu verbinden – so unterschiedlich diese im einzelnen auch sein mag. Das Wort selbst ist in seiner Verbindung mit der militärischen Entwicklung der Flug- und Raketentechnik gewissermaßen modern. Es bildet am Boden das Gegenstück zum Krieg aus der Luft, genauer zum Bombenkrieg und später Raketenkrieg. Meyers Konversationslexikon von 1894 kennt somit den Begriff des Bunkers in diesem Sinne noch nicht, sondern lediglich als Bezeichnung für den Kohlenraum auf Dampfschiffen, der heute seinerseits verschwunden ist – und mit ihm auch der Gebrauch des Begriffes in diesem Sinne.

Der Bombenkrieg des Zweiten Weltkrieges und die Bunker stehen nicht nur für den quantitativen Einsatz von Technik und Material mit der Folge enormer Zerstörung, sondern auch für einen qualitativen Schritt auf dem Weg zum »totalen Krieg«. Der Soldat sowohl der Söldnerheere als auch der Volksheere seit der Französischen Revolution kämpfte »im Felde«, jedenfalls sofern Staatlichkeit der kriegführenden Parteien bestand. Alles andere galt letztlich als Verstoß gegen die Ethik des bewaffneten Kampfes, so problematisch heute diese Zusammenhänge auch klingen mögen und gesehen werden. Der Soldat sollte »im Feld« die Heimat, die Familien sowie das Volk schützen. Der Bombenkrieg hob diese Situation auf und relativierte damit auch den Frontbegriff als Nachfolgebegriff des Feldes. Die Zivilbevölkerung trug nun nicht nur eine Hauptlast des Krieges und erfuhr am eigenen Leibe seine Brutalität, ihre Brechung als Produktionsfaktor im »technischen Krieg« wurde strategisches Ziel.

Die Geschichte der Bunker in Deutschland beginnt bereits vor dem Zweiten Weltkrieg und hält bis heute an, da noch zahlreiche Bunker auf unterschiedlichste Weise genutzt werden oder ihr Abriß noch nicht abgeschlossen ist. Wurden die Schutzsuchenden anfangs als »Klappstuhlgeschwader« belächelt, so gab es später nicht wenige Ostfrontsoldaten auf Urlaub, die den neuerlichen Gang zur Front dem wehrlosen Warten im Beton vorzogen. Für fast die gesamte deutsche Großstadtbevölkerung waren die Bunker eine Frage des Überlebens. Die Dramatik der Schicksale ist ergreifend: Kleinkinder gingen im Gerenne und Gewühl verloren, Babys wurden in der Hitze und im Gestank der Bunker geboren. Fremdarbeiter und Gefangene wurden normalerweise nicht in die Bunker gelassen, sondern blieben den Angriffen schutzlos ausgesetzt. NSDAP-Funktionsträger suchten sich Privilegien zu sichern und brachten so Teile der Bevölkerung gegen sich auf.

Für die Bunker gab es keine »Stunde Null«, in ihnen hausten Schutzsuchende auch nach Kriegsende. Die Wohnungsnot durch die Zerstörung wurde durch den über Jahre nicht abreißenden Strom an Flüchtlingen und Vertriebenen in die Westzonen verschärft. Am Wirtschaftswunder vorbei blieben die Bunker wahre Elendsquartiere und waren teils bis in die siebziger Jahre hinein bewohnt. Sofern sie nicht von den Alliierten gesprengt wurden – was im sowjetisch besetzten Teil Deutschlands die Regel war –, stellte sich später immer wieder die Frage der Verwendung aufs Neue. Der Zivilschutz im Westen prüfte ihre Wiederverwendung besonders seit dem Korea-Krieg, der Kuba-Krise und dem Bau der Mauer. Noch bis in die neunziger Jahre, dem endgültigen Ende des Kalten Krieges, wurden ihr umstrittener Um- und Ausbau betrieben und dafür teils erhebliche Mittel ausgegeben. 1989 wurde in Schleswig-Holstein und Niedersachsen sogar geprüft, ob Bunker für die Unterbringung von DDR-Flüchtlingen in Frage kämen. 1992 dachte man angesichts der wachsenden Zahl an Obdachlosen an eine Nutzung vorhandener Bunker. Andere waren inzwischen an Bands als Übungsräume vermietet worden bzw. Gegenstand öffentlicher Kontroversen um ihre künstlerische Außengestaltung.

Die Bunker spiegeln nicht nur Aspekte der Kriegsgeschichte, sondern auch der Technikgeschichte, der Baugeschichte, der Stadtgeschichte, der Sozialgeschichte, der Frauengeschichte, der Psychologie, der Umweltgeschichte und sogar der Kunstgeschichte über mehr als 50 Jahre wider. An äußeren Anstößen zur Beschäftigung mit dem Luftkrieg und damit mit den Bunkern hat es bis hin zur umstrittenen Aufstellung des Denkmals in London für

»Bomber-Harris«, dem Verantwortlichen für die Zerstörung Dresdens im Februar 1945, nicht gefehlt. Insofern ist es in höchstem Grade erstaunlich, daß mit dem Buch von Michael Foedrowitz nicht nur die erste in ihren Aspekten umfassende Arbeit zur Bunkergeschichte vorliegt, sondern das erste Buch zur Geschichte der Bunker in Deutschland überhaupt. Dieser Umstand ist eigentlich so verblüffend, daß eine konventionelle Erklärung wie ein Verweis auf die oft schwierige und für aktenorientierte Historiker nicht unbedingt typische Quellenlage kaum beeindrucken kann: Beteiligte Baufirmen sind inzwischen in Konkurs gegangen und viele Archive in Müllcontainern gelandet, die Auswertung von Zeitungen und die Befragung von Zeitzeugen waren unentbehrlich. Hat die Historikerzunft hier versagt? Gab und gibt es vielleicht unbewußte Vorbehalte gegen Themen, die sich einer klaren und gleichzeitig moralisch positionierten Täter-Opfer-Klassifizierung entziehen?
Michael Foedrowitz, ein jüngerer Historiker des Jahrgangs 1953, hat das Material zusammengetragen und vor allem die schwindende Chance wahrgenommen, die Erlebnisgeneration zu befragen. Darin liegt sein weiterreichendes Verdienst, das über den Wert der Sammlung und die Zusammenstellung der Fakten hinausgeht.

Dr. Franz Kadell
Halle/ Saale, den 24. Januar 1998

Planung und Bau der Bunker

Das »Führer-Sofortprogramm«

Der Beschluß von 1940

Als am Abend des 25. August 1940 britische Piloten in Hemswell und in Linton on Ouse ihre Bomber bestiegen, ahnten sie wohl nicht, was ihr bevorstehender Angriff auf Berlin in Bewegung setzen würde. Ihre Bomben lösten die Planung des größten zweckgebundenen Bauprojekts der Menschheitsgeschichte aus: Die Bevölkerung wichtiger deutscher Städte, die Militärbasen, Rüstungsstandorte und die Verkehrsknotenpunkte sollten durch Bunker umfassenden Schutz vor Luftangriffen erhalten.[1] Doch dieses riesige Vorhaben überstieg von Anfang an die Grenzen des Machbaren, und so wurde nur ein Bruchteil der ursprünglich geplanten Bunker tatsächlich gebaut.

Bereits seit dem 8. August 1940 hatte die deutsche Luftwaffe Großangriffe auf Ziele in England geflogen, und in der Nacht vom 24. auf den 25. August hatte sie London bombardiert. Die Führung der britischen Bomberverbände entschloß sich nach diesem Angriff zu einem Vergeltungsschlag. Nachdem die britische Luftwaffe bereits seit Kriegsbeginn im September 1939 vereinzelt deutsche Städte in Nord- und Westdeutschland angegriffen hatte, flog sie nun in der Nacht vom 25. auf den 26. August 1940 den ersten geschlossenen Bombeneinsatz auf Berlin. Aber nur wenige der 81 Maschinen erreichten ihr Ziel, und so fielen lediglich etwa 22 Tonnen Bomben auf die nördlichen Stadtteile. Die Schäden waren im Vergleich zu Luftangriffen der folgenden Jahre eher unbedeutend, aber die deutschen Machthaber waren schockiert. War doch die »Reichshauptstadt« eigentlich die durch die Luftverteidigung am besten geschützte Stadt Deutschlands.
Im Herbst 1940 intensivierte die Royal Air Force (RAF) ihre Luftattacken gegen Deutschland. Allein im September 1940 wurde Berlin fünfzehnmal angegriffen. Die Küstenstädte an Nord- und Ostsee waren aufgrund ihrer Bedeutung für den Seekrieg und die Versorgung weitere Hauptziele der britischen Bomber, wie auch einige andere Großstädte in Norddeutschland und das Rüstungszentrum Ruhrgebiet. Zunehmend zielten die Angriffe dabei auf Wohngebiete. So erlebte nun auch die deutsche Zivilbevölkerung die Leiden eines Luftkrieges, wie ihn deutsche Bomber bereits 1937 während des spanischen Bürgerkrieges in Guernica, im September 1939 in Warschau und im Mai 1940 in Rotterdam vorexerziert hatten.

Als Reaktion auf die ersten Bombenabwürfe auf Berlin befahl Hitler am 9. September 1940 den Bau von Flaktürmen im Stadtgebiet, die den Überflug feindlicher Flugzeuge über das Regierungsviertel verhindern sollten. Zwischen Oktober 1940 und April 1942 entstanden daraufhin die drei Flakturm-Paare »Zoo«, »Friedrichshain« und »Humboldthain«.[2]
Aber es war nicht mehr von der Hand zu weisen, daß England als Kriegsgegner nicht bezwungen werden konnte, sondern im Gegenteil seine Luftwaffe immer massiver die deutsche Zivilbevölkerung sowie die Wirtschafts- und Rüstungsstandorte bedrohte. Ein Umdenken in Sachen Luftschutz war daher unumgänglich. Bisher hatte man den »aktiven« Luftschutz mit einer starken Luftwaffe und der Flakartillerie gegenüber den »passiven« Maßnahmen des zivilen Luftschutzes vorgezogen. Deshalb waren in den norddeutschen Städten vor dem Herbst 1940 neben bloßen Deckungsgräben, Luftschutzkellern und ebenfalls nicht bombensicheren Sonderbauten in den Jahren 1939/40 nur vereinzelte Luftschutztürme für die Werften entstanden. Vor allem den Schutz der Zivilbevölkerung hatte man sträflich vernachlässigt. Das galt selbst für Berlin, wo noch im Herbst 1940 für weit weniger als zehn Prozent der 4,3 Millionen Einwohner Luftschutzräume

Der Führer
Oberste Befehlshaber der Wehrmacht

Berlin, den 10. Oktober 1940.

Geheim

I. Zur <u>sofortigen</u> Durchführung auf dem Gebiete des Luftschutzbauwesens ordne ich an:

1.) Für Wohngebiete (städtische Gebiete, Siedlungen, Laubenkolonien), in denen keine oder unzureichende Luftschutzräume vorhanden sind, sind behelfsmässige Schutzmassnahmen zu treffen.

2.) Vorhandene oder neu zu bauende Verkehrsstrassen oder Verkehrsanlagen (z,B. Untergrundbahnen und Tunnelbauten) sind für den Bau unterirdischer, bombensicherer Luftschutzräume auszunutzen.

3.) Die in Luftschutzräumen vorhandenen Öffnungen in den Aussenwänden des Gebäudes sind zu beseitigen unter gleichzeitiger beschleunigter Durchführung der gesetzlich angeordneten Brandmauerdurchbrüche.

4.) Neu zu errichtende öffentliche Luftschutzräume sind bombensicher zu bauen, die vorhandenen öffentlichen Luftschutzräume sind - soweit möglich - auf Bombensicherheit zu verstärken.

5.) Bei allen Neubauten, insbesondere bei den Bauten der Rüstungsindustrie, sind von vornherein bombensichere Luftschutzräume auszuführen. Sie sind in die gleiche Dringlichkeitsstufe wie die Bauvorhaben selbst aufzunehmen.

6.) In Berlin sowie in anderen vom Reichsminister der Luftfahrt und Oberbefehlshaber der Luftwaffe zu bestimmenden Städten sind die Baulücken für die Errichtung bombensicherer Luftschutzräume als Untergeschoss der später zu errichtenden Neubauten auszunutzen.

7.)

- 2 -

7.) Die Keller aller öffentlichen und privaten Gebäude sind sofort auf ihre Eignung als Luftschutzräume zu überprüfen und bei Geeignetheit für die Bevölkerung in Anspruch zu nehmen, es sei denn, dass sie für die Aufrechterhaltung des Betriebes lebenswichtig sind.

8.) Die Weisungen für die Durchführung der zu treffenden Massnahmen erlässt der Reichsminister der Luftfahrt und Oberbefehlshaber der Luftwaffe. Bei der Durchführung haben die Dienststellen des Reichsministers Dr.Ing. Todt und des Generalbauinspektors für die Reichshauptstadt mit den Dienststellen der Luftwaffe eng zusammenzuarbeiten.

9.) Mit der Durchführung der Massnahmen in Berlin habe ich den Generalbauinspektor für die Reichshauptstadt beauftragt.

10.) Zur Durchführung dieser kriegswichtigen Aufgaben sind die notwendigen Bauarbeiter, Baustoffe und Transportmittel bereitzustellen.

11.) Auf alle mit der Durchführung von Luftschutzmassnahmen betrauten Dienststellen ist aufklärend einzuwirken, dass von den Luftschutzbestimmungen nicht abgewichen wird.

II. Ich beauftrage den Reichsminister der Luftfahrt und Oberbefehlshaber der Luftwaffe die notwendigen Massnahmen zu treffen, dass bei allen <u>zukünftigen</u> Planungen im deutschen Raum und bei der konstruktiven Durchbildung von Bauwerken die Luftkriegserfahrungen berücksichtigt werden.

gez. Adolf Hitler

Für die Richtigkeit:

Ministerialrat
u. Abt. Chef

An den Herrn
Reichsminister der Luftfahrt
und Oberbefehlshaber der Luftwaffe

Nachrichtlich: Herrn Reichsminister Dr.Ing. Todt
Herrn Generalbauinspektor für die Reichshauptstadt

zur Verfügung standen. Einzig Vorbeugemaßnahmen wie Brandschutzübungen und Maßnahmen zur Verdunkelung wurden in größerem Umfang vom Reichsluftschutzbund durchgeführt.
Hatte jemand Vorschläge zum umfangreichen Luftschutzbau öffentlich geäußert, so galt dies bisher als »zersetzend«, und es konnte geschehen, daß sogar mit der Einlieferung in ein Konzentrationslager gedroht wurde. Zu leicht hätte die Bevölkerung vom Bunkerbau auf die Ohnmacht gegenüber den feindlichen Luftangriffen schließen können.[3] Nach den massiven Angriffen der britischen Luftwaffe gab es nun aber keine Wahl mehr, wollte man nicht den Unmut der Bevölkerung riskieren. Für Hitler dürfe es nicht so kommen wie in England. In Deutschland müsse die Führung handeln, bevor das Volk unzufrieden werde.[4]
Am 26. September 1940 befahl Hitler deshalb, daß »in ganz großem Umfange in Berlin Luftschutzräume hergestellt und eingerichtet« werden sollen.[5] Vier Tage später ordnete er nach heftiger Kritik an den bis dahin nur vereinzelt durchgeführten baulichen Luftschutzmaßnahmen des Reichsluftfahrtministeriums (RLM) an, in Berlin 1 000 bis 2 000 Bunker für je 100 Personen zu bauen. Ebenfalls an diesem 30. September fand bei Hitler eine Besprechung mit den Leitern der Flakartillerie, des Luftschutzes, der Bauverwaltung und dem Reichsminister für Bewaffnung und Munition, Fritz Todt, statt. Hitler betonte hier die Notwendigkeit von Schutzbauten für Personen, »die für die Staatsführung unersetzlich sind«.[6] Für diese Bauten machte er genaue Vorgaben. Luftschutzräume von Staatsbauten müßten mindestens 1000-kg-Bomben widerstehen. Verwaltungsgebäude, Schulen und Museen waren entweder volltreffersicher auszubauen oder sollten für wertvolles Kulturgut bombensichere Luftschutzräume erhalten. Daneben waren auch die Luftschutzbauten für die Zivilbevölkerung Thema der Besprechung. Man erörterte Sofortmaßnahmen wie die Ausnutzung von Baulücken in Berlin für die Errichtung bombensicherer Luftschutzanlagen. Für die Zukunft wurde darüber hinaus der bombensichere Ausbau der Luftschutzräume in mehrgeschossigen Wohnbauten anvisiert.
Aus der Mitschrift eines Teilnehmers an dem Treffen in Berlin geht hervor, daß für Hitler »der Luftschutz eine Angelegenheit sei, die nicht bejaht oder verneint werden könne, sondern zur Auflage gemacht wird. Das Ziel sei, einen möglichst hohen Grad von Luftsicherheit zu erreichen«.[7] Die Maßnahmen in Berlin wurden deshalb ausgeweitet, und Hitler ordnete am 10. Oktober 1940 per »Führererlaß« das sogenannte Führer-Sofortprogramm an, das den Luftschutzbau reichsweit regelte. Geplant war, verschiedene bomben-, trümmer- und splittersichere Luftschutzbauten in einem noch nicht gekannten Umfang zu errichten. Das Programm hatte das hochgesteckte Ziel, mit Bunkeranlagen den »absoluten Volltrefferschutz für die gesamte Zivilbevölkerung« zu gewährleisten,[8] und ging damit weit über den bisher verfolgten bloßen Splitterschutz hinaus.

Das auch als »Sonderaktion Luftschutzbau« bezeichnete »Sofortprogramm« umfaßte vor allem den Bunkerbau des Selbstschutzes, also die Bunker, die allein dem Schutz der Zivilbevölkerung dienten. Weitere Bunker für besondere Zwecke ergänzten das Programm: In Berlin wurden mindestens 70 Bunker im Programm »Mutter und Kind« errichtet, die allabendlich von Müttern mit ihren Kleinkindern genutzt werden sollten. Es folgten Bunker für Krankenhäuser, sogenannte OP-Bunker. Parallel zum »Sofortprogramm« entstanden bombensichere Luftschutzanlagen der Reichsbahn und des Werkluftschutzes (WLS), die für Bahnreisende, Bahnangestellte und Mitarbeiter der Industriebetriebe gedacht waren und stellenweise auch der sonstigen Bevölkerung offenstanden. Auch für die Wehrmacht wurden eigene Bunker gebaut. In Berlin sollten zudem der Reichsrundfunk sowie die Hotels »Adlon«, »Kaiserhof« und »Esplanade« eigene Bunker erhalten, ebenso die 16 Reichsministerien und die diplomatischen Vertretungen.
Entgegen den ersten Äußerungen, die gesamte Zivilbevölkerung zu schützen, wurden in das Programm dann doch nur »wehrwirtschaftliche Gemeinden« und Luftschutzorte I. Ordnung[9] einbezogen. Dies waren Städte, die mehr als 100 000 Einwohner hatten, durch Luftangriffe bedroht waren sowie wichtige Rüstungs- oder Militäranlagen aufwiesen bzw. strategische Bedeutung besaßen.
Das Bauprogramm wurde in mehreren »Wellen« durchgeführt, wobei selbst die erste und größte Welle nur

Bunkerarbeiteridylle. Gemälde von Karl Dröge.

61 Städte[10] betraf. Sogar einige Großstädte blieben beim Bunkerbau unberücksichtigt, da bei der Auswahl die Aufrechterhaltung der Rüstungsproduktion und strategische Überlegungen Priorität hatten. Beim Schutz der Zivilbevölkerung stand die Erhaltung der Arbeitskräfte für die Rüstungsindustrie im Vordergrund. In den 61 vom Reichsluftfahrtministerium am 13. Oktober 1940 festgelegten »Bunkerstädten« lebten zusammen rund 20 Millionen Menschen. Nach den ersten Plänen wollte man davon 54 Prozent bombensicher schützen.[11] Die Bauzeit der I. Welle erstreckte sich von November 1940 bis Ende 1941, obwohl die Bauten eigentlich bis Sommer 1941 hätten fertiggestellt sein sollen. Im Zuge der I. Welle entstanden 839 Bunker mit 400 000 Schutzplätzen.[12] Auch wenn man Unsicherheiten bei der Berechnung berücksichtigt,[13] wurden die ursprünglichen Ziele also nicht annähernd erreicht.

An die I. schloß ab dem Sommer 1941 die II. Welle an, die anfangs 56 Städte umfaßte, dann aber auf 31 Städte reduziert wurde.[14] Diese hatten ungefähr 15 Millionen Einwohner. Mittlerweile schätzte man die Grenzen des Machbaren realistischer ein. Die Planungen für die II. Welle sahen deshalb nur noch Schutzplätze für etwa 500 000 Menschen dieser 31 Städte vor, somit also nur für 3,3 Prozent der dortigen Bevölkerung.[15] Mit verstärkten Abschlußdecken und Außenwänden reagierte man bei den Bauten der II. Welle auf die wachsende Durchschlagskraft der Bomben.

Bis zum 29. Januar 1942 waren 1 215 Bunker der I. und II. Welle im Rohbau fertiggestellt, 513 weitere befanden sich im Bau. Die Zahl der Bunker stieg bis zum Mai 1943 auf fast 3 000.[16] Bis Ende 1941 wurden zwischen 4,2 und 4,8 Millionen Kubikmeter Beton verbaut, das Bauvolumen stieg bis Mai 1943 dann nur noch auf etwa 6 Millionen Kubikmeter Beton für bombensichere Bunker des Selbstschutzes. Hier machte sich der Übergang zu einem Notausbauprogramm ab 1942 bemerkbar.

Ab Anfang 1943 hat die amerikanische Luftwaffe die Nachtangriffe der Royal Air Force mit eigenen Tagangriffen ergänzt. Diese Intensivierung des Bombenkrieges machte im Mai 1943 ein Ausweitungsprogramm hauptsächlich für Luftschutzorte II. Ordnung nötig, obwohl noch nicht alle Bauten der II. Welle vollendet waren. Das Ausweitungsprogramm sah vor allem die Anlage von Luftschutzstollen vor, die angesichts der kritischen Baustoff- und Arbeitskräftelage am ehesten zu realisieren waren. Bunkerbauten nach der II. Welle erhielten die Bezeichnung »Zusatzprogramm«, in einigen Städten auch III. Welle genannt. Noch am 16. März 1945 wurde die Aufnahme weiterer Luftschutzorte im Zuge des erweiterten »Führer-Sofortprogramms« diskutiert, doch das waren schon Geistergespräche.

Die im Zuge der III. Welle erstellten Luftschutzstollen kommen zu den bis Mai 1943 errichteten Bunkern hinzu, so daß die Zahl der insgesamt bis Kriegsende fertiggestellten Bunker für den Selbstschutz bei über 3 000 liegen dürfte. Zählt man die Bunker den Programmen für Krankenhausbunker, Bunker der Reichsbahn, Industrie und Wehrmacht hinzu, so läßt sich die Zahl der insgesamt erstellten Bunker grob auf 6 000 schätzen.[17]

Fritz Todt, Reichsminister für Bewaffnung und Munition, wurde zum Generalbevollmächtigten für die Regelung der Bauwirtschaft (GB-Bau) ernannt.

Planung und Verwaltung des Projekts

Das »Führer-Sofortprogramm« wurde weder personell noch verwaltungsmäßig einheitlich geführt. Strategische Planung und politische Weisungsbefugnis lagen beim Reichsminister der Luftfahrt, Oberbefehlshaber der Luftwaffe und Beauftragten des Vierjahresplans, Hermann Göring. Für die praktische Umsetzung des »Sofortprogramms« innerhalb des Autobahnrings von Berlin wurde eigens der »Baustab Speer« gegründet, dem Albert Speer als Generalbauinspektor für die Reichshauptstadt vorstand.

Im übrigen Reichsgebiet lag die Durchführung bei Reichsminister Todt, der seine organisatorischen Fähigkeiten bereits beim Bau der Autobahn und des Westwalls in den Dienst des »Führers« gestellt hatte. Todt nahm dabei die Position des Generalbevollmächtigten für die Regelung der Bauwirtschaft (GB-Bau) ein. Nach Todts Tod am 8. Februar 1942 übernahm Speer die Gesamtleitung des Bunkerbaus im Reichsgebiet.

Einem Dokument vom 22. Januar 1941 sind die Aufgaben des Generalbevollmächtigten-Bau zu entnehmen. Er vertrete keine Behörde, sondern sei »eine mit der Durchführung der Bauwirtschaftsregelung vom Beauftragten des Vierjahresplans einzelverantwortlich betraute Persönlichkeit. [...] Zur Durchführung seiner Aufgaben bedient sich der GB-Bau der vorhandenen Verwaltungen und ihrer Dienststellen, ... ihm obliegt die Betreuung der kriegswichtigen Baustellen.« Dabei hat man offensichtlich mit Konflikten und Widerständen gerechnet. Der Generalbevollmächtigte-Bau sollte daher »die einander widerstreitenden Interessen einzelner Bauherren oder Bauherrengruppen mit den übergeordneten Interessen der Allgemeinheit in Einklang« bringen.[18]

Auch Engpässe bei Baustoffen und Arbeitskräften wurden bereits 1941 befürchtet, weshalb man dem Generalbevollmächtigten die Verwaltung des Mangels übertrug. Er war ausdrücklich zuständig für »die Einleitung von Maßnahmen und den Erlaß von Anordnungen, die geeignet und notwendig sind, um das Mißverhältnis zwischen Bauwünschen und Leistungsfähigkeit der deutschen Bauwirtschaft herabzumindern bzw. auszugleichen«.[19] Eine Möglichkeit hierfür bestand in der Festlegung von Dringlichkeitsstufen für die Bauten, um vor allem die als kriegswichtig angesehenen Baustellen voranzubringen. Danach wurden dann zum Beispiel die Arbeitskräfte zugeteilt. Zum Aufgabengebiet des Generalbevollmächtigten gehörte es auch, entsprechende Maßnahmen bei auftretendem Baustoffmangel anzuordnen oder Ausweichbaustoffe einzuführen. Dem Generalbevollmächtigten-Bau waren die Abteilung »Allgemeine Aufgaben«, das Referat »Bauforschung« und für den Luftschutzbau das Referat »GB-Luftschutz« untergeordnet.[20] Für die Planung und Kontrolle vor Ort standen ihm Gebietsbeauftragte und Untergebietsbeauftragte zur Verfügung.

Bei der Organisation des Bunkerbaus und den Bauarbeiten selbst kam auch die von Todt geleitete und nach ihm benannte Organisation Todt (OT) zum Einsatz. Diese Organisation war 1938 für den Bau militärischer Anlagen eingerichtet worden und 1938/39 maßgeblich am Bau des Westwalls und danach an Baumaßnahmen in den von der Wehrmacht besetzten Gebieten beteiligt. Die Organisation Todt besaß eine militärische Hierarchie, ihre Angehörigen unterstanden einer militärischen Dienstpflicht und trugen Uniform.

Daneben war auch eine eigene Abteilung in Görings Reichsluftfahrtministerium an den Planungsarbeiten des Projekts beteiligt. Der Staatssekretär dieses Ministeriums und Generalinspekteur der Luftwaffe, Generalfeldmarschall Erhard Milch, war dem Referat »Inspektion 13« (In. 13), das die Sachplanung der baulichen Luftschutzmaßnahmen betreute, übergeordnet. Geleitet wurde die »Inspektion 13« von Ministerialdirektor Dr. Kurt Knipfer, Inspekteur des zivilen Luftschutzes im Reichsluftfahrtministerium.[21]

Diese Verwaltungsstellen mußten mit den militärischen Organisationen zusammenarbeiten, vor allem mit den für die Luftverteidigung zuständigen Luftgaukommandos (LGK). Berlin lag im Zuständigkeitsbereich des Luftgaukommandos III und das Ruhrgebiet im Luftgaukommando VI, mit Sitz in Münster. Für den norddeutschen Raum war das Luftgaukommando XI verantwortlich,[22] dessen Leitung vom 1. Februar 1939 bis zum Kriegsende beim General der Luftwaffe Ludwig Wolff lag.

Das Luftgaukommando XI unterhielt Außenstellen in Bremen, Kiel, Hannover, Wismar und im dänischen Århus. Diese Außenstellen sollten die Luftschutzmaßnahmen in den Wehrmachtsanlagen überwachen sowie die Werkluftschutzeinrichtungen der Industrie in Zusammenarbeit mit den Bezirksstellen der Reichsgruppe Industrie überprüfen. Aber auch die Maßnahmen des erweiterten Selbstschutzes[23] fielen in ihr Aufgabengebiet, die sie in Verbindung mit den örtlichen Luftschutzleitern zu kontrollieren hatten. Nach Luftangriffen lief die Berichterstattung der Schäden auch über die Außenstellen.

Die Fragen des baulichen Luftschutzes wurden im Luftgaukommando XI in der dem Chef des Generalstabes direkt unterstehenden selbständigen Abteilung I/LS unter

Der Generalbauinspektor für die Reichshauptstadt, Albert Speer, wurde 1942 Nachfolger von Fritz Todt.

Oberst Bernhardt bearbeitet. Die Gebietsbeauftragten des Generalbevollmächtigten-Bau besprachen mit den Sachreferenten der Luftgaukommandos den »Standort, die Bauart und die Reihenfolge der zu errichtenden Bauten«.[24] Alle Vorschläge und Bunkerpläne mußten dem Luftgaukommando vorgelegt werden, das auch die Finanzierung des Programms aus Mobilisierungsmitteln der Luftwaffe regelte.

Alle Vorbereitungen zur Umsetzung des »Sofortprogramms« mußten in größter Eile geschehen: Von der Beschlußfassung bis zum Baubeginn Mitte November 1940 waren in Berlin sechs Wochen vergangen, in den anderen Städten sogar nur vier. In dieser kurzen Zeit mußten Teile der Bauverwaltung neu organisiert, Bunkerentwürfe angefertigt, Bauplätze bestimmt, Rechtsfragen geklärt sowie die private Bauindustrie in das Programm eingebunden werden.

Um diese Umsetzung vor Ort schnell in Gang zu bringen, hatte bereits am 17. Oktober 1940 – eine Woche nach dem Beschluß des »Sofortprogramms« – eine Besprechung mit 400 Oberbürgermeistern und hohen Kommunalbeamten in Berlin stattgefunden, bei der sie mit dem Bauprogramm vertraut gemacht wurden. Ein Redner der NSDAP eröffnete die Veranstaltung und führte aus, daß der erste Bunker im Rahmen dieses »Führerprogramms« bereits in drei Monaten stehen müsse. Für Material und Arbeitskräfte

Trotz Versorgungsschwierigkeiten wurde mit der Umsetzung des »Führer-Sofortprogramms« begonnen: Ausschachtungsarbeiten für den Tiefbunker Am Klagesmarkt in Hannover im Winter 1940/41.

werde gesorgt.[25] Als ein Bürgermeister Einwände erhob, erklärte ihn der Parteiredner wegen »Unfähigkeit« kurzerhand für abgesetzt. Zweifelnde Fragen wurden nicht geduldet. »Jedenfalls hatten alle verstanden«, wie sich ein Baurat aus Krefeld erinnerte.[26]

Da bisher kaum Kenntnisse über bombensichere Luftschutzanlagen vorlagen, zeigten sich einige der Konferenzteilnehmer ungeachtet der folgenden technischen Ausführungen von Reichsminister Todt ziemlich ratlos. Speer hatte bereits am 5. Oktober 1940 die Erstellung von Musterplänen für bombensichere Luftschutzanlagen veranlaßt, die den Anwesenden jetzt ausgehändigt wurden. Später führte der Berliner Stadtbaudirektor Helmcke aus, daß »die eigentliche Idee der Bunkertypen auf eine Handskizze des Führers selbst zurückgeht«.[27] Hitler machte noch weitere Vorschläge – von der Berücksichtigung möglichst vieler Notausgänge bis zur Einrichtung eines Raucherzimmers.

Bereits am 19. Oktober 1940 erging an die Oberbürgermeister der vom Bunkerbauprogramm betroffenen Städte die Aufforderung, Göring einen ersten Überblick über den Umfang der beabsichtigten Baumaßnahmen zu übergeben. Der Baustoffbedarf sollte in geschätzten Zahlen angegeben sowie ein Plan für die benötigten Arbeitskräfte

Von Anfang an zog man auch »Fremdarbeiter« für den Bunkerbau heran: Belgische Kriegsgefangene und deutsche Arbeiter im Kieslager der Bunkerbaustelle Am Klagesmarkt in Hannover, Anfang 1941.

erarbeitet werden. Um die notwendigen Kenntnisse im Bunkerbau zusammenzutragen, fanden am 30. Oktober und 11. November 1940 in Berlin Fachkonferenzen statt. Deren Ergebnisse wurden noch im gleichen Monat in der »Anweisung für den Bau bombensicherer Luftschutzräume« zusammengefaßt, dem technischen Leitfaden für den Bunkerbau. Am 14. November 1940 trafen sich im Berliner Haus des Vereins Deutscher Ingenieure (VDI) die Baureferenten der Städte, die für die I. Welle des Bunkerbauprogramms vorgesehen waren. Im Frühjahr 1941 folgten weitere Fachkonferenzen, beispielsweise über Baukontrolle oder Belüftungs- und Heizungssysteme. Sogar »Belehrungsreisen« zu der in Frankreich eroberten Maginotlinie fanden statt, um den Verantwortlichen der Städte das Thema Bunker näherzubringen.

Die städtischen Baubehörden entwickelten fortan eine rege Berichterstattung an die Zentralinstanzen in Berlin, wobei die »Pendelakten« eine besondere Rolle spielten. Diese gingen dem Generalbevollmächtigten Todt alle 14 Tage überarbeitet zu und ermöglichten ihm für jede Stadt einen Überblick über den Bauzustand der Luftschutzanlagen und die erreichten Fortschritte beim Bau.[28] Weitere Angaben betrafen den Verbrauch an Baustoffen, Bauwerksbeschreibung, die Namen der ausführenden Firmen

Französische Kriegsgefangene auf der Bewehrung der Abschlußdecke des Tiefbunkers Am Klagesmarkt in Hannover 1941.

und die Anzahl der Schutzplätze. Die NSDAP stellte dem jeweiligen Gebietsbeauftragten des Generalbevollmächtigten-Bau einen Gaubeauftragten zur Seite. Und der Generalbevollmächtigte benannte in den Städten zumeist Sachverständige aus der Bauwirtschaft als Verbindungsleute, um in Fragen der Technik, der Baustoffe und des Firmeneinsatzes zu helfen, bei der baulichen Gestaltung von Luftschutzmaßnahmen zu beraten und die Durchführung der Baumaßnahmen zu garantieren.

Grenzen der Machbarkeit

Der Plan eines so gigantischen Bauvorhabens stieß vielerorts auf Skepsis, denn das Scheitern war von Anfang an absehbar. Bereits im April 1938 hatte die Presse gemeldet, daß die deutsche Bauwirtschaft »an der Grenze der Leistungsfähigkeit« angelangt sei und eine halbe Million Arbeiter im Baubereich fehlten.[29] Kritische Stimmen gab es auch bei der Luftwaffenführung selbst. Göring hatte am 9. Dezember 1938 die »Zurückstellung öffentlicher Bauten im weitesten Umfang« befohlen.[30] Und noch jetzt, im Herbst 1940, bevorzugte er die aktive Abwehr und sprach

sich für die vermehrte Produktion von Jagdflugzeugen aus. Generalinspekteur Milch fürchtete einen kräftezehrenden Wettlauf zwischen britischen Bomben und deutschem Beton. Genau diese Tatsache deutete der Leiter der »Inspektion 13« Knipfer im April 1941 an: Es werde darauf ankommen, »daß wir, die wir die bombensicheren Bauwerke zu schaffen haben, immer der Wirkung der Bomben vorauseilen«.[31] Hieraus ergaben sich vielfache Umstellungen beim Bunkerbau. Pläne mußten oft mehrfach überarbeitet werden, was wiederum Verzögerungen bewirkte. Speer schrieb am 6. September 1941 an Todt, daß die »Luftgewaltigen« bestrebt seien, »nun immer mit der neuesten Entwicklung der Abwurfmunition des Feindes bei ihren Forderungen Schritt zu halten. Wenn man diese Entwicklung nicht in eine vernünftige Bahn bringt, werden bald Ihre A-Werke des Westwalls von den Normalbunkern der Städte an Stärke übertroffen werden.«[32]
In den Berliner Ministerien und in den Bauämtern der Städte begann man, das Programm unmittelbar nach dessen Bekanntmachung durchzurechnen.
Dabei wurden die Grenzen der Durchführbarkeit der Planungen schnell sichtbar, wie die Überlegungen von Baurat Georg Assmann, dem späteren Leiter des Luftschutz-Bauamtes in Bremen, verdeutlichen: »Daß dieser Plan des Führers eine Aufgabe von Jahrzehnten sein mußte, ergibt sich allein aus dem riesigen Umfang der dafür erforderlichen Leistungen. Nimmt man an, daß zunächst nur die Bewohner der besonders gefährdeten städtischen Siedlungen des gesamten Reichsgebietes Bunkerschutz erhalten sollten, so ergibt sich bei der Annahme einer Sollzahl von rund 50 000 000 Schutzsuchenden bei einem Baustoffaufwand von etwa vier Kubikmeter Beton je geschützte Person eine Gesamtleistung von 200 000 000 Kubikmeter Schutzbeton, was einem etwa 20jährigen ununterbrochenen Einsatz der gesamten Bauwirtschaft des Reiches (ohne OT, Wehrmacht und Handwerk) entspräche.«[33] Bedenkt man, daß bei den 200 Millionen Kubikmeter Stahlbeton nur die Bunker berücksichtigt sind und darüber hinaus noch weitere Luftschutzbauten geplant waren, so belegen diese Zahlen, daß es sich bei dem »Sofortprogramm« um das wohl größte Bauvorhaben der Menschheitsgeschichte gehandelt hat.
Die Berechnungen zeigen aber auch, wie unrealistisch die

Kriegsgefangene an Biegetischen für die Spiralbewehrung.

Planungen waren, weshalb nur ein Bruchteil wirklich umgesetzt werden konnte.
Ebenso unüberwindlichen Problemen sah man sich bei der Geldbeschaffung gegenüber. Regierungsbaurat Paulsen bezifferte die Kosten des gesamten Programms für das Reich bei wortwörtlicher Auslegung im Februar 1941 mit 120 Milliarden RM. Die Beträge schrumpften bei den konkreten Planungen deutlich. Im Reichsluftfahrtministerium hatte man am 13. Januar 1941 auf einer Konferenz einleitend festgestellt, daß bis zum 31. März 1941 für die im »Führerprogramm« begonnenen Bauten eine Abschlagssumme von einer halben Milliarde RM vorzusehen sei. Bei dieser Konferenz wurden auch verschiedene Fragen eines Finanzierungsplans für das Luftschutzprogramm erörtert: Aus welchem Reichsressort sollen die erforderlichen Mittel kommen? Wie und wo werden die entstehenden Kosten verrechnet? In welcher Weise sind die für die Baumaßnahmen wichtigen Grundstücke sicherzustellen? Man kam überein, die benötigten Mittel aus dem Haushalt des Reichsluftfahrtministeriums bereitzustellen und über die Luftgaukommandos abzurechnen.[34] Die wirklich verbrauchten Summen für den Bunkerbau beliefen sich nach Aufstellungen des Reichsrechnungshofes bis zum 1. Juli 1942 lediglich auf etwas über 983 Millionen RM.
Aber auch die anders gesetzten Prioritäten der Machthaber begrenzten die Umsetzung des Programms. Trans-

Ein Soldat überwacht Eisenbieger auf der Bunkerbaustelle Welfenplatz in Hannover.

portprobleme, Baustoff- und Arbeitskräftemangel bremsten die Bautätigkeit ab Mitte 1941 immer mehr, da man jetzt alle verfügbaren Kräfte für den Krieg gegen die Sowjetunion mobilisierte. Die veranschlagten Zeitpläne wurden von Anfang an nicht eingehalten, obwohl der Druck aus Berlin immens war. Todt mußte als Generalbevollmächtigter alle acht Tage Hitler über den Fortgang des »Sofortprogramms« Bericht erstatten, und der Generalbevollmächtigte seinerseits drängte ebenfalls unentwegt. Aber es war eindeutig, daß »es bei den LS-Bauten kein friedensmäßiges Tempo« geben konnte, wie der Leiter der Hamburger Luftschutzstelle Schröder bereits am 17. Januar 1941 zu bedenken gegeben hatte.[35]

Aufgrund der Versorgungsprobleme nahm man Anfang 1942 eine Schwerpunktverlagerung vor. Es wurde unumgänglich, den Bau bombensicherer, aber aufwendiger Luftschutzbunker stark einzuschränken, um »die dadurch freiwerdenden Arbeitskräfte, Baustoffe und Transportmittel für den vorschriftsmäßigen Ausbau von Kellern zu Luftschutzräumen einzusetzen«, wie Milch Hitler am 28. Januar 1942 nahelegte.[36] Dieser erklärte sich einverstanden und bekräftigte die Entscheidung noch einmal am 19. Februar 1942, nun aber mit einer anderen Begründung. Hitler wollte den Bunkerbau reduzieren, um »Kriegsgefangene und Arbeitskräfte aus dem Bausektor in die Rüstungsfertigung zu verlagern«.[37] Dies weist auf

Der Flüssigbeton wird mit Tauchrüttlern bearbeitet, damit er sich auf der Bunkerdecke gleichmäßig verteilt.

die wahre Ursache der Versorgungsprobleme hin. Wie schon Mitte 1941 hatten auch jetzt die militärischen Operationen und die Sicherung der Rüstungsproduktion absolute Priorität. Deutlich wird dies auch daran, daß für den Atlantikwall[38], dessen Bau Anfang 1942 begann, 13,3 Millionen Kubikmeter Beton zur Verfügung standen, ungefähr das Doppelte der für den Bunkerbau bis 1943 bereitgestellten Menge.

Für manche Kritiker des Bunkerbaus hatte sich die Zivilbevölkerung sowieso mit ihrem Los abzufinden. So wurde der Bunkerbau zum Beispiel als »eine Schraube ohne Ende bei Vergeudung allerbester Kräfte, Materialien und nicht zuletzt sauer verdienter Steuergroschen« bezeichnet. Man müsse sich mit Knipfer zur Ansicht bekennen, daß der richtig gestützte Keller den besten Schutz gewähre. Es sei sinnlos, Decken, die heute durchschlagen würden, auf drei Meter zu verstärken. »Die Bevölkerung muß sich damit abfinden, daß es überhaupt keinen absoluten Schutz gegen Volltreffer gibt.«[39] Doch diese bereits im November 1941 vorgebrachten Positionen waren angesichts der Kriegsentwicklung nicht zu halten, obgleich sich die Spitzen des zivilen Luftschutzes im Reichsluftfahrtministerium anscheinend mit dieser neuen Richtung arrangiert hatten.

Nach den katastrophalen »Gomorrha-Angriffen« auf Hamburg Ende Juli 1943, bei denen annähernd 40 000 Menschen ums Leben kamen, mußte Milch seinen Standpunkt gegenüber Hitler revidieren. Am 7. August 1943 hieß es in einer Vorlage für Hitler: »Die bei den Luftangriffen auf Hamburg gemachten Erfahrungen haben eindeutig ergeben, daß nur die vom Führer im Herbst 1940 befohlenen bombensicheren Bauwerke (LS-Bunker) geeignet und in der Lage sind, die Bevölkerung sowohl gegen Sprengbomben, Minenbomben als auch gegen die Wirkungen des Feuersturmes zu schützen. Wegen des Mangels an Baustoffen, Treibstoffen und Arbeitskräften mußte der LS-Bunkerbau seit Anfang 1942 stark eingeschränkt werden. Ich halte es aufgrund der Hamburger Erfahrungen für notwendig, daß der LS-Bunkerbau wieder in verstärktem Umfang und in großzügigster Weise gefördert und beschleunigt wird und daß der Führer einen entsprechenden Befehl hierfür erteilt.«[40] Daraufhin wurde der Schwerpunkt der Baumaßnahmen im Luftschutz wieder auf den Bunkerbau gelegt, gleichwohl blieb der Gesamtumfang begrenzt.

Bunkerprivilegien der Prominenz

Die Erfahrungen des Ersten Weltkrieges hatten die Nationalsozialisten veranlaßt, neben der gesicherten Lebensmittelversorgung auch Fürsorge im Bereich des Luftschutzes zu demonstrieren, denn sie wußten genau: Die Ideologie hört an der deutschen Haustür auf, die feindliche Bombe explodiert aber in der guten Stube. Die Befürchtung, daß sich das »gesunde Volksempfinden« in dramatischen Situationen gegen Staat und Partei richten könnte, war durchaus real, wie einige spätere Ereignisse beweisen sollten.

Dennoch drang über das »Führer-Sofortprogramm« wenig an die Öffentlichkeit. Lediglich in einigen Städten, wie in Hamburg, hatte die örtliche Tagespresse über Luftschutzbunker berichtet. Im Rundfunk wurde das Thema Bunker nicht angeschnitten, um den Kriegsgegnern keine Hinweise zu geben. Allerdings konnte die *Wochenschau* unter gewissen Einschränkungen berichten. Anläßlich einer diesbezüglichen Anfrage des Reichspropagandaministeriums wurde mitgeteilt: »Bei den Aufnahmen von Bunkerbauten dürfen keine Einzelheiten (zum Beispiel Bewehrung), die als Geheimsachen zu behandeln sind, im Bilde erscheinen. Die Aufnahmen können in der *Wochenschau* erst dann gezeigt werden, wenn der Auftrag des Führers – diese Beauftragung wäre im Begleittext zu nennen – im wesentlichen erfüllt ist.«[41] Stellenweise wurde der Bunkerbau durch SS-Mitglieder abgeschirmt, wie zum Beispiel beim »Bormann-Bunker« in der Helfferichstraße 7 in Berlin.

Trotzdem kursierten schon während des Krieges Gerüchte über außerordentliche Bunkerbauten für Prominente, weshalb es immer wieder erheblichen Unmut unter der Bevölkerung gab, zum Beispiel 1941 bei den Berlinern anläßlich des Bunkerbaus für die Führungskräfte in der Stadt. Speer teilte dem Reichsminister für Volksaufklärung und Propaganda, Joseph Goebbels, am 4. September 1941 mit: »Der Berliner Bunkerbau wird in der Bevölkerung erheblich angegriffen, und zwar weil für verschiedene Reichsleiter und Reichsminister auf Anordnung des Führers Bunker errichtet werden.«[42] Seinen Mitarbeiter Walter Brugmann wies Speer am 29. Mai 1941 an, daß die Bunker für Reichsminister nicht in Vorträgen oder Veröffentlichungen zu erwähnen seien. In Ministerien und Reichsämtern waren dennoch Gerüchte über Luxuseinrichtungen in Prominentenbunkern im Umlauf.[43] Ähnliche Proteste wurden später in Dresden laut, als der dortige Gauleiter Martin Mutschmann mit Hilfe von SS-Pionieren den einzigen bombensicheren Bunker der Stadt unter seiner Villa errichten ließ. Die Bunkerprivilegien der örtlichen Parteiprominenz verärgerten in Rostock noch 1944 die Bürger.

Auch Bevorzugungen von berühmten Privatpersonen bei der Versorgung mit Bunkern wurden nicht lautlos hingenommen, und die verantwortlichen Stellen mußten reagieren. Die *Hannoversche Zeitung* veröffentlichte am 3. Juli 1944 einen Artikel unter dem Titel: »Keine Privatbunker«. Dort hieß es: »Der Gauleiter und Reichsverteidigungskommissar hat sich im Interesse der Volksgemeinschaft ... veranlaßt gesehen, gegen eine Reihe von Personen, die durch den kostspieligen und verantwortungslosen Bau von Privatbunkern gegen das gesunde Volksempfinden verstoßen haben, mit scharfen Strafen vorzugehen.« Aufgrund der Baustoffknappheit wurde das Verbot ausgesprochen, irgendwelches Material für den privaten

Dr. Kurt Knipfer, Inspekteur des Zivilen Luftschutzes und Leiter der »Inspektion 13« im Reichsluftfahrtministerium.

Bunkerbau abzuzweigen. Bereits existierende Privatbunker mußten zu öffentlichen Luftschutzräumen umfunktioniert werden.

Hitler selbst ist aber, soweit bekannt, wegen seiner Bunker nie kritisiert worden, obwohl für diese reichlich Eisenbeton verbaut wurde: für den Führerbunker in der »Wolfsschanze« mit einer acht Meter dicken Stahlbetondecke, für die Bunkeranlagen der Führerhauptquartiere »Riese« bei Bad Charlottenbrunn in Niederschlesien oder »Olga« im thüringischen Ohrdruf und nicht zuletzt für den Bunker unter der Reichskanzlei. Allein das Hauptquartier »Riese« verschlang eine viertel Million Kubikmeter Stahlbeton, mehr als 1944 für Luftschutzbauten in ganz Deutschland verbraucht wurde.[44]

In Berlin war für die Luftschutzräumlichkeiten in den Ministerien eigens der »Baustab Piepenburg« eingerichtet worden, der dem »Baustab Speer« untergeordnet war. Die Bunker für führende Militärs wie Wilhelm Keitel und Walter von Brauchitsch fielen als Wehrmachtsbunker in die Zuständigkeit des Wehrkreises III. In einem Vermerk vom 18. März 1941 notierte Walter Brugmann, ein Vertreter Speers, über eine Besprechung mit Hitler, daß die Reichsminister nur je einen Bunker erhalten sollten, auch wenn sie mehrere Wohnsitze hätten. Allerdings stünde es ihnen frei zu entscheiden, wo der Bunker errichtet werden sollte. »Auf jeden Fall soll die Größe des Bunkers auf das unbedingt notwendige Maß beschränkt bleiben.« Einen Bunker für die Reichstagsabgeordneten lehnte Hitler ab. Um die Kontrolle über Luftschutzanlagen für die Staatsspitze zu behalten, wurde Brugmann beauftragt, die Erstellung von Bunkern jeder Art von Hitlers Entscheidung abhängig zu machen. Brugmann hatte darüber jeweils vorzutragen.[45]

Als Argument gegen Vorwürfe aus der Bevölkerung führte Speer in einem Schreiben an den Staatssekretär im Reichspropagandaministerium, Leopold Gutterer, aus, daß der bisherige Baustoffaufwand der 16 Ministerbunker mit 15 445 Kubikmetern lediglich 2,3 Prozent des Gesamtaufwandes des »Sofortprogramms« in Berlin ausmache. Dem Rat Gutterers, »Bunker für die Allgemeinheit« in den Gegenden errichten zu lassen, in denen die Minister ihre Luftschutzanlagen hatten, konnte Speer nicht nachkommen, da die Allgemeinheit eben nicht in Dahlem, Zehlendorf oder anderen Prominentenvierteln wohnte. Hitler hatte zudem strikt angewiesen, die Bunker zuerst in jenen Vierteln zu bauen, die als »schlechte Wohngegenden mit primitiven Verhältnissen«[46] galten, da hier eine Unterkellerung als Schutz meist nicht existierte.

Nur den Ministern wurden in den Bunkern Ehebetten zugestanden, das jeweilige Hauspersonal mußte wie die übrige Bevölkerung in »Luftschutz-Stockbetten« übernachten. Die besondere Ausstattung im Gegensatz zu den Normalausführungen läßt sich auch aus folgender Bemerkung Speers ersehen. »Im Gegensatz zu anderen, kurz zuvor – allerdings nicht vom Baustab Speer – erstellten Bunkern wurde zum Beispiel wegen der erheblichen Kanalisationskosten grundsätzlich von der Anlage von Wasserspülklosetts abgesehen. Ebenso wurde der Einbau von

Nach einem Sprengversuch an einer Bunkerbewehrung in Unterlüß im Juni 1942 wird der Sprengtrichter vermessen.

Waschbecken mit fließendem kalten und warmen Wasser – auch dies im Gegensatz zu anderen Anlagen – unterlassen.«[47]

Der »Barockmensch« Hermann Göring, der über den passiven Luftschutz die Nase gerümpft hatte, war sicherlich die größte Ausnahme in der von Hitler gewünschten Bunkerbescheidenheit. Überall, wohin der Oberbefehlshaber der Luftwaffe seinen Fuß setzte, entstanden Eisenbetonbunker zu seinem persönlichen Luftschutz: in Bad Wildungen, in Carinhall, im Führerhauptquartier »Wolfsschanze« bei Rastenburg, in Berlin. Planungen für bombensichere Schutzräume wurden außerdem auf der Burg Veldenstein bei Nürnberg durchgeführt. Beinahe wäre auch noch in Paris ein Bunker für Göring gebaut worden![48]

Als die Minister mit bombensicheren Schutzräumen versorgt waren, meldeten sich auch die Staatssekretäre zu Wort. Gutterer schrieb an Speer über seinen Dienstherrn Goebbels: »Er wird auch den Führer in geeigneter Weise Deinem Wunsch entsprechend darauf aufmerksam machen, daß es aus Stimmungsgründen untragbar ist, nun auch noch für Staatssekretäre Bunker zu errichten.«[49]

Dann forderten Prominente aus Film- und Künstlerkreisen bombensichere Luftschutzbauten. Die Schauspielerin Olga Tschechowa bediente sich zur Übermittlung ihres Anliegens des Göring-Vertrauten Erich Gritzbach. Speer

reagierte entnervt und verlangte, im Hinblick auf die Stimmung der Bevölkerung die Prominenten dazu zu bewegen, auf einen »Privatbunker« zu verzichten.
Die Bemühungen Hitlers, das Volk nicht unnötig durch Schutzbauten der ihn umgebenden Personen zu erzürnen, waren aber nicht in allen Fällen erfolgreich. Noch 1944 hatten sich der Leibarzt Hitlers, Prof. Morell, für fast 15 000 RM von der Firma Hochtief einen Bunker in Schwanenwerder sowie der Dirigent Wilhelm Furtwängler einen Privatbunker in Potsdam bauen lassen.[50]

Bunkerbau als Wissenschaft

Die fieberhaften Anstrengungen zum Schutz der Menschen, Produktionsstätten und Militärstützpunkte vor Angriffen aus der Luft konnten nur zum Ziel führen, wenn die Luftschutzanlagen den eingesetzten Bomben auch tatsächlich standhielten. Deshalb waren umfangreiche Studien über die Konstruktion von Bunkeranlagen und die Ausführungen des Stahlbetonbaus nötig. Bei Beginn des »Führer-Sofortprogramms« im Herbst 1940 konnte man hierfür auf früher gewonnene Untersuchungsergebnisse zurückgreifen. Diese waren in Institutionen erarbeitet worden, die ab 1933 unter anderem zur Erforschung des Luftschutzbaus entstanden waren.
Die Bestimmungen des Versailler Vertrages hatten Deutschland 1919 nach dem verlorenen Ersten Weltkrieg die Unterhaltung einer eigenen Luftwaffe untersagt. Deutschland sollte die Möglichkeit genommen werden, erneut einen Krieg gegen seine Nachbarn zu beginnen. Auf deutscher Seite sah man sich nun eventuellen feindlichen Luftangriffen ausgeliefert. Nach ersten Ansätzen eines zivilen Luftschutzes noch während der Weimarer Republik begannen deshalb die Nationalsozialisten unmittelbar nach der Machtübernahme im Januar 1933 mit dem intensiven Aufbau einer Luftwaffe und eines zivilen Luftschutzes. Vor der zielstrebigen Aufrüstung der nächsten Jahre war dies ein erster Schritt zur »Wehrbarmachung« Deutschlands. Damit einhergehend wurde das bisher dem Reichsministerium des Innern unterstehende »Polizeiinstitut für Technik und Verkehr«, das die ersten Luftschutzrichtlinien im Jahre 1932 herausgegeben hatte,

Einschläge am Modellbunker im Querumer Forst nahe Braunschweig, wo das Institut für baulichen Luftschutz an der Technischen Hochschule ab 1939 Bunkerbewehrungen testete.

dem Reichsluftfahrtministerium unterstellt und vermutlich 1935 in die »Reichsanstalt der Luftwaffe für Luftschutz« umgewandelt.[51] Die Reichsanstalt sollte die Forschungen zum Luftschutz in Industrie und Hochschulen koordinieren, die dem Reichsluftfahrtminister übertragene Richtlinienkompetenz wahrnehmen und höhere Leiter und Spezialisten des Luftschutzes ausbilden.
Reichsluftfahrtminister Göring hatte außerdem 1933 die Gründung des »Reichsbauausschusses für Luftschutz« bei der Deutschen Gesellschaft für Bauwesen angeordnet. Der Bauausschuß sollte bauliche Luftschutzmaßnahmen wissenschaftlich erforschen und eine beratende sowie gutachterliche Funktion übernehmen. 1934/35 begannen auch hier die Forschungen über verschiedene Materialien und Konstruktionsweisen für den Bunkerbau. Die Druckfestigkeit von Betonwänden stand dabei im Mittelpunkt des Interesses.
Schon vor Beginn des »Sofortprogramms« im Herbst 1940 waren erste rechtliche Bestimmungen für den Bau von Luftschutzanlagen herausgegeben worden. Die »Ersten Ausführungsbestimmungen zum § 1 der II. DVO« regelten den »Bau von Luftschutzräumen außerhalb von Gebäuden«. Diese Luftschutzräume erhielten die Bezeichnung Sonderbauten, waren eingeschossig und lagen über oder unter Erdgleiche. Entgegen späteren Erkennt-

Prof. Theodor Kristen leitete am Institut für baulichen Luftschutz der Technischen Hochschule Braunschweig die Entwicklung von Luftschutzbauten. (Die Aufnahme entstand 1953 nach der Verleihung des Bundesverdienstkreuzes.)

nissen sollten diese Luftschutzanlagen in der Regel unterirdisch angelegt werden, ausgelegt für höchstens 250 Personen. Als Baustoff waren auch Ziegel erlaubt, eine Armierung war nicht zwingend vorgesehen. Die am 1. Juni 1937 erschienenen Richtlinien für den »Schutzraumbau ohne Stahl« enthielten hierfür weitere Vorgaben. Diese Sonderbauten boten deshalb allerdings nur Schutz vor Bombensplittern und Trümmern einstürzender Gebäude. Keines der nach diesen damaligen Baurichtlinien erstellten Bauwerke hat den Gegebenheiten des künftigen Krieges auch nur annähernd entsprochen. In bezug auf die damals üblichen Bombengrößen waren zu dem Zeitpunkt nur die vereinzelt gebauten Luftschutztürme »bombensicher«. Konstrukteure wie Leo Winkel oder Paul Zombeck hatten bereits Mitte der dreißiger Jahre erste Luftschutztürme entworfen. Als entscheidende Neuerung hatten diese Türme die bis dahin allgemein akzeptierte Annahme widerlegt, bombensicherer Schutz sei nur mit unterirdischen Bunkern zu erreichen.

Rechtliche Vorschriften für Luftschutzanlagen, die Schutz bei Bombenvolltreffern bieten konnten, gab das Reichsluftfahrtministerium erst im Zusammenhang mit den Kriegsvorbereitungen heraus. Die Ergebnisse von Untersuchungen zum Luftschutzbau boten Anhaltspunkte, wobei man von den damals üblichen, noch relativ kleinen Bomben ausging. Am 13. Mai 1939 ordnete Göring deshalb an, daß die Abschlußdecken bombensicherer Bauwerke 1,40 Meter stark sein müßten. Die Außenwände aus Stahlbeton sollten eine Stärke von mindestens zehn Metern haben, zwei Meter bei Wänden ohne Bewehrung. Die Regelungen schrieben die Gitterraum-, Spiral- oder kubische Bewehrung vor.[52] Diese Daten bildeten dann auch die Grundlagen für die Bunkerbauten der I. Welle des »Sofortprogramms« ab Oktober 1940, ebenso wie die im Juni 1939 herausgegebenen Richtlinien für die Ausführung bombensicherer Luftschutztürme. Diese mußten zwischen 200 und 500 Personen Platz bieten und einen Durchmesser von 8,40 bis 10,00 Meter haben. Die Dicke der Abschlußdecken und -wände entsprach denen der anderen Bunker.[53]

In diese ersten gesetzlichen Bestimmungen flossen auch die Untersuchungsergebnisse der Forschungsinstitute ein. Das am 26. Juni 1935 verabschiedete Luftschutzgesetz und die zweite Durchführungsverordnung (DVO) hierzu vom 4. Mai 1937 schrieben unter anderem die Anlage von Luftschutzräumen in Neubauten vor und regelten die Art der Ausführung von Luftschutzbauten.[54]

Eine nach diesen Vorschriften gestaltete Schutzraumanlage wurde im Rahmen der Ausstellung »Schaffendes Volk« 1937 in Düsseldorf vorgestellt. Dieser Schutzraum war das Ergebnis der Zusammenarbeit verschiedener Industrieverbände. Beteiligt waren die Wirtschaftsgruppe Bauindustrie, die Reichsgruppe Industrie, der Deutsche Beton-Verein und der Deutsche Zementbund unter Einbeziehung der Luz-Bau GmbH Berlin, einer Baufirma, die später auch viele Aufträge für Bunkerbauten erhielt.[55]

Neben diesen Vorstößen der Bauindustie haben auch einzelne Konstrukteure und Erfinder Luftschutzbauten entworfen. Beispielsweise war ein in seine Einzelteile zerlegbarer Luftschutzraum entwickelt worden oder ein fahrbarer Bunker mit drehbarer Beobachtungshaube und Scheinwerfer. Bereits Mitte der dreißiger Jahre hatte Leo Winkel den nach ihm benannten »Winkel-Turm« entworfen, eine der wenigen Entwicklungen, die sich – wenn auch begrenzt – durchsetzen konnten. Die ersten Versuche mit diesen runden und oben spitz zulaufenden Luftschutztürmen der Bauart Winkel hatten unter der Federführung der Luftwaffe bereits am 8. Januar 1936 in Rechlin am Müritzsee stattgefunden. Bei den Versuchen band man im Inneren des Turms Ziegen an der Außenwand fest, um die Einwirkung des Bombendrucks auf das Gehör dieser Tiere zu testen, das dem menschlichen Gehör sehr nahekommt.

Sturzkampfbomber warfen zunächst im Tiefflug Sprengbomben auf die Bunker ab. Da es aber nur selten gelang, die spitzen Türme zu treffen, wurden die Bomben später unten, oben und in der Mitte der Bunker angebracht und elektrisch gesprengt. Die Luftschutztürme erwiesen sich dabei als ziemlich bombensicher, denn die Wirkung der Bomben war gering, die Türme bewegten sich nur etwas hin und her. Die meisten der Ziegen hatten jedoch ihr Gehör verloren, so daß die später in Bunkern untergebrachten Menschen aufgefordert wurden, einen Abstand von mindestens 30 Zentimetern von der Außenwand einzuhalten, um keine Gehörschäden zu erleiden.[56]

Im Zuge der systematischen Entwicklung des Luftschutzbaus ab Mitte der dreißiger Jahre wurde dann auch eine gesonderte universitäre Forschungseinrichtung geschaffen: 1937 entstand das »Institut für baulichen Luftschutz« an der Technischen Hochschule Braunschweig, das sich später zur führenden Einrichtung bei der Entwicklung von Luftschutzbauten profilierte. Prägend für die dortigen Forschungen war Professor Theodor Kristen.[57] Er leitete ab dem Herbstsemester 1938/39 das »Seminar für Luftschutz« und stand später auch dem »Wehrbetontechnischen Erfahrungs-Ausschuß« vor. Zugleich war er in zahlreichen Gremien beratend tätig, so unter anderem im Preußischen Feuerwehrbeirat für Baufragen und als Sach-

Luftschutzturm der Bauart Winkel in Rechlin, der bereits 1936 für Sprengversuche gebaut worden war.

verständiger für Luftschutzfragen im Reichsluftfahrtministerium.

Bald nutzten die Wehrmachtsdienststellen, das Reichsministerium für Bewaffnung und Munition und das Reichsluftfahrtministerium das Institut für ihre Maßnahmen zur Kriegsvorbereitung. So erhielt Kristen zum Beispiel 1938 im Rahmen des Bauprogramms für zivile Luftschutzbauten vom Reichsluftfahrtministerium einen Forschungsauftrag. Er sollte Modellregeln entwickeln, mit denen verschiedene Konstruktionen von Schutzbauten, insbesondere von Stahlbetonbunkern, im verkleinerten Maßstab und damit kostengünstiger getestet werden konnten.[58] Ab dieser Zeit bildeten die Untersuchungen zum Bunkerbau den absoluten Forschungsschwerpunkt des Instituts. Um Sprengversuche in größerem Ausmaß vornehmen zu können, wie sie für die Erprobung der Widerstandskraft von Betonwänden erforderlich wurden, erhielt das Institut vom Land Braunschweig 1939 ein neues Grundstück im Querumer Forst in der Nähe der Stadt Braunschweig. Das nötige Geld für die neuen Versuchsgebäude kam von der Wirtschaftsgruppe Bauindustrie und dem Reichsluftfahrtministerium.[59]

Obwohl die neue Institutshalle über einen Turm mit einem schweren Geschütz von 150 Millimeter Kaliber verfügte, von wo aus in einer Grube darunter angebrachte

Belastungstest einer Betonplatte mit einer 250-kg-Sprengbombe im Trichter, Unterlüß im Juni 1942.

Versuchselemente beschossen werden konnten, waren Großversuche im Maßstab 1:1 im Querumer Forst nicht möglich. Dazu wurden Übungsplätze südlich von Lüneburg in Unterlüß, Faßberg, Wesendorf, Altengraben und Munsterlager genutzt. Bei diesen Versuchen zeigte sich dann, daß die kostengünstigen Modellversuche den tatsächlichen Gegebenheiten weitgehend entsprachen.[60]
Kristen berichtet, wie bei den Sprengversuchen ein Wettstreit zwischen den »Artilleristen und den Luftschutzbunkerbauern« entbrannte: »Nach jedem stattgefundenen Versuch bemühten sich die einen, die Güte ihrer Bomben und Granaten, und die anderen, die Güte des Betons, die Art der Stahlbewehrung und damit die Widerstandsfähigkeit gegen die Einwirkung der Bomben bei ihren Bunkern zu steigern.«[61] Dabei orientierten sich die Forscher zuerst an den gängigen Sprengbomben zwischen 230 und 450 kg. Da im Lauf des Krieges aber immer gößere Bomben zum Einsatz kamen, mußte man ab 1941 auch testen, welche Deckenstärke bei 1 000 kg schweren Bomben nötig war. »Schließlich wurde die Dicke der Decken und der Wände der Luftschutzbunker auf 2,50 m festgesetzt, die damit nach den Versuchsergebnissen der augenblicklichen 1000-kg-Bombe, ohne Schaden zu nehmen, widerstanden. Wir hatten dem Generalfeldmarschall Milch, bei dem die Entscheidung lag, eine Dicke von 3,0 m vorgeschlagen, da dann die Widerstandsfähigkeit der Bunker sich so steigerte, daß sie der Einwirkung einer 2 000 kg schweren Bombe widerstanden. Milch entschied sich aber aus wirtschaftlichen Gründen für eine Dicke von 2,50 m, um Stahl und Zement zu sparen, zumal eine 2 000 kg schwere Bombe nur bei Spezialbauten geworfen wurde.«[62]
Aber nicht einmal diese reduzierte Dicke der Bunkerabschlußdecken wurde umgesetzt, denn am 4. Juni 1942 vereinbarten der Staatssekretär im Reichsluftfahrtministerium Milch und der nunmehrige Reichsminister für Bewaffnung und Munition Speer, auch weiterhin alle noch zu planenden Bunkerbauten ohne Rücksicht auf ihr Fassungsvermögen nach den Bestimmungen für den Bau von Luftschutzbunkern vom Juli 1941 mit zwei Meter dicken Abschlußdecken und Außenwänden zu errichten. Die für den Bunkerbau bereitgestellten Materialmengen ließen die ausreichende Dimensionierung der Decken einfach nicht zu.
Neben der Dicke der Mauern testete das Institut auch unterschiedliche Bewehrungen,[63] denn Stahleinlagen leiten die Energie des Explosionsdrucks weiter und geben dem Beton einen größeren Halt, so daß die Stahlbetonwand schwerer von Bomben »durchstanzt«, das heißt durchschlagen werden kann. Im Ergebnis dieser Versuche erfolgte ab 1939 die Entwicklung einer neuen Bewehrungsart, der sogenannten Braunschweiger Bewehrung.[64] Ihr Vorteil bestand in der Reduzierung des benötigten Stahls um rund ein Drittel. Aufgrund des zunehmenden Mangels an Stahl war dies ein gewichtiger Vorteil, weshalb die »Braunschweiger Bewehrung« dann auch für die Bunker der II. Welle ab Juli 1941 grundsätzlich vorgeschrieben wurde.
Ein weiterer Versuchsgegenstand waren verschiedene Betonmischungen. Da die Wehrmacht ab September 1939 große Teile Europas okkupierte, fielen den deutschen Militärs auch die an den Grenzen einiger Länder erstellten Befestigungsanlagen wie etwa die Maginotlinie in die Hände.[65] Das Oberkommando des Heeres übergab dem Institut Proben des Betons dieser Befestigungen, um sie analysieren und die günstigste Zusammensetzung der Zuschlagstoffe wie Kies und Sand ermitteln zu lassen. Die Wehrmachtsbauämter wollten die Ergebnisse dann beim Bau eigener Befestigungen nutzen.[66] Der Beton aus der Sowjetunion mit seinen sehr groben Zuschlagstoffen wies da-

bei die besten Eigenschaften auf. Die entsprechende Körnung wurde im folgenden auch für die Bauten mit der »Braunschweiger Bewehrung« genutzt.
Während die Empfehlungen des Instituts bei der Dicke der Bunkerabschlußdecken und -wände aus Gründen der Sparsamkeit zunächst nicht aufgegriffen wurden, blokkierten Vorurteile auf höchster politischer Ebene beinahe auch die Verwendung der »Braunschweiger Bewehrung«. Hitler, der sich selbst nicht nur für einen genialen Strategen, sondern auch für einen genialen Baumeister hielt, lehnte die »Braunschweiger Bewehrung« mit ihrer ungleichmäßigen Stahlanordnung rundweg ab. Ein General der Pioniere, der ihn in der Reichskanzlei über die Vorteile der »Braunschweiger Bewehrung« informieren wollte, sah sich einem Wutanfall des obersten Bauherrn ausgesetzt. Hitler verbot deren weitere Verwendung für Luftschutzbunker und drohte ihren Anwendern mit fristloser Entlassung. Später entschloß sich der Leiter der für den Luftschutzbau zuständigen Abteilung im Reichsluftfahrtministerium Knipfer nach einer Besprechung mit Göring und Milch jedoch dazu, die »Braunschweiger Bewehrung« aus praktischen Erwägungen weiter zu verwenden.[67]
Der »Führer« hat sich auch bei anderen Fragen als Ingenieur versucht und eigene Vorschläge für Testreihen gemacht. So sollten statt einer massiven Betonwand zwei Betonwände, deren Zwischenraum mit Kies aufzufüllen war, getestet werden. Das bewährte sich in den entsprechenden Versuchen aber nicht und wurde zur Weiterverwendung nicht empfohlen, auch wenn die Luftschutzbunker im Führerhauptquartier »Wolfsschanze« von Hermann Göring, Martin Bormann und anderen Prominenten teilweise nach dieser Bautechnik errichtet wurden.
Bald stand dem Institut Anschauungsmaterial noch ganz anderer Art zur Verfügung. Nachdem Deutschland den Krieg entfesselt hatte und Bomben ab 1940 auch auf deutsche Städte fielen, wurde bittere Wirklichkeit, was mit Sprengversuchen begonnen hatte. Der Bombenkrieg brachte immer stärkere Zerstörungen mit sich, was ab 1942 auch zahlreiche Bunker in den bombardierten deutschen Großstädten betraf. Neben der Reichsanstalt der Luftwaffe für Luftschutz, die die Schäden der Bunker analysierte, besichtigte auch Theodor Kristen betroffene Städte.[68] Ab Herbst 1943 war sein Institut selbst von den

Mit den alliierten Angriffen wurde ernst, was die Forscher bisher nur simuliert hatten: Mit ihnen zusammen besichtigte auch General Wolff den Durchschlag vom 13. Juni 1943 am Sonderbau Hermannstraße in Bremen.

Folgen des Luftkrieges betroffen, weshalb wichtige Meßgeräte und kleine Prüfmaschinen ausgelagert werden mußten.
Im Sommer 1944 entstanden auf einem weiteren Versuchsgelände in Ehra-Lessien, nicht weit entfernt von der Stadt des KdF-Wagens (heute Wolfsburg), zwei provisorische Institutsbaracken, wohin man später die ausgelagerten Ausrüstungsgegenstände brachte. Neben dem Institut für baulichen Luftschutz wurden hier auch Versuche mit Stahlbeton von der Reichsanstalt der Luftwaffe für Luftschutz und von der Firma Rheinmetall-Borsig durchgeführt: Betonbauten im Maßstab 1:1 konnten mit Abwurfmunition, Sprengstoffen und durch Beschuß getestet werden. Auf dem Gelände wurde auch ein Bombenabwurfplatz eingerichtet, dessen Betonüberreste noch heute zu sehen sind.
Hier auf dem Testgelände in Ehra-Lessien mußten auch Kriegsgefangene bei Großversuchen Hilfsarbeiten leisten, wozu auch die 100 jüdischen Insassen eines nahegelegenen Lagers herangezogen wurden.[69]
Parallel zu den Braunschweiger Gußbetonbunkern wurden auch andernorts ähnliche Forschungen betrieben: So erprobte man ab 1942 im Hamburger Amt für kriegswichtigen Einsatz Betonformstein-Unterstände für Son-

Foto oben: Eingerüsteter Luftschutzbunker in Bremen Anfang 1941 mit einem aufgelassenen Sperrballon gegen Tiefflieger.
Linke Seite: Baustelle des Luftschutzturms Sandstraße in Hannover im September 1941.

derbauten, wobei britische Blindgänger von 45 bis 450 kg in elf Meter Entfernung gezündet wurden. In dem Testergebnis hieß es stolz: »Ein im Unterstand abgelegter Polizeihund blieb unverletzt.«[70] Im Ernstfall sahen die Ergebnisse dann aber anders aus. Ende Juli 1943 zerstörte ein Volltreffer einen derartigen Betonformstein-Unterstand völlig, bei einem anderen Unterstand detonierte eine schwere Minenbombe in nur zehn Meter Entfernung: Ein Mann und zwei seiner Kinder blieben unverletzt, seine Frau und drei weitere Kinder wurden aber durch den Luftdruck getötet.[71]

Nachdem die Intensität der Luftangriffe ab 1943 ständig zunahm und immer mehr Menschen Schutz in den nicht ausreichend vorhandenen Bunkern suchten, testete man auch, »inwieweit Bunker mit und ohne Belüftung auf bestimmte Zeiten überbelegt werden können«. In Wesermünde mußten sich im Juli 1944 unter ärztlicher Aufsicht 2 800 bzw. 2 500 Soldaten in einen Truppenbunker der Marine zwängen, der für 750 Personen ausgelegt war.[72] Bei diesen vom Kommando der Marineschule durchgeführten Versuchen zeigte sich, daß eine solche vierfache Überbelegung ohne ernsthafte Gesundheitsschäden er-

Der Beton wird über Rohre in Trichter gepumpt und in die Spiralbewehrung eingebracht.

folgen konnte. Bei der alltäglichen Benutzung der Bunker zum Kriegsende hin waren selbst sechsfache Überbelegungen keine Seltenheit mehr.
Nach dem Ende des Krieges werteten amerikanische Militärs und Forscher die Zerstörungen durch die Bombardements der Alliierten systematisch aus, um unter anderem Erkenntnisse für den eigenen Luftschutzbau zu gewinnen. Die Ergebnisse dieser Untersuchungen wurden im *United States Strategic Bombing Survey* gesammelt, der ab 1945 in mehreren Bänden erschien. In diesem Zusammenhang übergab auch Kristen die Versuchsprotokolle seines Instituts den Amerikanern.
Zunächst aus dem Staatsdienst entlassen, erhielt er 1947 durch die Militärregierung wieder einen Lehrstuhl für Baustoffkunde an der Technischen Hochschule Braunschweig. Als in der neu entstandenen Bundesrepublik Deutschland im Zuge des Kalten Krieges der Zivilschutz wieder aktiviert wurde, griff man auch auf die Kenntnisse Kristens zurück.

Bunkertypen und Luftschutzanlagen

Bau und Ausstattung der Bunker

Nachdem für den Bau der Bunker intensiv geforscht worden war, wurden die Ergebnisse nunmehr in der Praxis angewendet. Man errichtete drei Grundtypen: überirdische Hochbunker, Tiefbunker und unterirdische Luftschutzstollen. Hochbunker mit schmalen, hohen Bauformen wurden als Luftschutztürme bezeichnet, solche mit kasten- oder quaderförmigen Ausmaßen als Luftschutzhäuser. Die Luftschutzhäuser konnten wie die Luftschutztürme frei stehen oder waren an Häuserzeilen an- oder in diese eingebaut. Je nach den unterschiedlichen Bauformen gab es verschiedene Bezeichnungen für die Bunker: Spitz-, Flach-, Rund-, Vierkant- oder Klotzbunker. Ihre Größe variierte von kleinsten Ein-Mann-Bunkern bis hin zu Bunkern für ein ganzes Kraftwerk. Diese Vielfalt war für alle Betroffenen verwirrend, weshalb die Behörden immer wieder darauf hinwiesen, daß der Begriff »Bunker« nur für Luftschutzbauten zu verwenden war, die die Kriterien der Bombensicherheit und des Gasschutzes erfüllten.[73] Benannt wurden die Bunker nach den Straßen, in denen sie standen, oder nach Größen der NSDAP, wie der »Otto-Telschow-Bunker« in Wesermünde und der »Otto-Streibel-Bunker« in Kiel. Einige trugen Namen, die den »Kampfgeist« der Bevölkerung beschwören sollten, wie »Trotz« in Wilhelmshaven und »Siegfried« in Kiel.

In Norddeutschland begann der Bau von Luftschutzeinrichtungen im wesentlichen mit Luftschutztürmen. Der erste im Luftgaukommando XI wurde auf dem Gelände der Wasserwerke in Wilhelmshaven ab Juni/Juli 1939 gebaut. In Hamburg entstanden 1939/40 eine Reihe von »Zombeck-Türmen«. Doch für die umfassende Durchführung des »Sofortprogramms« mußten noch entsprechende Richtlinien ausgearbeitet werden. So fanden am 30. Oktober und 11. November 1940 in Berlin im Reichsluftfahrtministerium Fachkonferenzen statt, die sich dann in der »Anweisung für den Bau bombensicherer Luftschutzräume« der I. Welle in der Fassung von November

Je größer der Bunker war, desto weniger Material wurde für dieselbe Zahl an Schutzplätzen benötigt. Hier die Baustelle des größten Tiefbunkers Norddeutschlands für geplante 8 000 Schutzplätze auf der Reeperbahn in Hamburg 1941.

1940 niederschlugen. So hatte man beispielsweise bei den Untersuchungen zum Bunkerbau festgestellt, daß Hochbunker gegenüber Tiefbunkern eine Materialersparnis ermöglichten. Um bei gleichem Schutzgrad die gleiche Zahl an Schutzplätzen zu schaffen, war bei Hochbunkern nur ein Sechstel der Materialmenge nötig, die der Bau eines Tiefbunkers erforderte. Der Grund hierfür liegt in dem »Verdämmungseffekt«. Im Gegensatz zu den mit Erdreich umgebenen Tiefbunkern kann bei freistehenden Bunkern der Druck einer Explosion leichter entweichen, weshalb dünnere Wände einen ähnlichen Schutz bieten. Im Rahmen des »Sofortprogramms« wurden nur zu Beginn einige Tiefbunker gebaut.

Im Juli 1941 erließ die Inspektion des Luftschutzes im Reichsluftfahrtministerium die »Besonderen Bestimmungen für den Bau von LS-Bunkern«, die den Bunkerbau reichseinheitlich regeln sollten. Es handelte sich dabei um mehrere Hefte, die die allgemeine Planung und Grundrißgestaltung, Belüftung, Heizung und Kühlung, Wasserversorgung und Entwässerung, Stromversorgung und elektrische Ausstattung, Kennzeichnung im Bunker und Ausstattung, Bunker in Krankenhausbauten und unter Erdgleiche behandelten.[74] Diese Bestimmungen galten für die Bauten der II. Welle, die im Sommer 1941 anlief. Bei ihnen wurde die »Braunschweiger Bewehrung« als Armierungsart verbindlich. Eine verbesserte Version, die »Braunschweiger Bewehrung II«, kam jedoch erst in der zweiten Jahreshälfte 1944 zum Einsatz.[75]

Um den Bunkerbau zu rationalisieren und die Baudurchführung zu beschleunigen, gab es gelegentlich Überlegungen, die Bunker zu standardisieren und in genormten Serien als Regelbauten zu errichten.[76] Da für die Baudurchführung nur das Grundmaß, nicht aber die konkrete Ausformung festgelegt war, entwickelten die Bauämter verschiedener Städte Standardpläne und erstellten kleinere Bauserien. In Hannover, Wilhelmshaven, Emden und Bremen wurden derartige Baureihen ausgeführt.
Als wegen der Kriegsentwicklung die Wirtschaftlichkeit auch des Bunkerbaus immer zwingender wurde, befaßten sich der Generalbevollmächtigte-Bau und das Reichsluftfahrtministerium mit dieser Frage – allerdings erst im Frühjahr 1942.[77] Doch wie so oft folgten den Planungen zunächst keine Taten. So gab Göring erst am 28. Dezember 1944 Pläne für »Formbunker« aus, die in Zukunft allein angewendet werden sollten.[78] Bunker, die von der Norm abwichen, durften fortan nur noch mit besonderer Genehmigung des Reichsministers für Bewaffnung und Munition, seit Anfang 1942 Albert Speer, gebaut werden. Folgende Regelbauten sollten geschaffen werden (Berechnung nach Höchstbelegung):

Belegung	**Betonmasse**	**Beton pro Person**
500 – 600	1 800 cbm	3,0 cbm
1 000 – 1 200	3 300 cbm	2,8 cbm
2 000 – 2 400	5 000 cbm	2,1 cbm
4 000 – 4 800	8 800 cbm	1,8 cbm

Es war ganz offensichtlich: Je größer der Bunker war, desto weniger Material wurde für dieselbe Zahl an Schutzplätzen benötigt. So kam man auch von Regeltypen ab, die eher kleine Bunker vorsahen. Im Gegensatz zum Bunkerbauprogramm für die Zivilbevölkerung hatte man beim

Baustelle des Großbunkers Rotermundstraße in Hannover.

Werkluftschutzbunkerbau von Anfang an Regeltypen entwickelt. Ihr Bau wurde aber bereits 1941 wegen des ungünstigen Verhältnisses von Baustoffen zur Schutzplatzzahl wieder verboten. Das galt zum Beispiel für den Luftschutzturm der Bauart Winkel, von dem bis dahin etwa 200 gebaut worden waren. Zudem hatte sich erwiesen, daß die Gefährdung in kleinen, für weniger als 300 Personen ausgelegten Bunkern sehr viel höher war.[79] Aber erst im Dezember 1944 legte das Reichsluftfahrtministerium die Vorschriften für die Normbauten größerer Bunker fest.
Ebenso ging man zu diesem Zeitpunkt zu der Strategie über, entweder die Bunker ausreichend zu dimensionieren oder bloß splitter- und trümmersichere Bauten zu erstellen. Die Begründung dafür lieferte der Bremer Luftschutzexperte Georg Assmann: »Alle Baustärken zwischen dieser splitter- und luftstoßsicheren Bauweise und der Ausführung in 2,50 m Stahlbeton stellen eine Vergeudung von Baustoffen dar, da sie zum Schutz gegen Splitter zu aufwendig sind und andererseits gegen die üblichen Bombengrößen keinen sicheren Schutz mehr gewähren.«[80]
Nachdem nunmehr die neuen Richtlinien galten, gab es hinsichtlich der bereits im Bau befindlichen Bunker Unsicherheiten. Um dennoch zügig weiterbauen zu können, sah sich das Luftgaukommando XI am 29. Januar 1945 zu der Weisung veranlaßt, die bereits begonnenen Bunker gemäß den Bestimmungen für den Bau von Luftschutzbunkern vom Juli 1941 zu Ende zu führen. Für alle neuen

Bunker konnten die Bauämter bei der Organisation Todt die Regelpläne mit den dazugehörigen Übersichts-, Schalungs-, Einrichtungs- und Bewehrungsplänen anfordern. Abweichungen von diesen Vorgaben durften nur noch in seltenen Ausnahmefällen genehmigt werden. Damit wurde Anfang 1945, also wenige Monate vor Kriegsende, eine standardisierte Planung verbindlich, die jedoch niemandem mehr nutzte.

Nach den Planungen des Reichsluftfahrtministeriums sollte jeder Bunker über verschiedene Bereiche verfügen: Im Luftschutzbereich selbst hielten sich die Schutzsuchenden während eines Luftangriffs auf. Außerdem gab es Nebenräume wie Toiletten, Küchen, Maschinenräume, Vorratsräume, Sanitätsräume, Heizungs- und Belüftungsräume usw. Die Bunkerbesatzung konnte eigene Wach- und Diensträume nutzen. In einigen Bunkern standen sogar Sonderräume für Raucher zur Verfügung.

Die Schwachstellen des Bunkers waren die Eingangsbereiche. Da immer die Gefahr bestand, daß Trümmer den Eingang verschütteten, waren für jeden bombensicheren Schutzraumbau mindestens zwei Eingänge vorgeschrieben. Jeder dieser Eingänge wiederum mußte mit einer Gasschleuse ausgestattet sein, die mit Senfgas-Neutralisierungsmitteln und einem Zerstäuber für das Entgiftungsmittel Schutz vor chemischen Kampfstoffen bieten sollte. Für die Insassen standen Waschwasser und, soweit möglich, eine Handdusche für die Befreiung von Giftstoffen bereit. Um auch die Wände der Gasschleuse nach einem möglichen Einsatz abspritzen zu können, erhielten diese einen abwaschbaren Anstrich.

Nach außen waren die Bunker durch schwere Stahltüren geschützt, die einem hohen Luftdruck bei Explosionen standhalten sollten und mit einer Gummiumrandung für den gasdichten Abschluß versehen waren. Allerdings waren die Abdichtungen oft mangelhaft oder gar nicht vorhanden, so daß zum Beispiel in Bremen etwa 40 Prozent der Luftschutzanlagen keinen Schutz vor Kampfstoffen geboten hätten, wären diese zum Einsatz gekommen. Und selbst die Stahltüren konnten bei erheblichen Luftstößen nahe explodierender schwerer Abwurfmunition eingedrückt oder aus der Zargenverankerung gerissen werden. Bei Feuerstürmen konnten sich diese Stahltüren mitunter derart verziehen, daß die Bunkerinsassen ihren Schutzraum erst nach längeren Schweißarbeiten verlassen konnten. Die Organisation Todt plante deshalb, alle Bunker ohne Vorbauten mit 30 Zentimeter starken Eisenbetontoren auszustatten.

Zudem konnte der Eingangsbereich mit Eisengittern abgesperrt werden. Für zu spät Kommende diente eine Klingelanlage der Verbindung zum Dienstraum des Bunkerwarts. Doch immer wieder kam es gerade vor den Bunkereingängen zu Paniken, wenn Menschen in letzter Minute noch in den Bunker wollten oder wenn er bereits überfüllt war. Aufgrund dieser Erfahrungen plante man später Eingangsbauwerke, die mit Hilfe von Leitgeländern einen »sanften Einlauf« gewährleisten sollten.

Auch die Kennzeichnung der Luftschutzanlagen wurde deshalb vereinheitlicht. Jeder Zugang hatte einen großen lateinischen Buchstaben, jeder Schutzraum eine arabische Zahl, die an der betreffenden Tür festgemacht war. Unter dieser Nummer wiederum stand die Raumbezeichnung, außerdem war ein Wechselrahmen für die Benutzer angebracht, in dem der Name der Aufsichtsperson für diesen Bereich an erster Stelle verzeichnet war. Die Luftschutz-Ordnung mit den Rechten und Pflichten der Schutzsuchenden hing in der Regel in den Treppenhäusern bzw. Gängen. Hinzu kam ein Übersichtsplan zur Orientierung innerhalb des Bunkers. Ab einer bestimmten Größenordnung der Bunker, zum Beispiel bei einem Fassungsvermögen von mehr als 1 500 Personen in mehr als drei Etagen, wurden auch Aufzüge zur Personen- und Lastenbeförderung eingebaut.

Äußerst wichtig für die Menschen im Bunker war das Belüftungssystem, das aus einer Haupt- und einer Schutzbelüftung bestand. Die Hauptbelüftungsanlage mußte jeden Schutzsuchenden im Bunker regelmäßig mit 300 Liter sauberer Atemluft pro Minute versorgen können. Die Schutzbelüftung war deshalb mit Kampfstoffiltern zum Schutz vor giftigen Gasen ausgestattet und für einen Ausstoß von 30 Litern gereingter Luft für jede Person pro Minute ausgelegt. In einem Umluftbetrieb wurde auch die Luft im Bunker selbst gereinigt, was bei den vielen, eng zusammengedrängten Menschen dringend notwendig war.

Über die Belüftung wurden zudem die Temperatur und die Luftfeuchtigkeit reguliert. Als Grenzwerte galten ma-

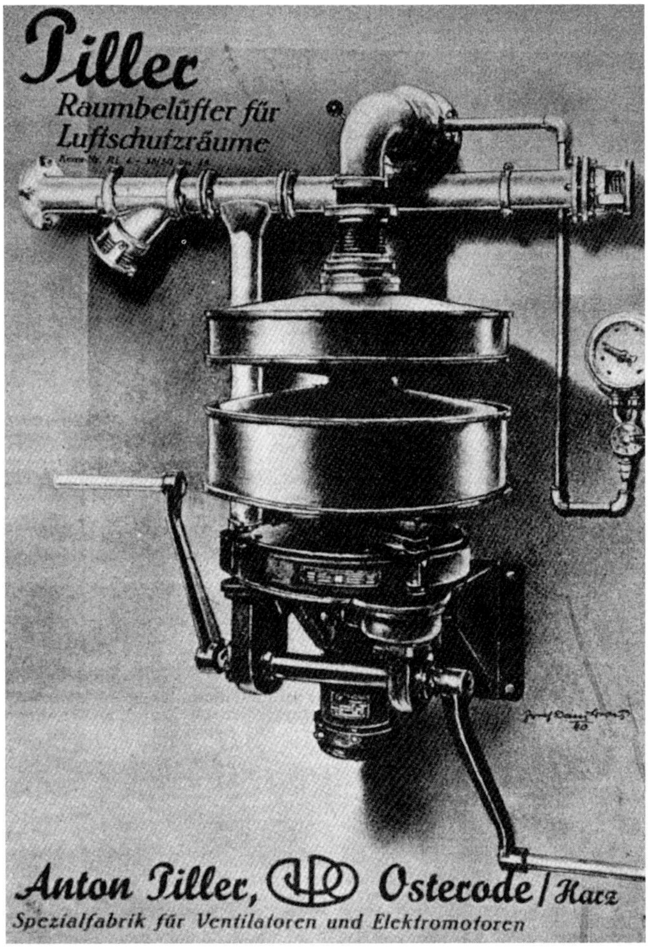

Zeitgenössische Reklame für Bunkerausstattungen.

ximal 24 Grad Celsius und 75 Prozent relative Luftfeuchtigkeit, minimal 17 Grad und 25 Prozent. Während der Winterzeit sollten die Bunker auf 16 Grad Celsius vorgeheizt werden.

Alle Geräte mußten elektrisch wie auch im Handbetrieb zu bedienen sein, damit die Versorgung bei Stromausfall nicht zusammenbrach. Die Stromversorgung hatte neben der Beleuchtung der Räumlichkeiten auch den Betrieb verschiedener Apparaturen sicherzustellen, wie den Luftförderer für Haupt- und Schutzbelüftung, die Wasserpumpe, die Schmutzwasserhebeanlage, den Aufzug, die Kocheinrichtungen, die Kleinspeicher und die elektrische Heizung. Stromanschlüsse mußten grundsätzlich an zwei entgegengesetzten Seiten des Bunkers vorhanden sein. Flure, Treppenhäuser, Toiletten und sonstige Verkehrsräume, Gasschleusen, Wachräume, der Dienstraum des Bunkerwarts und der Erste-Hilfe-Raum waren an getrennte Stromkreise angeschlossen, die nach Ausfall des Fremdstroms durch Umschalten auf eine Notlichtbatterie weiter betrieben werden konnten. Für Bauwerke mit einer Aufnahmefähigkeit von über 300 Personen war zudem ein Notstromaggregat vorgesehen. Zusätzlich mußten stets Kerzen und Batterielampen bereitgehalten werden.

Hitler ging zu Beginn des Bauprogramms von völlig illusionären Vorstellungen über einen Bombenkrieg und das Leben im Bunker aus. So befahl er, daß die Luftschutzsuchenden die Möglichkeit haben sollten, in den Bunkern während der Luftangriffe zu schlafen. Auch die Verantwortlichen vor Ort, wie zum Beispiel der Leiter der Bauverwaltung in Hamburg, glaubten zu Beginn des Krieges ernsthaft, daß diese Form der Ruhe möglich wäre. Die Familien sollten »ungestört schlafen können, um am anderen Morgen frisch an die Arbeit gehen zu können«.[81]

Für die Schutzsuchenden waren deshalb Notbetten vorgesehen. Eine »Stockbetteinheit« bestand aus drei hochklappbaren Liegestätten übereinander, wobei die oberste mit einem Schutzgitter oder Schutznetz versehen war. Besondere Unterlagen oder Matratzen waren aus Rohstoffmangel und wegen der Infektions- und Ungeziefergefahr vorgesehen, aber oft nicht lieferbar. Bettwäsche und Decken sollten die Benutzer selbst mitbringen. Zudem gab es in einigen Bunkern Aufenthaltsräume, die mit Sitzbänken, Klappsitzen und Tischen ausgestattet waren. Als der Zustrom der Menschen in die Bunker ab 1943 immer mehr anschwoll, entschloß man sich, die sperrigen Betten aus den Bunkern zu entfernen, um damit die Schutzplatzzahl zu erhöhen. Die Regelausstattung bestand fortan aus Holzbänken, aufgrund von Lieferschwierigkeiten wurden die Schutzsuchenden jedoch angewiesen, sogar diese selbst mitzubringen.

Weil die Insassen sich meist für längere Zeit im Bunker aufhalten mußten, gab es auch Sanitäranlagen, das heißt Waschräume mit einem Waschbecken für je 25 Sitz- oder Liegeplätze. Für 25 reguläre Plätze war auch eine Toilette kalkuliert. Eine ausreichende Versorgung mit Trink- und

Glatter Durchgang
Ungehindertes Betreten und
Befahren des Schutzraumes
MAUSER
Schutzraumtüren „CERTIT"
MAUSER
Ohne Türschwelle, mit absenkbarem
Türblatt, spielend leichte Be-
tätigung durch nur einen Griff.

In Bunkern für mehr als 300 Personen wurden Kommandostationen zum Empfang von Luftlagemeldungen eingerichtet (hier die Befehlsstelle des KdF-Werks in Wolfsburg).

Brauchwasser sollten Anschlüsse an das öffentliche Wassernetz oder auch interne Brunnenanlagen gewährleisten. Die vorgeschriebenen voneinander unabhängigen zwei Anschlußleitungen außerhalb des Bunkers waren durch eine Erdüberdeckung von zwei Metern gegen Zerstörung durch kleinere Bomben geschützt. Da nicht alle Bunker mit Abwasseranschlüssen ausgestattet waren, wurden Kleinkläranlagen installiert, und in Kellergeschossen ohne natürliches Gefälle für den Abwasserablauf wurden Schmutzwasserhebeanlagen eingebaut.
Doch die Wirklichkeit des Bombenalltags war schrecklicher, als es sich die Behörden ausgemalt hatten. Bei schweren Luftangriffen wurden oftmals gerade die Wasserleitungen getroffen, wodurch die Brauchwasserversorgung in den Bunkern ausfiel. Deshalb ging man dazu über, Trockenklosetts aufzustellen. Deren Entsorgung war jedoch mit einem erheblichen Aufwand verbunden, was zu harschen Kontroversen zwischen Bunkerwarten und Luftschutzsuchenden bzw. zwischen den Polizeipräsidenten und den Stadtämtern führte, weil keiner diese Arbeit übernehmen und bezahlen wollte. Für die Säuberung der Sanitäranlagen stellte man deshalb Reinemachefrauen an, aber man zwang auch Straf- und Kriegsgefangene zu diesen Arbeiten, denen während der Luftangriffe der Zugang zu den Bunkern aber versperrt blieb.
Für die Sicherheit der Menschen waren noch weitere Vorkehrungen notwendig: Es gab in den Wachräumen Handfeuerlöscher für je 100 Schutzsuchende sowie Handfeuerspritzen, Einreißhaken, Feuerpatschen, Wassereimer, Schaufeln oder Spaten, Äxte, Kreuzhacken und Brechstangen. Spätestens durch die Katastrophe von Hamburg im Juli 1943, wo es zu großen Feuerstürmen bei den Bombenangriffen gekommen war, hatte sich jedoch gezeigt, wie unzulänglich diese Gerätschaften waren. Man reagierte darauf mit dem Einbau großer Wasserbehälter in die Bunker, die bei Feuerstürmen solchen Ausmaßes aber auch nicht viel nutzten.
In Bunkern mit einer Aufnahmekapazität von mehr als 300 Menschen wurden Geräte zum Rundfunkempfang und zur Übermittlung von Anweisungen aufgestellt. Damit war beabsichtigt, »die jeweiligen Luftlagemeldungen zur Beruhigung der Bevölkerung in den Bunkern bekannt zu geben«. Natürlich sollte das durch einen »Sprecher der Bewegung« geschehen, der eine »geschickte Übertragung« gewährleisten konnte, um keine Unruhe der Bevölkerung aufkommen zu lassen.[82]
Neben den eigens eingerichteten Krankenhausbunkern mußte auch in den übrigen Bunkern eine minimale medizinische Grundversorgung gewährleistet sein, die sich bei kleineren Bunkern anfangs auf die Erste-Hilfe-Apotheke im Dienstraum des Bunkerwarts beschränkte. Die Bestimmungen für den Luftschutzbau vom Juli 1941 sahen zwar bereits einen separaten Erste-Hilfe-Raum vor, doch die Realität des Bombenkrieges übertraf auch hier die Vorstellungen der verantwortlichen Planer. Die immer öfter auftretenden schweren Verletzungen machten eine Ausweitung der medizinischen Versorgung notwendig. Am 11. August 1943 mußte Göring eingestehen: »Es hat sich als notwendig erwiesen, daß während eines Großangriffs in den LS-Bunkern erste ärztliche Hilfe bei Verletzungen und Verbrennungen, bei Fehlgeburten und Geburten, sowie Betreuung der ärztlich Versorgten bis zum Abtransport ermöglicht wird.«[83] Wenige Tage später ordnete er deshalb die Einrichtung eines Luftschutz-Sanitätsdienstes für die Bunker an, der aus Schwestern, Hebammen, Pflegern und Ärzten bestand. Der örtliche Luftschutzleiter wurde beauftragt, dies zusammen mit dem Gesundheitsamt und der Reichsärztekammer zu organisieren und ebenso für die Ausrüstung mit den notwendigen Gerätschaften Sorge zu tragen. Es gab auch ein spezielles »Ärz-

teprogramm«, nach dem niedergelassene Ärzte in Bunkern ihres Stadtteils für die medizinische Versorgung dienstverpflichtet wurden. Aber die Räumlichkeiten in den Bunkern waren für die medizinische Versorgung ungeeignet. Oft fehlten der notwendige Wasseranschluß oder Steckdosen für die Beleuchtung, oder die Bunkergänge waren derart eng, daß die Kranken mit Krankentragen nicht transportiert werden konnten.[84] Erst im Februar 1944 stellte das Reichsluftfahrtministerium fest, daß auch eine Behandlung von Schwerverletzten in den Bunkern möglich sein müsse. Hierfür sollte in Bunkern mit mindestens 1 000 Personen ein Sanitätsraum eingerichtet werden.[85] So konnte am 28. Juli 1944 zum Beispiel der Bremer Polizeipräsident für seine Stadt die Einrichtung von 145 Sanitäts- und fünf Entbindungsräumen in den Bunkern melden. Für diese standen zwar ausreichend Krankenschwestern zur Verfügung, doch einige der Ärzte hatten bis zu fünf Bunker zu betreuen, was praktisch aber unmöglich war, da sie während eines Luftangriffs den Bunker ja nicht verlassen konnten.[86]

Die billigere Variante – Luftschutzstollen

Während des Krieges gab man wegen des zunehmenden Mangels an Baumaterialien allmählich den überirdischen

Beim Bau eines Luftschutzstollens wurden bis zum Stollenkopf Feldbahnen zum Abraumtransport verlegt.

Die Luftschutzstollen waren mit Bänken ausgestattet.

Hochbunkern den Vorzug gegenüber den Tiefbunkern. Nur die häufig gebauten Luftschutzstollen als unterirdische Schutzräume bildeten hier eine Ausnahme. Das Reichsluftfahrtministerium konnte bereits im September 1943 feststellen, daß sich die Stollen »in der Praxis bereits vielfach bewährt« hatten.[87]

Nachdem im Mai 1943 das Ausweitungsprogramm zusätzlich zu den Bauten der II. Welle beschlossen worden war und der Schutzraumbau trotz Materialmangels einen neuen Aufschwung nahm, wurde deshalb ab Spätsommer 1943 der Bau solcher Stollen verstärkt in Angriff genommen. Beim Bau von Luftschutzsstollen bestand der Vorteil darin, daß mit geringen Baustoffmengen relativ viele Schutzplätze geschaffen werden konnten.

Die Bestimmungen für den Bau von Luftschutzstollen vom Juli 1943 sahen den Bau von Stollen überall dort vor, wo es die Grundwasserverhältnisse zuließen. Dabei gab es die Alternativen, entweder Hangstollen anzulegen, die waagerecht in Hanglagen hineingetrieben wurden, oder Tiefstollen, die wie Bergbaustollen angelegt waren. Die Hangstollen wurden aber wegen des geringeren Bauaufwandes bevorzugt. Von den 143 Luftschutzstollen im Luftgaukommando XI [88] waren daher nur etwa zehn Prozent Tiefstollen, davon allein 42 in Osnabrück. Auch die geologische Lage an der Ostseeküste erlaubte die Anlage der kostengünstigeren Hangstollen, da zum Beispiel Kiel und Flensburg in eine Hügellandschaft eingebettet sind,

Realistischer Tarnanstrich: Aufgemalte brennende Häuserfront und Ruinensilhouetten auf dem Bunker Pappelweg in Bremen.

ebenso eignete sich das Bergbaugebiet von Watenstedt-Salzgitter für die Schaffung von Luftschutzstollen. Hier entstanden mehr als 20 von ihnen.

Die Überdeckung des Stollens sollte unter hartem, unzerklüftetem Fels mindestens sechs Meter betragen, bei bröckelndem oder durch Verwerfungen zermürbtem Gestein neun Meter. Zwölf Meter Überdeckung waren bei Kies, reinem Sand sowie bei Schiefer und felsigem Mergel vorgesehen, 15 Meter bei sandigem Mergel, trockenem und festem Ton sowie sandigem Lehm. Wegen geologischer Besonderheiten bzw. wegen eines zu hohen Grundwasserspiegels konnten diese Vorgaben allerdings nicht immer eingehalten werden.

Der Stollen sollte eine lichte Mindestbreite von 1,65 Meter haben, bei zwei Bankreihen 2,30 Meter. Er bestand aus Zugängen, Vorräumen, Aufenthaltsräumen, Toiletten und Maschinenräumen. Wie bei den Bunkern waren auch hier mindestens zwei Zugänge Vorschrift, manche Stollen wiesen bis zu sechs Eingänge und mehrere Notausgänge auf. Treppen oder Rampen führten ins Freie. Zum Schutz vor Splittern waren die Zugangsstollen mindestens dreimal rechtwinklig geknickt angelegt und zum Schutz vor chemischen Kampfstoffen mit gassicheren Abschlußtüren gesichert. Doch diese Vorschrift wurde nicht immer erfüllt, was fatale Folgen hatte.

Vorgesehen waren ursprünglich auch Belüftungsanlagen mit Schutz- und Hauptbelüftung. Doch wegen kriegsbedingter Lieferschwierigkeiten mußte man sich oft mit Belüftungsschächten behelfen. Hinsichtlich der Wasserversorgung bestand bei Tiefstollen ohne natürliches Gefälle die Gefahr, daß Rohrbrüche zu Flutungen führen konnten. Daher sollten Sammelgefäße in die Leitung eingebaut und die Leitung selbst mit Absperrschiebern versehen werden. Auch Brunnenanlagen mit Handbedienung bei Stromausfall waren zugelassen. Obligatorisch mußten Schmutzwasserhebeanlagen, die auch per Hand zu bedienen waren, eingebaut werden, um die Toiletten entsorgen zu können. In Tiefstollen behalf man sich mit Trockenaborten. Wegen der Rohstoffknappheit gab es ab 1944 Richtlinien für eine vereinfachte Ausführung von Stollen für höchstens 100 Personen. Jeder Zugangsstollen mußte nur noch mindestens einmal geknickt sein. Schutzmauern und Erddämme konnten als Splitterschutz im Eingangsbereich errichtet werden. Toiletten, Wasserversorgung, Entwässerung, Belüftung und Heizung fielen weg.

Wie nach dem Krieg im *US Strategic Bombing Survey* bemerkt wurde, hatten die Luftschutzstollen ihre Funktion erfüllt, indem sie zahlreiche Volltreffer überstanden hatten und keine Insassen verletzt worden waren.[89] In der Realität jedoch waren gerade in den Stollen des Luftgaukommandos XI – zum Beispiel durch Explosionsgase bei Nahtreffern oder das Kohlenmonoxyd umgestürzter Heizöfen – viele Menschen ums Leben gekommen.

Architektur der Tarnung

In der ersten Phase des »Sofortprogramms« legte das Reichsluftfahrtministerium noch Wert auf eine gelungene Architektur und städtebauliche Einbindung der Bunkerbauten. Es beauftragte deshalb Anfang 1941 die Deutsche Akademie für Städtebau, Reichs- und Landesplanung mit dem Forschungsprojekt »Die städtebaulichen Auswirkungen der Errichtung von LS-Bunkern in bebauten Gebieten«. Die hierbei beteiligten Stadtplaner und Architekten erhielten möglichst freie Hand für die praktische Arbeit, »da die Verhältnisse in den als Beispiel gewählten Orten verschieden sind und es ferner gerade erwünscht ist, mehrere Auffassungen und Ideen der Sachbearbeiter kennenzulernen«.[90] Im Juni 1941 schrieb die Akademie in Absprache mit weiteren Behörden vor, daß bei der Planung von Bunkern von einem »LS-Bunker-Plan für das ganze Stadtgebiet« auszugehen sei. Dieser sollte die planerische Abstimmung ermöglichen, damit die Bunker »sowohl in luftschutzmäßiger als auch in städtebaulicher und baukünstlerischer Hinsicht einwandfrei ausgeführt« werden könnten.[91]

Die Stadtplaner hatten insbesondere den Standort zu berücksichtigen – je nachdem, ob der Bunker in einer Groß- oder Kleinstadt bzw. in Orten mit alter Baukultur geplant war. In Braunschweig zum Beispiel wurden die Bunker durch Kalkung und durch Fachwerknachbildungen dem Stadtbild der mittelalterlichen Altstadt angepaßt. Außerdem war zu berücksichtigen, ob man Bunker im Stadtkern oder in einem dicht bevölkerten Wohngebiet errichten wollte. Dort gab es meist nur die Möglichkeiten, sie in Baulücken einzufügen und auf Trümmergrundstücken zu erbauen oder sie gleich beim Bau von Häusern zu integrieren.[92]

Für den 1940/41 ausgeschriebenen Bunkerbauwettbewerb mit dem sprechenden Namen »Alarm« wurden dann ästhetische Forderungen gemäß der nationalsozialistischen Ideologie formuliert. Die Architekten sollten kein »Pseudo-Mittelalter« errichten, sondern einen Stil entwickeln, der die »Wehrhaftigkeit des deutschen Volkes« und dessen Kampfeswillen dokumentierte. Dabei sprach man sich gegen »romantisch-ästhetisierende Lösungen« aus, »die sich an dem Kern der neuen architektonischen

Bunkerarchitektur, die bauliche Traditionen aufgriff: der Bunker in der Schwartauer Allee in Lübeck.

Aufgabe, Wehrbauten für die heutige Zeit zu schaffen, vorbeimogeln«.[93]

Im Februar 1941 veröffentlichte ein Hamburger Architekt, höchstwahrscheinlich Konstanty Gutschow, die Schrift »Bombensichere Luftschutzbauten«, die mit ihren zahlreichen Beispielen eine erste anschauliche Anregung dafür war, wie Bunker in Hamburg aussehen sollten.[94] Neben der Forderung, für die Bunker besonders Baulücken zu nutzen, wurden weitere Ziele des Bunkerbaus formuliert. Zum einen sollten die Bunkerbauten bestimmten ästhetischen Ansprüchen genügen: Eine Verblendung mit Backsteinen nach alter Hamburger Tradition sei Selbstverständlichkeit, denn für diese »überaus einfachen Bauten ist die Schönheit des Baustoffes ausschlaggebend«. Weiter heißt es: »Die architektonische Haltung der bombensicheren Luftschutzbauten muß zum Ausdruck brin-

Luftschutzbunker Hoffmann-von-Fallersleben-Straße in Hannover mit einer Höhe von 20 Metern, 1942 im Stil eines mittelalterlichen Wehrturms erbaut.

gen, daß es sich um einen Bau des Staates handelt, nicht zu repräsentativ, noch eine nur zweckentsprechende nackte ›Betonkiste‹.« Diese Architektur sollte darüber hinaus den Menschen im Bunker Schutz, Sicherheit und Geborgenheit suggerieren. »Schon das äußere Gesicht des bombensicheren Luftschutzbaues muß im Volksgenossen das Gefühl erzeugen: Hier bin ich geborgen, sicher gegen feindliche Bomben. Es ist natürlich, daß wir in der architektonischen Haltung an jene Bauten anknüpfen, die in der Vergangenheit dem Volksgenossen Schutz boten und Wehrbauten waren.« Umgesetzt wurden solche Vorstellungen zum Beispiel bei Luftschutztürmen in Lübeck oder Hannover, bei denen mittelalterliche Wehrtürme als Vorbild dienten.

Die Innenräume der Bunker wurden durch Fresken mit naiven Motiven »verschönert«, in Hamburg waren es zum Beispiel Hafenmusikanten.[95] Sie sollten den Menschen ein Gefühl von Heimstatt und Normalität vermitteln. Die den »Kampfeswillen« unterstützende Gestaltung der Bunker im Sinne der nationalsozialistischen Ideologie war aber leichter gefordert als ausgeführt. Reichsminister für Bewaffnung und Munition, Fritz Todt, dem bis 1942 die Leitung des »Führer-Sofortprogramms« im Reichsgebiet unterstand, war an der ideologisch korrekten Formgebung der Bunker ohnehin kaum interessiert, und die Wehrmacht brachte angesichts des Krieges wenig Verständnis für die künstlerische Gestaltung der Bunker auf. Schließlich grenzten die technischen und funktionellen Vorgaben sowie der permanente Mangel an Arbeitern und Baumaterialien das Gestaltungsfeld sowieso rigoros ein. So wurde bereits wenige Monate nach Beginn des »Sofortprogramms« die geplante Klinkerverblendung der Bunker auf die Nachkriegszeit verschoben.[96] Eine eigene Bunkerarchitektur konnte sich daher nicht herausbilden. Die Baustofflage erzwang die Form der rechteckigen »Kiste«, und der in manchen Fällen angebrachte karge Schmuck war zumeist simplifizierte Neoklassik.[97]

Viele Architekten schätzten die Planungsarbeiten für Bunker daher eher gering, wenngleich die Honorare für Bunkerentwürfe bei 20 000 RM lagen. Über die Außengestaltung der Bunker gab es unter den Architekten zwar verschiedene Auffassungen, doch für die Luftschutzbehörden hatte die Kriegstauglichkeit und hierbei vor allem die Tarnung oberste Priorität. Bei letzterer gab es verschiedene Möglichkeiten, die für jeden Bunker einzeln bestimmt werden konnten: Wahl des Standortes, Ausnutzung von Geländeeigentümlichkeiten, Formgebung und Anpassung an die umliegende Bebauung, Farbgebung, Anpflanzung und Begrünung sowie die Anwendung von Hilfsmitteln wie Tarnnetzen, Täuschungsanlagen und Vernebelung.[98]

Die wirksamste Tarnung von Bunkern des Selbstschutzes wurde jedoch durch die äußere Gestaltung des Gebäudes erreicht, indem sie der umliegenden Bebauung angepaßt wurde. In der ersten Bauphase erhielten die Gebäude deshalb in der Regel eine Ziegelmauerverblendung und mit Dachpfannen eingedeckte Satteldächer. Lüftungsöffnungen versah man mit »Fensterrahmen« aus Kunststein. Manche Bunker besaßen Treppentürme, über die die Dachgeschosse des Bunkers zu besteigen waren und die dem Bauwerk den Charakter von Kirchen verliehen. Auch die aus architektonischen Gründen angebrachten Balustraden und Aufgänge aus Holz wie in Lübeck oder Fachwerkimitate wie in Braunschweig trugen zur Tarnung bei. In Emden glichen die Bunker teilweise Lagerhäusern und Getreidesilos, in Hannover Wassertürmen.

Da die baulichen Maßnahmen zur Tarnung aber sehr aufwendig waren, brachte man bald nur noch Tarnanstriche an. Im Juli 1941 wies der Generalbevollmächtigte-Bau Fritz Todt darauf hin, daß »Schalungsflächen der LS-Bauten durch ihre große Helligkeit auch bei Nacht Anhaltspunkte für die feindlichen Flieger« böten. »Es ist deshalb darauf zu achten, daß eine geeignete Tarnung vorgenommen wird.«[99] Das auch für den Luftschutzbau zuständige Amt für kriegswichtigen Einsatz (AKE) in Hamburg ordnete daraufhin im August 1941 tarnende Außenanstriche an den Bunkern der Stadt an, um die Bunker zwischen den Häusern »verschwinden« zu lassen.[100]

Luftschutztürme der Bauart Winkel erhielten, wenn sie in einem Baumbereich standen, einen Anstrich mit grüner Tarnfarbe in den oberen beiden Dritteln. Die Flaktürme auf dem Heiligengeistfeld in Hamburg wurden schwarz angestrichen, die Bunker in der Boltentorstraße und der Mühlenstraße in Emden wie die Dächer ringsum rot, der Bunker Gelber Mühlenzwinger entsprechend der Umgebung grün.

Aber bald zeigte sich, daß die beabsichtigte Wirkung solcher Tarnanstriche sich sogar in ihr Gegenteil verkehren konnte. So wies zum Beispiel das Luftschutz-Bauamt in Emden im Mai 1942 darauf hin: »Die Tarnung der Betonflächen des Daches, auch irgendein Anstrich, sei er schwarz oder grün oder rot, wird, wenn er naß ist, insbesondere bei Mondschein weithin leuchten.«[101] Im Mai 1943 verfügte das Luftgaukommando XI schließlich, »daß Farbtarnungen in veralteter Art, zum Beispiel durch fleckigen, mehrfarbigen Anstrich, unbedingt zu unterlassen sind. Alle derartigen Tarnmaßnahmen haben sich als wir-

Mit geflecktem Tarnanstrich versehener Werkluftschutzbunker der Vacuum Öl AG in Bremen. (Nachkriegsaufnahme)

kungslos erwiesen. Es ist daher bei der augenblicklichen Rohstofflage nicht zu verantworten, daß wertvolle Rohstoffe für unsachgemäße Tarnungen verwandt werden.«[102]

Gleichwohl malte man weiter: In Bremen ging man dabei sehr realistisch vor. Hier zierten brennende Häuserfassaden und Ruinensilhouetten, Rauchwolken und Trümmer die Bunkerwände.

1942 wurden Begrünungsprogramme zur Bunkertarnung ausgearbeitet, aber nicht umgesetzt. Goebbels machte noch 1943 den Vorschlag, die Berliner Bunker zur Tarnung mit einer ein Meter hohen Erdschicht zu versehen und darauf Büsche anzupflanzen. Das Institut für baulichen Luftschutz an der Technischen Hochschule Braunschweig hatte jedoch bei seinen Versuchen festgestellt, »daß ein Luftschutzbunker mit den üblichen 2,50 m

Luftschutzbunker »Unter der Burg« in Lübeck, 1941 im Stil eines mittelalterlichen Wohnhauses erbaut. (Nachkriegsaufnahme)

dicken Wänden und Decken, der einer Einwirkung einer 1000-kg-Bombe standhielt, bei Anbringung der Erdschicht sofort durch eine gleiche Bombe und sogar durch eine weniger schwere Sprengbombe restlos zerstört wurde. Die Bombe ging durch die Erdschicht, zerschellte auf dem Beton, und die Gase, die sonst größtenteils in die Luft gingen, wirkten durch die Erdschicht konzentriert auf den Beton und zerstörten ihn. Es spielt die sogenannte ›Verdämmung‹ durch diese Erdschicht eine große Rolle.«[103] Nach längeren Diskussionen konnte Goebbels von seinem Vorhaben abgebracht werden.

Letztlich waren sowieso alle Tarnversuche vergeblich. Bei den Flächenangriffen mit mehreren hundert Bombern auf eine Großstadt spielte das einzelne Gebäude keine Rolle mehr. Die Bunker waren keine speziellen Ziele für die alliierten Luftangriffe, und die britischen Landstreitkräfte hatten die Bunker auf ihren Stadtplänen nicht einmal mehr eingezeichnet.

Die Planungsarbeiten wurden mitunter auch dadurch erschwert, daß andere Verwendungsmöglichkeiten bzw. eine spätere »Friedensnutzung« mitzuberücksichtigen waren, so zum Beispiel beim Tiefbunker Reeperbahn in Hamburg. Der Leiter der Hamburger Luftschutzstelle Schröder forderte 1941 angesichts der zu erwartenden (tatsächlich aber im »Dritten Reich« nie gebauten) »Volkswagen« eine großzügige Garagenanlage. Es sei geradezu ein »Schildbürgerstreich«, so in einem Schreiben an Architekt Gutschow, »wenn bei einem Kriegsbau von 4,5 Millionen

RM, bei dem Großgerät eingesetzt ist, den Erfordernissen des Friedens nicht gleichzeitig voll Rechnung getragen« würde.[104] In Braunschweig war ebenfalls eine Verwendung von Bunkern als Garage oder als Lagerhaus vorgesehen.

Um eine wirtschaftliche Nutzung bemühte man sich auch in anderen Städten, sehr zum Ärger des Luftschutzreferenten Knipfer vom Reichsluftfahrtministerium. »Es macht sich die Neigung bemerkbar«, so Knipfer, »diese bombensicheren Häuser gleichzeitig für den Gebrauch als Großgaragen, Versammlungsräume, Lichtspieltheater, HJ-Heime und für andere Zwecke auszubilden.« Dies komme wegen der notwendigen Umbauarbeiten, die den Zweck des Bunkers aufheben könnten, nicht in Frage.[105]

Entgegen dem Verbot des Reichsluftfahrtministeriums wurden zum Beispiel in Hannover drei Bunker gebaut, in deren Dachgeschossen sich Heime der »Hitler-Jugend« befanden, die über sogenannte Treppentürme vor den Bunkern zu erreichen waren.

Die Frage einer »Friedensnutzung« von Bunkerbauten wurde aber erst nach Kriegsende wirklich akut.

Georg Assmann, Leiter des Luftschutz-Bauamtes in Bremen.

Verwaltung und Logistik

Die Luftschutz-Bauämter

Ein so umfassendes Projekt wie das im Herbst 1940 begonnene Bunkerbauprogramm konnte ohne gezielte Planung und Organisation nicht verwirklicht werden, um so mehr, als die Alliierten ihre Angriffe intensivierten und jetzt hektische Eile geboten war..

Die höchste Weisungsbefugnis hatte Göring als Reichsluftfahrtminister und Beauftragter des Vierjahresplans inne. Die Oberaufsicht übertrug er außerhalb Berlins dem Generalbevollmächtigten-Bau, Fritz Todt. Und über die »Inspektion 13« im Reichsluftfahrtministerium und die Luftgaukommandos erfolgte die reichsweite Planung und Kontrolle der Bauvorhaben. Die Detailplanungen und die Umsetzung der einzelnen Bauten mußten allerdings vor Ort geschehen und unterlagen deshalb der Zuständigkeit der städtischen Bauverwaltungen. Deren Organisationsstrukturen unterschieden sich erheblich. In Emden, Bremen und Wilhelmshaven entstanden spezielle Luftschutz-Bauämter. Stellenweise unterstand die für den Luftschutz zuständige Bauabteilung einer in den jeweiligen Bauverwaltungen neu geschaffenen Instanz – dem Amt für kriegswichtigen Einsatz (AKE). Dieses koordinierte auch über den Bunkerbau hinausgehende Aktivitäten, wie Aufräumarbeiten bei Bombenschäden und die Beschaffung von Ausweichquartieren für die Ausgebombten. Andernorts planten die Hochbauämter oder der Polizeipräsident. In manchen Städten gab es ein kompliziertes Gewirr verschiedener Zuständigkeiten. Aufgrund der Größe der Stadt und der Vielzahl der Bauprojekte wirkten zum Beispiel in Hamburg viele Behörden bei der Organisation des Bunkerbaus mit: das Tiefbauamt, das Baupolizeiamt, das Stadtplanungsamt bzw. das Brückenbauamt und verschiedene Hochbauämter. Für die Luftschutzgruppe »Hafen« war der Strom- und Hafenbau zuständig, außerhalb des Stadtgebietes die Verwaltung des Landbezirks. Um die Arbeit zwischen den vielen Behörden zu koordinieren, wurden Kreissachbearbeiter bei den verschiedenen Bauämtern eingesetzt.

Die Bildung und die konkreten Aktivitäten eines Luftschutz-Bauamtes lassen sich aufgrund der günstigen Quellenlage am Beispiel Bremen gut nachvollziehen. Nach Kriegsbeginn war in der Bremer Bauverwaltung die Luftschutz-Zentralabteilung (Abteilung III) eingerichtet worden. Als die Bunkerbauarbeiten einsetzten, übernahm diese Abteilung die damit verbundenen organisatorischen Aufgaben – zum Beispiel die Beschaffung von Geräten, die Rekrutierung von Arbeitskräften bis hin zu deren Verpflegung und Unterbringung. Mit der Umwandlung in ein Amt für kriegswichtigen Einsatz im Dezember 1941 kamen unter anderem noch die Trümmerbeseitigung und die Beschaffung von Ausweichquartieren hinzu.

Nach Anlauf des »Führer-Sofortprogramms« war außerdem am 2. November 1940 die Einrichtung einer Luftschutz-Bauabteilung erfolgt, die für die architektonische Planung der Bunker und die Koordination der Bauausführung zuständig war. Der Leiter der Abteilung, Oberbaurat Kummer, stellte den Geschäftsverteilungsplan auf und berechnete einen Personalbedarf von 153 Mitarbeitern. Daraufhin bat er den Senator für Technik und Arbeit, die Bauabteilung in Bauamt umzubenennen, da der Umfang die klassische Größenordnung einer Abteilung sprenge. Der Senator entsprach dem Vorschlag und wandelte am 20. Dezember 1940 die Luftschutz-Bauabteilung in das Luftschutz-Bauamt um.[106] Anfangs beschäftigte sich darüber hinaus noch das Hochbauamt mit Luftschutzbauten. Eine Straffung der mit Luftschutz-Baumaßnahmen befaßten Behörden wurde erst im Oktober 1943 durchgeführt und dem Luftschutz-Bauamt die alleinige Verantwortung übertragen.[107]

Das Luftschutz-Bauamt litt jedoch an ständiger Personalnot und Fluktuation. Es versuchte, Kräfte aus anderen Ämtern abzuziehen, was dort entsprechenden Unmut auslöste. Am 27. Dezember 1940 hieß es in einer Aktennotiz: »Dieses Amt ist neu und noch im Aufbau begriffen. Es verschlingt im Augenblick im Übermaß die Kräfte sämtlicher anderer Ämter, die ihre Arbeitskräfte ohne Rücksicht auf den eigenen Amtsbereich zur Verfügung gestellt haben. Auf längere Sicht ist dieses untragbar.«[108] Rückendeckung erhielt das Amt vom Senator für Arbeit und Technik, der am 27. März 1941 darauf verwies, daß im Luftschutz-Bauamt ein erheblicher Mangel an technischen Arbeitskräften bestehe,[109] und der deshalb weitere Umsetzungen innerhalb der Stadtverwaltung befürwortete: Beamte aus der Baupolizeibehörde, dem Wasserwirtschaftsamt, dem Stadtplanungsamt, dem Amt für Straßen- und Brückenbau, dem Hochbauamt und dem Amt für Kanalisation und Abfuhrwesen wurden in der Folgezeit dem Luftschutz-Bauamt zugewiesen. Auch Versetzungen von Beamten der Bauverwaltungen anderer Städte sollten Abhilfe schaffen. Aus Ratzeburg, München, Wien und Gdingen/Gotenhafen kamen insgesamt sechs neue Mitarbeiter zum Luftschutz-Bauamt Bremen.

Sogar in den besetzten Ländern wie Holland warb man Ingenieure und Fachkräfte an. Als später dann noch Tschechen und Spezialisten aus der Sowjetunion hinzukamen, die im Luftschutz-Bauamt vor allem mit zeichnerischen Arbeiten betraut wurden, kam es zu heftigen Spannungen mit den deutschen Technikern.[110] Baurat Georg Assmann argumentierte dabei besonders völkisch-nationalistisch und meinte, »daß es unmöglich sei, daß zum Beispiel ein Russe einen Entwurf herausgebe, der dem deutschen Wesen und der deutschen Eigenart entspräche«.[111] Letztlich obsiegte aber der Personalmangel, und die geplanten Kündigungen wurden immer wieder hinausgezögert.

Ende 1941 waren von insgesamt 249 Planstellen des Luftschutz-Bauamtes 191 besetzt. Hinzu kamen 48 außerplanmäßige Kräfte. Nach Ausrufung des »totalen Krieges« im Februar 1943 wurde auch das Luftschutz-Bauamt von neuen »Auskämmaktionen« erfaßt, bei denen nach Männern gesucht wurde, die man noch zum Militärdienst einziehen konnte. Dabei taten sich auch einzelne Personen übereifrig hervor, wie etwa Ingenieur Max Koch, der Ende März an Reichspropagandaminister Joseph Goebbels schrieb, daß in Bremen »noch mindestens 30 – 40 Prozent kriegs- und einsatzfähige Leute herausgezogen werden« könnten.[112] Der Senator für das Bauwesen schrieb daraufhin in einer Stellungnahme am 3. Juni 1943, daß sich derartiges seiner Kenntnis entziehe, da allein das Luftschutz-Bauamt in den letzten Monaten 20 Mann durch Einberufungen zur Wehrmacht habe abgeben müssen.[113]

Grundstücksbeschaffung

Waren in den Planungsämtern einmal die Entscheidungen gefallen, wo überall Bunker errichtet werden sollten, galt es, den Erwerb von Baugrundstücken voranzutreiben, egal mit welchen Mitteln. Diese reichten von geschmeidiger Verhandlungsführung bis zu plumper Erpressung und auch Bedrohung der Eigentümer.
Grundsätzlich achteten die Behörden darauf, daß der Schein der Legalität möglichst gewahrt blieb. Schließlich wollte man nicht, daß Parallelen zu den Enteignungen in der Sowjetunion gezogen würden und man ideologisch in die Nähe des Bolschewismus gerückt werden konnte. Dies führte vereinzelt zu jahrelangen Gerichtsverfahren sowie späteren Entschädigungsbegehren, die von ausgefallenen Obsternten bis zum Sonnenentzug durch den Schattenwurf von Bunkern reichten. In entscheidenden Fällen, bei denen außerdem noch Zeitdruck bestand, wurde jedoch kurzerhand auch enteignet.
Auf Ministerialebene herrschte anfangs große Unsicherheit, wie rechtlich zu verfahren war und nach welchen Richtlinien die Ankaufspreise gestaltet werden sollten. 1941 schrieb man dann das Procedere fest. Die Beschaffung der Grundstücke für Luftschutzbauten konnte auf dem Wege der Vereinbarung mit dem Besitzer, der Enteignung aufgrund der Enteignungsgesetze der Länder oder mit Hilfe des Reichsleistungsgesetzes (Gesetz über Sachleistungen für Reichsaufgaben) erfolgen. Die Grundstücksbesitzer erhielten nach dem Reichsleistungsgesetz eine Entschädigung oder Pachtzinszahlungen für die Inanspruchnahme von Grundstücken. Das örtliche Luftschutzamt regelte die Bezahlung des Kaufpreises, der Entschädigungen, Vergütungen etc. »Grundsätzlich«, so das Reichsluftfahrtministerium, »ist in erster Linie das Zustandekommen eines Vertrages anzustreben.«[114] Doch die Praxis sah oft anders aus.
Die Grundstücksbesitzer brachten Proteste vor, schrieben bittere Beschwerdebriefe und versuchten, höhere Behörden einzuschalten, so zum Beispiel beim geplanten Bau eines Krankenhausbunkers neben dem Rote-Kreuz-Krankenhaus in Bremen in der Osterstraße-Leinstraße. Ein Ehepaar schrieb dazu im November 1943 an den zuständigen Polizeipräsidenten: »Gleichzeitig bitten wir diesen

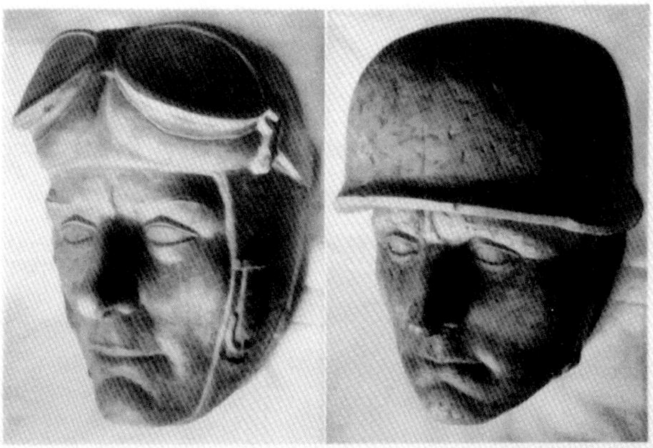

Plastischer Schmuck von Grete Krämer-Zschäbitz am Bunker Adolf-Hitler-Wall

und am Bunker Salzdahlumer Straße

»Heroischer« Bunkerschmuck von Grete Krämer-Zschäbitz.

Einspruch zu bescheiden, damit wir uns im ablehnenden Falle an das Reichsluftfahrtministerium wenden können.«[115] Dem Einspruch wurde nicht stattgegeben. Daraufhin schrieb die Beschwerdeführerin im März 1944 an Senator Fischer, man habe sich an die Kanzlei des »Führers« gewandt. »Ich bitte Sie, freundlicherweise veranlassen zu wollen, daß bis zur Entscheidung der Kanzlei des Führers eventuelle Maßnahmen zum Abbruch des Hauses zurückgestellt werden.«[116] Die Bremer Bauverwaltung zeigte sich jedoch wenig beeindruckt. Immerhin antwortete ihr Leiter Grunow selbst am 22. April 1944 und teilte mit, »daß das öffentliche Interesse die sofortige Inangriff-

Beglaubigte Abschrift. 69

Das Amtsgericht.

Gegenwärtig:

Amtsgerichtsrat Steinbeck.
als Richter.

Eingegangen 22. I. 1943
Vorm. 11 Uhr 40
gez. Steinbeck AGR.

Hannover, den 22. Januar 1943.

Es erschienen

1) seitens der Veräusserer
a) die Ehefrau des Generalfeldmarschalls Wilhelm [redacted], Luise genannt Lisa geborene [redacted] aus Berlin W 62, Kielganstr: 6
b) die Ehefrau des Oberregierungsmedizinalrat Dr. Fritz [redacted] Margarethe geb. [redacted] Hannover, Wallmodenstrasse 22
c) die Ehefrau des Obersten Max [redacted], Anna geborene [redacted] in Kleefeld, Wallmodenstr: 70

2) Für das Deutsche Reich – Reichsfiskus (Luftfahrt)– der Polizei-Inspektor [redacted] in Hannover, Polizeipräsidium
mit Vollmacht des Luftgaukommandos XI Hamburg Verw. III G vom 3. Juli 1941.
Die Persönlichkeit der Erschienenen zu 1 wurde durch Sachkenntnis festgestellt an Hand der Grundakten.

Die Erschienenen nahmen Bezug auf den von ihnen überreichten Kaufvertrag vom 29. I. 1942 und baten um Beurkundung mit der Erklärung, dass Juden an dem Rechtsgeschäft nicht beteiligt seien. Die Privatschrift wurde mit der Aufschrift: „Anlage zum Protokoll vom 22. I. 1943" versehen und diesem Protokoll als Anlage beigefügt und sodann den Erschienenen wörtlich vorgelesen, worauf sie erklärten:

Wir schliessen hiermit diesen Vertrag.

Die Erschienenen beantragten, von diesem Vertrage 3 Ausfertigungen und 2 beglaubigte Abschriften dem Käufer zuzusenden.

Darauf erklärten die Erschienenen weiter: „Wir sin nunmehr darüber einig, dass die in dem vorstehenden Vertrage genannten Parzellen 1312/14 und 1313/14 Flur 3 Gemarkung Wülfel auf den Käufer übergehen sollen. Sie sind eingetragen Hannover – Wülfel Blatt 299.

Wir, Verkäufer, bewilligen und ich als Vertreter der Käuferin beantrage die Eigentumsänderung im Grundbuch einzutragen und die Parzellen nach Vinnhorst Bl. 279 zu übertragen unter Vereinigung mit der heute gleichfalls aufgelassenen Parzelle 1311/14 gleicher Flur.

Das Protokoll einschliesslich der Anlage ist vorgelesen, von den Beteiligten genehmigt und von ihnen eigenhändig, wie folgt, unterschrieben worden.

gez. Luise gen. Lisa [redacted]
„ Margarete [redacted]
„
„
„

Wülfel 299/31

Linke Seite: Der Kaufvertrag zwischen der Ehefrau Wilhelm Keitels und dem Reichsfiskus über das Grundstück Wölpfelde bei Hannover, das für den Bunkerbau benötigt wurde.

nahme der Bauarbeiten für den Bunker des Rote-Kreuz-Krankenhauses erfordert und eine Verzögerung aus Rücksicht auf private Belange nicht vertreten werden kann. Ich habe deshalb das Luftschutz-Bauamt beauftragt, mit den Abbrucharbeiten zu beginnen.«[117]

Doch nicht nur Einzelpersonen, auch Organisationen der Nationalsozialisten, wie die Kreisbauernschaft Bremen, wehrten sich gegen die Vereinnahmung von Grundstükken für den Bunkerbau. Bei den Verhandlungen über die Grundstücke sahen die Funktionäre der örtlichen NSDAP-Gliederungen die Chance, sich für die Belange der Grundstückseigentümer einzusetzen und damit ihren Beliebtheitsgrad wieder zu erhöhen, der mit den zunehmenden Bombenschäden stark gelitten hatte. Als zum Beispiel der Bunker »B 11« in Bremen geplant wurde, legte Grundstückseigentümer Schweer am 22. Januar 1942 Einspruch ein. Die NSDAP-Ortsgruppe Bremen-Mahndorf wies in einem Brief an den Bremer Polizeipräsidenten darauf hin, Schweer brauche das Stück Land zu seinem kargen Lebensunterhalt, und dieser konnte es behalten.[118]

Waren die Eigentümer prominente Persönlichkeiten aus der NS-Hierarchie selbst, ging man äußerst vorsichtig vor. Als in Hannover zum Beispiel ein Grundstück in Wölpfelde für den Bunkerbau erworben werden sollte und sich herausstellte, daß zur Erbengemeinschaft auch Luise F. gehörte, die mit Wilhelm Keitel, dem Chef des Oberkommandos der Wehrmacht (OKW), verheiratet war, wurden die Verhandlungen mit großer Behutsamkeit geführt – von beiden Seiten übrigens. Keitel war bemüht, sich an den gängigen Grundstückspreisen zu orientieren, um nicht in den Ruf eines Geschäftemachers zu kommen. Und ein anderer Punkt war ihm noch wichtig: In einem Zusatz vermerkte er, daß er gesteigerten Wert darauf lege, daß an dem Grundstücksgeschäft keine Juden beteiligt seien.[119]

Gegenüber einfachen Privatpersonen trat man jedoch meist weniger zurückhaltend auf. Als eine Frau bei den Verhandlungen um den Verkauf des Grundstücks Pfarrlandplatz in Hannover einen Rechtsanwalt hinzuzog, da ihr Mann an der Front war und sie nicht beraten konnte, wurde auf den Advokaten Druck ausgeübt: Wenn er weiter die Interessen seiner Mandantin vertrete, würde er schon sehen, was er davon habe. Der Anwalt knickte ein und zog sich zurück.[120] Hielten die Eigentümer ihren Widerstand aufrecht, drohten die Behörden bei Bedarf auch mit entschädigungsloser Enteignung wie bei dem Grundstück von Familie Salges in Hannover. »Und da hat man ihm gesagt, es gibt zwei Möglichkeiten: Entweder Sie sagen ja, dann werden Sie entschädigt ..., oder aber es würde enteignet und dann gebe es nichts.«[121]

Vor dem Hintergrund der Vernichtungspolitik gegenüber den Juden wirkt es verwunderlich, aber in den Akten ist auch ein Fall belegt, bei dem die Verwaltungsstellen selbst noch 1942 versucht haben, ein Grundstück von einer jüdischen Institution legal zu erwerben. Allerdings hat die Israelitische Gemeinde in Hannover für das in bester Lage gelegene Grundstück in der Lönsstraße nur 16 RM pro Quadratmeter erhalten.[122] Keinerlei Zurückhaltung mußten die Behörden bei der Nutzung von »natürlichen Baulücken« zeigen. Als solche zählten in den Augen der Machthaber auch jene Grundstücke, auf denen ursprünglich Synagogen gestanden hatten, die 1938 in den antisemitischen Pogromen der »Reichskristallnacht« zerstört worden waren. Beispiele für solche Aneignungen finden sich in Hannover, Braunschweig und Hamburg.

Transportprobleme und Baustoffmangel

Die Bunkerbaustellen waren in der Anfangszeit meist großzügig mit schwerem Arbeitsgerät ausgestattet. Der Einsatz von Bulldozern, Baggern, Betonpumpen sowie die Verwendung von Muldenkippern, gezogen von Lokomotiven auf Feldbahnen, waren keine Ausnahme. Aggregate, Förderbänder, Betonmischer, Rammgerät für Pfahlgründungen standen ebenfalls zur Verfügung.

Auch die Kapazitäten für den Baustofftransport waren bis zu den unmittelbaren Vorbereitungen des Überfalls auf die Sowjetunion im Juni 1941 ausreichend, ebenfalls die Treibstoffkontingente. Das änderte sich danach dramatisch, da jetzt der Kriegsbedarf die absolute Priorität erhielt. Betriebsstoff jeder Art wurde zur Mangelware, und man zog immer mehr Bau- und Transportfahrzeuge ab.[123]

Zu Beginn des Bunkerbaus stellte auch die Wehrmacht Geräte und Arbeitskräfte zur Verfügung.

Die Anlieferung der Baustoffe erfolgte nun vermehrt mit Straßenbahnen oder Pferdefuhrwerken. Mit Holzvergasern ausgerüstete Kraftfahrzeuge brachten eine gewisse Entspannung. Letztlich löste das aber nicht die Probleme, da auch die für die Kiesanlieferung benötigten Binnenschiffe unter den Treibstoffengpässen litten. Die Reichsbahn konnte durch die Verpflichtungen beim Truppentransport und zunehmende Kohleknappheit auch nicht aushelfen.

Aber nicht nur die Transportkapazitäten schrumpften immer weiter, auch die Versorgung mit Baumaterialien wurde im Laufe des Krieges zunehmend schwieriger. Schon Ende der dreißiger Jahre waren alle Reserven bei der Zementproduktion ausgeschöpft. Kurzzeitig gab es dann nach dem Überfall auf Polen eine leichte Verbesserung der Lage, da 17 polnische Zementwerke mit einer Leistungsfähigkeit von zwei Millionen Tonnen Portlandzement hinzukamen, doch ab Sommer 1941 mußten von Todt wieder Kontingentkürzungen vorgenommen werden.[124] Ab Sommer 1942 führte außerdem die stockende Anlieferung von Kohle noch zu zeitweiligen Produktionseinstellungen. Die geringer werdenden Materialien mußten zudem auf immer mehr Projekte verteilt werden, wobei die rein militärischen natürlich Vorrang hatten. Auch an Holz mangelte es stets. Die Verschalungen und Baugerüste verschlangen Unmengen an Rund- und Schnittholz, das zum Teil von weit her angefahren werden mußte. Man ging dazu über, die Einschalungen mit Metallplatten vorzunehmen, da diese mehrmals genutzt werden konnten. Die Misere bei der Holzbereitstellung ging so weit, daß Reichsforstmeister Göring mit Erlaß vom 30. September 1944 die Bevölkerung verpflichtete, sich das für Luftschutz-Bauprojekte notwendige Holz selbst zu schlagen.[125]

Auch das Ausbleiben der Stahllieferungen für die Armierung brachte den Bau vielerorts zum Stillstand. Die Stahlkontingente waren zunächst noch gedeckt, doch gab es Verzögerungen bei der Auslieferung. So wurde das für das IV. Quartal 1941 bestimmte Kontingent von 102 000 Tonnen erst im I. Quartal 1942 bereitgestellt. »Tritt in dieser Sachlage keine Änderung ein«, so in einem Lagebericht von Mitte September 1941, »dann wird das gesamte [Bunkerbau-]Programm um mindestens drei Monate verzögert werden.«[126]

Der allgemeine Materialmangel machte sich auch bei der Inneneinrichtung bemerkbar. Be- und Entlüftungsanlagen wie Notstromaggregate waren nur noch schwer zu beschaffen. Eine Lieferung von gassicheren Abschlußtüren für Luftschutzstollen im Gebiet Watenstedt-Salzgitter war ab 1944 unmöglich. In Salzgitter schlug man beispielsweise vor, nasse Tücher statt dessen in die Eingänge zu hängen.[127]

Unter diesen Bedingungen half auch die strenge Qualitätskontrolle wenig. Bereits kurz nach Start des »Sofortprogramms« hatte Todt eine eigene Baukontrolle eingerichtet. Den Bürgermeistern der beteiligten Städte gegenüber ließ er am 22. November 1940 verlautbaren: »Mit dem Beginn der Betonierungsarbeiten beabsichtige ich eine Baukontrolle einzuführen. Die Organe der Baukontrolle unterstehen mir.«[128] Die Kontrolle zielte vor allem auf die Betonqualität, um die Verwendung eines »bestmöglichen« Betons sicherzustellen.[129] Bei Unterschreitung der vorgeschriebenen Druckfestigkeit drohten hohe Geldstrafen.[130] Offensichtliche Betrügereien und Bestechungen wurden sogar mit Todesstrafe geahndet, wie in Berlin geschehen.[131]

Bei Baumängeln aufgrund fehlender Zulieferungen oder falscher Technologien blieb jedoch nichts anderes übrig, als die Bunker aus der Liste bombensicherer Luftschutzbauten zu streichen. Dieser Fall ist in Wesermünde aufgetreten. Der Generalbevollmächtigte-Bau schrieb am 17. Dezember 1942 an den Oberbürgermeister der Stadt: »Aufgrund der Feststellungen bei der Besichtigung des Reichsbahnbunkers in Wesermünde kann das Bauwerk nicht als bombensicher bezeichnet werden. Durch die Arbeitsweise des Klotz-Gleitverfahrens waren die einzelnen Tagesleistungen in ihrer Steighöhe von der Schalung abhängig. So konnte höchstens bis zu einer täglichen Höhe von 1,30 m hoch betoniert werden, dadurch entstand in jedem Geschoß eine zusätzliche Arbeitsfuge mit einer Unterbrechungsdauer von mindestens zehn Stunden.« Es wurden weitere Fugen festgestellt. »Das Bauwerk ist daher nur als Sonderbau zu bewerten und demgemäß auch abzurechnen.« Die Differenzkosten gingen zu Lasten der Firma.[132]

Baufirmen und Arbeitskräfte

Fast die gesamte deutsche Bauindustrie war am »Sofortprogramm« beteiligt, allen voran die Giganten der Branche: Philipp Holzmann, Hoch-Tief, Boswau & Knauer, Wayss & Freytag, Ed. Züblin, Dyckerhoff & Widmann AG (Dywidag). Diese Großunternehmen unterhielten in vielen Städten Niederlassungen, die im Konkurrenzkampf mit den ansässigen mittelständischen Unternehmen standen. Der Vorteil der Großen bestand aber darin, daß hochrangige Mitarbeiter von ihnen, wie zum Beispiel der Technische Direktor der Holzmann-Niederlassung in Hannover, als Verbindungsleute zu den Gebietsbeauftragten des Generalbevollmächtigten-Bau eingesetzt wurden. Die Kapazitäten der kleineren Unternehmen wurden über Arbeitsgemeinschaften (Arge) eingebunden. Dies betraf insbesondere Handwerksbetriebe, die die Innenausbauten durchzuführen hatten.

Bei der technischen Ausstattung lief es ähnlich: Siemens & Halske bauten die elektrischen Anlagen in die Luftschutzräume ein. Im Bereich der Schutzbelüftung war hauptsächlich das Drägerwerk in Lübeck vertreten, gefolgt von den Konkurrenten Auer (Oranienburg), Piller (Osterode-Harz) und Rheinwerk (Wuppertal-Barmen). Die Diesel-Aggregate und Elektromotoren stammten unter anderem von Deutz (Köln), Siemens und der AEG.

Die dem Bunkerbau zugeordneten Firmen wurden von

Deutsche Bauarbeiter und Zwangsarbeiter unter Aufsicht der SS auf der Bunkerbaustelle Rosenstraße in Oldenburg 1944.

den Arbeitsämtern erfaßt und samt den bereitzustellenden Arbeitskräften in verbindliche Listen aufgenommen. Aber auch die zentrale Verwaltung konnte nichts daran ändern, daß die Größe des Bunkerbauprogramms die Möglichkeiten des deutschen Arbeitsmarktes weit überstieg. Zwar hatte das Reichsluftfahrtministerium am 13. Oktober 1940 verlautbaren lassen, daß die Probleme des Arbeitskräftemangels auf »Führerbefehl« hin beseitigt wären, doch per Dekret ließ sich der Mangel nicht aus der Welt schaffen. Im November 1940 waren im Deutschen Reich 840 000 Bauarbeiter registriert, von denen allein 670 000 ausschließlich für die Wehrmacht und die Rüstungsindustrie arbeiteten, auch wenn nach außen der Schein erweckt wurde, sie seien mehrheitlich mit dem Autobahnbau beschäftigt.[133] Von den restlichen Bauarbeitern standen für den Luftschutzbau lediglich 80 000 Arbeiter zur Verfügung, davon nur 50 000 für den unmittelbaren Bunkerbau. Eigentlich hätte man aber zur Bewältigung des »Sofortprogramms« mindestens 225 000 Arbeiter benötigt.[134]

»Gelöst« wurde die Diskrepanz durch einen Befehl von Todt: »Jedes im Bereich des im einzelnen für bauliche LS-Maßnahmen in Betracht kommenden Ortes an Rüstungsvorhaben beschäftigte Bauunternehmen kann im Verhältnis zu der Zahl der Gefolgschaftsmitglieder zur Durchführung der baulichen Luftschutz-Maßnahmen herangezogen werden und hat die ihm übertragenen Bauaufgaben neben seinen laufenden Aufgaben ohne Anspruch auf Verstärkung seiner Gefolgschaft durchzuführen.«[135]

Reichsluftfahrtminister Göring hielt es anfänglich auch für angemessen, notfalls Pionier- sowie Baubataillone der Teilstreitkräfte einzusetzen, wenn man andere wichtige Bauvorhaben nicht behindern wollte. Tatsächlich wurden in der Phase der I. Welle Bautruppen der Wehrmacht herangezogen. Im Luftgaukommando XI arbeiteten Heeresbautruppen in Watenstedt-Salzgitter, Hamburg, Hannover, Bremen und Kiel auf Bunkerbaustellen. Um den militärischen Einsatz im Bunkerbau zu koordinieren und die Effektivität des Einsatzes zu erhöhen, wurde in Hamburg der Pionier-Baustab Nord errichtet, der eine Außenstelle in Bremen eröffnete. Aber mit den Vorbereitungen des Überfalls auf die Sowjetunion im Juni 1941 wurden die Bautruppen der Wehrmacht fast völlig abgezogen.

Dies geschah in einer Zeit, als die Kapazitäten des Arbeitsmarktes bereits völlig ausgeschöpft waren und keine zusätzlichen Bauarbeiter zur Verfügung gestellt werden konnten.[136] So blieb nichts anderes übrig, als die Bauvorhaben zu reduzieren. In Hamburg legte man bereits im Juni 1941 77 Bunkerbaustellen still. Hinzu kamen 90 Luftschutzanlagen, die der Polizeipräsident in Auftrag gegeben hatte, bei denen aber noch nichts geschehen war.[137] Todt teilte dem Oberbürgermeister von Wesermünde am 29. Juli 1941 mit, daß Einschränkungen bei den baulichen Luftschutzmaßnahmen der II. Welle unvermeidlich seien: »Es sind nur noch die Bunkerbauten fertigzustellen, bei denen eine Einstellung technisch nicht vertreten werden kann. Dies gilt auch für noch nicht begonnene Bauten der I. Welle. Bunkerbauten, bei denen lediglich der Erdaushub begonnen wurde, können und sollen eingestellt werden.«[138]

Auf den verbliebenen Baustellen ging man verstärkt dazu über, Fremd- und Zwangsarbeiter einzusetzen. Im Luftgaukommando XI unterschied man auf den Bunkerbaustellen folgende Gruppen von Arbeitern: »Gefolgschaftsmitglieder«, das heißt feste deutsche Mitarbeiter der Baufirmen; freie deutsche Arbeiter; Bautruppen der Wehrmacht; Organisation Todt (OT); freiwillige deutsche Zivilbevölkerung; deutsche Strafgefangene; Häftlinge der Konzentrationslager (vorrangig Deutsche, aber auch andere Nationalitäten); freiwillig geworbene ausländische Zivilarbeiter (Italiener, Polen, Tschechen, Dänen, Belgier, Holländer); Zwangsarbeiter (Polen, Russen, Holländer); polnischer Arbeitsdienst; Kriegsgefangene (Franzosen, Belgier, Polen, Russen, Serben, Griechen) und Militärinternierte (Italiener).

Zur Verdeutlichung der Größe der einzelnen Gruppen können die Zahlen vom Juli 1940 für Berlin dienen. Von den 15 404 auf den Bunkerbaustellen Beschäftigten waren 4 914 Deutsche, 6 711 ausländische Zivilarbeiter, 3 490 Kriegsgefangene und 289 Strafgefangene.[139] Durch immer rigider durchgeführte Einberufungen zur Wehrmacht und Abordnungen zum Bau des Atlantikwalls ab Anfang 1942 sank der Anteil deutscher Arbeitskräfte stetig. Ab 1942 waren deutsche Bauarbeiter im Bunkerbau nur noch eine Minderheit, in Emden zum Beispiel weniger als zehn Prozent.

Bereits vor Beginn des »Sofortprogramms« hatte es Versuche gegeben, ausländische Arbeitskräfte für andere Bauprojekte in Deutschland anzuwerben. Nach Kriegsbeginn zogen die Verantwortlichen der einzelnen Baubehörden direkt in die besetzten Gebiete, um Arbeiter nach Deutschland zu holen. So kamen beispielsweise im September 1940 238 Niederländer nach Bremen, gefolgt von weiteren 757 im Oktober 1940. Allerdings schienen sich die holländischen Bauarbeiter für die Bunker ihrer Besatzer nicht so einzusetzen, wie es die deutschen Auftraggeber gern gesehen hätten. Von den der Luftschutz-Zentralabteilung zugeordneten Holländern wurden 150 aus Gründen »körperlicher Unfähigkeit, mangelnder Eignung oder der Arbeitsscheu« als nicht verwendungsfähig eingestuft.[140] Zu Beginn des Jahres 1941 entschloß man sich, die holländischen Arbeitskräfte gegen italienische auszutauschen, die von den Behörden als arbeitswilliger bezeichnet wurden.[141]

Doch gerade die Beschäftigung von italienischen Arbeitern führte zu verschiedenen Auseinandersetzungen. Sie waren in der Mehrzahl schon Ende der dreißiger Jahre den Anwerbungen gefolgt und als Vertragsarbeiter der Industrie nach Deutschland gekommen. Allerdings trat ihnen die Mehrzahl der deutschen Bevölkerung mit Verachtung entgegen, obwohl Italien Verbündeter und Achsenpartner war. Diese Ablehnung machte sich auch im Arbeitsklima auf den Baustellen bemerkbar. Auch von staatlicher Seite wurden die Italiener abqualifiziert, indem ihnen zum Beispiel das Aufsuchen von Bunkern verwehrt war. So kam es deshalb in Wilhelmshaven zu Massenschlägereien zwischen Italienern und Deutschen. In Bremen wurde Polizei bemüht, um die italienischen Insassen eines nahegelegenen Lagers bei Fliegeralarm am Aufsuchen eines Bunkers zu hindern. Für nichtdeutsche Arbeitskräfte waren lediglich Splittergräben vorgesehen, was unter den Italienern zunehmend Verbitterung hervorrief und sogar auf diplomatischer Ebene für Turbulenzen sorgte. Als die Briten in der Nacht zum 6. Juli 1941 einen Angriff auf Watenstedt-Salzgitter flogen und auch die »Italienerlager« 11 und 36 schwer getroffen wurden, starben 51 Arbeiter, 63 wurden verletzt. Daraufhin wanderten 750 Italiener ab, von denen einige erst wenige Tage zuvor angekommen waren.[142] Andere italienische Arbeitskräfte kehrten von ihren Heimatbesuchen oder Urlauben nicht wieder zurück oder verzichteten auf eine Verlängerung ihrer Arbeitsverträge.

Die deutschen Behörden beunruhigte dabei vor allem, daß die Verstimmung unter den italienischen Bundesgenossen ein Ausmaß annahm, das die termingerechte Weiterführung des Bauprogramms gefährdete. In Wesermünde geriet zum Beispiel der Bau des Reichsbahnbunkers wegen der Abwanderung italienischer Arbeiter ins Stocken. In einem Schreiben des Arbeitsamtes Wesermünde wurde deshalb dazu aufgefordert, daß man doch abfällige Bemerkungen über die Italiener vermeiden solle.[143] Man sah sich auch auf oberster Ebene veranlaßt, die Notbremse zu ziehen und »Richtlinien des deutschen Volkes gegenüber seinen Bundesgenossen« zu formulieren. Am 14. November 1941 schrieb der Reichsminister für Wissenschaft, Erziehung und Volksbildung, Bernhard Rust: »Wir Nationalsozialisten wissen, daß aufgrund der rassischen Zusammensetzung die Stärke und der Schwerpunkt der Begabung der einzelnen Völker unterschiedlich sind und auf ganz verschiedenen Gebieten liegen. Es ist daher nicht angängig, Vergleiche zwischen den Leistungen einzelner Völker zu ziehen.«[144] Dennoch blieb den Italienern der Zugang zu den Bunkern verwehrt.[145]

Die Angst vor diplomatischen Verwicklungen fiel dagegen beim Einsatz von Kriegsgefangenen völlig weg. Neben den Italienern bildeten Ende 1940 und im Frühjahr

Da die Zahl der Krankenhausbunker bei weitem nicht ausreichte, wurden in zahlreichen Luftschutzbauten Sanitätsstellen eingerichtet, wie hier das Wehrmachtslazarett im Bunker Emden-Lookvenne. (Nachkriegsaufnahme)

1941 Kriegsgefangene aus Frankreich, Belgien und Polen die größte Gruppe ausländischer Arbeitskräfte. Im Sommer 1941 kamen noch serbische, griechische und im Spätsommer russische Kriegsgefangene hinzu. Zum Beispiel waren unter den 1 279 Arbeitskräften auf Bremer Bunkerbaustellen im August 1942 390 Kriegsgefangene. Ab der zweiten Hälfte des Jahres 1943, nach dem Sturz Mussolinis, mußten auch italienische Militärinternierte, die sogenannten Badoglios[146], deutsche Bunker bauen. Britische und amerikanische Kriegsgefangene wurden dagegen nicht auf den Bunkerbaustellen des Luftgaukommandos XI eingesetzt.

Parallel dazu wurde die Zivilbevölkerung der okkupierten Länder in oft brutaler Weise zu Arbeitseinsätzen in Deutschland gezwungen. Insbesondere die in der rassistischen Hierarchie der Nationalsozialisten ganz unten stehenden »Ostarbeiter«, also Russen, Weißrussen und Ukrainer, wurden auf die Bunkerbaustellen getrieben. Selbst Frauen mußten auf den Baustellen arbeiten. Mit der Ernennung von Fritz Sauckel zum Generalbevollmächtigten für den Arbeitseinsatz stieg 1943 nach exzessiven Menschenjagden in Mittel-Osteuropa die Zahl der Zwangsarbeiter stark an. Im März 1944 befahl Hitler schließlich, daß Polizeikräfte in den besetzten Gebieten die »Rekrutierung« von 450 000 Arbeitskräften gewährleisten sollten, von denen 250 000 für den Luftschutzbau vorgesehen waren.[147] Wie viele dieser Zwangsarbeiter dann tatsächlich auf den Bunkerbaustellen gearbeitet haben, ist heute nur noch schwer festzustellen. Insgesamt waren bei Kriegsende über sechs Millionen Zwangsarbeiter in Deutschland, darunter 1,7 Millionen Polen (bis 1944) und 2,5 Millionen Menschen aus der Sowjetunion (ab 1942).

Zusätzlich mußten deutsche Strafgefangene ab 1942 auf diesen Baustellen arbeiten. Ende 1940 war die Forderung des Bremer Senators und Reichsverteidigungskommissars Fischer, für das »Sofortprogramm« 500 Strafgefangene bereitzustellen, noch abgelehnt worden. Aber im Januar 1942 kamen dann 300 Häftlinge auf Bremer Baustellen.[148] Die Insassen der Strafanstalt Bremen-Oslebshausen fertigten Schaltschränke für Bunker oder wurden direkt beim Bau eingesetzt. Am 16. August 1943 kam mit Billigung des Reichsjustizministers Otto Thierack auch eine Einigung zwischen der Stadt Wesermünde und der Haftanstalt Wesermünde-Lehe zustande, so daß fortan 120 Strafgefangene für Luftschutzarbeiten herangezogen wurden. Während die Arbeitsbedingungen der deutschen Strafgefangenen zwar als hart, aber nicht unbedingt als grausam galten, waren sie für KZ-Häftlinge oftmals geradezu mörderisch. Der Zeitzeuge Karl Traupe berichtet über die Bedingungen der Häftlinge im »Arbeitserziehungslager 21« in Salzgitter-Hallendorf beim Bau des Braunschweiger Kreisbefehlsstandes Am Nußberg 1944: »Unter strenger polizeilicher Bewachung wurden sie unter primitivsten, menschenunwürdigen Verhältnissen rund um die Uhr angetrieben. Der Aushub der tonhaltigen Erd- und Geröllmassen mußte in Loren verladen werden. Sie wurden von den ausgemergelten, ständig zum Laufen angetriebenen Häftlingen auf Rampen hochgerollt und dort abgekippt.«[149]

Schrecklicher noch war es in Bremen. Beim Bau des U-Boot-Produktionsbunkers »Valentin« starben mindestens 4 000 Häftlinge aus dem KZ Neuengamme an Mißhandlungen, Erschöpfung, Unterernährung und mangelnder medizinischer Versorgung.[150] Der Einsatz von KZ-Häftlingen beim Bunkerbau in Bremen selbst führte zu einer ungewollten Begegnung mit der Bevölkerung, was Entsetzen und Empörung über die katastrophalen Bedingungen auslöste. Die SS entschied daraufhin, daß dies »nicht mehr geduldet werden« könne,[151] und befahl am 15. April 1944 den Abzug von den Bunkerbaustellen, obwohl Baurat Assmann darauf hingewiesen hatte, daß die Bunkerarbeiten so zum Erliegen kommen würden.[152]

Letztlich konnte aber auch der Einsatz von Gefangenen, Häftlingen und Zwangsarbeitern die Probleme auf dem Arbeitsmarkt nicht mehr lösen. Die im Sommer 1944 im großen Maßstab ausgeführte »AZS-Aktion« (Auskämmung des Zivilen Sektors) für die Front reduzierte endgültig die Zahl der deutschen Arbeiter auf eine minimale Größe. Der Rückzug aus den besetzten Gebieten beendete den Zustrom von Zwangsarbeitern. Mit der Ausrufung des »Volkssturms« und der Mobilisierung aller Kräfte für den »Endsieg« im Herbst 1944 war die NS-Politik des Bunkerbau-Zwangseinsatzes endgültig gescheitert. Die Arbeiten kamen praktisch zum Erliegen.

Bunker der Wirtschaft und der Streitkräfte

Das »Führer-Sofortprogramm« beinhaltete im wesentlichen den Bau von Anlagen des sogenannten Selbstschutzes, die für die Zivilbevölkerung der Städte bestimmt waren. Sie bildeten insgesamt den größten Teil der zivilen bombensicheren Luftschutzbauten im Zweiten Weltkrieg. Von den geplanten 1 135 im Luftgaukommando XI nachweisbaren Bunkern waren ungefähr 800 für den Selbstschutz gedacht. Dazu gehörten Hoch- und Tiefbunker genauso wie Luftschutztürme und -stollen. Mit den Mitteln des »Sofortprogramms« sind auch Krankenhausbunker finanziert worden, die die Aufrechterhaltung einer medizinischen Notversorgung gewährleisten sollten. Parallel zum »Sofortprogramm« entstanden Bunker der Reichsbahn und der Industrie, womit Beschäftigte der Produktionsbetriebe und Bahnreisende Schutz vor Bombenangriffen erhielten. Zusätzlich gebaute Werkluftschutzbunker sollten verhindern, daß die Produktion kriegswichtiger Güter durch gezielte Angriffe aus der Luft empfindlich getroffen werden konnte. Weitere Bunker gab die Wehrmacht in Auftrag für ihre militärischen Anlagen, Geräte und nicht zuletzt für die Soldaten.

Mehr-Bett-Saal im Luftschutzbunker eines Krankenhauses. (Nachkriegsaufnahme)

Krankenhausbunker

Unmittelbar an Krankenhäuser angegliedert wurden nach 1940 zahlreiche Bunker, die im Falle eines Luftangriffs Patienten und Personal aufnehmen sollten. Diese Luftschutzbauten verfügten zumeist auch über eigene Operationsräume (OP-Bunker). Am Beispiel des Krankenhausbunkers »BK 1« der chirurgischen Klinik in Bremen lassen sich die verschiedenen Bereiche eines solchen Bunkers besonders klar erkennen. Im Erdgeschoß befanden sich die Maschinen- und Wirtschaftsräume, im ersten Obergeschoß fünf Krankensäle. Im zweiten Obergeschoß gab es zwei Krankensäle, mehrere kleine Krankenzimmer, zwei Operationssäle, Vorbereitungszimmer, eine Röntgendunkelkammer, einen Sterilisationsraum sowie Ruheräume für frisch Operierte. Im östlichen Eckbereich des Gebäudes befand sich ein sogenannter Exitus-Raum für tote Patienten. Ein Aufzug verband alle Stockwerke miteinander. Der heute noch vorhandene Bunker war mit dem Krankenhaus durch einen 16 Meter langen verbunkerten Zugang verbunden, durch den Patienten sicher in den Luftschutzbau gebracht werden konnten.

Kein Verbindungsgang war dagegen beim Bunker der Frauenklinik in Bremen erforderlich, da er direkt an die Klinik angebaut worden war. Jedes seiner fünf Geschosse war mit dem Hauptgebäude verbunden, und durch Rampen in den Übergängen konnten die Betten direkt in den Bunker geschoben werden.

Diese Krankenhausbunker waren nahezu von Anfang an Teil des »Sofortprogramms«. Das Reichsluftfahrtministerium hat bereits am 13. Oktober 1940 die besondere Beachtung dieser Bauten vorgeschrieben. »Bei der Festlegung der Dringlichkeitsreihenfolge ist der Bau bombensicherer Luftschutzrettungsstellen und bombensicherer Bauten für Krankenhäuser bevorzugt zu berücksichtigen.«[153] Da durch die Bombenangriffe viele Verletzte zu erwarten waren, sollte auf jeden Fall die medizinische Versorgung gewährleistet werden können. Ursprünglich war sogar geplant, alle Kranken in bombensicheren Räumen unterzubringen.

Eine derartige Bevorzugung von Krankenhausbunkern konnte die Bauwirtschaft aber nicht gewährleisten. Baurat Seywald, Leiter des Luftschutzreferats beim Generalbevollmächtigen-Bau, legte im Dezember 1941 fest, daß auf 15 Personenbunker höchstens ein Krankenhausbunker erstellt werden sollte.[154] Richtlinien für die Dimensionierung der Krankenhausbunker gab das Reichsluftfahrtministerium im Januar 1942 heraus: Hatte ein Hospital eine Aufnahmekapazität von 1 000 Patienten, sollte der zugehörige Bunker für 490 Liegestätten ausgelegt sein. Für je fünf Liegestätten war eine Schwester vorgesehen, dazu für jeden Operationsraum weitere fünf Personen. Ein Operationsbunker mußte zwei Operationsräume aufweisen.[155] Für die medizinische Ausstattung, die Wartung und Instandhaltung der Bunker hatten die Krankenanstalten selbst aufzukommen, ebenso wie für den Einbau von Lasten- und Personenaufzügen.

Krankenhausbunker waren bei Luftangriffen stets voll zu belegen. Schwerkranke und Patienten, die nicht oder nur schwer zu transportieren waren, sollten bevorzugt in den Bunker verlegt werden, ebenso Schwangere kurz vor und nach der Entbindung sowie Säuglinge und Kleinstkinder. Männer und Frauen waren getrennt untergebracht, und auch Kinder lagen in eigenen Bereichen des Krankenhausbunkers. Um die Ansteckungsgefahr zu verringern, war eine Unterteilung nach Krankheitsbildern vorgesehen. Man unterschied eine chirurgische von einer medizinischen Gruppe. Menschen mit Tuberkulose oder mit Haut- und Geschlechtskrankheiten sollten getrennt untergebracht werden, und für die Abteilung für Infektionskrankheiten war sogar ein eigener Eingang vorgeschrieben.[156] Operationssäle und Entbindungsräume mußten sich grundsätzlich auf der Geschoßhöhe befinden, auf der die entsprechenden Räume des anschließenden Krankenhauses lagen, um den Transport zu vereinfachen. Die

Operationsbunker des Klinikums Hamburg-Eppendorf.

Belüftung durfte nur mit Frischluft erfolgen, also nicht im Umluftbetrieb, bei dem die Innenluft im Bunker durch die Luftfilter geleitet wurde, um sie zu reinigen. Dies hätte die Infektionsgefahr stark vergrößert.[157]

Da die Verlegung der Kranken im Falle eines Angriffs in die Bunker hinein und anschließend zurück ins Krankenhaus sehr aufwendig war – bettlägrige Patienten mußten bei blockierten Aufzügen im Notfall getragen werden[158] –, erhielten die Krankenhäuser schon vor dem allgemeinen Alarm eine Nachricht von der Luftschutzmeldestelle, um die Umbettungen rechtzeitig vornehmen zu können. Dennoch kam es manchmal zu überraschenden Angriffen, was dann »ein tüchtiges Durcheinander« hervorrief, wie sich die Zeitzeugin Ingeborg Wark aus Bremen erinnert. Deshalb wurden die Patienten ab 1943 bereits bei Voralarm in den Bunker gebracht. Zu diesem

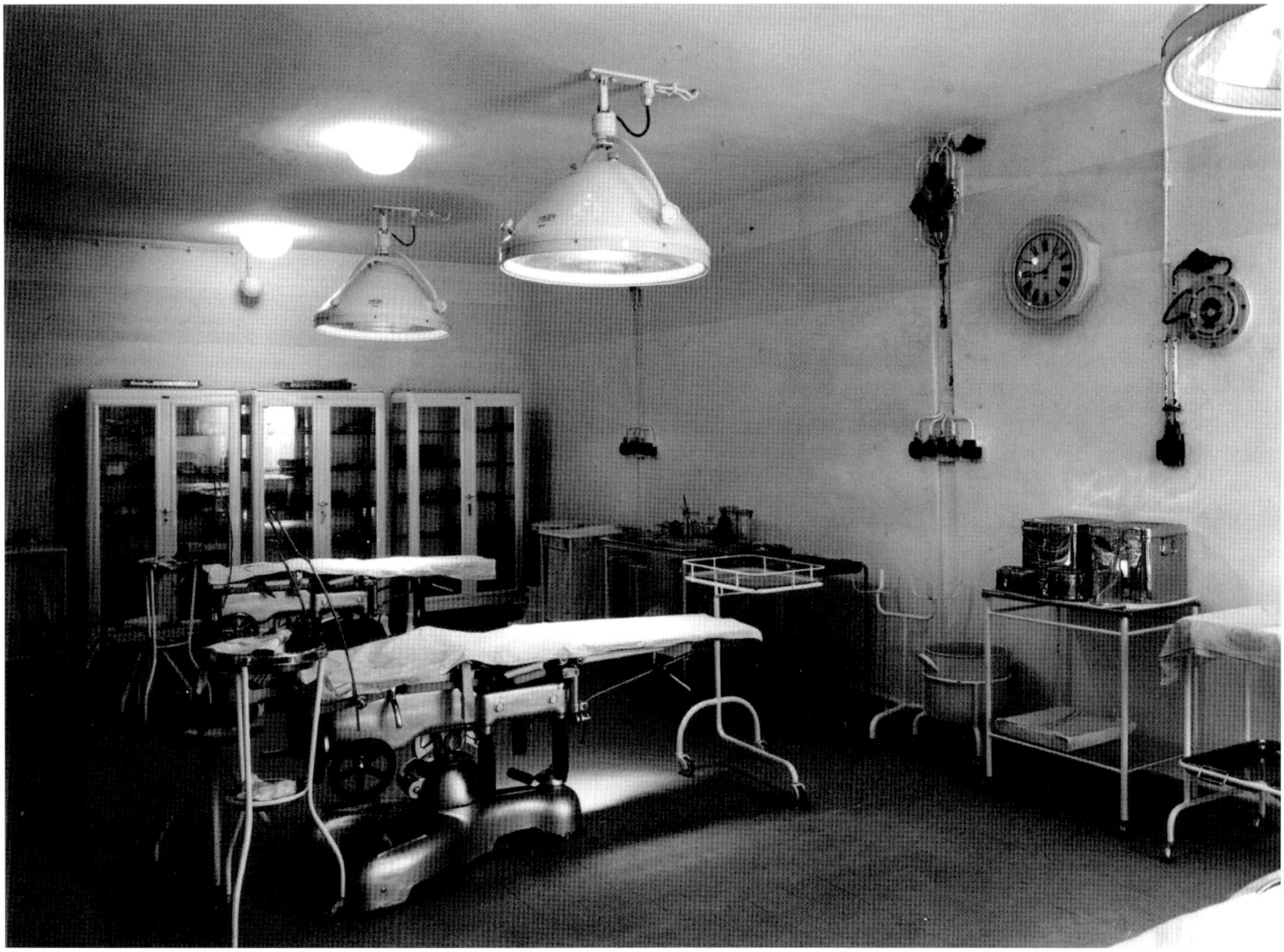

Dieser beispielhaft ausgestattete Operationssaal in einem Bunker war die Ausnahme. Im Kriegsalltag fehlte es meist an den notwendigsten Instrumenten.

Zeitpunkt waren aber manche Krankenhäuser schon derart zerbombt, daß die Patienten sowieso im Bunker blieben – ohne Tageslicht und nur durch die Lüftung mit frischer Luft versorgt. Bei häufigen Luftangriffen fanden Operationen grundsätzlich im Bunker statt, da man die Eingriffe ja nicht einfach unterbrechen konnte. Selbst medizinische Prüfungen, etwa für Schwesternschülerinnen, fanden in den Bunkern statt.[159]

Im Bereich des Luftgaukommandos XI entstanden insgesamt etwa 40 Sanitätsstollen, Krankenhausbunker und Bunker des Selbstschutzes, die Operationssäle enthielten. Die Verteilung auf die einzelnen Städte war dabei aber höchst unterschiedlich.

Die meisten Krankenhausbunker erhielt Hamburg. Allein auf dem Gelände des heutigen Universitätsklinikums Eppendorf wurden drei gebaut. Hinzu kamen die Krankenhausbunker Marckmannstraße (Kinderkrankenhaus), die Station des Tropenkrankenhauses im Geschützturm des Flak-Turmpaars auf dem Heiligengeistfeld, die Operationsbunker der Kliniken St. Georg, Finkenau, Barmbek,

Altona und Bülowstraße. Trotz der großen Dringlichkeit, die das Reichsluftfahrtministerium den Krankenhausbunkern bereits zu Beginn des »Sofortprogramms« zuerkannt hatte, zog sich in Hamburg der Bau dieser Bunker lange hin. Noch am 4. September 1942, als die II. Welle bereits über ein Jahr lief, mußte der Baudirektor des städtischen Hochbauamtes die Vollendung der Operationsbunker anmahnen. Er betonte, daß »die Fertigstellung ... mit Rücksicht auf die durch Luftangriffe geschaffenen besonderen Verhältnisse mit allergrößtem Nachdruck zu betreiben« sei.[160] Plangemäß hätten sieben Operationsbunker zwischen September und Dezember 1942 betriebsbereit sein sollen. Da sich der Innenausbau aber verzögerte, waren die Bunker für die Chirurgie des Krankenhauses in Altona und für das Krankenhaus St. Georg erst ab März 1943 nutzbar. Zu diesem Zeitpunkt waren bereits die beiden Bunker beim Universitätsklinikum, der Bunker des Krankenhauses Barmbek sowie behelfsmäßig die Bunker der Frauenkliniken Altona und Finkenau in Funktion, allerdings mit erheblichen Mängeln im Belüftungssystem. In keinem der Bunker waren eigene Stromerzeugungs- und Wasserversorgungseinrichtungen vorhanden.[161]

In Bremen wurden insgesamt sieben Krankenhausbunker gebaut, die zwei bis fünf Stockwerke aufwiesen. Sie boten zwischen 100 und 250 Patienten Platz und hatten 40 bis 100 Personalbetten. In fast allen Bunkern gab es zwei Operationsräume. Eine Ausnahme bildete der Bunker der Frauenklinik, der nur einen Operations-, dafür aber zwei Entbindungsräume besaß.

Mit dem Bau des ersten Krankenhausbunkers, dem »B 21« Rutenbergstift[162] des Allgemeinen Bremer Krankenhauses (heute Zentralkrankenhaus St. Jürgens), begann man bereits am 21. November 1940. Es folgte im Februar 1941 der Bunker »BK 1« für die chirurgische Klinik des Allgemeinen Krankenhauses. Diese beiden Bunker wurden im Mai bzw. Juni 1942 der Nutzung übergeben. Im Frühjahr 1943 folgte die Übergabe des Bunkers für das Diakonissenkrankenhaus, obwohl dieser noch nicht fertig war. Die Schwestern mußten deshalb durch knöcheltiefes Regenwasser, das an undichten Stellen eingedrungen war, die Patienten ohne Aufzug vom Krankenhaus in den Bunker verlegen.[163] Die formale Übergabe des Bunkers für das Krankenhaus St. Josefstift erfolgte kurz darauf im Juni

Silvesterfeier der Sanitäter und DRK-Helfer im Bahnhofsbunker Hannover zum Jahreswechsel 1944/45.

1943, doch die Freigabe zur Nutzung kam erst ein Jahr später, im Juli 1944.

Ähnlich verhielt es sich mit dem Bunker für die Frauenklinik. Er wurde ebenfalls im Juni 1943 übergeben, aber noch am 16. August 1943 schrieb der ärztliche Direktor der städtischen Krankenanstalten, daß der Bunkerbau der Frauenklinik so langsame Fortschritte mache, »daß die Erfüllung seines Zweckes für nicht absehbare Zeit in Frage gestellt zu sein scheint«.[164] Es standen in dieser Zeit so wenig Arbeitskräfte zur Verfügung und die Baustoffe waren so knapp, daß für die Beschleunigung des Bunkerbaus der Frauenklinik die Baustellen zweier anderer Krankenhausbunker stillgelegt werden mußten.[165] Zusätzlich behalf man sich damit, daß die Stärke der Außenmauern von ursprünglich geplanten 2,50 Metern auf 2,00 Meter reduziert wurden.

In Wilhelmshaven wurden auf dem Gelände der städtischen Krankenanstalt im Krieg vier Krankenhausbunker errichtet: das Marinelazarett, der Krankenhausbunker Virchowstraße und das Werftkrankenhaus. Im Tiefbunker auf dem Gelände der Kriegsmarinewerft war nach Augenzeugenberichten ebenfalls ein Operationsraum eingerichtet. Der vierte Krankenhausbunker enstand nach lan-

Mit den zunehmenden Patientenzahlen im Lauf des Krieges wurde es auch in den Krankenhausbunkern enger, und die üblichen »Stockbetteinheiten« mußten eingeführt werden.

gen Auseinandersetzungen um die geeignete Anbindung an das alte Haupthaus für das St.-Willehad-Hospital.
Entgegen der relativ guten Ausstattung mit Krankenhausbunkern in Hamburg, Bremen und Wilhelmshaven erhielt Hannover keinen speziellen Bunker für Krankenhäuser. Dafür waren verschiedene Luftschutzbauten mit Operationssälen ausgerüstet. Dies war der Fall bei der Gaubefehlsstelle, dem Tiefbunker unter dem Hauptbahnhof und dem Bunker Haltenhofstraße, der durch einen unterirdischen Gang mit dem nicht weit entfernten Nordstadtkrankenhaus verbunden war.
Bei den »wehrwirtschaftlichen«, das heißt für die Rüstungsindustrie bedeutenden Gemeinden wie Wolfsburg oder Salzgitter gab es keine Krankenhausbunker. In Wolfsburg wurden zwar zwei Bunker auf dem Gelände eines Behelfskrankenhauses geplant, aber nicht gebaut. Watenstedt-Salzgitter erhielt einen Krankenhausstollen (Drütte) sowie drei »Sanitätsstollen« (Salzgitter, Kniestedt und Salzgitter-Wasserloch).
In Braunschweig erhielten die Städtischen Kliniken in der Celler Straße drei Krankenhausbunker, darunter einen für Infektionskrankheiten und einen speziellen Operationsbunker. Die gute Ausstattung dieses Operationsbunkers machte auf die amerikanischen Soldaten im April 1945 einen so großen Eindruck, daß diese Anlage auch im *US Strategic Bombing Survey* anerkennend erwähnt wurde.[166] Ein weiterer Krankenhausbunker stand in der Holwedestraße zur Verfügung. Alle vier Krankenhausbunker stehen heute noch.
Daneben besaßen auch Kiel, Lübeck, Emden und Rostock medizinische Bunker, ebenso die Nordseeinseln Wangerooge, Sylt und Helgoland.[167]

Luftschutzanlagen der Deutschen Reichsbahn

Das Reichsluftfahrtministerium veranlaßte die Deutsche Reichsbahn am 25. Oktober 1940, zur Ergänzung des »Führer-Sofortprogramms« ein eigenes Bunkerbauprogramm in Angriff zu nehmen. Daraufhin entstanden zunächst unter den Hauptbahnhöfen Luftschutzanlagen, die für Zugpersonal und Bahnhofsbedienstete genauso zur Verfügung standen wie für Bahnreisende. Arbeitskräfte der Reichsbahn in Ausbesserungswerken und auf Güterbahnhöfen erhielten zumeist Luftschutztürme der Bauart Winkel. Nachdem die Alliierten ab 1943 ihre Luftangriffe auf die Transportwege verstärkten, wurden an Bahnstrecken und Eisenbahnknotenpunkten zudem in großer Zahl Ein-Mann-Bunker aufgestellt, die insbesondere für den Schutz von Zugführern bei Tieffliegerangriffen gedacht waren. Außerdem entstanden spezielle Bunker für Befehlsstellen wie den Knotenpunkt des reichsbahninternen Fernmeldenetzes BASA und Eisenbahnflugwarnzentralen. Bei Kriegsende gab es insgesamt etwa 200 bombensichere Bunker der Deutschen Reichsbahn sowie zahlreiche Luftschutzstollen und verbunkerte Dienststellen.

Gebaut wurde nach der Reichsbahn-Dienstvorschrift »DV 1 111« vom 15. Februar 1941, in der die Bestimmungen für Luftschutzmaßnahmen analog den »Anweisungen für den Bau bombensicherer Luftschutzräume« vom November 1940 zusammengefaßt worden waren. Eine Besonderheit bei den Anlagen der Bahn bestand darin, daß Bahnhofshallen oder Lokschuppen, die aufgrund iher Größe nicht bombensicher umbaut werden konnten, technisch so angelegt werden sollten, »daß möglichst keine Gesamtzerstörung der Bauten möglich ist, sondern nur räumlich begrenzte, rasch wiederherstellbare Teilschäden entstehen«.[168] Mit dieser Bauart wollte man den aufwendigen Schutz großer Anlagen umgehen. »Volltreffersichere Ausbildung der Gebäudeumfassungen (Gründung, Wände, Dach) ist daher – außer für Sonderzwecke – nicht vertretbar«, hieß es in der genannten Dienstvorschrift.
Bombensichere Bunker waren vornehmlich für den Schutz von Personen gedacht und sollten Bomben bis 300 kg standhalten. Aus wirtschaftlichen Gründen setzte man von Anfang an auf Hochbunker. Fehlte es jedoch an Platz, richtete man Luftschutzstollen ein, die in Halden oder großen Bahndämmen angelegt wurden, um die Erdüberdeckung zugleich als Volltrefferschutz zu nutzen.[169]
Wer diese Reichsbahnbunker in welcher Reihenfolge bei Alarm aufsuchen durfte, war in den Richtlinien vom Februar 1941 ebenfalls klar geregelt: »Bei allen für Reichsbahnbedienstete zu schaffenden LSR [Luftschutzräumen, M. F.] ist zu überlegen, daß vollausgebildete Reichsbahnbedienstete hochwertig und im Kriege kaum wieder ersetzbar sind und daß daher der Sicherheitsgrad der LSR für Reichsbahnpersonal nicht unter, sondern über dem benachbarter öffentlicher LSR bis zur Volltreffersicherheit liegen muß.« Die Luftschutzräume für Reichsbahnbedienstete sollten auch »möglichst getrennt von den LSR für Reisende, verteilt mitten im Dienstgebiet« angelegt werden. »Schon in der Führung der Zugänge ist darauf Bedacht zu nehmen, daß keine Vermischung von Reisenden und Bediensteten eintreten kann. Denn die Bediensteten müssen, auch wenn sie nicht als betriebswichtige Bedienstete mit Gasmasken und Splitterschutzdecken ausgerüstet auf ihren Dienstposten verbleiben müssen, ... einsetzbar bleiben.«[170]
Wie beim Bunkerbau in den Städten ging es auch bei der Reichsbahn nicht ohne Kompetenzgerangel ab. Reichsverkehrsminister Julius Dorpmüller beschwerte sich beispielsweise bei Göring darüber, daß die ersten Beschlüsse bezüglich der Reichsbahnbunker ohne genügende Beteiligung seines Ministeriums gefaßt worden waren.
Am 18. März 1941 schrieb er ihm: »Dem Luftschutz der Reichsbahnanlagen kommt ohne Frage im Rahmen des Gesamtluftschutzes eine besondere Bedeutung zu. Ich hätte es daher für eine Selbstverständlichkeit gehalten, daß bei der Bearbeitung Ihrer grundlegenden Erlasse, die die Durchführung der vom Führer erteilten Weisungen regeln sollten, mein Ministerium von Anfang an in ausreichender

Luftschutzturm der Reichsbahn Bauart Winkel auf dem Hauptgüterbahnhof in Hannover-Hainholz.

Der Reichsbahnbunker in Lehrte wurde zu Tarnzwecken im Stil eines Kleinstadtbahnhofs errichtet. (Nachkriegsaufnahme)

Form beteiligt worden wäre.«[171] Der Minister war auch nicht damit einverstanden, daß die Polizeipräsidenten die Reihenfolge und die Dringlichkeitsstufe bestimmen sollten. Das verletze die Souveränität seines Ministeriums. Gleichzeitig mußte er sich aber um ein gutes Einvernehmen bemühen, da die Reichsbahn angesichts ihres Personal- und Materialmangels für den Bunkerbau auf die Unterstützung des Reichsluftfahrtministeriums und des Generalbevollmächtigten-Bau, Fritz Todt, angewiesen war. Deshalb plädierte Dorpmüller auch dafür, den Bau der Luftschutzanlagen für die Reichsbahn in das »Sofortprogramm« zu integrieren.[172]

Göring gab den Protesten nach und übertrug am 2. Juli 1941 der Reichsbahn die volle Zuständigkeit: »Für den gesamten Eisenbahnluftschutz ist die Reichsbahn verantwortlich. Dazu gehören auch die Luftschutzmaßnahmen zum Schutze der Reisenden und des Personals.«[173] Die Luftschutzbauten der Reichsbahn wurden so in eigener Verantwortung von den zuständigen Stäben der Reichsbahndirektionen geplant und gebaut. Mitunter mußten allerdings Baupläne geändert werden, da sie den Vorgaben des »Sofortprogramms« nicht entsprachen. Außerdem mußten die Reichsbahnbunker zusätzlich von Vertretern der Oberbürgermeister abgenommen werden, und es konnte dabei passieren, daß sie danach vom Generalbevollmächtigten-Bau in ihrem Sicherheitsgrad zurückgestuft wurden. Am 2. Juli 1941 legte Göring ebenfalls fest, daß Baustoffe für die Reichsbahnbunker von den jeweili-

gen Dienststellen des Generalbevollmächtigten-Bau bewilligt und die Kosten über den Oberbefehlshaber der Luftwaffe abgerechnet werden sollten. Allerdings betraf das nur Bunker für Reisende, und das Luftschutzreferat beim Bevollmächtigten des Vierjahresplans hatte jeweils zu entscheiden, ob ein Bunker der Bahn in das »Sofortprogramm« aufgenommen wurde oder nicht. Bei einer Besprechung mit der Reichsbahndirektion Hamburg zum Bau des Bahnhofsbunkers in Kiel unterstrich ein Vertreter des Luftgaukommandos XI am 20. Juli 1941 noch einmal, daß die Bereitstellung bestimmter Baustoffkontingente im Rahmen des »Sofortprogramms« nur für Luftschutzanlagen in Frage komme, die für Reisende errichtet würden. Für reine Werkluftschutzbunker hätte die Reichsbahn selbst zu sorgen.
Der größte der Bahnhofsbunker entstand in Hannover unter dem Ernst-August-Platz. Um die Zeit des schwächsten Zugverkehrs zu nutzen, wurden die Bauarbeiten Neujahr 1941 begonnen und erstreckten sich dann bis 1942. Der Bunker war für 5 000 Plätze ausgelegt, tatsächlich suchten hier später aber bis zu 12 000 Menschen Schutz. Die Bunkeranlage mit fast 2 500 Quadratmetern besaß zudem eine komplett eingerichtete Krankenhausstation und barg die BASA-Fernmeldezentrale der Reichsbahn. Obwohl bekannt war, daß bei längerer Aufenthaltsdauer die Frischluftzufuhr für die vielen Menschen zu gering war, strömten bei Alarm viele Hannoveraner hierher. Da der Tiefbunker eigentlich nur für Reisende und Zugpersonal gedacht war, versuchte man den Zutritt auf diese Gruppe zu beschränken. Die schutzsuchenden Anwohner lösten daraufhin eine beliebige billige Fahrkarte und erwarteten vor Angriffen den wahrscheinlichen Nachtalarm in der Bahnhofshalle. Daraufhin kam es zu Tumulten beim Einlaß und zu der Entscheidung, den Bunker in der ersten Jahreshälfte 1944 ganz zu schließen. Nachdem die Alliierten ihre Bombenangriffe jedoch im Juni 1944 verstärkt hatten, erzwang der Polizeipräsident bei der Reichsbahndirektion im Juli 1944 die erneute Öffnung des Bahnhofsbunkers. Ihm wurde allerdings das Zugeständnis abgerungen, dies nicht zu publizieren und die Bunkerbesucher in den ersten Wochen durch die Schutzpolizei kontrollieren zu lassen.

Werkluftschutzbunker

Neben dem Schutz der Zivilbevölkerung war es von Anfang an erklärtes Ziel der Bunkerplaner, auch wichtige Industriebetriebe gegen Angriffe aus der Luft zu sichern. Bereits vor dem Krieg hatte Oberregierungsbaurat Alexander Löfken vom Reichsluftfahrtministerium die Aufgabe des baulichen Werkluftschutzes wie folgt beschrieben: Zentrale Aufgabe ist »die Erhaltung der industriellen Erzeugung und die Sicherstellung der Versorgung, sowohl der kämpfenden Truppe als auch der Bevölkerung, da sie die erste Voraussetzung für eine erfolgreiche Landesverteidigung sind«.[174] Die »Verteidigung« konzentrierte sich auf die Hinterland-Absicherung des Angriffskrieges, dabei erhielten die Produktionsstätten von Waffen und anderen für die Kriegführung wichtigen Gütern, wie etwa Treibstoff, absolute Priorität bei der Verbunkerung.
In Norddeutschland betraf dies vor allem den Schiffbau. Im Luftgaukommando XI waren fast alle deutschen Großwerften konzentriert, ohne deren Produktion der Seekrieg unmöglich gewesen wäre. Entsprechend waren die Bauaktivitäten in Emden, Bremen, Wilhelmshaven, Hamburg, Flensburg, Kiel, Lübeck und Rostock. Schützenswerte Werke der Flugzeugindustrie gab es in Bremen, Braunschweig, Rostock und Wismar. Reifen, Schiffe, Panzerfahrzeuge und Flak-Kanonen wurden in Hannover produziert, Flugzeugmotoren kamen aus Braunschweig. In Bremen, Hamburg und Hannover befanden sich außerdem Anlagen der Ölindustrie, in Watenstedt-Salzgitter die »Reichswerke Hermann Göring« mit ihrer Stahlproduktion und in Wolfsburg die Automobilwerke, in denen Kübelwagen für die Armee hergestellt wurden. Zusätzlich wurde versucht, Knotenpunkte der Infrastruktur mit Bunkerschutz zu versehen, so etwa durch die Schleusenbunker an den Mündungen des Nordostseekanals oder die Bunker der städtischen Wasser-, Gas- und Elektrizitätswerke. Insgesamt entstanden im Bereich des Luftgaukommandos XI mindestens 113 Werkluftschutzbunker und -stollen sowie 15 Luftschutzbunker zum Schutz der Infrastruktur.
Ursprünglich sollte nach den Vorstellungen des Reichsluftfahrtministeriums »kein Industriewerk, kein Neubau, kein Umbau, keine Erweiterung oder Ergänzung ent-

Focke-Wulf-Werksgelände in Bremen mit zwei Luftschutztürmen, links der am 12. Oktober 1944 durchschlagene Winkelturm.

stehen, ohne daß erfahrene Werkluftschutzsachverständige zu Rate gezogen werden«,[175] doch letztlich blieben Planung und Organisation des Werkluftschutzes eine Selbstverwaltungsaufgabe der einzelnen Betriebe, die die entsprechenden Bauten auch aus eigenen Mitteln zu finanzieren hatten.[176] Die gesetzliche Grundlage dafür bildete zunächst das Luftschutzgesetz von 1935 mit seinen Durchführungsverordnungen und Ausführungsbestimmungen aus dem Jahr 1937. Danach war zu diesem Zeitpunkt für den baulichen Luftschutz aber nur vorgeschrieben, die Kellerräume zu splitter-, trümmer- und einsturzsicheren Schutzräumen mit Gasschleusen, Notausgängen und Belüftungsanlagen umzubauen.

Geregelt war aber auch die genaue Organisationsstruktur des Werkluftschutzes. Danach entstand eine Reichsgruppe Industrie als Zentralinstanz des Werkluftschutzes, die ihre Weisungen vom Reichsluftfahrtministerium erhielt. Der Reichgruppe Industrie unterstanden auf der nächsten Ebene sogenannte Werkluftschutz-Bereichsvertrauensstellen. Diesen wiederum waren Bezirksvertrauensstellen untergeordnet, von denen es im Luftgaukommando XI drei gab: in Hamburg, Hannover und Bremen.

Zur Werkluftschutz-Bezirksvertrauensstelle Bremen gehörten beispielsweise 140 Firmen. In jedem Ort mit Industrieanlagen war darüber hinaus noch eine Ortsvertrauensstelle vorgesehen, die dem örtlichen Luftschutzleiter unterstand. Für den Werkluftschutz im Betrieb war schließlich der jeweilige Betriebsleiter verantwortlich, der einen Sachbearbeiter für Luftschutz in Personalunion mit dem Werkluftschutzleiter zu benennen hatte.

Obwohl dies alles bereits 1935 geregelt worden war, gingen die staatlichen Behörden erst 1940 zu einer genaueren Planung und Kontrolle der betrieblichen Luftschutzmaßnahmen der Rüstungsbetriebe über, nachdem die Angriffe der britischen Luftwaffe deutlich zugenommen hatten. Zu diesem Zeitpunkt verfügten nur wenige Betriebe über kleinere Luftschutzbauten, die zudem nur selten tatsächlich bombensicher waren.[177] Göring als Beauftragter für den Vierjahresplan legte daher parallel zum »Sofortprogramm« am 10. Oktober 1940 jene Rüstungsbereiche fest, die unverzüglich mit Bunkern ausgestattet werden sollten: Werke des Flugzeug- und Motorenbaus, Anlagen der Treibstoffindustrie und -bevorratung, U-Boot-Werften und deren Zulieferbetriebe sowie Rüstungswerke mit »besonderer Bedeutung«.[178] Um zu entscheiden, genau welche Bauten auszuführen waren, ließen die Luftgaukommandos durch die Bereichsvertrauensstellen Dringlichkeitslisten erstellen, anhand derer das jeweilige Luftgaukommando in Abstimmung mit den Behörden des Generalbevollmächtigten-Bau Bauumfang und -beginn bestimmte. Kostenvoranschläge und Entwürfe sollten die Betriebsbauleitungen unter Beteiligung der Werkluftschutz-Vertrauensstellen erarbeiten.
Höchste Dringlichkeitsstufe beim Bau bombensicherer Luftschutzgebäude erhielt die Kriegsmarinewerft in Wilhelmshaven, auf der die Schiffe für den Seekrieg gegen Großbritannien gefertigt wurden und die einer der bedeutendsten Rüstungsbetriebe Deutschlands war. Hier begannen die Bauarbeiten im Mai 1941 mit einem Luftschutzturm bei Tor III. Weitere 26 Luftschutztürme und Bunker wurden genehmigt,[179] aber die Bauarbeiten zogen sich noch bis 1943 hin. Bis Kriegsende waren insgesamt 27 Luftschutztürme und fünf Bunkerhäuser entstanden.[180]
Eine ähnliche Priorität erhielt das Rüstungszentrum Watenstedt-Salzgitter. Der Generaldirektor der »Reichswerke Hermann Göring«, Paul Pleiger, hatte bereits Ende 1938 einen ersten Bunker projektieren lassen, für den Professor Kristen vom Institut für baulichen Luftschutz der Technischen Universität Braunschweig die Bauaufsicht übernehmen sollte.[181] Im April 1941 folgten Planungen für elf weitere Bunker, darunter sechs mit besonderer Dringlichkeit, die innerhalb von drei Monaten fertiggestellt sein sollten, weshalb Bautruppen der Wehrmacht einbezogen wurden. Auf dem Werksgelände wurden nachweislich neun Bunker für die Belegschaft gebaut,[182] weitere außerhalb der »Reichswerke«, so zum Beispiel zwei Bunker am Hafen, zwei am Hallendorfer Holz und ein Großbunker mit Tonnenwölbung auf dem Gelände der Stahlwerke Braunschweig.

Blick in die Kammern des U-Boot-Produktionsbunkers »Hornisse« der AG Weser in Bremen. (Nachkriegsaufnahme)

Da diese Bunker trotzdem nicht ausreichten, im Alarmfall alle Arbeiter unterzubringen, suchten viele in den Kabel- und Versorgungsschächten Schutz, was jedoch bei Bombenvolltreffern zu zahlreichen Todesfällen führte. Die Luftschutzstollen waren ohnehin nur für »Gefolgschaftsmitglieder« da, zu denen ausschließlich deutsche Arbeiter zählten, die aber 1942 nur noch drei Prozent der Belegschaft ausmachten. Für die mehrheitlich hier beschäftigten Zwangsarbeiter, Kriegsgefangene und Inhaftierte der Konzentrationslager war keinerlei Bunkerschutz vorgesehen.
Werkluftschutzbunker entstanden 1940/41 auch an zahl-

Luftschutzturm inmitten der Produktionsanlagen der Drägerwerke in Lübeck 1944.

reichen anderen norddeutschen Industriestandorten, so in Lübeck für die dortige Lübecker Maschinenbau-Gesellschaft und für das Drägerwerk, in Kiel für Krupps Germania Werft, in Bremen für die Weser-Flugzeubau GmbH, die AG Weser Schiffsbau und die Flugzeugwerke Focke-Wulf sowie in Rostock für die Heinkel-Werke. Viele Betriebe versuchten dem aufwendigen Bunkerbau zu entgehen, indem sie die vorhandenen Produktionsanlagen für den Schutz ihrer Belegschaft nutzten, obwohl diese Anlagen oft nicht bombensicher waren. Auf der Hamburger Werft Blohm & Voss beispielsweise begaben sich die Mitarbeiter bei Bombenangriffen in unterirdische Räume des Trockendocks »Elbe 17«.[183] Die Arado Flugzeugwerke GmbH in Warnemünde verließen sich ganz auf einen trümmer- und splittersicheren Sonderbau, und bei Dornier in Wismar schuf man 1942 unter der Kantine lediglich einen Luftschutzkeller.[184] Selbst das »KdF-Werk«[185] in Wolfsburg, wo neben Militärfahrzeugen auch Minen und Raketenteile hergestellt wurden, besaß eine einzige bombensichere Luftschutzanlage unter der Gießerei. Sonst gab es nur deckenverstärkte Räume unter den Werkshallen, die jedoch keinen Volltrefferschutz boten.
Daß die Anstrengungen beim Bau von Luftschutzanlagen selbst in wichtigen Rüstungsbetrieben in den ersten Kriegsjahren eher gering waren, hing unter anderem damit zusammen, daß diese nur vereinzelt angegriffen wurden. Erst als 1943 und dann ab 1944 die US-Luftwaffe verstärkt Industrieziele bombardierte, wurde offensichtlich, daß eine Ausweitung des Luftschutzbaus für die Industriebetriebe dringend geboten war. In der zweiten Hälfte des Jahres 1943 und 1944 mehrten sich daher die Anträge von Firmen, beim Bunkerbau berücksichtigt zu werden. Doch der mittlerweile herrschende Mangel an Arbeitskräften, Transportkapazitäten, Betriebs- und Baustoffen stand umfangreichen Bauaktivitäten entgegen. Bei der Genehmigung von Luftschutzbauten konzentrierte man sich deshalb im Reichsluftfahrtministerium und beim Generalbevollmächtigten-Bau auf die allerwichtigsten Vorhaben, die in einem »Mindestbauprogramm« zusammengefaßt wurden, und erließ für alle anderen Projekte 1943 ein Bauverbot. Als Ausweg wurde der verstärkte Bau von Luftschutzstollen empfohlen.
So konnte auf der Bremer Vulkan Werft ein zu diesem Zeitpunkt bereits genehmigter Hochbunker für 2 000 Personen zwar noch bis zum Frühjahr 1944 fertiggestellt werden, ansonsten entstanden aber nur noch fünf Luftschutzstollen, so daß in den letzten Kriegsmonaten 5 000 Schutzplätze zur Verfügung standen, was etwa für ein Drittel der Belegschaft ausreichte. Obwohl das »KdF-Werk« zwischen Mai und August 1944 größeren Luftangriffen ausgesetzt war, wurden die geplanten 19 Bunker nicht gebaut. Auch die Fahrzeugbaufirma Borgward in Bremen mußte auf einen geplanten »Befehlsbunker« mit den Ausmaßen vier mal sechs Meter für mindestens 20 Einsatzkräfte verzichten. Am 22. September 1944 brachte Carl Borgward einen Antrag auf Ausnahme vom Bauverbot zwar persönlich nach Berlin und übergab ihn dort dem Hauptausschuß Kraftfahrzeuge, was am 21. Oktober 1944 immerhin zur Aufnahme in das »Mindestbauprogramm« führte, doch fiel das Projekt wenig später einer radikalen Kürzungsaktion durch Minister Speer zum Opfer.[186] Die Materialien wurden andernorts benötigt.

Nachdem die amerikanische Luftwaffe ab Mai 1944 massive Angriffe auf die Raffinerien und Hydrierwerke[187] der Treibstoffindustrie geflogen hatte, wurde offensichtlich, daß diese Betriebe bisher kaum bei Bunkerbauten berücksichtigt worden waren. Speer wandte sich daraufhin am 30. Juni 1944 mit einer sogenannten Ersten Hydrier-

An den Bauarbeiten am U-Boot-Produktionsbunker »Valentin« in Bremen-Farge 1944 waren überwiegend Zwangsarbeiter und KZ-Häftlinge beteiligt, von denen dabei etwa 4 000 ums Leben kamen.

Denkschrift an Hitler. Die »wichtigsten Einzelteile der Werke« und die »dringend notwendige Arbeiterschaft« sollten danach eiligst durch Luftschutzbauten gesichert werden. 800 000 Kubikmeter Beton wollte man zur Verfügung stellen, und Speer verpflichtete die Organisation Todt zu einem »Sondereinsatz Hydrierwerke« für den Luftschutzbau.[188]

Hitler erließ in diesem Zusammenhang im August 1944 die »Grundsätze für den Neu-, Um- und Erweiterungsbau und die Verlegung von Fertigungsstätten der Rüstungs- und Kriegsproduktion aufgrund der Luftkriegserfahrung«. Unter Punkt fünf stand: »Der Schutz der Gefolgschaft ist durch bombensichere LS-Anlagen ... innerhalb des Werkes sicherzustellen. [...] Anstelle eines Großbunkers sind mehrere auf das Werksgelände verteilte Bunker zu errichten. Werden Werksanlagen ganz oder teilweise bombensicher ausgeführt, so sind die bombensicheren Fertigungsstätten für den Schutz der Gefolgschaftsmitglieder mitzuverwenden.«[189] Soweit keine Bunker gebaut werden könnten, sollten Sonderbauten mit rundem Grundriß und Splittergräben angelegt werden. Doch für die Umsetzung dieses Programms fehlte bereits die erforderliche materielle Basis.

So gab es bis zum Kriegsende für die meisten Betriebe nicht genügend bombensichere Schutzplätze, auch nicht in den kriegswichtigen Unternehmen. Im Januar 1945 standen zum Beispiel in Bremen für die 67 000 Arbeiter der relevanten Betriebe nur 18 000 Schutzplätze in 18 bombensicheren Gebäuden zur Verfügung.

Zu welchen Konflikten und Spannungen die fehlenden

Bunker in den Betrieben führen konnten, wurde im November 1943 in der Bremer Vulkan-Werft deutlich. Die Belegschaft vertraute den bis dahin existierenden behelfsmäßigen Luftschutzanlagen nicht und suchte deshalb außerhalb des Werkes Schutz. In einer Besprechung des Werksbeauftragten für Luftschutz mit verantwortlichen Vertretern vom Luftschutz-Bauamt, der NSDAP-Kreisleitung und der Marine mußte man im November 1943 konstatieren: »Bei Tagesalarm verlassen die Arbeiter des Vulkan zu Hunderten die Werft und fliehen in Richtung Leuchtenburg-Löhnhorst, zum Teil mit Frauen und Kindern. Ein Betriebsappell, bei dem die Belegschaft ermahnt ist, die Werft auf keinen Fall zu verlassen, hat nichts genutzt. Die Arbeiter fühlen sich in den jetzigen Luftschutzräumen der Werft nicht mehr sicher. Bei polizeilicher Absperrung der Werft würde die Sperre wahrscheinlich durchbrochen. Es könnten sich dann Zustände entwickeln, die auf jeden Fall vermieden werden müssen.«[190]
Von den Mitarbeitern aller Betriebe im Deutschen Reich sind während des Krieges 1,4 Prozent bei Bombenangriffen ums Leben gekommen, das ist mehr als doppelt soviel wie bei der gesamten Bevölkerung, von der 0,7 Prozent bei Luftangriffen den Tod fanden. Die Ursachen hierfür liegen nicht nur in den ungenügenden Bunkeranlagen und den starken Angriffen auf die Rüstungsindustrie, sondern vor allem in der deutlich höheren Gefährdung der Mitarbeiter von Rüstungsbetrieben, die verpflichtet waren, trotz Voralarm weiterzuarbeiten, um jeden nur denkbaren Produktionsausfall zu vermeiden. Erst wenn die Luftlage extrem bedrohlich wurde und nach dem zweiten Fliegeralarm auch Werkalarm gegeben wurde, durfte die Belegschaft die Bunker aufsuchen.[191] So geschah es öfter, »daß auf dem Weg zum Luftschutzbunker bereits die Bomben fielen«,[192] wie ein Augenzeuge berichtet.
Neben dem Schutz der Belegschaften wurde im Verlauf des Krieges der Schutz der Fabrikanlagen selbst immer dringender. Während die Bombardements der britischen Luftwaffe bis 1941 noch relativ wirkungslos blieben, da die aktive Luftabwehr mit Flak und Jagdflugzeugen diese Angriffe erheblich behinderte, versagte dieser Schutz ab 1942 zunehmend. Ende 1942 lief deshalb ein Programm zur Dezentralisierung und Verlagerung von Fabrikanlagen an, um vor allem die Produktion kriegswichtiger Güter zu sichern, da ab 1943 auch die amerikanische Luftwaffe begann, gezielte Tagesangriffe gegen Industrieziele zu fliegen. Mitte 1943 entstanden deshalb Pläne, wichtige Industrieanlagen durch große Bunker zu schützen oder in unterirdische Stollen oder Höhlen zu verlagern. Hierbei stand die Flugzeugindustrie im Mittelpunkt der Bemühungen. Um dieses Bunker- und Stollenbauprogramm trotz fehlender Ressourcen beschleunigt umzusetzen, wurden verstärkt die Inhaftierten der Konzentrationslager zu den Bauarbeiten gezwungen. Von den 600 000 Häftlingen der Lager, die in irgendeiner Weise für die Rüstung arbeiten mußten, waren ungefähr 100 000 allein für die Verlagerung der Flugzeugindustrie eingesetzt. Zusammen mit Zwangsarbeitern aus fast allen Ländern Europas mußten sie unter mörderischen Verhältnissen und extremem Zeitdruck Stollen und Produktionsbunker vorantreiben, was ungefähr ein Drittel von ihnen das Leben kostete.[193]
Von den großen Bunkern für Industrieanlagen waren in Norddeutschland vor allem U-Boot-Produktionsbunker vorgesehen. Im Lauf des Krieges maßen Hitler und die Marineführung den U-Booten eine immer entscheidendere Rolle zu, da sie die Nachschubwege der Alliierten unterbrechen sollten. Um den Bau der Boote aufrechtzuerhalten, entschloß man sich dazu, für die großen U-Boot-Werften in Bremen den Produktionsbunker »Valentin« (Code-Wort für den Namen des Vororts Bremen-Vegesack) zu errichten. Dort sollten U-Boote des Typs XXI im Taktverfahren (Sektionsbauweise) zusammengesetzt werden, die in zwei anderen Bunkerwerften vorgefertigt werden sollten. Danach hätte die Hamburger Werft Blohm & Voss die Sektionen 1, 2, 7 und 8 im Bunker »Wespe« und die Bremer AG Weser die Sektionen 3 bis 6 im Bunker »Hornisse« gebaut. Der Produktionsbeginn war für das Frühjahr 1945 vorgesehen.
Die Fundamente des Bunkers »Valentin« wurden im Oktober 1943 gegossen. Die Maße betrugen: 426 Meter Länge, 97 Meter Breite, 42 Meter Höhe. Die Wandstärken beliefen sich auf bis zu 4,57 Meter, die vorgesehene Deckenstärke war 7,13 Meter. Bis Januar 1945 wurden

Links: Blick von der Weserseite in den U-Boot-Produktionsbunker »Valentin«, den sogenannten Koloß von Bremen-Farge.

500 000 Kubikmeter Schüttbeton verbaut, wozu die Einsatzgruppe »Hansa« der Organisation Todt extra Kies aus den besetzten Gebieten Osteuropas anfahren ließ. Für das Rüstungsprojekt »Valentin« standen Materialmengen in bisher ungekanntem Ausmaß zur Verfügung, und das zu einer Zeit, in der kaum noch Bunker für die Zivilbevölkerung gebaut werden durften. Der U-Boot-Bunker »Valentin« wurde zugleich auch zum Sinnbild für den hemmungslosen Einsatz von »Menschenmaterial«. Ungefähr 4 000 Menschen – die meisten davon waren Zwangsarbeiter, Kriegsgefangene und Inhaftierte der Konzentrationslager – fanden hier den Tod.[194] Aber trotz der rücksichtslosen Mobilisierung aller verfügbaren Kräfte waren die Anstrengungen letztlich vergebens. Am 27. März 1945 flog die britische und am 30. März 1945 die amerikanische Luftwaffe einen Angriff auf den Bunker. Die eingesetzten Spezialbomben durchschlugen die Abschlußdecke zweimal. Danach wurde die Bunkerbaustelle aufgegeben. Zwei andere Produktionsbunker bei Wedel an der Elbe und in Bremen kamen über Vorarbeiten nicht hinaus.

Zur Sicherung strategischer Punkte der Infrastruktur erhielten ab 1943 auch wichtige Bereiche von Hafenanlagen, wie zum Beispiel Schleusen, Schutzbauten gegen Luftangriffe. In Wilhelmshaven, Deutschlands größtem Kriegsmarinehafen mit angeschlossener Werft, wurden beispielsweise bei der dritten Einfahrt der Schleuse zum Tidenausgleich mit der Nordsee sogenannte Maschinenbunker errichtet, die den gesamten Antriebsbereich der Schleusentore schützen sollten.

Ebenfalls eine große strategische Bedeutung hatte der 98,6 Kilometer lange Nord-Ostsee-Kanal. Er ermöglichte die um 450 Kilometer verkürzte Verlegung von Kriegsschiffen von der Nord- in die Ostsee und umgekehrt ohne große Entdeckungsgefahr. Durch den Kanal waren zugleich die beiden wichtigsten Marinebasen Wilhelmshaven und Kiel miteinander verbunden. Die Schleusen an der östlichen Mündung des Kanals in Kiel-Holtenau waren mit einer Länge von 330 Metern, einer Breite von 45 Metern und einer Wassertiefe von 14 Metern damals die größten der Welt. Hier wurden sechs große Schleusenbunker errichtet.

Am westlichen Ausgang des Nord-Ostsee-Kanals in Brunsbüttel erhielt die 1914 errichtete neue Schleuse zwei Bunker, die heute überbaut sind. Sie sicherten jeweils ein Schiebetor in den beiden Schleusenkammern, um so im Fall eines Bombentreffers das Auslaufen des Nord-Ostsee-Kanals zu verhindern. Die alte Schleuse (eingeweiht 1895) hatte in den beiden Schleusenkammern jeweils zwei Flut- und zwei Ebbetore. Da die Wahrscheinlichkeit sehr gering war, daß bei einem Luftangriff alle vier Tore gleichzeitig getroffen würden, verzichtete man hier auf die Verbunkerung.

Luftschutzanlagen der Streitkräfte und Befehlsbunker

Nicht nur die Industrie, sondern auch die einzelnen Teilstreitkräfte sorgten sich um einen volltreffersicheren Luftschutz für ihre Soldaten, Waffen und technischen Anlagen. So errichtete die Marine mindestens 83 Bunker verschiedener Bestimmung in Helgoland, Wilhelmshaven, Bremen, Wesermünde, Brunsbüttel, Hamburg, Flensburg und Kiel. Die Wehrmacht baute neben den Kampfbunkern des Atlantikwalls mehrere Personenschutzanlagen auf den friesischen Inseln Wangerooge und Sylt. Im Unterschied zum »Sofortprogramm« für den Zivilschutz baute die Marine von Anfang an standardisierte Luftschutzbunker verschiedener Typen. Der »Truppenmannschaftsbunker 750« beispielsweise, der für 750 Personen ausgelegt war, wurde in mindestens fünf Städten errichtet: vier in Wilhelmshaven (jeweils zwei in der Ostfriesenstraße und am U-Boot-Hafen), vier in Wesermünde, zwei in Flensburg, drei in Kiel und einer in Hamburg.

Was für die Truppen galt, galt für das Kriegsgerät allemal. Zum Schutz der U-Boot-Basen wurden fünf riesige Bunker gebaut: »Nordsee III« auf Helgoland, »Elbe II« und »Fink II« in Hamburg sowie »Konrad« und »Kilian« in Kiel. Während »Elbe II« und »Nordsee III« bereits 1941 fertiggestellt wurden, gelang dies bei den anderen erst 1943 bzw. 1944. Diese U-Boot-Bunker waren so angelegt, daß sie zugleich auch Soldaten und Angestellten der Kriegsmarine sowie Hafenarbeitern Schutz boten.

Die Deckenstärken der Bunker betrugen anfangs 3,50 bis 4,50 Meter, später sogar sechs bis acht Meter. Dies konnte zahlreiche Durchschlagungen jedoch nicht verhindern, weshalb der Antrag gestellt wurde, die Decken nochmals

Der U-Boot-Bunker »Konrad« in Kiel kurz nach Kriegsende, im Hintergrund das gekenterte Panzerschiff »Admiral Scheer«.

zu verstärken. Im November 1944 schrieb der Minister für Rüstung und Kriegsproduktion, Albert Speer, an den Oberberfehlshaber der Kriegsmarine, Karl Dönitz: »Obgleich ich nicht verkenne, daß der Ausbau von U-Boot-Bunkern dringend erwünscht ist, werde ich doch zur Zeit nicht in der Lage sein, die geplante Deckenverstärkung durchführen zu lassen. Die bekannte Eisenlage sowie die durch die Kohlenklemme bedingte Verknappung des Zements macht es notwendig, einen Teil der eisen- und betonfressenden Bauten zu streichen.«[195]

Vorrangig militärischen Zwecken dienten auch die Flak-Türme, von denen aus große Fliegerabwehrkanonen angreifende Flugzeuge abschießen sollten, um strategisch wichtige Stellen zu schützen und zum Beispiel das Überfliegen von Hafenanlagen zu verhindern. In Hamburg wurden deshalb auf dem Heiligengeistfeld und im Ortsteil Wilhelmsburg jeweils ein Flak-Turmpaar gebaut; das dritte Flakturmpaar in Wandsbek wurde nicht realisiert. Es bestand aus einem Geschützturm (G-Turm), auf dem die Flak-Geschütze angebracht waren, und einem etwas entfernt gelegenen Leitturm (L-Turm), auf dem man Ortungsinstrumente installiert hatte. Der 1941/42 errichtete

Im Kreisbefehlsstand Am Nußberg in Braunschweig wurden die Luftlagemeldungen entgegengenommen.

fünfstöckige Leitturm auf dem Heiligengeistfeld hatte eine Grundfläche von 23 mal 50 Metern und etwa 47 Meter Höhe. Allein für ihn verbauten 1 000 Arbeiter in 350 Tagen 30 000 Kubikmeter Beton. Der dazugehörige Geschützturm mit der offiziellen Bezeichnung: »Flakturm IV Hamburg« war noch wesentlich größer und hatte die Maße 70,5 mal 70,5 Meter bei ebenfalls 47 Metern Höhe. Die Wände waren 2,50 Meter stark, die Abschlußdecke 3,80 Meter.

Dieser riesige umbaute Raum diente nicht nur der aktiven Abwehr von Luftangriffen, sondern auch dem passiven Luftschutz. 18 000 Menschen konnte der Geschützturm offiziell aufnehmen, doch in den späten Kriegstagen waren es zumeist weit mehr.

Das Flak-Turmpaar in Hamburg-Wilhelmsburg gehörte zur zweiten Generation und war etwas kompakter. Der Geschützturm hatte eine Grundfläche von 57 mal 57 Metern und war 41,60 Meter hoch. Die Abschlußdecke war wie beim »Flakturm IV« 3,50 Meter dick. Auch hier hielten sich während der Luftalarme bis zu 30 000 Menschen auf. Parallel zu den Flak-Türmen entstanden kleinere Flak-Bunker als Befehlsstellen für die Einsatzleitungen der Luftabwehr, so in Hannover und Wilhelmshaven. Andernorts bezogen die Dienststellen der Flak-Artillerie

Räume in normalen Luftschutzbunkern. Im Bunker Salzgitter-Hallendorf befand sich beispielsweise eine Flak-Befehlsstelle, wie auch im Bunker Eichstraße in Emden, wo der Stab des 6. Marine-Flak-Regiments untergebracht war. In Hamburg kam der Stab der 3. Flak-Division im Bunker Rothenbaumchaussee unter.

Ähnlich den Flak-Kommandos erhielten die Befehlsstellen der Gau- und Kreisleiter sowie der Luftschutz- und Polizeiführung eigene Befehlsbunker, damit sie auch während schwerer Luftangriffe in der Lage waren, aktuelle Luftlagemeldungen weiterzuleiten und die erforderlichen Maßnahmen zur Brandbekämpfung und Trümmerräumung zu koordinieren. In den verbunkerten Dienststellen des Luftschutzes, der Polizeipräsidenten, der NSDAP-Gau- und -Kreisleitungen und nicht zuletzt der Arbeitsstäbe der Bürgermeister waren zumeist auch die dazugehörigen Kommunikationszentralen untergebracht – mit Fernschreiber, Funkstellen und Telelefon.
Vorbild für viele »Kreisbefehlsstände« wurde der Mitte des Krieges errichtete Gaubefehlsstand in Hannover. Dort war die Befehlsstelle des Gauleiters und Reichsverteidigungskommissars Lauterbacher als »Luftschutzbunker Schützenplatz« entstanden. Er gliederte sich in drei Bereiche: einen öffentlichen Luftschutzbereich für etwa 500 Schutzsuchende, den Dienstbereich des Polizeipräsi-

Hitlerjungen nahmen die Meldungen entgegen und trugen die Bomberströme auf einer Milchglasscheibe mit den Planquadraten der Stadt Braunschweig ein.

Der verbunkerte und bewachte Ausstieg des Kreisbefehlsstandes Am Nußberg in Braunschweig.

denten sowie den eigentlichen Befehlsstand. Zu letzterem gehörten neben einem komplett eingerichteten Lazarett auch direkte Fernschreibleitungen zur Parteikanzlei in München und den Ministerien in Berlin.
In Hamburg hatte der Gauleiter und Reichsverteidigungskommissar im Wehrkreis X, Karl Kaufmann, seinen Befehlsbunker am Westufer der Außenalster, Harvestehuder Weg 12. Hier befanden sich ab 1943 auch die Ausweichstelle der örtlichen Luftschutzleitung sowie der Stab des Höheren SS- und Polizeiführers Nord.
In Wilhelmshaven gab es mehrere Befehlsbunker. Die Flugzentrale war in einem Tiefbunker am Rosenhügel untergebracht, für die Kriegsmarinewerft existierte am Tor I ein eigener riesiger Befehlsbunker. Der Oberbürgermeister und die NSDAP-Kreisleitung hatten nochmals gesonderte Bunker: der Oberbürgermeister einen Rundbau nahe dem Rathaus, die Parteileitung einen Bunker gleichen Typs auf dem Gelände des Robert-Koch-Hauses. In Bremen bezogen die Befehlsstellen der einzelnen Luftschutzreviere im Herbst 1943 ihre Bunker, so am Bahnhofsplatz, in der Fitgenstraße, der Grasbergerstraße, der Togostraße und am Krankenhaus. Die örtliche Luftschutzleitung hatte ihren Bunker in der Bulthauptstraße. Dies führte, wie auch in anderen Fällen, zu erheblichem Unmut unter der Bevölkerung. So wies der Polizeipräsi-

dent extra darauf hin, »daß es sich hierbei um solche LS-Bunker handelt, die nicht voll ausgenutzt werden, so daß die schutzsuchende Zivilbevölkerung keineswegs behindert wird«.[196]
Ende 1944 wurde die Belegung von Bunkern des Selbstschutzes mit Kommandostellen noch ausgeweitet, da zahlreiche Städte an der Nordsee zu »Festungen« erklärt worden waren. Die neuen Festungs- oder Stadtkommandanten bezogen ihre Quartiere in den vorhandenen Bunkern. So brachte der Festungskommandant in Emden seinen Stab im Bunker Emsmauerstraße unter, und der Hamburger »Kampfkommandant«, Generalmajor Alwin Wolz, bezog seinen Befehlsstand im Bunker Rothenbaumchaussee.

Das Bunkerbauprogramm in den norddeutschen Städten

Im Rahmen des »Sofortprogramms« waren im Bereich des Luftgaukommandos XI Bunkerbauten vor allem für die Bevölkerung der Küstenstädte an der Nord- und Ostsee geplant: Von den 17 »Bunkerstädten« besaßen zwölf einen Hafen.[197] Hier waren die Marinestützpunkte, die großen Werften und die U-Boot-Produktion konzentriert, die für den Seekrieg gegen Großbritannien unverzichtbar waren. Diese militärische Bedeutung machte die norddeutschen Städte auch zu bevorzugten Zielen für Luftangriffe, die die Bomber zudem von Großbritannien aus leicht erreichen konnten. Zugleich bildeten die Küstenstädte eine Frontlinie, die nicht mit ausreichenden Abwehrmaßnahmen geschützt werden konnte. Eine Vorwarnung bei vom Meer her angreifenden Flugzeugen war zu Beginn des Krieges technisch nicht möglich, und für die Flak-Abwehr fehlte das Vorland. Daher war insbesondere die Kriegsmarine darum bemüht, ihre Hauptstützpunkte Wilhelmshaven und Kiel zu schützen. Mit dem »Sofortprogramm« wurden dann auch die anderen »Bunkerstädte« mit bombensicheren Luftschutzbauten bedacht.
Bei den Planungen der Luftschutzbunker in Norddeutschland ging man allerdings davon aus, lediglich acht bis zehn Prozent der Stadtbevölkerung zu schützen. Während des Krieges wurde dieser Prozentsatz dann aber durch extreme Überbelegungen und umfangreiche Evakuierungen deutlich überschritten. 1943/44 konnten daher zunächst bis zu 50 Prozent der Stadtbevölkerung in bombensicheren Schutzräumen unterkommen, und in Emden fanden nahezu alle Einwohner einen Platz im Bunker. Im Bereich des Luftgaukommandos XI gab es bei Kriegsende ungefähr 800 Bunker des Selbstschutzes. Zusammen mit den Luftschutzbunkern und -stollen der Reichsbahn, der Industrie und der Wehrmacht sind hier insgesamt etwa 1 080 bombensichere Luftschutzanlagen entstanden, die Mehrzahl davon in den Jahren 1940 bis 1942.
Dabei kam den einzelnen Städten aus Sicht der Führungen in Berlin und im Luftgaukommando aufgrund militärischer, wirtschaftlicher und politischer Erwägungen eine bestimmte Reihenfolge zu (siehe Tabelle Seite 76).

Wilhelmshaven

Überlegungen zum baulichen Luftschutz für die Angehörigen der Kriegsmarinewerft in Wilhelmshaven hatte es im Reichsluftfahrtministerium bereits 1937 gegeben. Es wurde der Bau eines Luftschutzbunkers für 600 Personen oder zweier Bunker für jeweils 300 Personen erwogen. Man wollte so in Kriegszeiten einer »Katastrophe« begegnen können und die Aufrechterhaltung des Betriebs sichern. Die Abschlußdecke dieser geplanten Bunkeranlage sollte mit 1,50 Meter Eisenbeton auch gegen 300-kg-Bomben Volltrefferschutz gewährleisten. Für die armierten Außenwände war eine Stärke von 1,20 Meter geplant. Das Reichsluftfahrtministerium schlug noch vor, zusätzliche Luftschutztürme der Bauart Winkel zu errichten.[198]
In der Frage, ob und wie man die Zivilbevölkerung schützen sollte, waren sich die für den Luftschutz Verantwortlichen noch kurz vor Kriegsbeginn uneinig. Etwa acht Tage vor dem Überfall auf Polen am 1. September 1939 fand auf Anordnung des Oberkommandos der Kriegsmarine in Wilhelmshaven eine unter »streng vertraulich« deklarierte Sitzung mit Vertretern der Stadt, der Polizei, der Werft und der Kreisleitung der NSDAP statt. Nach dem Bericht des anwesenden Stadtamtmanns Hofmeister betonten die Vertreter der Marine und der Partei »mit aller Bestimmtheit ..., daß es nicht zum Kriege kommen werde,

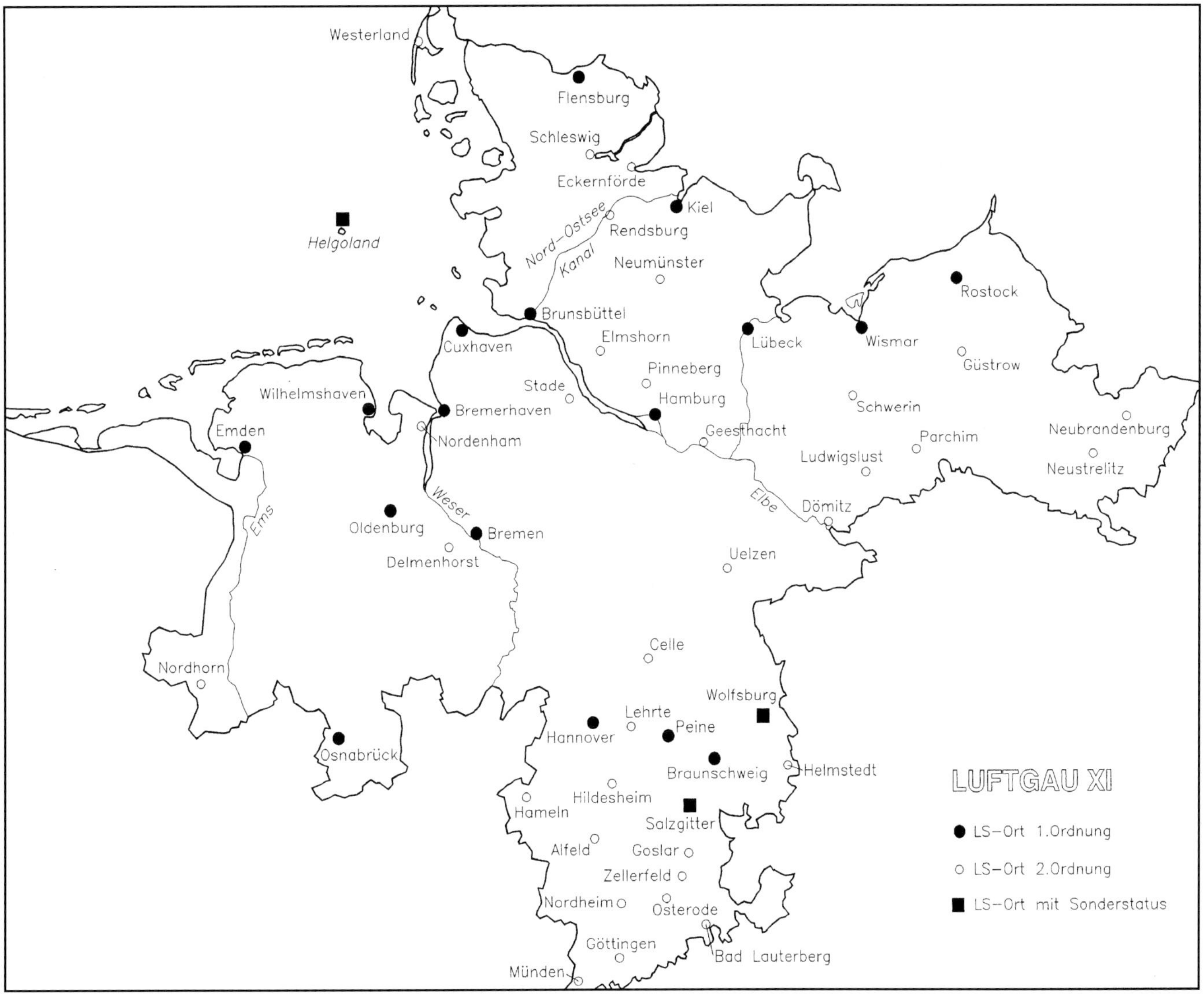

Bereich des Luftgaukommandos XI, der unter anderen auch Küstenstädte an Nord- und Ostsee umfaßte.

daß aber alle Vorbereitungen für den Fall getroffen werden müßten, daß andere Staaten nicht bereit seien, den Frieden zu erhalten«.[199] Die Ausführungen der Vertreter der Marine und der Partei ließen auch erkennen, daß wenig Klarheit darüber bestand, wie sich die Bevölkerung in der Festung Wilhelmshaven verhalten würde, wenn es doch zum Krieg käme. Dies war auch davon abhängig, ob es gelingen würde, britische Flugzeuge von der Stadt fernzuhalten. Die Parteifunktionäre vertraten den Standpunkt, daß die Bevölkerung fest davon überzeugt sei, daß es einer feindlichen Luftwaffe nicht gelingen werde, Wilhelmshaven anzugreifen. Die Vertreter der Marine ließen aber keinen Zweifel daran, daß Luftangriffe auf Wilhelmshaven nicht auszuschließen wären. Deshalb forderte die Marine, daß im Falle des Kriegsausbruchs sofort sämtliche Wohngebiete um die Bauwerft herum von der Zivil-

Das Bunkerbauprogramm im Luftgaukommando XI

Stadt	Bevölkerung am 17.5.1939	Fertiggestellte ziv. Bunker	Anzahl der Schutzplätze im Mai 1943	Bevölkerung am 1.5.1944	Gesamtzahl der bombensicheren Luftschutzanlagen	Luftkriegstote mit Kriegsgefangenen, Ausländern, usw.
Braunschweig	19 6159	34	21 930	137 203	38	2 905
Bremen	424 351	119	40 902	314 528	182	3 852
Cuxhaven	30 100				1	92
Emden	35 202	26	13 973	26 255	36	330
Flensburg	70 900				22	172
Hamburg	1 711 703	116	52 881	1 097 961	200	48 853
Hannover	417 186	53	33 794	258 000	79	6 782
Helgoland	* 2 800				4	
Kiel	273 973	27	18 556	191 099	131	2 515
Lübeck	154 871	17	7 211	13 1094	24	452
Oldenburg	79 000				1	311
Osnabrück	98 700	5	2 732		64	737
Rostock	121 315	5	1 985	91 000	14	617
Salzgitter	45 6000				23	
Wesermünde	115 400	16	4 437		34	1 142
Wilhelmshaven	113 490	19	8 260	71 828	140	510

* (1936)

bevölkerung zu räumen seien. Dieser Forderung traten die Vertreter der Stadt entgegen, die klarstellten, daß die Stadt nicht in der Lage sei, bei der Räumung der Wohngebiete in irgendeiner Weise tätig zu werden.[200]
Letztlich ergriffen die Verantwortlichen für den Schutz der über 113 000 Einwohner der Stadt[201] nur Behelfsmaßnahmen. Am 31. August 1939 – also einen Tag vor Kriegsbeginn – wurde damit begonnen, Splittergräben auszuheben, die sich aber bald mit Wasser füllten. Angesichts der großen Bedeutung der Stadt kamen diese eher provisorischen Maßnahmen einer sträflichen Vernachlässigung gleich. Vor allem aufgrund der Kriegsmarinewerft nahm in den Vorkriegsplänen der Leitung der britischen Luftwaffe Wilhelmshaven als Angriffsziel den ersten Platz unter den Städten ein. So kann es nicht verwundern, daß der erste Luftangriff auf Wilhelmshaven schon am 4. September 1939 erfolgte, nachdem am 1. September ein Aufklärer Luftaufnahmen gemacht hatte. Insgesamt erlebte die Stadt bis zum letzten Kriegsjahr 1 537 Luftalarme und 102 Luftangriffe und war damit eine der am häufigsten angegriffenen unter den norddeutschen Städten.
Die mangelhafte Vorsorge beim Luftschutzbau hat auch dazu beigetragen, daß die Wilhelmshavener auf den ersten Angriff britischer Flugzeuge am 4. September 1939 nervös, teilweise sogar mit Panik reagierten. Es stellte sich heraus, daß die Luftschutzausbildung entgegen der offi-

ziellen Erwartung zu keiner angemessenen Routine im Verhalten geführt hatte. Die Menschen wurden durch Verdunkelungsmaßnahmen und das Anbringen von Sandsäcken vor den Kellerfenstern in Unruhe versetzt. Im Vergleich zum Ausbruch des Ersten Weltkrieges mußte man jetzt erkennen, daß die Bevölkerung wirklich alles andere als kriegslustig war.[202] Tausende von Menschen versammelten sich vor dem Rathaus und verlangten, die Stadt verlassen zu dürfen. PKW-Besitzern wurde eine Treibstoffzuteilung gewährt, wenn sie bereit waren, Flüchtlinge mitzunehmen. Mit Kraftfahrzeugen und der Reichsbahn haben in den ersten Septembertagen über 10 000 Menschen Wilhelmshaven verlassen. Als sich in den folgenden Tagen keine britischen Anflüge auf die Stadt mehr ereigneten, kamen die Flüchtlinge nach und nach zurück.

Eine weitere Fluchtwelle setzte im Dezember 1939 ein, als Flugzeuge der Royal Air Force erneut in den Luftraum von Wilhelmshaven eindrangen. Zwar wurde verkündet, deutsche Jagdflieger hätten der britischen Luftwaffe Verluste beigebracht, doch reichte das nicht aus, um die Wilhelmshavener Bevölkerung zu beruhigen. Das Vertrauen in die deutsche Luftabwehr war erschüttert, und es war klar, daß ein Luftangriff auf die Stadt nicht verhindert werden konnte. »Zu Tausenden und Abertausenden flüchtete die Bevölkerung wieder aus Wilhelmshaven, obwohl die englische Luftwaffe beim Überfliegen Wilhelmshavens nicht eine einzige Bombe abgeworfen hatte.«[203] Aber die Möglichkeit eines Bombardements war bedrohlich genug.

Schon mit den ersten britischen Flugzeugen über der Stadt war die Notwendigkeit baulicher Luftschutzmaßnahmen deutlich geworden. Am 5. September 1939 trafen sich deshalb acht Mitarbeiter des Hochbauamtes in einem Café am Bismarckplatz. »Es fand hier sozusagen die erste Konstituierende Sitzung des ›Luftschutz-Bauamtes‹ statt.«[204] Mit dabei war der gelernte Maurer und Baurat Forster, der kurz darauf als Leiter des Luftschutz-Bauamtes mit Planungsarbeiten für Luftschutzanlagen beauftragt wurde. Die Mitarbeiter des Amtes erhielten jeweils einen Stadtteil, den sie zu betreuen hatten. Entsprechende Pläne wurden von Mitarbeitern des Reichsluftschutzbundes in Zusammenarbeit mit der Polizei entworfen. Sie mußten später der NSDAP-Kreisleitung zur Begutachtung vorgelegt werden.

Einer der für Wilhelmshaven typischen Rundbunker.

Wegen des hohen Grundwasserspiegels hatten die Wohnhäuser in Wilhelmshaven größtenteils keine Keller, die man für den Luftschutz hätte ausbauen können. Im Ortsteil Bant wurden deshalb jeweils zwei Häuser durch starkes Klinkermauerwerk verbunden, um so einen gewissen Schutz zu schaffen.[205] Das war eine ausdrückliche Forderung der Kriegsmarine gewesen, da in Bant viele Werftarbeiter wohnten. Doch die Marine konnte 80 dieser Haus-zu-Haus-Splitterbunker nur unter größten Materialschwierigkeiten von März bis September 1940 verwirklichen. Unterstützung aus Berlin gab es zu dieser Zeit noch nicht. Wo Keller vorhanden waren, wurden sie mit Beton ausgegossen und mit Baumstämmen verstärkt, was aber für vollen Bombenschutz nicht ausreichte.

Wie schlecht organisiert der Luftschutz noch Anfang 1941 war, zeigte sich bei dem ersten massiven Angriff am 15. Januar. Viele von außerhalb herangeführte Feuerwehren konnten nicht löschen, weil sie keine Anschlußstücke für die städtischen Hydranten zur Verfügung hatten. Man mußte zuschauen, wie die Häuser herunterbrannten.

Zu diesem Zeitpunkt standen in Wilhelmshaven kaum bombensichere Bunker zur Verfügung. Erst im Zuge des »Sofortprogramms« entstanden dann 26 Bunker und Luftschutztürme in der Stadt. Auch die Marine baute im Stadtgebiet bombensichere Luftschutzanlagen, so ab Mai 1941 einen Luftschutzturm bei Tor III für 500 Personen.

Als der Bunker an der Hermann-Göring-Straße (heute Mozartstraße) gebaut wurde, munkelten einige Wilhelmshavener, daß der Erbauer, Oberregierungsbaurat Friedemann Schwichow, nur deshalb den Bunker dort errichtet hätte, weil er selbst in der benachbarten Parkstraße wohnte. Der Bunker erhielt so den Spitznamen »Schwichow-Bunker«.

Aufgrund des hohen Grundwasserspiegels wurden in Wilhelmshaven auffallend viele Luftschutztürme gebaut, insgesamt 30 Prozent der zivilen Bunker. (In Hannover hingegen machten die Luftschutztürme zum Beispiel nur fünf Prozent aller Bunkerbauten aus.)
Nach den verheerenden »Gomorrha-Angriffen« auf Hamburg im Sommer 1943 überzeugte sich die Wilhelmshavener Kreisleitung der NSDAP von den Auswirkungen vor Ort. Daraufhin wurden auch die Bunker in Wilhelmshaven entsprechend ausgerüstet: »Es wurde in großen Mengen Brot in Dosen eingelagert und vor allen Dingen Dosenmilch für die Kleinstkinder und große Behälter mit Wasser zum Anfeuchten von Wolldecken für den Fall des Ausbruchs von Feuerstürmen usw. bereitgestellt. Um die Bunker herum stehende Bäume wurden abgeschlagen«.[206]

In der zweiten Jahreshälfte 1944 mußte in Wilhelmshaven der Bunkerbau wegen Materialmangels und wegen militärischer Bauprojekte stark reduziert werden. In einem Schreiben des Luftschutz-Bauamtes vom 13. November 1944 heißt es dazu: »Durch die Stillegungsaktion aller im Bau befindlichen Bauvorhaben vom 1. August ds. Js. und die Neuordnung des gesamten Bauwesens kamen die Arbeiten an o. a. LS-Bunker [Bunker Hamburger Straße, M.F.] zum Erliegen. Seit dem 1. 8. ds. Js. können nur Arbeiten an Bauten durchgeführt werden, die seitens des Baubevollmächtigten in eine Dringlichkeitsstufe aufgenommen wurden. Die Arbeitskräfte der bauausführenden Firma Holthausen & Esser sind zu Befestigungsarbeiten abgezogen.«[207]
Dabei hatte der Bunker Hamburger Straße eine besondere Bestimmung. Die Reichspost sollte in zwei Geschossen ein dringend benötigtes Fernsprech-Wählamt einbauen.[208] Die Fernsprechsituation hatte sich noch verschärft, da beim Angriff am 15. Oktober 1944 die Wählanlage der Marine im Kommandogebäude, die einen Teil der Postanschlüsse übernommen hatte, ausgefallen war. Der Bau ist kurz darauf wieder aufgenommen worden, denn das Luftschutz-Bauamt informierte den Polizeipräsidenten Ende November 1944, daß der Einbau eines Amtes der SA (Sturm-Abteilung der NSDAP) am 4. Dezember 1944 beginnen könnte.

Obwohl nicht mehr alle geplanten Bunkerprojekte verwirklicht wurden und obwohl nicht alle Bauwerke den für die Bombensicherheit notwendigen Standards entsprachen, stand in Wilhelmshaven bei Kriegsende eine relativ hohe Zahl an Schutzplätzen in 140 Bunkern zur Verfügung.[209] In der Stadt selbst entstanden darüber hinaus 26 trümmer- und splittersichere Luftschutzanlagen sowie 64 weitere Behelfsbauten. Dabei handelte es sich meist um »Kleintürme« mit zwei Geschossen, die aber nicht bombensicher waren. Das Verhältnis von Schutzplätzen zur Einwohnerzahl wurde auch dadurch verbessert, daß die Zahl der Einwohner durch weitreichende Evakuierungen und Einberufungen bereits bis Mai 1944 auf fast 72 000 gefallen war. Die Zahl der Luftkriegsopfer war so verhältnismäßig gering. Bis zum Ende des Zweiten Weltkrieges waren in der gesamten Stadt 510 Tote zu beklagen.

Kiel

Über Kiels große strategische Bedeutung war man sich sowohl auf deutscher wie auch auf britischer Seite im klaren: Die Stadt war neben Wilhelmshaven nicht nur einer der bedeutendsten Werftstandorte der Kriegsmarine, auch als Marinebasis fungierte Kiel an führender Stelle.
Die Stadt hatte 1939 rund 273 000 Einwohner, zu denen im Lauf des Krieges Rüstungsarbeiter und ausländische Arbeitskräfte hinzukamen, so daß sich die Zahl bis Ende 1942 auf 306 000 erhöhte. Durch seine besondere militärische Bedeutung wurde Kiel zu einer der am schwersten getroffenen Städte im Luftgaukommando XI. Die Verluste durch Luftangriffe betrugen 2 515 Personen, wobei in dieser Zahl nicht die Opfer unter Fremdarbeitern und Kriegsgefangenen enthalten sind.[210] Die Bevölkerung mußte 90 Angriffe und 633 Fliegeralarme über sich erge-

Wegen seiner strategischen Bedeutung war Kiel häufig besonders schweren Angriffen durch alliierte Bomber ausgesetzt. Diese Luftaufnahme dokumentiert das Ausmaß der Schäden im Bereich der Holtenauer Straße/Ecke Gerhardstraße.

hen lassen. Nach den Auswertungen von Detlef Boelck gingen 43 559 Sprengbomben, 30 055 Flüssigbrandbomben, 456 357 Stabbrandbomben, 931 Luftminen, 21 557 Phosphorbomben, 1000 Flammstrahlbomben und 49 Phosphorkanister auf die Stadt nieder.

Da dies vorherzusehen gewesen war, hatte es erste ernsthafte Überlegungen zum Luftschutzbau bereits Ende der dreißiger Jahre von seiten der Kriegsmarine gegeben. Im April 1940 sah das Amt Stadtplanung die Errichtung eines Luftschutzturms an der Gablenzstraße/Ecke Werftstraße auf dem Gelände der Firma Speck & Sohn vor. Doch trotz der großen Gefährdung standen noch im Juni 1941 keine bombensicheren Luftschutzbauten in der Stadt zur Verfügung. Der verantwortliche örtliche Luftschutzleiter, Polizeipräsident Krumhaar, sah sich deshalb heftiger Kritik ausgesetzt. Darüber hinaus entsprachen die anderen Luftschutzsonderbauten des Polizeipräsidenten nicht den verbindlichen Vorschriften. Erst im Januar 1942 legte das Stadtplanungsamt jene Bunker fest, die nun beschleunigt gebaut werden sollten.[211]

Die Bauarbeiten waren allerdings durch dauernde Personal- und Baustoffengpässe beeinträchtigt, da inzwischen

Der vierstöckige Hochbunker Hollmannstraße in Kiel.

andere militärische Bauprojekte den Vorzug erhalten hatten, wie etwa der Ende 1941 beschlossene Bau des Atlantikwalls. Typisches Beispiel für die Verzögerungen ist der Bau des Bunkers Hummelwiese, wo die Bremer Firma Heinrich Schacht & Co 1942 mit den Bauarbeiten begann. Die Baustelle war anfangs technisch gut ausgestattet. Gleichwohl war der Ausbau des Bunkers noch im Mai 1944 nicht beendet, es fehlten zum Beispiel die Sanitäranlagen. In den Stadtteilen, in denen keine Bunker vorgesehen waren oder die Arbeiten nicht vorankamen, bauten sich die Einwohner gelegentlich selbst Luftschutzstollen, deren Zugang aber beschränkt war. In den Stollen der Gemeinde Mönkeberg beispielsweise durften auch andere Schutzsuchende hinein, aber erst, wenn alle Mönkeberger einen Platz gefunden hatten. Bei dem Stollen Sternwartenweg standen wegen des Baustoffmangels keine Betonfertigteile zur Verfügung, die normalerweise zum Stollenbau verwendet wurden. Deshalb stützte man die Decken mit Holz ab.[212]

1944 kam es aufgrund des zunehmenden Mangels an Material und Personal zu weiteren Reduzierungen bei den Bauvorhaben. Der Kieler Polizeipräsident informierte am 11. März den Befehlshaber der Ordnungspolizei in Hamburg, daß er zwei Bauwerke mit Genehmigung des Luftgaukommandos XI stillege, während für den Bunker Blumenstraße und den Operationsbunker Frauenklinik eine Baugenehmigung vorliege.

Zum Schutz der Kieler Bevölkerung, der Rüstungswerke und Marineeinrichtungen wurden schließlich mindestens 122 bombensichere Luftschutzanlagen errichtet, darunter auch Stollen. Neben den bombensicheren Bunkern waren im Rahmen des »Sofortprogramms« in Kiel 132 Fünf-Mann-Bunker, Pilze genannt, sowie 26 Luftschutzdekkungsgräben entstanden. Ursprünglich waren auch für die Kieler Innenstadt Bunker geplant, was aber an der schwierigen Beschaffenheit des Untergrundes scheiterte. Dafür entstanden andernorts höchst eigenwillige Konstruktionen, wie etwa beim Bunker Wehdenweg. Dieser Luftschutzbau war ursprünglich als Widerlager für eine Brücke über die Schwentine gedacht, weshalb er über Umfassungswände in einer Stärke von 3,00 bis 4,50 Meter verfügte. Daneben errichtete man zwei U-Boot-Bunker, mehrere Marine- und Werkluftschutzbunker auf den Werften sowie sechs Bunker für die Schleusentore des Nord-Ostsee-Kanals.[213]

Bremen

Bremen gehörte als Hafenstadt und wichtiger Rüstungssowie Werftenstandort zu den Luftschutzorten I. Ordnung und war eine der von den Aangriffen am schwersten betroffenen Städte. Der erste britische Angriff mit sechs bis acht Bombern erfolgte am 19. Mai 1940, wobei 16 Menschen getötet wurden. Göring ordnete daraufhin an, in Bremen beschleunigt Luftschutzbauten zu errichten. Gemäß diesem Erlaß entstanden in der gesamten Stadt im Rahmen eines Sonderbauprogramms 281 kleinere splitter- und trümmersichere Bauten. Im Juli 1940 konnten 140 von ihnen genutzt werden (16 000 Plätze) und 150 waren noch im Bau (17 000 Plätze), von denen aber nicht alle fertiggestellt wurden, da ab Oktober 1940 die Kapazitäten für das »Sofortprogramm« eingesetzt wurden. Insgesamt war geplant, ungefähr zehn Prozent der Bevölkerung – mit den Landbezirken waren das ca. 45 000 Menschen – vor Bombenangriffen zu schützen.

Nach der Anordnung des »Sofortprogramms« verfügte

der Senator für Arbeit und Technik am 2. November 1940, daß die Bremer Bauverwaltung eine gesonderte Luftschutz-Bauabteilung einrichten sollte. Verantwortlich für die Luftschutz-Bauaufgaben wurde Oberbaurat Kummer. Er war gleichzeitig Vertreter der Stadt in einem dreiköpfigen Arbeitsausschuß, zu dem noch der Vertreter des Generalbevollmächtigten-Bau und der örtliche Luftschutzleiter gehörten.[214] Da es bereits Planungen aus der Zeit vor der Einrichtung der Luftschutz-Bauabteilung gab, konnten schon am 6. November 1940 die Bauarbeiten für den ersten Bremer Bunker in der Zwickauer Straße beginnen.[215]

Die Ziele für den Bunkerbau in Bremen waren anfangs sehr hochgesteckt: Im Rahmen des Genehmigungsverfahrens schlug die Bauverwaltung im Oktober 1940 den Bau von 200 bis 400 bombensicheren Luftschutzbauten vor, Oberbaurat Kummer sprach im Dezember 1940 sogar von 450 Bauten. Damit hätten bis zu 70 000 Schutzplätze bereitgestellt werden können. Im Rahmen der I. Welle des »Sofortprogramms« erhielt Bremen aber nur die Genehmigung für den Bau von 55 Bunkern. Allerdings wurde das Programm bereits im ersten Jahr aufgrund der hohen Gefährdung von Bremen ausgeweitet. Die Genehmigungsbehörden des Generalbevollmächtigten-Bau stimmten im April 1941 dem Bau von insgesamt 89 Bunkern zu, und im Sommer 1941 erhöhte sich die Zahl auf 97. Der Gesamtumfang des »Sofortprogramms« blieb aber weiter begrenzt, so daß in anderen Städten dafür Kürzungen erfolgen mußten. Hierbei stand Bremen in einem besonderen Konkurrenzverhältnis zu Hamburg, dessen Bunkerbauprogramm für die I. Welle von 113 auf 68 reduziert wurde, da die Stadt weniger durch Luftangriffe gefährdet erschien als Bremen. Eine entsprechende Verschiebung gab es dann auch bei den eingesetzten LKW. Standen in Hamburg im März 1941 noch 381 Fahrzeuge für den Bunkerbau zur Verfügung, so waren es einen Monat später nur noch 262. In Bremen dagegen stieg die Zahl der LKW von Januar bis Mai 1941 von 152 auf 218. Die höchste Zahl der eingesetzten Arbeitskräfte wurde in Bremen im September 1941 mit 7 066 Arbeitern verzeichnet.
Das Jahr 1942 brachte dann aber auch für Bremen starke Reduzierungen des Bauprogramms mit sich. Für das dritte Kriegswirtschaftsjahr von September 1941 bis September 1942 waren ursprünglich für die Bunker in Bremen 70 Millionen RM vorgesehen. Die Summe wurde von Göring am 4. Januar 1942 auf 21 Millionen RM gekürzt, etwas später sogar auf sieben Millionen. Im August 1942 arbeiteten auch nur noch 1 279 Arbeiter auf Bremens Bunkerbaustellen.
Im Baustil waren die bombensicheren Luftschutzbauten völlig unterschiedlich. Sogar die fünf Rundbunker unterschieden sich voneinander, und in der Bremer Innenstadt entstanden fünf den jeweiligen Gegebenheiten angepaßte Tiefbunker. Einige dieser Luftschutzbauten waren ursprünglich als trümmersichere Sonderbauten geplant, die als öffentlicher Luftschutzraum dann bombensicher verstärkt wurden. Aber auch den Bremer Behörden war nicht ganz klar, ob die Bauwerke diesem Anspruch gerecht würden, obwohl es sich dabei um eine wichtige Verwaltungsfrage handelte: Wenn sie bombensicher waren, unterstanden sie der Polizeiverwaltung, wenn nicht, der Stadtverwaltung. (Als Kuriosum sei angemerkt, daß Bremen Schutzbauten errichtete, die bombensichere Abschlußdecken, aber nur splittersichere Wände aufwiesen. Es handelte sich hierbei um Bauten für die Feuerwehr.)
Für die Planung und Koordination des Bunkerbauprogramms standen in der Luftschutz-Bauabteilung nur zwei Fachleute zur Verfügung, und das, obwohl nach Oberbaurat Kummer die Bauwerke durch einwandfreie Herstellung »die Jahrhunderte bestehen« sollten.[216] Bei technischen Fragen der Bauausführung oder zur Durchführung von Versuchsreihen wandte man sich daher direkt an Professor Kristen in Braunschweig. Fraglich war zum Beispiel, ob Bunkerdecken mit Torf überdeckt werden sollten, wovon Kristen abriet. Die dadurch entstehende Verdämmung würde die Sprengkraft der Bombe erhöhen und den Bunker stärker gefährden.[217]
Eine andere grundsätzliche Frage war die Dimensionierung der Luftschutzbauten. Im Dezember 1942 fand eine Besprechung statt, auf der die Bauplätze für weitere Bunker festgelegt werden sollten.[218] Dem Protokoll des Polizeipräsidenten ist zu entnehmen, daß hier auch über die Größe der Bunker diskutiert wurde: »Baurat Assmann führte aus, daß der Generalbevollmächtigte-Bau die Errichtung weniger LS-Bunker mit jeweils großem Fas-

Kriegsgefangene bei Aufräumungsarbeiten nach dem verheerenden Angriff auf Bremen am 20. Dezember 1943.

sungsvermögen lieber genehmigt als den Bau mehrerer LS-Bunker mit kleinerem Fassungsvermögen. Es sei beispielsweise für den Bau von vier Bunkern für je 1 000 Personen etwa um ein Drittel mehr Material erforderlich als für den Bau eines Bunkers für 4 000 Personen.«[219] General Wolff als Befehlshaber des Luftgaukommandos XI hielt hingegen möglichst viele kleinere Bunker mit einer Aufnahmekapazität von je 500 Personen für militärisch angemessener. Anscheinend wurde daraufhin der Plan fallengelassen, zwei Bunker mit jeweils 2 000 Schutzplätzen in der Bremer Neustadt zu errichten. Statt dessen wurden vier zu je 1 000 Schutzplätzen favorisiert. Für die Schutzsuchenden hatte dies den Vorteil, daß bei mehreren Bunkern die Wege dorthin nicht so weit waren.

Nach einer Mitteilung des Regierenden Bürgermeisters an den Reichsverteidigungskommissar Weser-Ems konnten in Bremen im Februar 1943 8,4 Prozent der Bevölkerung bombensicher geschützt werden, was ungefähr 35 000 Schutzplätzen entsprach. Bei einer dreifachen Belegung konnten sogar etwa 25 Prozent der Bremer Schutz in den Bunkern finden. Ein halbes Jahr später standen in Bremen 45 000 Schutzplätze zur Verfügung. Diese Zahl wurde durch extreme Überbelegung bis auf 200 000 erhöht, was fast der Hälfte der Einwohner entsprach. Die Überbele-

Der Bunker Auf dem Kamp/Ecke Lützower Straße in Bremen nach dem Luftangriff am 20. Dezember 1943.

gung machte allerdings den Einbau von neuen Belüftungsanlagen mit höherer Frischluftförderleistung nötig. Nicht alle Bremer waren mit den Standorten der Luftschutzbauten zufrieden bzw. wollten ihr Fehlen in einigen Stadtteilen oder Baumängel nicht einfach hinnehmen. Der Bremer Polizeipräsident erhielt im April 1943 beispielsweise folgenden Beschwerdebrief: »Hunderte von Volksgenossen aus der Altstadt im Zentrum Bremens richten an Sie die Bitte um Änderung der Bunker zwischen Kaiserstraße und Abbentorwallstraße am Wall. Die drei Erdbunker sind als erste gebaut und sehr gering geschützt und bieten lediglich Splitterschutz.« Da der Bau eines Hochbunkers zuviel Zeit in Anspruch nehmen würde, bat der Schreiber um eine Verstärkung der Erdbunker mit einer einen Meter dicken Betondecke, »da jetzt die kleinste Bombe ... ein Blutbad verursachen würde«.[220] Der Polizeipräsident antwortete, daß diese Vorschläge nur mit nicht zu verantwortendem Arbeitsaufwand zu realisieren wären, und lehnte eine Verstärkung der Erdbunker ab. Auch Frau Henninger schrieb an den Regierenden Bürgermeister einen Brief: »Die Anwohner ... finden keinen Platz mehr in dem in der Aßmannshauser Straße (eine Viertelstunde Weg) erbauten Hochbunker, auch ist dort mehrfach die Äußerung gefallen, daß die Anwohner der

Befehlsbunker im Bürgerpark an der Parkallee in Bremen, August 1944.

genannten Straßen wegen Überfüllung nicht mehr in den Bunker hinein sollten. [...] Wir bitten dringend, sich für unsere Angelegenheiten einsetzen zu wollen.«[221] Was diesem Brief Gewicht verlieh, waren die von Frau Henninger gesammelten Unterschriften: Über 540 Nachbarn hatten den Brief unterzeichnet – ein für das »Dritte Reich« ungewöhnliches Beispiel von Bürgerprotest.
Beschwerden kamen auch aus Bremen-Lesum. Ursprünglich waren für diesen Ortsteil sieben Bunker vorgesehen.[222] Zuerst wurden die zwei Krankenhausbunker gestrichen, dann auch die anderen. Ende 1941 hatte das Reichsluftfahrtministerium nämlich einen Erlaß herausgegeben, wonach der Bau bombensicherer Luftschutzbunker in Ortsteilen mit vorwiegend offener Bauweise und in ländlichen Gemeinden grundsätzlich untersagt war.[223]

Die vielen Beschwerden berührten einen empfindlichen Nerv des nationalsozialistischen Staates. Gefürchtet wurde, daß sich das »Volksempfinden«, auf das man sich so gern berief, nun gegen den Staat richten könnte. Das Luftschutz-Bauamt reagierte daher postwendend. Auf einer Krisensitzung am 4. Dezember 1943 wurde unter anderem beschlossen: »Um den Bunkerbau im Kreise Lesum stärker fördern zu können, soll der in Bremen an der Kohlhökerstraße vorgesehene Hochbunker zugunsten des Bunkers in Blumenthal zunächst zurückgestellt werden. Der Bunker in Hammersbeck kommt erst an letzter Stelle in Betracht. Das Luftschutz-Bauamt wird die planerischen Arbeiten für diese Bauten sofort aufnehmen und den Arbeitseinsatz vorbereiten.«[224]
Doch die Materialknappheit und der Arbeitskräftemangel ließen zu diesem Zeitpunkt schon keine weiteren Großbauten mehr zu. Die massiven Beschwerden der Bevölkerung im Bremer Norden hatten aber immerhin ab Ende 1943 den Bau materialsparender bombensicherer Luftschutzstollen zur Folge. Nach Plänen des Luftschutz-Bauamtes sollten 7 000 Meter Stollen für 15 000 bis 20 000 Menschen gebaut werden. Insgesamt hatte man elf Stollenprojekte entworfen, die die Bezeichnung »BS 1« bis »BS 11« erhielten. Darüber hinaus sollten Übergänge zwischen den einzelnen Stollen geschaffen werden, um so ein ganzes Stollensystem zu errichten. Aber die Möglichkeiten waren sehr beschränkt, und so wurden nur wenige der geplanten Stollen tatsächlich gebaut. Selbst das von Generalleutnant der Flak Wagner im August 1944 geforderte Auswechseln der stählernen Bunkerabschlußtüren hatte nicht mehr die geringste Chance auf Verwirklichung[225] – nach einem Muster der Organisation Todt sollten alle Luftschutzbunker 30 Zentimeter starke Eisenbetontore erhalten.[226]
Insgesamt entstanden in Bremen bis Kriegsende – die Bunker der Reichsbahn, des Werkluftschutzes und die Luftschutzstollen eingerechnet – mindestens 171 bombensichere Luftschutzbauten, die vielen Einwohnern das Überleben sicherten.

Wesermünde (Bremerhaven)

Als wichtiger Hafen und Stützpunkt der Kriegsmarine war auch Wesermünde ein Luftschutzort I. Ordnung – und somit wichtiges Ziel der Alliierten. Der erste Luftangriff richtete sich bereits am 28. November 1939 gegen den Seefliegerhorst, am 16. Oktober 1940 fielen erstmals Bomben auf das Stadtgebiet. Die ersten Bombentoten gab es in der Nacht zum 8. April 1941. Zwei Wohnhäuser wurden zerstört und begruben elf Menschen unter sich. Insgesamt löste die Warnzentrale im Kommandobunker in der Emslandstraße bis zum Januar 1945 875mal Luftalarm aus, wobei es zu 52 Luftangriffen kam.

Bereits 1938 hatte der Ortsgruppenführer des Luftschutzes Ruteberg die Bedeutung eines funktionierenden Luftschutzes für die »Kampfmoral« der Bevölkerung erkannt: »Die Zivilbevölkerung wird Fliegerangriffen von noch nicht dagewesenen Ausmaßen ausgesetzt sein. Der Ausgang des ganzen Ringens kann davon abhängen, inwieweit es gelingt, diese unmittelbaren Angriffe auf die Heimat und damit auf die Kraftquelle der kämpfenden Nation in ihren Auswirkungen zu beschränken.« Und: »Ein Luftschutzhaus wird in späteren Jahren zweifelsohne zu den Selbstverständlichkeiten jeder größeren Stadt gehören.«[227]
Für Wesermünde hatte das »Sofortprogramm« daher unmittelbare Folgen. Bereits in der zweiten Novemberhälfte 1940 begann hier der Bau der I. Welle: Zehn der später insgesamt 17 Bunker wurden in diesem Monat in Angriff genommen. So konnte bereits am 6. Februar 1941 bei einer Besprechung zum baulichen Luftschutz in Berlin festgestellt werden, »daß Wesermünde mit den Luftschutzmaßnahmen sehr günstig liegt«.[228] Am 21. Februar 1941 meldete die Stadtbauverwaltung, daß bis zum 31. März 1941 sieben Bunker im Rohbau fertig sein würden. Mit weiteren sieben wäre bis zum Ende der I. Welle am 30. Juni 1941 zu rechnen. Der Verwaltungschef berichtete allerdings auch, er wäre nicht in der Lage, neue Bauwerke zu beginnen, denn schon für die noch fertigzustellenden Bauten fehlten Eisenbeton, Arbeitskräfte und Lastwagen. Im Rahmen der II. Welle wurden deshalb nur drei Bunker errichtet.

Beim Bau der Bunker hat die Bauverwaltung einen eigenen Bunkertyp als Regelbau mit einem rechteckigen Grundriß und Satteldach entworfen, der in der Landstraße, Am Klushof, in der Bergstraße und in der Veerenstraße errichtet wurde. Es handelt sich hierbei um zweigeschossige Hochbunker mit 120 Liege- und 80 Sitzplätzen. Eine Besonderheit wies der Bunker Allmersstraße 3a auf, für den bei den Planungen die Nutzung in Friedenszeiten als Lager und Kühlhaus berücksichtigt worden war. Einer der längsten Bunker in Wesermünde stand in der Straße Auf den Appels mit über 40 Metern Länge. Er hatte eineinhalb Stockwerke für 108 Liege- und 90 Sitzplätze.
Bis 1944 sind 13 Hoch- und drei Tiefbunker entstanden, die zehn Prozent der Bevölkerung schützten. Daneben gab es noch zahlreiche nichtbombensichere Luftschutzsonderbauten, wie 34 Erd-»Bunker«, 54 Röhrenbauten und 78 Luftschutzräume in öffentlichen Gebäuden sowie zahlreiche abgestützte Keller und Deckungsgräben.
In der ersten Jahreshälfte 1944 regte sich dennoch erheblicher Unmut bei der Bevölkerung. Viele Wesermünder bemängelten, daß in Wesermünde-Mitte und anderen zentralen Stellen der Bau von bombensicheren Bauten grob vernachlässigt worden wäre. Insbesondere wurde der schleppende Verlauf beim Bau der neuen Bunkergeneration der II. Welle (Bunker Torfplatz und Hindenburgplatz) kritisiert, die dickere Abschlußdecken erhalten sollten. Bei dem sechsgeschossigen Bunker auf dem Torfplatz mit einer Aufnahmekapazität von fast 1 700 Personen wurde zwar die Abschlußdecke eingeschalt, aber die Betonierung unterblieb wegen Zementmangels.[229] Der Bunker wurde zugunsten des Bunkers in Cuxhaven nicht fertiggestellt.

Die Sorgen der Bevölkerung sollten sich bald als berechtigt erweisen. Nach schweren Angriffen im Juni 1944 flogen in der Nacht zum 19. September 1944 über 200 Flugzeuge den bis dahin schwersten Angriff auf die Stadt, wobei 618Menschen starben und 1 193 verletzt wurden. Über 30 000 Menschen verloren ihre Wohnungen. In den vier Luftkriegsjahren waren in der Stadt, die 1939 115 400 Einwohner hatte, 1 142 Opfer zu beklagen.

Der Emder Oberbürgermeister Carl Renken, der durch seine guten Verbindungen nach Berlin für kürzere Dienstwege beim Bunkerbau in der Stadt sorgte.

Emden

In der Stadt an der westlichen Grenze des Deutschen Reiches, die von Großbritannien aus am schnellsten zu erreichen war, setzten die baulichen Luftschutzmaßnahmen bereits 1937 ein. Das Reichsluftfahrtministerium hatte 1936 ein Schema einer Befehlsstelle für den öffentlichen Luftschutz entworfen. 1937 begann man in Emden hinter dem Rathaus mit der Errichtung einer solchen Luftschutzanlage. Offensichtlich maß die Luftschutzleitung dem Bau aber keine große Dringlichkeit bei, denn noch nach Kriegsbeginn war er nicht fertiggestellt. Schließlich wurde bei einem Angriff einzelner britischer Bombenflugzeuge die Baustelle getroffen, und der Baukran stürzte um. Das Ausgleichsgewicht stieß dabei in das nebenstehende Verwaltungsgebäude der Polizei und durchschlug einige Stockwerke. Der Bau wurde Ende 1941/Anfang 1942 aufgegeben und der Bunker Emsmauerstraße als Befehlsstelle bestimmt, der dann ab Juli 1942 zur Verfügung stand.

Da das ursprüngliche Projekt des Befehlsstellenbunkers im Herbst 1940 noch unvollendet war, setzte auch in Emden der Bau bombensicherer Bunker erst mit dem »Sofortprogramm« vom Oktober 1940 ein. Am 7. November 1940 informierte Oberbürgermeister Renken die Ratsherren vertraulich über den beabsichtigten Bau von weiteren Bunkern. Der Baubeginn wurde auf den 22. November 1940 festgelegt.[230]

Im Rahmen der I. Welle entstanden dann für die 37 000 Einwohner Emdens bis Dezember 1941 zwölf Bunker. Die Pläne für die II. Welle umfaßten weitere elf Bunker, deren Baubeginn für Oktober 1941 festgesetzt war. Dabei verfügte Emden über ein erstaunliches Arbeitskräftekontingent. Die Luftschutz-Bauabteilung mußte die Bauten der II. Welle bereits am 15. Juli 1941 in Auftrag geben, um die eingetroffenen 400 italienischen Zivilarbeiter beschäftigen zu können, da die Bauten der I. Welle fast alle fertiggestellt waren. Eine Ausschreibung war wegen des drängenden Termins nicht mehr möglich. Für den Bau der II. Welle wurden so Baufirmen berücksichtigt, die bereits am weitesten bei den Bauten der I. Welle vorangeschritten waren. Auf diese Weise gelang es, relativ zügig für ein Zehntel der Bevölkerung Bunker zu schaffen. Die restliche Bevölkerung sollte in ausgebauten Kellern Schutz finden, bis weitere Bunker fertig wären.[231]

Doch in Emden erschwerte der hohe Grundwasserspiegel an vielen Stellen die Bauarbeiten. Allein für die ersten 23 Bunker mußte man 10 000 Holzpfähle in den Grund rammen. Bei den schwereren Bunkern der II. Welle führten diese Gründungsarbeiten jetzt zu einer um zwei Monate erhöhten Bauzeit. Um den Bau voranzutreiben, sagte das Luftschutz-Bauamt Prämien zu, wenn die Firmen die vorgegebenen Termine unterschritten. Das Bauamt zahlte 500 RM für jeden Tag, der gegenüber den Planungen für die Betonierungsarbeiten an der obersten, bombensicheren Decke eingespart würde. Drei Fünftel davon mußte die Belegschaft erhalten.[232]

Bei den Planungen der Bunker wurden zugleich andere

Nutzungsmöglichkeiten berücksichtigt. Stadtoberbaurat Dr. Dr. Ohm, der die städtebauliche Gesamtplanung leitete, beabsichtigte beispielsweise, den Erdaushub auf dem Platz am Gelben Mühlenzwinger aufzuschichten, um dort eine Freilichtbühne zu errichten – sozusagen als trotzige Antwort auf die Realität des Bombenkrieges. Auf der Ratsherrensitzung im Dezember 1942 ging man noch weiter: »Die Bunker sind praktisch gedacht. Zum Beispiel ... wird es auf den Adolf-Hitler-Bunker bei der Einfahrt in die Stadt einen schönen Blick geben. In den 60 m hohen Bunkerturm soll später ein Glockenspiel hinein.«[233]
Der Rat setzte sich auch mit der gewichtigeren Frage auseinander, ob auf den Bunkern Flak postiert werden sollte. Man befürchtete aber durch diese Angriffsziele eine zusätzliche Gefährdung der Bevölkerung, zumal die Marine bereits versichert hatte, keine Flak-Geschütze im Stadtgebiet selbst aufstellen zu wollen.

Bilanzierend konnte Oberbürgermeister Renken am 17. Juni 1942 die Luftschutzversorgung von Emden seinen Ratsherren positiv darstellen: »Man kann wohl sagen, daß Emden zur Zeit prozentual zu den Einwohnern die im Bunkerbau bestgeschützte Stadt Deutschlands ist. [...] In bis jetzt fertiggestellten 15 Bunkern können 6 000 Personen in Sitz- und Liegeplätzen untergebracht werden. Nach Fertigstellung der noch im Bau befindlichen sieben weiteren Bunker können insgesamt 12 700 Personen bombensicher auf Sitz- und Liegeplätzen untergebracht werden. D. h. etwa ein Drittel der Bevölkerung (gegenüber einem Durchschnitt von zehn Prozent in anderen Städten des LS-Führerprogramms). Wenn man berücksichtigt, daß die Bunker weitaus mehr Personen aufnehmen können (der Bunker An der Bonesse, mit 411 angegebenen Sitz- und Liegeplätzen, hat schon mehrfach 2 000 Personen aufgenommen), so kann man sagen, daß im Notfalle beinahe die ganze Bevölkerung dort unterkommen kann.«[234] Darüber hinaus sollten noch drei Bunker für ungeschützte Stadtteile entstehen: Borssum-Hilmarsum, Küstenbahndamm und Bahnhof Emden-Süd. Für die 37 000 Einwohner wurden schließlich mit den Bunkern des Zusatzprogramms (III. Welle) insgesamt 34 Bunker gebaut. Größtes Problem von Emden blieb so über die gesamte Kriegszeit die unzureichende Luftwarnung, da in der Küstenstadt angreifende Flugzeuge erst geortet werden konnten, wenn sie bereits fast über der Stadt waren.

Bunker in Emden.

Die vergleichsweise gute Bunkersituation von Emden hat nicht nur mit der besonderen strategischen Lage, sondern auch mit den besonderen Aktivitäten von Oberbürgermeister Renken zu tun, der zugleich örtlicher Luftschutzleiter war. Renken konnte auf eine lange Karriere als Nationalsozialist zurückblicken: Bereits 1929 war er für die NSDAP in Wilhelmshaven Senator geworden und besaß seitdem Verbindungen zu Berliner Nazi-Größen. Über den Gauleiter von Weser-Ems, Carl Röver, hatte er beispielsweise gute Kontakte zu Propagandaminister Goebbels. Renken konnte daher am 18. Dezember 1941 in der Ratsherrensitzung feststellen, daß man in Berlin die Lage der Stadt anerkenne und »genau Bescheid über die Emder Verhältnisse« wisse.[235]

Nach den ersten schweren Luftangriffen auf Emden hat der Generalbevollmächtigte für die Bauwirtschaft Todt am 21. Januar 1942 selbst die Stadt aufgesucht und Hilfe zugesagt. Obwohl Emden wahrlich nicht die einzige bombardierte Stadt war, wurde hier eine besondere Betreuungsstelle eingerichtet, die unmittelbar mit Todt bzw. mit seinem Sachbearbeiter verhandeln konnte. Dieser kurze Dienstweg war ein wesentlicher Teil des späteren Erfolgs im Bunkerbau.[236] Im Februar 1942 kamen nach den Luftangriffen auch Kommissionen von der Gauleitung und aus Berlin: vom Reichsarbeitsministerium, dem Reichsministerium des Inneren, dem Reichsverteidigungskommissar, dem Landesernährungsamt. Doch die Herren wollten sich nur ungern den Gefahren des Bombenkrieges aussetzen. In einem Bericht über die zahlreichen Besucher hieß es: »Unangenehm in der Bevölkerung wurde vermerkt, daß die Kommissionen aus Berlin nachtsüber Emden verließen und in Leer, Aurich usw. Wohnung nahmen und am nächsten Morgen wieder nach Emden kamen.«[237]

Durch umfangreiche Evakuierungen gab es später noch mehr Platz für die Verbleibenden. Am 16. Dezember 1943 hatten der Kreisleiter von Emden Everwien und Renken bekanntgegeben, daß alle Alten, Schwangeren, Kinder und Nichterwerbstätigen angesichts neuer zu erwartender schwerer Luftangriffe Emden verlassen sollten, da durch den zerstörten Wohnraum die Menschen noch enger zusammengerückt seien.[238] »Eine Wohnunterbringung in den Bunkern auf längere Zeit ist mit Rücksicht auf die dadurch entstehende Überfüllung der Bunker, vor allen Dingen aber auch aus gesundheitlichen Gründen, nicht zu verantworten.« Nach der Zerstörung Emdens durch den Luftangriff vom 6. September 1944 durften obdachlose Einwohner, die in Emden tätig waren, dann doch in den Bunkern übernachten. Sie mußten allerdings nachweisen, daß sie keine Wohnung hatten oder daß ihre Wohnung zum Schlafen nicht geeignet war.[239]

Nach weiteren Evakuierungen der Zivilbevölkerung wurden die Bunker teilweise anderweitig genutzt: Der Bunker Lookvenne wurde Wehrmachtslazarett, im Bunker Krankenkasse richtete man eine Apotheke ein. Im Bunker Neuer Kirchhof war das Telegrafenamt untergebracht. Städtische Behörden zogen in den Bunker Stadtgarten um, das Standesamt beispielsweise befand sich im obersten Geschoß dieses Bunkers.
Nach einer Liste des Kommandos der Schutzpolizei vom 22. Juni 1945 flogen die Alliierten auf Emden 80 Luftangriffe, den ersten am 13. Juli 1940. Der schwerste erfolgte am 6. September 1944, bei dem Emden weitgehend zerstört wurde. Bis zum 30. April 1945 wurde 997mal Fliegeralarm ausgelöst, in einer Nacht allein sechsmal. Im Verlauf des Krieges gingen 7 185 Sprengbomben auf Emden nieder, darunter zehn Luftminen. Trotz der vergleichsweise guten Ausstattung mit Bunkern wurden dabei 330 Menschen getötet und 724 verletzt.

Lübeck

In Lübeck zeigte das »Sofortprogramm« schnell erste Wirkungen. Bis zum 1. Juni 1941 wurden vier Bunker als betonfertig gemeldet, die für 1 182 Personen Schutzplätze boten. Aber selbst unter Einbeziehung der Werkluftschutzbunker standen damit zu dieser Zeit nur 3 482 bombensichere Plätze für rund 150 000 Lübecker zur Verfügung.
In der Nacht zum 29. März 1942 griffen 234 britische Bomber die Hansestadt an und warfen 304 Tonnen Bomben ab. Dieser erste konzentrierte Großangriff auf eine deutsche Stadt kostete 320 Menschen das Leben. Über 1 000 Wohnhäuser wurden dabei völlig, 4 000 teilweise zerstört.[240] Die Führung der britischen Bomberverbände hatte Lübeck als Ziel ausgewählt, um im Gegenzug auf die Bombardements von Coventry und London zu beweisen, daß die Briten auch in der Lage waren, historische deutsche Städte empfindlich zu treffen. Deshalb wohl kamen neben 225 Sprengbomben und zwei Luftminen auch 6 000 Brandbomben zum Einsatz. Dieses Kalkül ging auf, und die Innenstadt wurde fast völlig zerstört.
Nach diesem schweren Angriff wurde der Schutzbau intensiviert, und die Lübecker suchten bei Luftalarm die

Der 1943 erbaute Luftschutzbunker Hundestraße in Lübeck.

Bunker verstärkt auf.[241] Doch weitere vergleichbare Bombardierungen hat es nicht mehr gegeben, da die Hansestadt mit ihrem Hafen zwischen den Kriegsparteien als »Rote-Kreuz-Stadt« deklariert wurde, über die man die Versorgungs- und Hilfspakete für die Kriegsgefangenen leitete. Trotzdem wurde regelmäßig Luftalarm gegeben, wenn die Bomberverbände das Gebiet überflogen, um andere Ziele zu erreichen – zum Beispiel Berlin.

Bis Mai 1943 waren 17 Bunker für den Selbstschutz errichtet worden, die 8,9 Prozent der Bevölkerung Deckung boten. Danach kam auch in Lübeck der Bunkerbau praktisch zum Stillstand bzw. verzögerte sich die Fertigstellung der bereits begonnenen Vorhaben erheblich, wie zum Beispiel beim Bunker Engelsgrube.

Insgesamt entstanden in Lübeck bis Kriegsende 24 Bunker verschiedenen Typs, darunter auch drei Werkluftschutzbunker der Bauart Winkel. Nach Planbelegung boten alle Lübecker Bunker zusammen 22 100 Schutzplätze, was ungefähr 14 Prozent der Bevölkerung entsprach.

Hamburg

In der Großstadt Hamburg mit ihren 1,7 Millionen Einwohnern und dem wichtigen Hafen hatten die baulichen Luftschutzmaßnahmen bereits vor Beginn des Zweiten Weltkrieges begonnen. Ab Juli 1939 errichtete die städtische Bauverwaltung an Verkehrsknotenpunkten hauptsächlich Luftschutztürme der Bauart Zombeck, zum Beispiel in der Nähe von S-Bahnhöfen. Die »Rundturmbunker mit Kegeldachfläche«, wie sie im Amtsdeutsch genannt wurden, hatte das Hochbauamt entworfen, für die Bauausführung war das Tiefbauamt verantwortlich. Alle diese Türme wurden mit dunkelroten Klinkern verblendet, Gesimse und Eingänge aus Kunststein gefertigt. Im Unterschied zu den Bunkern der I. und II. Welle des »Sofortprogramms« waren aber weder Dächer noch Außenwände armiert, sondern in Stampfbeton mit einer Stärke von einem Meter ausgeführt. Zum Glück erhielt keiner dieser Luftschutzbauten während der Bombenangriffe einen Volltreffer, denn dem hätten sie höchstwahrscheinlich nicht standgehalten.

Die Luftschutztürme waren so konzipiert, daß sie bis zu zwei Stunden 600 Personen Luftschutz gewähren konnten. Trotzdem suchten während des Krieges bis zu 1 800 Personen in ihnen Schutz. Um zu gewährleisten, daß die vielen Menschen in möglichst kurzer Zeit in den Bunker hineingelangen konnten, brachte man im Inneren in Schneckenform rampenförmige Wendelaufgänge an. Im Vergleich zu anderen Bunkern waren diese Türme höchst unkomfortabel, denn es fehlten die Sitzgelegenheiten und auch eine Heizung.

Dem Bau der Türme waren langwierige Verhandlungen über den Kostenträger vorausgegangen. Der Polizeipräsident hatte die Ansicht vertreten, daß die Reichsbahn für den Schutz aufkommen müsse, da es ihre Fahrgäste seien, die hier Schutz suchten. Die Bahn schob die Verantwortung der Stadt zu. Schließlich erklärte sich das Luftgaukommando zum Bau bereit, da der Schutz der Bevölkerung nicht wegen eines solchen Streits leiden sollte.[242]

Nach Verabschiedung des »Sofortprogramms« plante die

Nach den »Gomorrha«-Angriffen im Juli 1943 waren Bunker in manchen Stadtteilen Hamburgs die einzigen intakten »Behausungen«.

Stadtverwaltung dann den Bau zusätzlicher, jedoch einfacherer Luftschutzanlagen. In der Amtsleitersitzung vom 22. November 1940 beschloß man dazu: »In Hamburg werden in kürzester Frist für rund 180 000 Personen Luftschutzunterkünfte hergerichtet. Zu diesem Zweck werden ungefähr 18 000 dänische Arbeiter nach Hamburg gezogen. Es sollen keine Bunker, sondern sogenannte Luftschutzhäuser errichtet werden, die als Alarmunterkunft für die in der Nähe Wohnenden dienen sollen.«[243]
Der nunmehr beschleunigte Bau von Luftschutzhäusern führte nicht nur zu erheblichem Kompetenzgerangel unter den städtischen Behörden[244] und Problemen bei der Finanzierung[245], sondern auch zu schmerzhaften Eingriffen in das Leben von Anwohnern und kleinen Gewerbetreibenden, die kurzerhand zur Freimachung von Bauland umquartiert wurden. Die Sozialverwaltung vermerkte im Dezember 1940: »Bei der Bearbeitung der Umsiedlung derjenigen Familien und Betriebe, die infolge des Baues von Luftschutzhäusern ihre jetzige Wohnung räumen müssen, stellen sich dauernd erhebliche Schwierigkeiten heraus, da namentlich die wirtschaftlichen Fragen nicht immer einfach zu lösen sind. Die Inhaber der Betriebe sind vielfach an ihren Standort gebunden, verlieren beim Verziehen in andere Stadtteile ihren Kundenkreis.« Die Verwaltung befürchtete vor allem, daß die Inhaber der Betriebe »infolgedessen zu dauernden Schadensersatzforderungen« kämen.[246] Der für derartige Fragen zuständige »Arbeitskreis für das Bunkerbauprogramm« ging jedoch

sehr rigoros vor. Bei dem 1941 begonnenen Bau des Bunkers in der Horst-Wessel-Straße (heute Sievekingdamm) soll zum Beispiel der hier ansässige Kohlenhändler einfach zwangsenteignet worden sein.[247]
Nach Angaben des Polizeipräsidenten standen am 1. April 1941 schließlich 21 bombensichere Bunker mit 12 698 Schutzplätzen zur Verfügung. Zu dieser Zeit waren 3 100 Arbeiter auf 68 weiteren Baustellen von bombensicheren Anlagen eingesetzt. Kurz vor dem Überfall auf die Sowjetunion im Juni 1941 mußte die Bauverwaltung jedoch 20 Bunkerbaustellen zeitweilig stillegen, und Dutzende zuvor genehmigte Bauprojekte wurden erst gar nicht begonnen. Arbeitskräfte und Material wurden in den Kriegsgebieten benötigt.
Erst im Rahmen der II. Welle erhielt Hamburg wieder die Baugenehmigung für 115 Bunker. Die Zahl der fertiggestellten Bunker erhöhte sich bis zum 1. September 1942 auf 108. Nach einem Bericht zur Tätigkeit der Abteilung »Hoheitlicher Luftschutzbau« waren im Dezember 1943 in Hamburg 124 Bunker im Rohbau fertig, darunter sieben Krankenhausbunker. 92 429 Personen konnten in diesen Bauwerken Zuflucht finden. Selbst wenn man von den nur noch 1,1 Millionen Einwohnern im Mai 1944 ausgeht, standen damit nicht einmal für neun Prozent der Bevölkerung sichere Schutzplätze zur Verfügung. Zu den Bunkern kamen noch splittersichere sogenannte Röhrenbunker mit einer Aufnahmekapazität von 62 839 Personen sowie 89 splittersichere Deckungsgräben für 5 229 Menschen hinzu. Als weitere Luftschutzbauten existierten 176 Betonformsteinunterstände für 2 992 Personen.

Die fieberhaften Bauaktivitäten Ende 1943 und 1944 hatten mit den schrecklichen Erfahrungen der verheerenden Bombenangriffe zwischen dem 25. Juli und 3. August 1943 zu tun, die unter der Bezeichnung »Gomorrha-Angriffe« in die Geschichte eingingen. Bei den dabei aufgetretenen Großbränden und Feuerstürmen waren einige Bunker ganz von Flammen eingeschlossen worden. Aus dem Bunker Baustraße kam danach die Meldung: »3 000 Menschen sind am Ersticken, haben keinen Sauerstoff mehr! Bunkereingang brennt!«[248] Beim Bunker Dietrichstraße war der Ausgang von brennenden Hölzern und einer eingestürzten Zementbaracke blockiert, was 41 Menschen das Leben kostete. Insgesamt kamen bei den »Gomorrha-Angriffen« fast 40 000 Menschen um.
Von den Angriffen mit betroffen waren auch einige Bunkerbaustellen. Bei 17 von ihnen waren die Zerstörungen so stark, daß jede weitere Bautätigkeit sinnlos war, worunter sich auch elf Bunkerprojekte der II. Welle befanden. Ihre Stillegung bereitete in einigen Fällen aber keine Probleme, da in den völlig ausgebrannten Stadtteilen ohnehin keine Menschen mehr lebten.

Rostock

Die Umsetzung des Bunkerbauprogramms in Rostock mit seinen damals 120 000 Einwohnern ist nur sehr unvollständig nachvollziehbar. Viele Materialien fehlen durch die Abgabe der Unterlagen an die sowjetischen Behörden nach 1945. Technische Daten und auch die Nutzung während des Krieges liegen weitgehend im dunkeln.[249] Einige Angaben lassen sich aber den Unterlagen aus der Nachkriegszeit entnehmen, die die Beseitigung der Bunker dokumentieren. Danach hatte die Abteilung Hochbau des Stadtbauamtes den Auftrag, im September und Oktober 1946 16 unterirdische Luftschutzbauten und 14 Ein- bzw. Mehr-Mann-Bunker zu sprengen. In einer weiteren Auflistung werden 33 öffentliche sowie 14 behelfsmäßig ausgebaute Luftschutzräume genannt. An anderer Stelle ist von mindestens 70 Ein-Mann-Bunkern die Rede.[250]
Als gesichert gilt, daß im Rahmen des »Sofortprogramms« mindestens acht bombensichere Luftschutzbauten entstanden, davon einer in Zuständigkeit der Reichsbahn. Fünf der acht Bunker wurden im Rahmen der I. Welle gebaut, die übrigen in der II. Welle. Die Neptun-Werft und die Heinkel-Flugzeugwerke erhielten darüber hinaus eigene Werkluftschutzbunker. Hinzu kamen Luftschutzstollen wie zum Beispiel der Kreisbefehlsstand am Güterbahnhof.[251]
Auftakt für das »Sofortprogramm« war der Bau des »Blücher-Bunkers« bei der Jakobikirche. Hier war Baubeginn am 23. November 1940. Den Entwurf hatte der Architekt Franz Nicolai im Auftrag des Städtischen Hochbauamtes erarbeitet. Der Bunker bot offiziell 909 Schutzplätze und sollte auch die Befehlsstelle der Poli-

zeiführung aufnehmen. Am 24. Oktober 1941 stand der Rohbau. Mit dem Bau des »Altstadtbunkers« in der Wollenweberstraße war bereits am 13. Dezember 1940 begonnen worden, mit dem Bau des »Körner-Bunkers« (heute Arno-Holz-Straße) am 13. Januar 1941. Es folgte im Juni 1941 der »Gustloff-Bunker« (Auf dem Kamp, heute Thomas-Müntzer-Platz).

In Warnemünde entstand der »Brinckmann-Bunker« auf einem freien Hof hinter den Häusern der John-Brinckman-Straße. Er sollte auf drei Etagen 644 Schutzplätze bereitstellen. Baubeginn war der 20. Januar 1941, die Rohbaufertigstellung fiel auf den 20. März 1943.[252] Bei Luftangriffen nahm er nach Zeitzeugenberichten 7 000 Menschen auf, mehr als die Hälfte der Einwohner Warnemündes. Der »Reuter-Bunker« wurde am 16. März 1943 begonnen, bis Kriegsende aber nicht mehr fertiggestellt. Er liegt im Stadtteil Reutershagen an der heutigen Goerdelerstraße und sollte mit 1 101 Schutzplätzen der größte Bunker in Rostock werden.
Auf dem Krankenhausgelände an der heutigen Schillingallee wurde ab dem 21. Dezember 1940 am »Klinikbunker« gebaut, der 250 Patienten aufnehmen sollte. Er war der einzige Tiefbunker in Rostock. Die Rohbaufertigstellung fiel auf den 21. Dezember 1943. Wand- und Deckenstärken entsprachen den Vorgaben der I. Welle, dazu kam eine vier bis fünf Meter starke Erdüberdeckung. Die Reichsbahn errichtete ab dem 1. November 1942 einen Bunker am Hauptbahnhof. Er wurde jedoch nicht mehr ganz fertiggestellt. Die Bevölkerung nutzte ab 1944 immerhin den Rohbau, um wenigstens etwas Schutz zu haben.

Hannover

In Hannover gab es bereits am 28. Februar 1939 erste Erwägungen, einen luftschutzsicheren Raum für 500 Personen unter den Grünanlagen am Opernhaus anzulegen. Das hatte der Polizeipräsident der Stadtverwaltung vorgeschlagen. In Friedenszeiten sollte der Bunker als Kraftfahrzeughalle dienen. Doch zu diesem Zeitpunkt kamen noch städtebaulich-ökologische Einwände zum Tragen. Stadtbaurat Professor Elkart wies auf die Bäume hin, die bei einem derartigen Vorhaben verschwinden würden, und so sprach sich auch Oberbürgermeister Haltenhoff gegen die Forderung des Polizeipräsidenten aus. Der Plan wurde fallengelassen.
Erst mit Kriegsbeginn am 1. September 1939 begann man dann, Bauten für den Luftschutz ernsthaft voranzutreiben. Zu den bereits angelegten Luftschutzkellern in Wohnhäusern wurden jetzt auch Kellergewölbe öffentlicher Gebäude entsprechend ausgebaut.[253] Schon vier Tage später funktionierte beispielsweise die Stadtverwaltung den Fahrradkeller des Neuen Rathauses in einen öffentlichen Luftschutzraum für 200 bis 250 Personen um.
Im Rahmen des »Sofortprogramms« sollten ab Herbst 1940 für die 471 000 Einwohner Hannovers ursprünglich 64 Bunker mit 40 000 Schutzplätzen entstehen, wovon dann 58 tatsächlich gebaut wurden. Dazu gehörten sieben Typen von Regelbauten: unterirdische Bunker, runde Hochbunker, Bunker der Typenreihe H I, H II und H III sowie die großen Betonbauten der Baureihe B und C.
Die unterirdischen Bunker waren fast alle im Innenstadtbereich konzentriert, da die Bebauung dort nur wenige Möglichkeiten zuließ, Bunker über der Erdgleiche anzulegen. Diese Tiefbunker gehörten von ihrem Fassungsvermögen her zu den größten Schutzbauten Hannovers: Der Bunker Ernst-August-Platz bot 12 000 Menschen Schutz, der Lindener Stollen konnte 7 000 Personen aufnehmen.
Aufgrund des ungünstigen Verhältnisses von benötigtem Material zur Zahl der damit bereitgestellten Schutzplätze gab schließlich auch die Bauverwaltung in Hannover den Bau von Tiefbunkern zugunsten der Hochbunker auf. Bei den Bunkern Rampen- und Blumenauer Straße gab es noch eine Mischform.
Die zu Beginn des Krieges meistgebauten Typen waren die Bunker mit der Typenbezeichnung H I und H II, von denen insgesamt 31 entstanden. Sie hatten einen fast quadratischen Grundriß und besaßen ein bis drei Obergeschosse. Die Zahl der Schutzebenen wurde hinter der in römischen Ziffern erfolgten Typenbezeichnung mit arabischen Ziffern angegeben. Sämtliche Bunker dieses Typs besaßen Satteldächer und Kamine, deren Öffnungen durch gewellte Eisenbleche geschützt waren. Ursprünglich sollten die Bauten der H-II-Serie eine Klinkerverblendung erhalten, doch ging man aus Kostengründen

Bau des Hochbunkers Bunnenbergstraße in Hannover 1940/41, der für 400 Personen ausgelegt war.

bald dazu über, die Verblendung ganz fortzulassen oder statt dessen Spritzputz anzubringen.

Lediglich die drei Bunker des Typs H III sind allesamt mit roten Klinkern verblendet und mit Satteldächern versehen worden. Außerdem erhielten sie vorgesetzte Türmchen, die als Treppenaufgang dienten und dem Ganzen eine zivile, ja sakrale Note geben sollten. Auf den achteckigen oder runden Türmen thronte dann ein Kegeldach.

1941 begann man in Hannover mit dem Bau von insgesamt vier Rundbunkern, die ebenfalls über Kegeldächer verfügten. Sie wurden in Sichtbetonweise ausgeführt und hatten zum Teil einen Natursteinsockel. Das Problem dieser Rundbunker war, daß sie bei Bombentreffern stark schwankten und daß es viel Zeit in Anspruch nahm, bis sie mit Schutzsuchenden gefüllt waren

Daneben entstanden zahlreiche Bauwerke, die in die Umgebung eingepaßt werden mußten, so der »Tonbunker«, der beispielsweise ein Trapez als Grundriß hatte. Einen ähnlich eigenwilligen Grundriß hatte der Bunker Haltenhoffstraße.

Die neun Bunker der II. Welle (Baureihe B und C) hatten dagegen einheitlich einen rechteckigen Grundriß von etwa 20 mal 50 Metern und besaßen mit dem Erdgeschoß vier Stockwerke und ein Flachdach. In die Bunker gelangte man durch jeweils vier Eingänge an den Kopfenden. Nach Plan fanden 2 000 Personen dort Platz, in der Not des Krieges jedoch mitunter bis zu 10 000 Menschen.

Bis zum 22. März 1943 standen 45 bombensichere Bunker für offiziell 26 107 Personen zur Verfügung, bereits betonfertig und in vorläufiger Benutzung waren zu diesem Zeitpunkt neun Bunker für weitere 8 000 Personen. Die Bauarbeiten gingen jedoch nur schleppend voran, da für den Bunkerbau nur noch 260 Zivilarbeiter und 90 Kriegsgefangene zur Verfügung standen.

Am 16. Juni 1943 stellte Elkart, der als Architekt und Städtebauer für die Gesamtleitung zuständig war, das Mo-

Bunker Mecklenheide I, heute Revaler Straße, in Hannover.

dell eines »Hochhausbunkers« für 3 875 Menschen vor. Geplant war das 28 Meter hohe Gebäude für die Südstadt, in der es bisher keinen einzigen Bunker gab. Das Projekt war noch im Anfangsstadium, als in der Nacht zum 9. Oktober 1943 die Royal Air Force diesen Stadtteil Hannovers fast völlig zerstörte. Die Verluste unter der Bevölkerung waren entsprechend hoch.
In den bis Kriegsende fertiggestellten 58 Bunkern – der letzte wurde am 14. Februar 1945 in der Wiehbergstraße übergeben – konnten bei extremer Überbelegung 220 000 Menschen unterkommen, was immerhin knapp der Hälfte der Bevölkerung entsprach.

Braunschweig und Watenstedt-Salzgitter

Braunschweig mit seinen 200 000 Einwohnern lag auf der »Bomber-Allee« der Royal Air Force, dem Weg der Flugzeuge nach Berlin. Insgesamt wurde während des Krieges deshalb 885mal Fliegeralarm ausgelöst, wovon in 51 Fällen Braunschweig selbst bombardiert wurde. Die ersten Bomben fielen in der Nacht zum 17. August 1940 auf die Stadt.
Nachdem die Vertreter der kommunalen Baubehörden Ende 1940 ihre Instruktionen für den Bunkerbau aus Berlin erhalten hatten, begannen fieberhaft die Planungen.[254] Der örtliche Luftschutzleiter, Polizeipräsident Schmauser, bestimmte zusammen mit dem städtischen Bauamt unter Berücksichtigung der Wohndichte in den einzelnen Stadtbezirken die Bauplätze für die anzulegenden Bunker. Die Mehrzahl wurde dann im dichtbevölkerten Innenstadtbereich ausgeführt, obwohl es einfacher gewesen wäre, diese Bauten in Parkanlagen oder auf freien Flächen außerhalb der eng bebauten Gegenden zu errichten. So blieben aber dem größten Teil der Bevölkerung lange Anmarschwege bei der Vielzahl der Fliegeralarme erspart.[255]
Ende 1940 wurde mit dem Bau von mindestens sechs Bunkern begonnen, für 13 weitere erfolgte der Start 1941. Die Bautätigkeit besonders zu forcieren schien in den ersten Kriegsjahren nicht nötig, denn bis 1942 erlebte Braunschweig nur sechs Luftangriffe. Hierbei fielen vergleichsweise wenige Bomben, durch die »lediglich« 24 Menschen ihr Leben verloren. Erst als die britische Luftwaffe ihre Angriffe 1942 intensivierte, bei denen über 100 Menschen starben, begann man eiligst, die Versäumnisse aufzuholen, insbesondere bei der Innenausstattung der bisher nur im Rohbau errichteten Bunker.
Um die Bunker aus der umliegenden Bebauung nicht allzusehr heraustreten zu lassen, wurde unter anderem die Verwendung von Fachwerkimitat geplant. An der Technischen Hochschule Braunschweig erhielten die künftigen Architekten die Entwurfsaufgabe, eine Fachwerkverkleidung für den oberen Teil des Bunkers in der Kaiserstraße zu entwerfen, um ihn an die Fachwerkhäuser der Umgebung anzupassen. Die zur Aufnahme der Fachwerkverkleidung vorgesehenen Betonkonsolen sind noch heute zu sehen. Allerdings wurde die Fachwerkverkleidung nie ausgeführt.[256]
In Braunschweig gab es die Besonderheit, daß die Bunker auch von den Dächern aus betreten werden konnten. Um die Belegungsgeschwindigkeit zu erhöhen, wurden während des Krieges Holztreppen an den Außenmauern der Bunker angebracht, über die man ins Dachgeschoß gelangen konnte. Diese zusätzliche Öffnung in der Abschlußdecke bildete eine besondere Gefahrenquelle.
Im Rahmen des »Sofortprogramms« entstanden in Braunschweig mindestens 30 Luftschutzanlagen, darunter vier Luftschutzstollen, vier Tief- und 22 Hochbunker. Fünf Projekte befanden sich bei Kriegsende noch in der Bauphase. Obwohl für die Stadt offiziell insgesamt 26 605 Schutzplätze zur Verfügung standen (ohne Luftschutzstollen Großgemüsemarkt und Mascherode), so daß bei möglicher Vierfachbelegung der Platz für etwa die Hälfte

der Bevölkerung ausreichte, starben bei Luftangriffen während des Krieges 2 905 Menschen, darunter allerdings besonders viele ausländische Arbeiter, denen der Zutritt zu den Bunkern verwehrt war.
Als wichtiger Industriekomplex war auch das benachbarte Salzgitter Ziel von Luftangriffen. Beim schwersten von insgesamt 44 Angriffen trugen am 15. März 1944 100 Bomber 300 bis 400 Spreng- und 1 300 Brandbomben in ihr Ziel.
Trotzdem waren in den Jahren 1941 bis 1943 in Salzgitter lediglich fünf Bunker des Selbstschutzes errichtet worden, vier Hoch- und ein Tiefbunker, die teilweise unter dem Bunkerkontingent von Braunschweig geführt wurden.[257]
Die Bauverwaltung plante zwar noch weitere Bunker, zum Beispiel auf dem Grundstück der Kirchengemeinde in der Kaiserstraße, doch kam es dazu nicht mehr. In Immendorf wurden drei Rundbauten erstellt, in Salzgitter-Ringelheim nach einem Auftrag vom Juni 1944 zwei weitere aus Stampfbeton. Ansonsten versuchte man sich mit Ein-Mann-Bunkern zu behelfen, die über das Stadtgebiet verteilt wurden, so zum Beispiel am Westbahnhof.
Immerhin erhielt in Watenstedt-Salzgitter die Luftschutzbefehlsstelle des Schutzpolizeiabschnittskommandos und des 8. Luftschutzreviers einen eigenen Bunker, dessen Bau sich aber lange hinzog. Die ausführende Firma Gebr. Eisser stellte den Antrag, die deutschen Arbeiter von der Einberufung zur Wehrmacht wegen dieses dringlichen Bauvorhabens zurückzustellen, insbesondere das technische Personal wie Lok- und Baggerführer, hatte damit aber wenig Erfolg. Also griff man auf ausländische Arbeitskräfte zurück, so daß zeitweilig von 48 Arbeitern nur noch zwölf Deutsche waren. Bei den Ausschachtungsarbeiten wurden zudem 14 Gefangene der Strafanstalt Wolfenbüttel sowie zahlreiche Kriegsgefangene eingesetzt. Die offizielle Übergabe des Bunkers erfolgte schließlich am 3. Februar 1942, die Polizei war jedoch schon vorher eingezogen, da es hier eine funktionierende Heizung gab.
Obwohl die »Reichswerke Hermann Göring« in Watenstedt-Salzgitter zu den wichtigsten Rüstungsstandorten während des »Dritten Reiches« zählten, mußten auch hier wegen Materialknappheit Einschränkungen beim Bunkerbau hingenommen werden; so gelang es auch nach den Großangriffen von 1944 nicht, gassichere Türen für die Stollen oder Notstromaggregate für die Bunker zu beschaffen.[258]

Der »OP-Bunker« des Krankenhauses Celler Straße in Braunschweig 1943.

Oldenburg und Cuxhaven

Als 1944 der Bunkerbau wegen der zunehmenden Desorganisation, des Arbeiter- und Baustoffmangels sowie der immer stärker werdenden Luftangriffe auf das Verkehrssystem fast eingestellt werden mußte, begann man in Oldenburg mit der Planung eines Bunkers. Zwar standen im Jahr 1943 für 91 000 Bewohner inklusive 12 000 ausländischen Zivilarbeitern und Kriegsgefangenen 103 splittersichere Rundbauten, 55 kleine Stollen und sieben Tiefstollen für den Luftschutz zur Verfügung, doch gab es kein einziges bombensicheres Bauwerk nach den Maßstäben des »Sofortprogramms«. In Oldenburg hatten die bisherigen Luftangriffe nur eine geringe Zerstörung verursacht, und die benötigten Baustoffe für den Bunkerbau waren jenen Städten zugeteilt worden, die am meisten unter den Bombenangriffen zu leiden hatten.
Gleichwohl hatte der Oberbürgermeister von Oldenburg von übergeordneten Stellen wiederholt den Bau eines Bunkers gefordert, und die Reichsbahndirektion Münster hatte darauf hingewiesen, daß im Bahnhofsbereich in den Hauptverkehrszeiten bis zu 3 000 Menschen praktisch ohne Schutz wären. Doch die Verhandlungen beim Generalbevollmächtigten-Bau in Berlin waren stets ohne Er-

gebnis geblieben. Ein neuer Bunker hätte nur auf Kosten anderer Städte der Region verwirklicht werden können, was wiederum der Gauleiter Weser-Ems, Carl Röver, ablehnte. Als Kompromiß wurde schließlich ein Bunkerbau über die Reichsbahn vereinbart. Wenn es der Bahn gelänge, zusätzliche Transporte zu gewährleisten, könnte dafür Zement bereitgestellt werden, der einen Bunker in Oldenburg ermöglichte. Auf diese Weise entstand dann in unmittelbarer Nähe des Hauptbahnhofs in der Rosenstraße (heute Moslestraße) ein Großbunker für 4 000 Schutzsuchende.

Die Arbeitskräfte dafür kamen aus dem »Polnischen Gemeinschaftslager« Lasiusstraße/Dobbengelände und aus dem »Gestapo-Lager« an der Stedinger Straße, wo Zivil- und Zwangsarbeiter eingesperrt waren, die in den Augen der deutschen Behörden »Arbeitsvertragsbrüche« begangen oder sich der »Aufsässigkeit« oder des »Bummelantentums« schuldig gemacht hatten.

Im Dezember 1944 war der sechsstöckige Hochbunker im Rohbau fertiggestellt. Kurz darauf bezogen Frauen und Kinder dort Dauerquartier, da man einen schweren Angriff erwartete. Obwohl die Inneneinrichtung noch nicht installiert war, richteten sich auch verschiedene Institutionen hier ein: Im Kellergeschoß wurde die Reichsbahnzugleitung untergebracht, im Erdgeschoß bezogen Oberbürgermeister und NSDAP-Kreisleiter Quartier.

Ähnlich wie Oldenburg erging es Cuxhaven. Die Stadt war militärisch nicht bedeutend genug, um im »Führer-Sofortprogramm« der I. und II. Welle bedacht zu werden. Dann aber ereigneten sich mehrere schwere Luftangriffe, so bereits in der Nacht zum 11. Mai 1941, als zwei Bomben das Vereinshaus in der Friedrich-Carl-Straße trafen und 32 Menschen töteten, und am 11. Juni 1943, als 30 amerikanische Bomber 150 Bomben entluden, die 39 Todesopfer forderten. Daraufhin wurde Anfang 1944 auf Kosten des Bunkerprojekts Torfplatz in Wesermünde der Bau eines Bunkers für Cuxhaven beschlossen, da hier etwa 10 000 Menschen noch nicht einmal behelfsmäßig geschützt waren.

Gebaut wurde ein vierstöckiger Hochbunker in der Rathausstraße im Zentrum der Stadt. Dabei kam die neueste »Braunschweiger Bewehrung II« zum Einsatz. Über die Vorschriften hinaus wurde sogar gestattet, die Abschlußdecke mit zusätzlichen fünf kg Moniereisen pro Kubikmeter zu versehen. Das Gebäude erhielt die offizielle Bezeichnung »LS-Bunker Nr. 1«; es blieb jedoch bei diesem einen Bunker.

Wismar, Flensburg , Helgoland

In einen Übersichtsplan des Wismarer Hafens hatte der Hamburger Architekt Konstanty Gutschow bereits im Oktober 1937 zwei Luftschutzbunker eingezeichnet: einen am Brunkowkai (heute Kopenhagener Straße) am Kohlehafen (heute Überseehafen) und einen zweiten am Fischereihafen im Bereich der Lagerplätze für Massengüter. Doch es dauerte noch Jahre, bis die beiden Bunker tatsächlich auch gebaut wurden. Erst im Januar 1941 hat Gutschow für den Bunker am Brunkowkai den Bauplan erstellt. Am 19. Februar 1941 übermittelte er der Baufirma, daß der Betonkörper mit Backsteinmauerwerk aus hellroten Steinen verblendet werden solle, die Dachdeckung möglichst aus roten holländischen Pfannen bestehen. Doch dies blieb Wunsch.

Da nach einem Erlaß des Reichsverkehrsministeriums für den Bunkerbau »grundsätzlich nur solche Häfen in Frage [kamen], die für die Transportführung von besonderer Bedeutung« waren,[259] teilte das Reichsverkehrsministerium am 9. April 1941 mit, daß »die Ausführung der beiden Schutzraum-Bauvorhaben im Hafengebiet Wismar« mit insgesamt 112 Tonnen Stahl für den Einbau von Schutzbewehrungen nicht möglich sei.[260] Genehmigt wurde schließlich ein Bunker, dessen Wände und Decken nur aus Stampfbeton waren, an einigen Stellen mit kubischer Armierung.

Am 23. Mai 1941 informierte auch das Mecklenburgische Staatsministerium, Abteilung Inneres, den Wismarer Oberbürgermeister Pleuger, daß sich die Reichsbahndirektion Schwerin mit der Errichtung eines Luftschutzraumes auf dem Reichsbahngelände im Hafengebiet einverstanden erklärt habe. Des weiteren entstanden nach einigen Komplikationen eine unterirdische Bunkeranlage an der Kreuzung Breite Straße/Am Platz und ein Schutzbauwerk in der Wilhelmstraße (heute Claus-Jesup-Straße).[261] Das Ringen um diese Bunkeranlagen erwies sich als durchaus berechtigt, denn Wismar wurde mehrmals schwer bombardiert. So griffen in der Nacht zum 24. September 1942 54 Maschinen die Stadt an und warfen 110 Tonnen Bomben ab. Der nächste, noch schwerere Angriff folgte vom 1. auf den 2. Oktober 1942, den viele Menschen nur dank der Bunker überlebten.

Obwohl Flensburg im Gegensatz zu Wismar bereits 1938 als Luftschutzort I. Ordnung eingestuft worden war, setzte auch hier die Bautätigkeit für bombensichere Luftschutzanlagen des Selbstschutzes erst nach Kriegsbeginn, und zwar 1943, ein. Weder in der I. noch in der II. Welle hatte der Generalbevollmächtigte-Bau die Stadt berücksichtigt. Dies wurde damit begründet, daß die Bombenschäden in Flensburg im Vergleich zu Emden, Wilhelmshaven oder Kiel zunächst verhältnismäßig gering waren. Zwar hatte es bereits am 5. September 1939 den ersten Luftalarm gegeben, doch erst mit dem 236. Fliegeralarm am 19. Mai 1943 erlebten die Flensburger einen tatsächlich schweren Angriff. Bis dahin waren in Flensburg »lediglich« 33 Luftkriegstote zu beklagen gewesen. An jenem Tag griffen etwa 50 bis 60 amerikanische viermotorige Bomber die Stadt an, um die U-Boot-Werften der Flensburger Schiffbau Gesellschaft zu zerstören. Innerhalb von drei Minuten fielen 134 Tonnen Bomben. 82 Soldaten, Zivilisten und ausländische Arbeiter kamen dabei ums Leben, 111 wurden verletzt.
Die anschließende Bunker-Bestandsaufnahme war ernüchternd. Für die 70 000 Einwohner standen lediglich 300 bombensichere Luftschutzplätze in einem einzigen Bunker zur Verfügung. Ansonsten gab es nur einfache Luftschutzkeller für etwa 25 000 Personen und Schutzbauten für Werften und Marine mit einer Kapazität von insgesamt 7 000 Plätzen. Nun begann man auch verstärkt bombensichere Luftschutzanlagen für die Bevölkerung der Stadt zu bauen. Dabei gab man Luftschutzstollen den Vorrang, wie sie vom Tiefbauamt beispielsweise in der Apenrader Straße geschaffen wurden.
Flensburg versuchte, für diesen Stollenbau in das Ausweitungsprogramm des »Sofortprogramms« aufgenommen zu werden, um entsprechende Materialien zugeteilt zu bekommen. So reiste unter anderem Kreisleiter Hans am 2. September 1943 nach Kiel zum Gebietsbeauftragten des Generalbevollmächtigten-Bau. Doch der verwies nur auf die schwierige Baustofflage. Erst als Flensburg später in die Dringlichkeitszone I des Luftgaukommandos XI aufgenommen worden war, konnte es beim Zusatzprogramm berücksichtigt werden. Auf diese Weise entstanden bis Kriegsende im Stadtgebiet insgesamt 21 bombensichere Luftschutzbauten, wovon zehn mit insgesamt 9 550 Plätzen für die Bevölkerung zur Verfügung standen.

Anders war die Situation auf der Insel Helgoland, die schon aus der Zeit des Ersten Weltkrieges über Bunker verfügte. Doch nach dem Versailler Vertrag war sie zunächst weitgehend entmilitarisiert worden. Zwischen 1920 und 1922 war allein das Unternehmen Dyckerhoff & Widmann AG (Dywidag) mit 1 200 Arbeitern an der Zerstörung der militärischen Anlagen und unterirdischen Tunnel beteiligt. Stollen im Ober- und Unterland wie auch andere Schutzeinrichtungen wurden unbrauchbar gemacht. Ab 1935 begann dann aber auf der strategisch wichtigen Insel der erneute militärische Ausbau. 1936 erhielt abermals die Dywidag einen Auftrag zu Bauvorhaben auf Helgoland, nun allerdings zur Befestigung der Insel. So entstanden als bombensichere militärische Anlagen der U-Boot-Bunker »Nordsee III« und die sogenannte Raumanlage, ein weitreichendes Stollensystem, in dem der gesamte Munitionsvorrat gelagert wurde.
Die Insel war seit Kriegsbeginn Angriffsziel für Bomber, aber auch für Tiefflieger. Für die Inselbewohner war dies besonders gefährlich, da ein optisches Vorwarnsystem auf See fehlte und die Horchanlagen die tieffliegenden Maschinen nicht erfassen konnten. Nach den schweren britischen Tieffliegerangriffen vom Mai 1941, bei denen zahlreiche Zivilisten ums Leben gekommen waren, entschloß man sich daher, die seit 1940 erstellten Stollenanlagen für die Zivilbevölkerung auszuweiten. So entstanden der Oberland- und der Unterlandstollen, die über einen Stollen namens »Spirale« verbunden waren.
Nach Angaben des Marine-Nachrichtendienstes befanden sich im Mai 1944 auf der Insel 3 100 Soldaten, 133 Marinehelfer, 21 Beamte, 1 104 deutsche Zivilisten und 162 Ausländer, zumeist sowjetische Kriegsgefangene. Dies war in etwa auch der Personalbestand, als im November 1944 Helgoland im Zusammenhang mit den fanatischen

Durchhaltebefehlen zur Festung erklärt wurde (neben Cuxhaven, Wesermünde, Wilhelmshaven und Emden sowie einigen nordfriesischen Inseln). Bei dem britischen Luftangriff vom 18. April 1945 auf diese »Festung« kam es dann zu schweren Zerstörungen. Von den 2 500 Soldaten auf der Insel kamen nach englischen Berichten nur 34 unverwundet davon.

Durchschlagene Bunkermauern

Fliegergeneral Ludwig Wolff, Befehlshaber des Luftgaukommandos XI, mußte 1945 nach der Kapitulation zugeben, daß die Betonabschlußdecken und -wände von Bunkern der I. Welle nicht ausreichend stark gewesen waren: »Diejenigen Städte, welche allzufrüh mit dem Bunkerbau angefangen hatten, waren daher, als die Engländer größere Bomben abwarfen, etwas hereingefallen. [...] So sind in der Bremer Vorstadt und Hamburg auch mehrfach Bunker von feindlichen Bombentreffern durchschlagen worden.«[262] Der erste Durchschlag im Gebiet des Luftgaukommandos XI, einer der ersten im Deutschen Reich überhaupt,[263] hatte sich im Juli 1941 in Bremen ereignet und selbst die Fachleute überrascht und schockiert. Ab diesem Zeitpunkt kam es dann immer wieder zu Durchschlagungen, besonders häufig ab Mitte 1943. Davon waren nicht nur Bunker der I. Welle betroffen, sondern auch solche der II. Welle mit stärker dimensionierten Abschlußdecken und -wänden. General Wolff erklärte dies später mit noch frischer Zementmasse.[264]
Die wirkliche Ursache waren aber die schweren Bomben, die die britische Luftwaffe und ab 1943 auch die amerikanische Luftwaffe verwendeten. Bestand die britische Abwurfmunition zu Beginn des Krieges hauptsächlich aus Bomben von 55 bis 110 kg, erhöhte sich das durchschnittliche Gewicht bis 1944 auf ungefähr 230 bis 900 kg.[265] Die schwersten Bomben, die den Briten zur Verfügung standen, wogen dagegen im Sommer 1942 bereits 1 800 und im Herbst desselben Jahres sogar schon 3 600 kg.[266] Der Chefingenieur des vor allem im Flugzeugbau tätigen Rüstungsunternehmens Vickers, Professor Barnes Wallis, entwickelte wahre Ungetüme von Bomben. So kamen ab 1944 die 5,4 Tonnen schweren »Tallboys« zum Einsatz, später die Zehn-Tonnen-Bombe »Grand Slam«, wegen ihrer erschütternden Wirkung im Erdreich »Erdbeben-Bombe« genannt. Auch Spezialbomben für Sondereinsätze wurden konstruiert. Zum Beispiel kamen bei Angriffen auf den U-Boot-Bunker »Valentin« in Bremen-Farge solche Spezialbomben zum Einsatz, die sich vor der Detonation in den Beton bohrten, um die Sprengwirkung zu erhöhen.
Dies ist auch einer der Gründe, weshalb in Bremen verhältnismäßig viele getroffene Bunker durchschlagen wurden. Während zum Beispiel gegen Hannover in der Regel 230-kg-Sprengbomben oder Luftminen bis 3 600 kg eingesetzt wurden, war Bremen mit seinem wichtigen Hafen und der Rüstungsindustrie das Ziel schwerer und schwerster Kaliber. Allein am 27. März 1945 warfen die Briten dreizehn Zehn-Tonnen-Bomben ab. Der Bombenkrater war acht bis zehn Meter tief und besaß einen Durchmesser von 25 bis 30 Metern. Im Umkreis von 50 bis 60 Metern waren alle Häuser zerstört.[267]

Die Amerikaner benutzten zumeist 230 kg schwere Sprengbomben und setzten zur Verstärkung der Sprengwirkung sogenannte Kettenbomben ein. Dabei handelte es sich um miteinander verbundene Sprengbomben, die nacheinander auf der gleichen Aufprallstelle explodieren und dadurch das Objekt durchstanzen und zerstören sollten. Sehr große Sprengladungen wurden auch gegen schwer befestigte Ziele wie U-Boot-Bunker eingesetzt. Bei diesen sogenannten Aphrodite-Einsätzen belud man viermotorige Bomber mit zehn Tonnen Sprengstoff. Nachdem die Besatzungen mit Fallschirmen abgesprungen waren, stürzten die Flugzeuge, gelenkt durch einen Leitstrahl aus einer Begleitmaschine, auf die schwerbefestigten Bunkeranlagen und explodierten. Diese Methode wurde zum Beispiel im Sommer 1944 bei der Bombardierung des U-Boot-Bunkers »Nordsee III« in Helgoland und der Bunkeranlagen für die Produktion der V-Waffen[268] im belgischen Watten angewendet. Gegen Ende 1944 kamen auch die sogenannten Disney-Bomben zum Einsatz: panzerbrechende, 1 800 kg schwere Bomben mit Raketenantrieb, der die Aufschlaggeschwindigkeit und damit die Eindringtiefe in den Beton erhöhen sollte.[269]
Die mit Deckenstärken von 3,50 Meter, stellenweise bis zu

4,50 Meter versehenen U-Boot-Bunker waren weit stärker befestigt als die normalen Luftschutzbunker für die Bevölkerung. Als ab 1944 durch diese neue Bombentechnik auch hier verschiedene Durchschlagungen zu verzeichnen waren, hatte dies grundsätzliche Bedeutung. Nun war nicht mehr von der Hand zu weisen, daß ein völliger Schutz gegen Volltreffer einfach unmöglich war.
Das hatte sich allerdings bereits 1942/43 abgezeichnet, als die Bombenangriffe auf die Städte verstärkt wurden und sich die Durchschläge in den Bunkern für die Zivilbevölkerung häuften. Die für den Luftschutz zuständigen Stellen standen dem ohnmächtig gegenüber und konnten nur noch die Schäden analysieren. Bereits am 23. April 1942 hatte der Generalbevollmächtigte-Bau an die Oberbürgermeister geschrieben und auf die Notwendigkeit der Auswertung von Bombenvoll- und -nahtreffern hingewiesen. Wie nervös man an oberster Stelle wurde, wird daran deutlich, daß Volltreffer sofort telegrafisch nach Berlin gemeldet werden mußten. Bis März 1945 hat die Reichsanstalt der Luftwaffe für Luftschutz über 120 Treffer analysiert und 45 von ihnen, wahrscheinlich durchschlagene Bunker, akribisch ausgewertet.

Gleich nach den »Gomorrha-Angriffen« auf Hamburg im Juli 1943 hatte man auch hier mit der Auswertung von Bombentreffern und Durchschlägen begonnen. Die Schadensstellen an Luftschutzbauwerken wurden aufgenommen, Fotos und Zeichnungen angefertigt. Kommissionen besichtigten die Bunkerdecken und maßen die Sprengtrichter.[270] Über den Bunker Wielandstraße hielten sie folgendes fest: »In der Nacht zum 30. Juli 1943 ist der bombensichere Hochbunker Wielandstraße in der Seitenwand des 7. Geschosses durch die Detonation wahrscheinlich einer schweren Luftmine schwer beschädigt worden. Mit Sicherheit kann die Art des Sprengkörpers nicht angegeben werden, da keinerlei Reste gefunden worden sind. Es besteht die Vermutung, daß eine Luftmine mit dem Seitenzünder gegen das Bauwerk geprallt und hart an der Wand detoniert ist. Der Luftdruck muß sehr stark gewesen sein, denn um die Einschlagstelle herum sind 16 Millimeter Verankerungseisen, die ca. 15 Zentimeter aus der Wand herausstanden, entweder abgebrochen oder umgebogen. Das überstehende Gesims ist

Am 28. Juli 1943 wurde die 2,50 Meter dicke Stirnwand des Bunkers Wielandstraße in Hamburg durchschlagen.

teilweise abgerissen, teils nach oben gebogen. Durch die Detonation ist in die Wand ein Loch von ca. 2,5 Meter Breite und 1,8 Meter Höhe gerissen. Der äußere kraterförmige Ausbruch mißt ca. fünf Meter Durchmesser, der innere vier Meter Durchmesser. Die Erschütterung der Wand erstreckt sich über fünf Geschosse. Hier sind mehr oder weniger starke Risse entstanden sowie Einbuchtungen der Wand nach innen im 6. Geschoß.«[271] Kleinere Bomben richteten dagegen – wie etwa beim Luftangriff auf Wilhelmshaven am 15. Oktober 1944 – sehr viel weniger Schaden an und führten nur zu Absplitterungen im Innern.[272]
Wo es zu Durchschlägen kam, konnten die Menschenverluste sehr hoch sein. Sie wurden nur dadurch etwas gemindert, daß die Bunker in kleinere Räume unterteilt wa-

Eine britische Lancaster wird für den Angriff mit sogenannten Cookies (1 800-kg-Luftminen) beladen.

ren, was einen Teil des Explosionsdrucks auffing. Der Leiter des Bremer Luftschutz-Bauamtes Assmann ermittelte Anfang 1944 bei seinen statistischen Untersuchungen für Großbunker mit einem planmäßigen Fassungsvermögen von über 1 000 Personen, daß hier 0,3 bis 3,0 Prozent der Menschen im Bunker durch die Bombendurchschläge getötet wurden. In der zynischen Behördensprache nennt er dies den »durchschnittlichen Verlustwert«. Er wies auch darauf hin, daß bei zunehmender Größe der Bunker die Sicherheit steige.[273]

Obwohl bereits nach der Durchschlagung eines Bremer Bunkers Anfang Juli 1941 dazu im Reichsluftfahrtministerium eine Besprechung stattfand, wurde dort lediglich lapidar festgehalten: »Die Bauten der I. Welle sind nicht gegen Bombeneinschläge von dem Kaliber gebaut, das in Bremen den Unglücksfall verursacht hat. Es handelt sich hier um den Einschlag einer englischen 220-kg-Bombe. Es ist auch nicht beabsichtigt, die Bauten der I. Welle, insbesondere deren bombensichere Decken, wie von Hamburg vorgeschlagen, zu verstärken. Vielmehr soll die I. Welle in der ursprünglich vorgesehenen Ausführungsart restlos durchgeführt werden.«[274]

Bei der II. Welle ist die Dicke der Abschlußdecken dann von 1,40 Meter auf 2,00 bis 2,50 Meter erhöht worden, aber darüber hinaus gab es keine Vestärkung mehr. In einer Erläuterung zu Plänen für Normbunker wurde 1944 endgültig festgestellt: »Die Grundrisse der Normbunker sind aus der Erkenntnis heraus entwickelt, daß es nicht

Von einer englischen 110-kg-Sprengbombe durchschlagene Decke des Bunkers Wilhelm-Wolters-Straße in Bremen am 3. Juli 1941.

möglich ist, die Baustärken in gleichem Maße wie die Wirkung der Angriffsmittel laufend zu steigern.«[275]
Neben der Verstärkung der Decken und Wände gab es noch die Möglichkeit, sogenannte Zerschellerplatten am Bunker anzubringen. Dabei handelte es sich um ein Gebilde aus Eisenbeton von mindestens einem Meter Stärke, das wie eine Hutkrempe um das Gebäude lief. Dadurch sollte das »Unterschießen« verhindert werden, also das Eindringen einer Bombe ins Erdreich neben dem Bunker, wodurch sich die Zerstörungskraft erhöhte. Deshalb brachte man Zerschellerplatten teilweise auch über der Bunkerdecke an, damit eine Bombe bereits auf der Zerschellerplatte zündete und sich so der Explosionsdruck verringerte.

Die verheerenden Folgen des Fehlens einer Zerschellerplatte wurde am Bunker Lienbahnstraße in Emden offensichtlich. Beim Angriff am 6. September 1944 prallte eine Bombe an der Seite des Bunkers ab, drang ins Erdreich ein und explodierte unter dem Bunker. Dieser erhielt einen durchgehenden Riß, so daß Explosionsgase und Wasser in den Bunker eindrangen. »Überall lagen Tote mit dem Gesicht im Wasser. Der Bunker war regelrecht in zwei Teile zerbrochen.«[276] Im Gegensatz dazu hatte ein Nahtreffer beim Turmbunker Hannoversche Straße in Hannover-Misburg am 24. August 1944 zu keiner Katastrophe geführt, da hier eine Zerschellerplatte vorhanden war, die den größten Teil der kinetischen Energie auffangen konnte und die Bombe so nicht erst im Erdreich zündete. Die

Am 22. März 1945 wurde der Werkluftschutzbunker vom Typ »Salzgitter« der Deutschen Erdölwerke in Hamburg-Wilhelmsburg von einer Sprengbombe durchschlagen. Der Innenbereich mit der eingedrückten Decke, links und rechts die Schutzlüfter.

Platte war zwar zerstört, der Bunker selbst aber wurde durch den Treffer nicht weiter beeinträchtigt. Eine Nachrüstung vieler Bunker mit entsprechenden Zerschellerschichten wurde vom Reichsluftfahrtministerium aus Kosten- und Materialgründen grundsätzlich abgelehnt.[277]
Im Zusammenhang mit den ersten Durchschlägen kam die Vermutung auf, daß betrügerische Bauunternehmer Moniereisen unterschlagen oder sich nicht an die vorgegebenen Wandstärken gehalten hatten. Offenbar wurde dies aber erst nach Kriegsende, als zum Beispiel in Lübeck ein Abrißunternehmen feststellen mußte, daß entgegen den Bauplänen die Wandstärken des Bunkers Ziegelstraße nicht zwei Meter betrugen, sondern lediglich 1,50 Meter.[278]
Besondere Schwachpunkte waren die Eingänge der Bunker. Der Explosionsdruck von Nahtreffern zerbeulte häufig die eisernen Abschlußtüren oder drückte sie aus der Halterung. Zwar war der Aufenthalt in den Gasschleusen verboten, aber die häufige Überfüllung der Bunker ließ diese Anordnungen Makulatur werden. Durch Explosionen in der Nähe der Eingänge gab es deshalb immer wieder Tote.

Eine weitere Gefährdung bestand durch Brände und Feuerstürme. Mehrmals ist es im Gebiet des Luftgaukommandos XI zu großen Flächenbränden gekommen: am 27./28. Juli 1943 in Hamburg, in der Nacht zum 19. August 1944 in Bremen und am 15. Oktober 1944 in Braun-

Angehörige des Werkluftschutzes besichtigten den Schaden vom 22. März 1945. Grund für den meterbreiten Durchschlag war die zu schwache Bewehrung des Deckenbereichs. Dabei wurden 18 Menschen getötet und 23 verletzt.

schweig. In allen Fällen waren Tausende von Bunkerinsassen von einem Flammenmeer eingeschlossen.
Wie sich die Menschen im Bunker in einer solchen Situation verhalten sollten, wurde in Instruktionen des Reichsluftfahrtministeriums festgeschrieben: »Die bei Großbränden auftretenden Gefahrenquellen sind Rauch und Hitze. Gegen Rauch bietet sofortige Abstellung der Hauptbelüftungsanlage und aller Zugluftöffnungen sowie Einschaltung der Schutzbelüftungsanlagen, deren Raumfilter den Rauch zurückhalten, ausreichenden Schutz. Wenn die angesaugte Luft durch Brand in der Nähe des LS-Bunkers zu heiß wird, müssen auch die Schutzbelüftungsanlagen abgestellt werden. Der nach Abstellen der Belüftungsanlagen noch im LS-Bunker vorhandene Vorrat an Frischluft reicht ohne neue Luftzufuhr mehrere Stunden aus, ohne daß gesundheitliche Schäden bei den Benutzern auftreten. Ferner schützen die dicken Betonwände der LS-Bunker die Insassen gegen starke Hitzeeinwirkung, da der Wärmedurchtritt durch die Wände so langsam erfolgt, daß hierdurch eine Gefährdung praktisch nicht eintreten kann.«[279]
Die von Luftwaffen-Medizinern befürchteten Vergiftungen durch Kohlendioxyd aufgrund mangelnder Lüftung trat bei den Angriffen zum Glück nicht ein.

Die Nutzungsphase – Alltag im Bunker

Das Bunkerpersonal

Für den reibungslosen Betrieb eines Bunkers war ein umfangreicher Personalstamm notwendig. Zur »Mannschaft« eines Luftschutzbunkers gehörten ab 1942 der Bunkerverwalter, der Bunkerwart, Ordnungskräfte (darunter auch Frauen), Heizer, Putzfrauen, Ärzte und Zahnärzte, Rote-Kreuz-Schwestern, Hebammen, Laienhelferinnen sowie Luftwaffenmelder, die oft Mitglieder der »Hitler-Jugend« (HJ) waren, und gegebenenfalls Turmbeobachter.

Zusätzlich gab es in einigen Bunkern Sicherheits- und Hilfsdienst-, Selbstschutz- und sogenannte Wachgruppen, die aus Luftschutz- und Feuerschutzpolizeiangehörigen oder aus zufällig anwesenden Zivilisten rekrutiert wurden. Sie unterstützten den Bunkerwart, gingen Streife im zu betreuenden Gebiet oder kamen als Lösch- und Bergungstrupps zum Einsatz. Bereits am 19. August 1940, also vor Beginn des Bunkerbauprogramms, hatte »Reichsführer SS« Heinrich Himmler eine erste Bestimmung darüber erlassen, wer als Ordner für die Luftschutzsonderbauten des Selbstschutzes in Frage kam: Falls keine Polizeibeamten zur Verfügung stünden, sollten »geeignete, in unmittelbarer Nähe des öffentlichen LS-Raumes wohnende und ständig anwesende Personen nebenamtlich als Ordner bestimmt werden. Nach Möglichkeit sind diese Personen aus dem Kreis der Amtsträger des Reichsluftschutzbundes oder aus den Parteigliederungen zu entnehmen.«[1] Besonders für diese Aufgabe sollten ideologisch gefestigte »Volksgenossen« eingesetzt werden.

Zusammen mit dem Bunkerverwalter hatte der Bunkerwart die Aufgabe, die Schutzsuchenden zu beaufsichtigen, die Abläufe im Bunker zu koordinieren und so für »Ruhe und Ordnung« zu sorgen. Hierfür konnte er in brenzligen Situationen auf die Selbstschutz- oder Wachgruppen zurückgreifen, die er einteilen und deren Einsätze er leiten mußte. Für jeden Eingang stand dann eine Wachgruppe bereit, die für ihre Löscheinsätze über Handfeuerspritzen, Einreißhaken, Feuerpatschen, Wassereimer, Schaufeln oder Spaten sowie Äxte verfügte. Da dies nicht immer der Fall war, mußten die Schutzsuchenden jeder »Luftschutz-Gemeinschaft« diese Geräte oft selbst mitbringen, ebenso wie ein jeder seine »Volksgasmaske« dabei haben mußte. Der Bunkerwart wählte unter den weiblichen Luftschutzsuchenden außerdem Laienhelfer aus, die Betreuungsaufgaben wahrnahmen. Er selbst hatte nach den Angriffen Berichte über das Verhalten der schutzsuchenden Menschen anzufertigen und an höhere Instanzen des Luftschutzes weiterzuleiten, damit diese sich ein Bild von der Stimmungslage in den Bunkern machen konnten.

Bei den Krankenhaus-, Reichsbahn- und Werkluftschutzbunkern wurden Bunkerverwalter und Bunkerwart von der Krankenhausleitung, der örtlichen Bahnverwaltung bzw. dem Betriebsleiter bestimmt, bei den Streitkräften wurden sie durch die Einheiten vor Ort gestellt. Doch für die Bunker des Selbstschutzes regelte das Reichsluftfahrtministerium ihren Einsatz erst am 31. Mai 1941: Der Ortspolizeiverwalter sollte danach aus der luftschutzsuchenden Bevölkerung einen Bunkerwart verpflichten – das Spektrum reichte vom Lehrer im Bunker Methfesselstraße in Braunschweig bis zum Leierkastenmann im Bunker Gablenzstraße in Kiel –, woraufhin die Gestapo den Kandidaten überprüfte, um festzustellen, »ob in politischer Hinsicht Bedenken gegen die Einstellung bestehen«.[2] Die Kriminalpolizei ihrerseits prüfte Strafauszüge, das zuständige Polizeirevier Zuverlässigkeit und Lebensführung des Kandidaten. War das Ergebnis zufriedenstellend, wurde er im Einvernehmen mit der NSDAP und den Luftschutz-Bauämtern eingestellt. Es lag nahe, ausgewiesene Anhänger des Systems oder wenigstens loyale Personen für diesen Posten zu verpflichten, da es in kritischen Situationen vor allem galt, die Bunkerinsassen zu beruhigen und aufkommendem Unmut gegenüber dem Regime umgehend entgegenzutreten.

Doch bei aller Auswahl waren die Bunkerwarte auch ein Spiegelbild der betroffenen Bevölkerung, deren Arbeitsweise sich von Lustlosigkeit und ideologischem Desinteresse bis zu Fanatismus erstreckte. Es gab engagierte Helfer, die hilfsbereit ihren Dienst für die Luftschutzsuchenden verrichteten, und andere, die sich wie »kleine Könige« aufführten, wobei sie gern Drohungen wie: »ihr geht ab ins KZ« oder »wer hier rumschreit, kommt hier nicht wieder rein« aussprachen.[3] Oft waren die Bunkerwarte sowieso Mitglieder der NSDAP, die dazu häufig noch SA-Uniform trugen. Zusätzlichen Respekt sollten Armbinden mit den Aufschriften »LS-Bunkerwart« und »Technische Nothilfe«, oft sogar mit dem Zusatz »Hilfspolizeibeamter«, verschaffen. Gegen Ende des Krieges wurden diese Armbinden zunehmend das einzige Erkennungszeichen der Verantwortlichen, wie sich Georg Gumpert aus Bremen erinnert: »Bunkerwarte wechselten gemäß dem Kriegsverlauf ihre Erscheinung: Zunächst erschienen sie grundsätzlich noch in Partei- bzw. SA-Uniformen, dann in Zivil.«

Die Richtlinien der »Inspektion 13« des Reichsluftfahrtministeriums vom 3. September 1942 bestimmten, daß für jeden Bunker zusätzlich ein Verwalter zu ernennen war, der zudem noch einen Vertreter erhielt. Während dem Bunkerwart die Beaufsichtigung der Bunkerinsassen oblag, war der Bunkerverwalter für die technische Wartung und Instandhaltung des Bauwerks und seiner Einrichtung verantwortlich. Männer mit elektrotechnischen Kenntnissen oder handwerklichen Fähigkeiten wurden bevorzugt eingesetzt, besonders aber Pensionäre und Rentner aus entsprechenden Berufen, da sie über ihre Zeit frei verfügen konnten. Sie wurden durch den örtlichen Luftschutzleiter eingestellt und von der »Abwehr«, dem militärischen Nachrichtendienst, überprüft, weil der Verwalter Einblick in technische Details des Bunkers hatte. Mit dem zunehmenden Personalmangel im Lauf des Krieges wurde sogar die Einstellung von Ausländern als Bunkerverwalter möglich, jedoch nur mit ausdrücklicher Zustimmung des jeweiligen Luftgaukommandos.

Ein Polizeihauptwachtmeister als Turmbeobachter auf dem Luftschutzbunker Pappelstraße in Bremen, August 1944; als Orientierungshilfe waren markante Gebäude der Stadt auf der Balustrade verzeichnet.

Die Bunkerverwalter konnten haupt- oder ehrenamtlich tätig sein, hatten aber Dienstverträge. Falls sich niemand für die Aufgabe fand, wurde »notdienstverpflichtet«. Sie erhielten eine Ausbildung in bereits genutzten Bunkern, um für ihre tägliche Arbeitszeit von acht Stunden an allen sieben Tagen der Woche gerüstet zu sein. Da die Behörden forderten, die Bunker mit Beginn der Verdunkelung ständig besetzt und damit geöffnet zu halten, wurden diese 56 Stunden pro Woche alsbald zu »Mindestzeiten, die nach den gemachten Erfahrungen bei häufigerem Fliegeralarm und daraufhin notwendiger Reinigung des Bunkers unter Umständen überschritten werden müssen«.[4] Diese große Beanspruchung rief beispielsweise im Luftschutzabschnitt Bremen-Ost entsprechenden Unmut hervor: »Man kann den als nebenamtlich angestellten Bunkerverwaltern, die nach angestrengter Berufsarbeit nach Hause kommen, kaum zumuten, daß sie außer den Alarmzeiten jeden Tag von 16 bis 8 Uhr im Bunker verbringen. Hinzu kommt, daß es in den Bunkern völlig an einem einigermaßen wohnlich eingerichteten Raum fehlt. Die Einrichtung eines solchen Raumes scheint überhaupt unbedingt erforderlich, da er ja gleichzeitig von dem Bunkerverwalter als Arbeitszimmer für die teilweise recht umfangreichen schriftlichen Arbeiten, die sich aus der Verwaltung von Bunker und Gerät ergeben, benutzt werden könnte.«[5]

Daraufhin einigte man sich auf folgende Regelung: »Bei Tagesalarm wird die Öffnung der Bunker durch die Frauen der Bunkerverwalter bzw. durch von den Bunkerverwaltern beauftragte Personen vorgenommen, bei Nachtalarm erfolgt die Öffnung der Bunker durch die Bunkerverwalter. In beiden Fällen treten die Bunkerwarte ergänzend und helfend mit ein. Diese Regelung hat bisher infolge einer reibungslosen Zusammenarbeit zwischen

Eine Formation der B-17-Bomber, der »Flying Fortresses«, der US Air Force im Luftraum über Deutschland.

LS-Revier, Bunkerverwalter und Bunkerwarten nirgends zu Schwierigkeiten geführt und ist allen praktischen Anforderungen gerecht geworden.«[6]
Diese Arbeitsbedingungen, aber auch die strengen Einstellungskriterien führten zu einem Mangel an Kandidaten für die Posten des Bunkerwarts und des Bunkerverwalters, so daß es nicht selten geschah, daß ein Bunkerwart oder -verwalter sogar zwei Bunker gleichzeitig zu betreuen hatte. Weil das praktisch aber unmöglich war, verpflichteten die Luftschutzbehörden bald auch Frauen und Kriegsinvaliden oder technisch Ungebildete.
Der Leiter des Bremer Luftschutz-Bauamtes, Georg Assmann, vermerkte zu den Konsequenzen: »Ich habe wiederholt die Feststellung machen müssen, daß die Bunkerverwalter bzw. die Bunkerwarte über gewisse bauliche und technische Einrichtungen unserer LS-Bunker in vielen Fällen nicht ausreichend genug unterrichtet sind.« Assmann befürwortete deshalb richtige Lehrgänge für angehende Bunkerverwalter, da die Belehrungen des Luftschutz-Bauamtes in Bunkern vor Ort anscheinend nicht ausreichten.[7] Tatsächlich fanden daraufhin ab Februar 1943 technische Weiterbildungskurse statt. Im Juni 1944 wurden dann in 14 Bunkern die Bunkerverwalter praktisch geprüft. Am 3. August 1944 konnte das Luftschutz-Bauamt feststellen, daß die technische Schulung der Bunkerverwalter nunmehr ausreichend, die ideologische jedoch noch nicht zufriedenstellend sei: »Es mangelt an Verständnis für die große Verantwortung ... sowohl den

Schutzsuchende vor einem Bunker in Hannover.

schutzsuchenden Volksgenossen wie auch dem Reich gegenüber.«[8]

Das alltägliche Leben im Bunker war gekennzeichnet von Auseinandersetzungen zwischen den aufsichtführenden Behörden und den Verantwortlichen im Bunker, gegen Kriegsende aber auch zunehmend zwischen Bunkerwarten und -verwaltern selbst. Das Luftschutz-Bauamt in Bremen stellte im September 1944 fest, »daß nur in wenigen Bunkern der Bunkerverwalter der eigentliche Führer und Leiter des Gesamteinsatzes ist, sondern vielfach sich der Bunkerwart als der stärkere Mann erwies, dessen Anweisungen sich sozusagen auch der Bunkerverwalter beugen mußte«.[9] Wegen dieser Kompetenzstreitigkeiten wurden Bunkerwarte von der Schutzpolizei abermals grundlegend belehrt, daß sie keine »Überweisungen« von Luftschutzsuchenden an andere überfüllte Bunker vorzunehmen hätten, daß die Abschlußtüren oben und unten zu schließen seien, damit die Gasdichtung nicht ihre Wirksamkeit verlöre, daß Luftlagemeldungen nicht an die Bunkerinsassen weiterzugeben und bei heißem Wetter die Treppen im Bunker nicht mit Wasser zu besprühen seien, da die Luftschutzsuchenden feuchte Hitze schlechter ertrügen. Doch auch die Bunkerwarte konnten die Kontrolle über das Geschehen verlieren, wie Helmut Teßmer es im Bunker Emden-West nach dem verheerenden Angriff am 6. Juni 1944 erlebte: »Als ich … um 20.30 Uhr endlich den Bunker Emden-West erreicht hatte, ... fand ich ihn äußerlich unversehrt. Seine innen gewohnte Ordnung aber war dahin! Kein elektrisches Licht brannte, nur einige wenige Kerzen. Mit Mühe fand ich meine Angehörigen und erfuhr, daß wir total ausgebombt waren. So war der Bunker von einer Stunde zur anderen für uns zur Notbehausung geworden. Aber was für einer! Kein Licht, kein Wasser, keine Kanalisation, keine Lüftung! Die Toiletten bald verstopft und in einem grausamen Zustand. Weil von allen Seiten gerettete Sachen mit hereingebracht wurden, konnte die alte Sitzordnung nicht aufrechterhalten werden, und jeder suchte sich irgendwo in den oberen Etagen Platz, wo man auch zum Schlafen liegen konnte. Der Bunkerwart war zwar im Bunker, konnte aber seine Funktion nicht mehr ausüben, weil ein jeder machte, was er selbst für richtig hielt, und weil vor allem ›mächtigere‹ Leute das Kommando übernahmen. So erschien bald ein Truppführer des Reichsarbeitsdienstes mit seiner gesamten Lagermannschaft, denen das Barackenlager abgebrannt war, und quartierte seine Leute im Bunker ein.« Im allgemeinen behielten jedoch die Bunkerwarte das Kommando – oft auch über die Bunkerverwalter.

Weitere Ursachen für Streitigkeiten ergaben sich durch den Einbau von Telefonanlagen in den Bunkern. In Bremen beispielsweise wurden bereits im Oktober 1942 für 72 Bunker Fernmeldeanschlüsse gelegt. Auf diese Weise konnten sich die Luftschutzleitstellen mit Telefonrundfragen schnell einen Überblick über die Folgen der Luftangriffe verschaffen. Mit dem Einbau von Fernsprechern begann natürlich auch die Überprüfung der Telefoniergewohnheiten der Bunkerwarte und -verwalter, die bei Abrechnung oft nur einen Bruchteil der Gespräche geführt haben wollten.

Doch auch das Verhältnis zwischen Aufsichtspersonen und Schutzsuchenden barg Konfliktmöglichkeiten. Das Verhalten im Bunker wurde durch zahlreiche Vorschriften reglementiert, für deren Einhaltung zu sorgen war und für die es vielfältige Ausnahmen gab. Ein Hauptproblem bestand darin, daß immer wieder Luftschutzsuchende während des Fliegeralarms aus dem Bunker herausgelassen werden wollten. Es war jedoch strengstens verboten, die Bunkertüren während eines Luftangriffs zu öffnen, da die Druckwelle einer detonierenden Bombe viele Personen im Bunker hätte töten oder giftige Gase hätten eindringen können. Die Luftschutzbehörden wiesen die Bunkerwarte aber dennoch an, zum Beispiel Bäcker, die zum Brotbacken wollten, in Feuerpausen nicht am Verlassen des Bunkers zu hindern. Auch Reichsbahnbeamte und Wehrmachtsangehörige sollten bei Fliegeralarm hinausgelassen werden, damit sie ihren Dienst antreten könnten, wie der Entwurf für eine Bunker-Hausordnung in Bremen vom Mai 1942 vorsah.[10]

Außerdem durften keine Haustiere mit in den Bunker gebracht werden, was wiederum die Tierfreunde veranlaßte, ihre »Lieblinge« – Hunde, Katzen oder Vögel – insgeheim einzuschmuggeln. Daraufhin beschwerten sich Blinde, daß ihre Führungshunde nicht in den Bunker durften, weshalb die Bunkerwarte neu instruiert wurden, so daß der Einlaß von Haustieren zwar generell weiterhin untersagt blieb, Diensthunden und somit auch Blindenhunden aber Einlaß zu gewähren war.

Die Bunkeraufsicht hatte aber noch Sorgen ganz anderer Art: Trotz ihrer ständigen Anwesenheit kam es zu massiven Beschädigungen von Einrichtungsgegenständen und Diebstählen, wobei alles mitgenommen wurde, was nicht niet- und nagelfest war. Der Bremer Polizeipräsident meldete am 25. April 1942 beispielsweise, daß vor allem die Glühbirnen gestohlen würden.[11] Schon zuvor hatte das Luftschutz-Bauamt bekanntgegeben, daß alle Glüh-

Aufenthalt im Bunker unter der Parole: »Einer trage des andern Last, so werdet Ihr das Gesetz Christi erfüllen«. (Nachkriegsaufnahme)

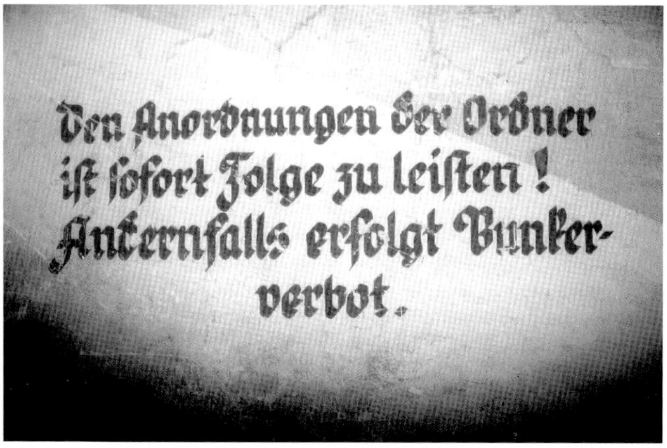

birnen in Zukunft einen blauen Farbanstrich am Lampenhals und am Sockeloberteil zur Wiedererkennung erhalten sollten. Die Diebstähle und Beschädigungen häuften sich mit der Zeit jedoch so sehr, daß besondere Streifen die Luftschutzbunker bewachen mußten. Doch mit etwas Erfindungsreichtum erschlossen sich noch ganz andere Diebstahlsmöglichkeiten: Bewohner des Hauses Woltmershauser Straße 152 in Bremen haben das Kabel zum Bunker angezapft, so daß ihr Stromverbrauch über die Rechnung des Bunkers lief.

Auch die Hygiene ließ arg zu wünschen übrig. So gab es zum Beispiel schon im Mai 1941 seitens der Bremer NSDAP Überlegungen, eine Art Aufsichtsdienst für Sauberkeit und Ordnung zu gründen, dem Ortsfrauenschaftsleiterinnen vorstehen sollten, denn »selbstverständlich können die besonders stark eingesetzten Mitglieder der NS-Frauenschaft nicht selbst die Reinigung von Bunkern übernehmen«.[12] Sogar die Presse schaltete sich in die Kampagne gegen den »Bunkerfrevel« ein und forderte – wie die Bremer Zeitung im Juli 1943: »Jedes Wohnviertel muß seinen Ehrgeiz darein setzen, daß sein Bunker außen und innen den gleichen sauberen Eindruck macht wie unsere trotz des Krieges schmucken Wohnstraßen.«[13]

Sirenengeheul und Flakfeuer

Nachdem Deutschland Polen am 1. September 1939 angegriffen hatte, erklärten im Gegenzug Großbritannien und Frankreich zwei Tage später Deutschland den Krieg. Gleichzeitig setzten Luftangriffe ein. Erich Dunker erlebte den ersten Angriff auf Wilhelmshaven: »Am Nachmittag des 3. 9. war ich mit meiner Mutter bei Karstadt, als der Angriff erfolgte. Wir mußten im Gebäude bleiben, auf dem Dach war leichte Flak, die schoß wie wild, das war mein erstes Erlebnis. Die Leute verhielten sich absolut ruhig, auch wir Kinder. [...] Dann begannen die nächtlichen Alarme, auch sofort von der Nacht 3./4. 9. 1939. Alle Hausbewohner trafen sich im Kellergang, Mietshaus mit zehn Parteien. Jeder brachte seinen Stuhl mit und die Volksgasmaske, man rechnete mit Gasangriffen der Engländer. Das Verhalten der Leute war ruhig. Wir Kinder spielten im Hausflur. Manchmal sahen wir der Flak und den Scheinwerfern zu, bis uns die Erwachsenen natürlich runter in die Kellerräume holten.«

Hatten viele bei Fertigstellung der ersten Bunker in Erwartung des baldigen »Endsiegs« über die »Klappstuhlgeschwader« in den »Heldenkellern« noch spöttisch gelächelt, änderte sich das spätestens ab 1943 radikal. Angesichts immer stärker werdender Luftangriffe strömten die Menschen in die Bunker, wenngleich selbst zu dieser Zeit auf manchen Häusern und Ruinen noch immer stand: »Bist im Bunker du, brennt dein Haus im Nu.« Mittlerweile war aber klargeworden, daß ein Selbstschutz mit Feuerpatsche und Sandeimer gegen die Wucht der Bombardements und die Feuerstürme nicht die geringste Chance hatte.

Es gab aber auch Menschen, die sich bis zum Kriegsende weigerten, in die Bunker zu gehen. Für sie war es ein Graus, stundenlang in einer Menschenmenge dicht gedrängt zu stehen, die schlechte Luft und schreienden Kinder zu ertragen. Da während der Angriffe Fenster und Türen der Wohnhäuser offengelassen werden sollten, damit der mögliche Explosionsdruck der Bomben sie nicht zerstörte, führte auch die Angst vor Plünderungen dazu, daß sich Menschen »luftschutzmäßig« falsch verhielten und den Bunkern fernblieben.

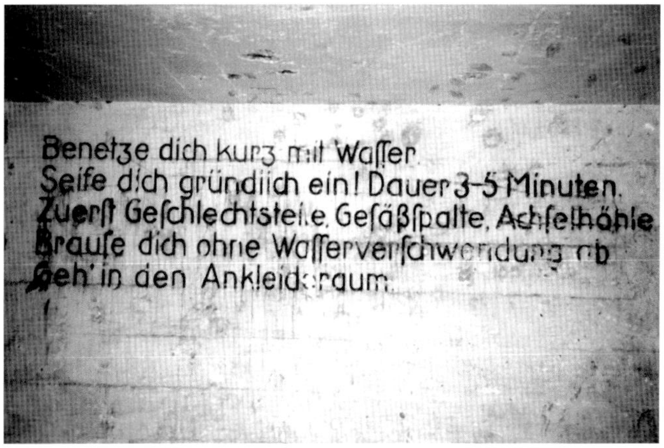

Luftschutzanlagen konnten ihrer Funktion jedoch nur dann gerecht werden, wenn die Bevölkerung auch rechtzeitig gewarnt wurde. Voraussetzung dafür war wiederum eine möglichst permanente Kontrolle des Luftraums über Deutschland. Dies war die Aufgabe des Flugmeldedienstes, der die Lagemeldungen auch an den zivilen Warndienst weitergab. Dessen Zentralen unterrichteten daraufhin den örtlichen Luftschutzleiter, und der löste seinerseits gegebenenfalls die Luftschutzwarnungen aus. Diese unterschieden sich nach der Art des erwarteten Angriffs: Die Meldung »Luftgefahr« (L) mit Zeitangabe des voraussichtlichen Eintreffens der angreifenden Flugzeuge (L 30-Minuten, L 15-Minuten) wurde nur telefonisch an die Warnzentralen gegeben. Erst wenn der Angriff in zehn Minuten zu erwarten war, wurde »Fliegeralarm« (A) mittels Sirenensignal ausgelöst. In von der Flak geschützten Städten lösten die jeweiligen Flak-Kommandeure das Sirenensignal aus. Bei Fliegeralarm ertönten 15 Heultonpe-

Inschrift auf der Ruine eines Hauses in Braunschweig, das durch den Luftangriff am 14./15. Oktober 1944 zerstört wurde.

rioden. Erleichtert aufatmen konnte man erst wieder, wenn der einminütige Dauerheulton der Sirenen für »Entwarnung« zu hören war. Dieses Signal wurde ausgelöst, wenn sich die angreifenden Flugzeuge entfernt hatten und die Meldung »Luftgefahr vorbei« (Lz) an die Warnzentralen weitergegeben worden war.[14]

Die Reichsbahn verfügte über einen eigenen Luftschutzwarndienst, ebenso wie die großen Rüstungswerke bzw. die »wehrwirtschaftlichen Gemeinden« Salzgitter und Wolfsburg. Da diese Warndienste und die militärischen Stellen wie die Flak-Artillerie und die Jagdfliegerverbände ihre Informationen ebenfalls vom Flugmeldedienst erhielten, bekam der zivile Warndienst die Informationen als letzter und daher oft zu spät. Ohnehin war die Vorwarnzeit für die Bevölkerung mit zehn Minuten zu kurz bemessen. Da die Luftalarme immer wieder zu Produktionsausfällen auch in den Rüstungsbetrieben geführt hatten, war im August 1942 das Alarmsignal »öffentliche Luftwarnung« eingeführt worden, das bei kleineren Angriffen eingesetzt wurde. Drei Sirenendauertöne von je zwölf Sekunden, unterbrochen durch zwei Pausen von ebenfalls je zwölf Sekunden, kündigten die öffentliche Luftwarnung an. Bei diesem Alarm mußten die Betriebe weiterarbeiten und der Verkehr aufrechterhalten werden.[15] Da die Sirenen auf den Hausdächern zu diesem Zeitpunkt zu großen Teilen bereits zerstört waren, galt das Schießen der Flak als Luftalarm. Zum Kriegsende hin wurde, um Munition zu sparen, selbst darauf verzichtet, womit das System der Luftwarnung praktisch völlig zusammenbrach.

Aufgrund dieser Schwächen der öffentlichen Luftwarnung ging die Bevölkerung ab 1943 dazu über, sich die le-

benswichtigen Informationen selbst zu beschaffen: Es wurden Flak-Sender abgehört, die die Luftabwehr informierten – wie zum Beispiel der Sender »Primadonna« in Hannover. Das Abhören solcher Sender war zwar offiziell nicht erlaubt, aber die Behörden konnten es sich nicht leisten, gegen dieses halbwegs funktionierende Warninstrument vorzugehen. Helmut Teßmer aus Emden berichtet: »Viele Leute konnten das Überraschungsmoment entschärfen, indem sie Luftlagemeldungen aus dem Radio hörten. Zum Beispiel ging ich gar nicht erst zur Schule, wenn der Flak-Sender ›Kreuzritter‹ meldete: ›Starke Bomberverbände, 1. Welle südlich Zuidersee, 2. Welle Holländische Küste, Hanni (Höhe) 6 000, Kurs Ost‹. Entweder gab es gleich Voralarm (dann mußten wir Schüler ohnehin in den Bunker, was wir aber nicht taten) oder Vollalarm, dann wurde ich zu Hause gebraucht für letzte Handgriffe (Bettzeug, Kleider in den Keller, Kochtopf vom Herd in die Kochkiste usw.) und Transport des Bunkergepäcks.«
Aufgrund der mangelhaften Benachrichtigung war man zunehmend auch auf gegenseitige Hilfe angewiesen. So wurden nach ersten Warnsignalen die Nachrichten selbst weitergegeben, beispielsweise mit Trillerpfeifen oder durch Klingeln an den Türen. Halblegal wurden auch Karten verkauft, auf deren Koordinatensystemen man den Kurs der gemeldeten Flugzeuge verfolgen konnte.

Recht bald hatten die Menschen zwar ein Gefühl dafür entwickelt, ob ein Angriff bevorstand, dennoch blieben die Unsicherheit und die Angst, von einem Luftangriff überrascht zu werden. Wenn der Himmel aufklarte, verfinsterten sich die Mienen: Flugwetter. An sonnigen Tagen, denen meist auch eine klare Nacht folgte, war die Gefahr besonders groß, wie sich auch Emma Ewert erinnert: »Viele Mütter kamen nach solchen Tagen mit ihren Kleinkindern im Kinderwagen, obenauf Sack und Pack und Klappstühle, von weither, und zwar vor der Dämmerung. Besonders, wenn in den Nächten zuvor irgendwo größere Angriffe stattgefunden hatten, war die Angst auch besonders groß. Die Mütter saßen vor den Eingängen ergeben auf ihren Klappstühlen, die größeren Kinder auf dem Schoß, wenn's mehrere waren, links und rechts neben sich, eingepackt auf dem Boden kauernd. [...] Wenn dann nach Mitternacht kaum noch mit einem Angriff zu rechnen war, zogen alle wieder nach Hause.«

Ab 1943 kam es zunehmend auch zu nicht vorhersagbaren Überraschungsangriffen, da die Royal Air Force die schnellen und in großen Höhen fliegenden »Mosquito«-Bomber einsetzte bzw. ein plötzlicher Flugrichtungswechsel der Flugzeugverbände die Luftwarnung gleichsam überrumpelte. So erfolgte in der zweiten Kriegshälfte der Alarm immer häufiger zu spät, daß Menschen sogar vollkommen nackt im Bunker eintrafen, weil sie keine Zeit mehr gehabt hatten, sich anzuziehen.[16] Aus diesem Grunde legten sich die Betroffenen in den Großstädten schon mit Trainingsanzügen in die Betten, das Luftschutzgepäck stand griffbereit daneben, denn bei Alarm mußte jeder Handgriff sitzen, und jede Verzögerung konnte tödlich sein. Für Kinder war der nächtliche Gang in die Bunker besonders schwer, Eltern und Geschwister konnten sie oft nur schwer wach bekommen und anziehen, weshalb Eltern mit kleinen Kindern meist die letzten waren, die im Bunker eintrafen.
Mitunter erreichten die Schutzsuchenden die Bunker überhaupt nicht mehr rechtzeitig. Dann mußten sie an anderer Stelle notdürftigen Unterschlupf finden: zwischen Häusern, in Nischen, in den Betonblenden der Kellerfenster oder in Gräben, wie sie beispielsweise im gesamten Stadtgebiet von Hannover ausgehoben worden waren. Anita Lange aus Hannover schildert dies wie folgt: »Und dann passierte es natürlich, daß die Bomben schon fielen, während ich mit meinem Kind noch auf dem Nikolai-

Eine warme Mahlzeit wie hier im Bunker Wolthusen in Emden war vielerorts eine Seltenheit.

Eine typische »Stockbetteinheit« im Bunker, die aus drei hochklappbaren Liegen übereinander bestand.

Friedhof war. Dann habe ich da eine Decke ausgebreitet, mein Kind darauf gelegt und mich über dieses Kind, abgestützt natürlich, daß das Kind nicht von Splittern getroffen wurde.«

Als sich die Schwierigkeiten mit der Luftwarnung ab 1944 noch weiter verschärften, kam es immer häufiger vor, daß die Luftschutz-Warnzentralen völlig überrascht wurden und überhaupt keinen Alarm mehr auslösten. So bei einem Angriff auf Emden am 27. August 1944, wie ihn Helmut Teßmer erlebt hat: »In der sonntagnachmittäglichen Stille nähert sich von Nordosten ein amerikanischer Bomberverband und – ohne daß Voralarm gegeben wurde und ohne daß die Flak auch nur einen Schuß abgegeben hat – knallt mit infernalischem Geräusch ein Bombenteppich auf den Verschiebebahnhof und die Innenstadt. Meine Eltern und die Nachbarn konnte ich warnen, weil ich die Flugzeuge kommen sah. Ein großer Teil der Emder Bevölkerung aber wurde von dem Angriff im Mittagsschlaf überrascht. Als das Brummen der Flugzeuge sich entfernt und eine zweite Angriffswelle zu befürchten ist, setzt eine panische Flucht aus den Häusern in Richtung Bunker ein. Ohne das obligate Handgepäck! Männer und Frauen zum Teil nur mit Unterzeug bekleidet! Hausfrauen mit der Küchenschürze vom Abwasch noch um! Größere Kinder schleppen mühsam ihre kleinen Geschwister auf dem Arm! Ich setze meinen kleinen Bruder auf mein Fahrrad und dann nichts wie weg zum Bunker. Dort auch Hektik! Rücksichtslos drängen die Menschen durch die engen Eingänge. Es herrscht ungeheure Entrüstung, wie so etwas ohne Warnung geschehen konnte. Ich bin sicher, daß der Verantwortliche zu dem Zeitpunkt auf der Stelle gelyncht worden wäre, hätten die Leute ihn gehabt! Bilanz: 44 Tote.«

Die Angst der Menschen führte dazu, daß viele jeden Abend den Bunker aufsuchten. Dann saßen sie bereits dösend oder schlafend auf den Bänken, wenn bei Fliegeralarm andere Luftschutzsuchende in die Bunker stürzten. Ab Mitte 1944 wurde dies zunehmend Normalität, wie Edith Tewes berichtet: »Nach dem schwersten Angriff auf Braunschweig am 15.10.1944, der 22 Minuten dauerte, warteten wir den Fliegeralarm erst gar nicht ab, sondern gingen jeden Abend vor lauter Angst automatisch unseren gewohnten Gang in den Bunker, meistens nach 19 Uhr.«

Doch selbst bei rechtzeitiger Warnung war der Weg zum Bunker gefährlich. Durch die absolute Verdunkelung hatten die Luftschutzsuchenden kaum eine Orientierung, so daß Gräben und Bombentrichter zu bedrohlichen Fallen werden konnten. Daher nahmen viele Menschen Taschenlampen mit, die trotz Verbot nicht abgedunkelt wurden. Wegen der Eile und des Gepäcks schafften es besonders ältere Menschen und Behinderte oft nicht rechtzeitig in die Bunker, Kranke und Verletzte mußten auf Tragen dorthin gebracht werden. Meist gaben sich die anderen Schutzsuchenden vor dem Angriff noch hilfsbereit, wenn aber das Brummen der Maschinen ihren Anflug ankündigte, »war

niemand mehr zu halten«, wie Oskar Feld berichtet. »Keiner nahm Rücksicht auf andere ›Volksgenossen‹.«
Da die Bunker oft noch nicht fertiggestellt waren, kam es gerade im Eingangsbereich immer wieder zu Verletzungen durch Arbeitsgeräte und Baumaterialien, die im Weg lagen. Zudem waren bei den meisten Bunkern die Lichtquellen unzureichend bzw. funktionierten – unter anderem wegen gestohlener Glühbirnen – überhaupt nicht, die Zuwege waren nicht befestigt und die Eingänge zu schmal ausgelegt. Der Verwalter des Bunkers Neanderstraße in Bremen zum Beispiel schrieb am 18. Dezember 1942 an den dortigen Polizeipräsidenten: »Als Bunkerverwalter ... habe ich bei dem gestrigen Fliegeralarm die Feststellung machen müssen, daß verschiedene Volksgenossen beim Nebeneingang zum Bunker stürzten und zum Teil Verletzungen davontrugen. Diese Verletzungen wären m. E. unterblieben, wenn sich ein Geländer an der Treppe befunden hätte. [...] Bei eintretender Glätte und Schneefällen wird das Betreten des Bunkers zweifellos zu einer Gefahr werden. Die gebrechlichen und alten Leute sind auf eine Stütze beim Treppensteigen ohnehin angewiesen, außerdem staut sich der Verkehr vor dem Eingang infolge der Behinderung.«[17] Doch erst am 14. März 1944 sah sich der Adressat zu einem Bericht zur »Verhütung von Unfällen beim Aufsuchen von öffentlichen LS-Räumen« veranlaßt.[18] Aber zu diesem Zeitpunkt war es für weitgehende Verbesserungen längst zu spät.

Wer darf in den Bunker?

Mit der Fertigstellung der ersten Bunker Anfang 1941 stellte sich die Frage, wer die wenigen bombensicheren Plätze nutzen durfte. Durch den Bau weiterer Bunker im Lauf des Krieges wurde das Problem zwar etwas entschärft, aber noch bei Kriegsende fand selbst bei vielfacher Überbelegung nicht einmal die Hälfte der betroffenen Bevölkerung einen Platz in den bombensicheren Bauten.
Die knappen Schutzplätze durften anfänglich nur mit einer Ausweiskarte genutzt werden, die von der NSDAP, den Luftschutzrevieren bzw. vom Reichsluftschutzbund ausgestellt wurde. Der Ausweis sollte dann sichtbar an einem Band um den Hals getragen werden. Am 31. Mai

Der »Führer« wachte selbst im Aufenthaltsraum der Bunker über die »deutsche Familie«.

1941 gab die Inspektion des Luftschutzes im Reichsluftfahrtministerium Richtlinien dazu heraus, welche Personen die Bunker aufsuchen durften. Demnach mußten sich die örtlichen Luftschutzleiter mit den Dienststellen der NSDAP (in der Regel Kreisleiter) über »den Kreis der Familien oder Personen, die zum Aufsuchen des nächstliegenden LS-Bunkers berechtigt sind«,[19] einigen. Berücksichtigt werden sollten vor allem Bewohner von Häusern, die nicht oder nur unzulänglich mit Luftschutzräumen ausgestattet waren. Bei der Auswahl sollten Alter und Geschlecht keine Rolle spielen, Familien waren möglichst in einem Raum unterzubringen. Wenn Personen ohne berechtigten Grund dem Bunker öfter fernblieben, konnte ihnen die erteilte Berechtigung vom örtlichen Luftschutzleiter wieder entzogen werden. Straßenpassanten standen in den Bunkern lediglich die Aufenthaltsräume ohne Liegemöglichkeiten zu.
Mit der Zunahme der Luftangriffe Anfang 1943 wurde auf die Ausgabe von Ausweisen weitgehend verzichtet, weil eine Kontrolle wegen der kurzen Vorwarnzeiten ohnehin nicht mehr möglich war. Wo sie dennoch versucht wurde, bekamen Ordner und Bunkerwarte mitunter Prügel. Besonders verhaßt machten sich dabei jene Bunkerwarte, die vor den Eingangstüren der Luftschutzanlagen ihre eigene Selektion unter den Bewohnern der Umgebung vornahmen und manchen privaten Streit auf diese Art und Weise austrugen.

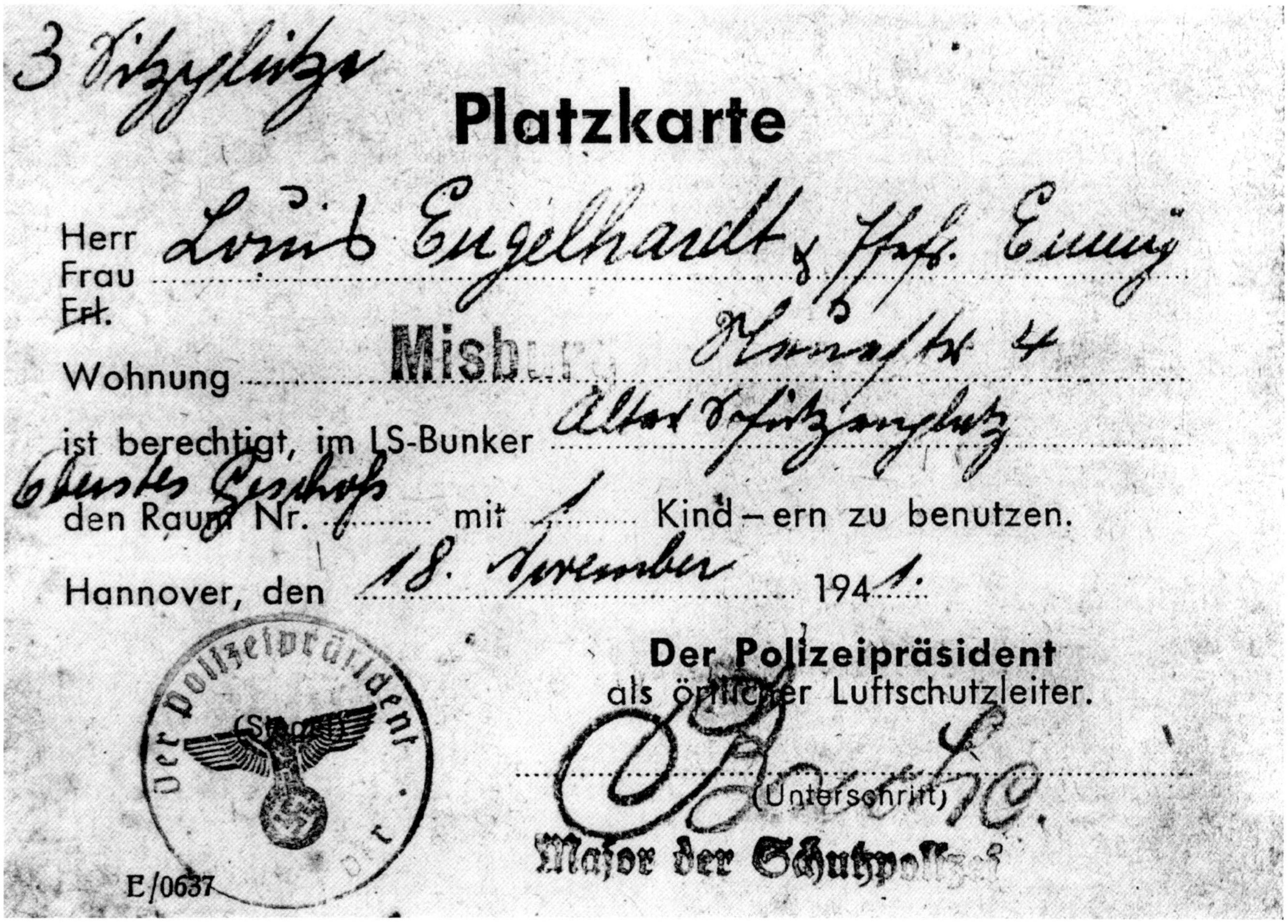

3 Sitzplätze

Platzkarte

Herr
Frau
Frl. Engelhardt

Wohnung Misburg

ist berechtigt, im LS-Bunker Alter Schützenplatz

Oberstes Geschoß

den Raum Nr. ...... mit 1 Kind – ern zu benutzen.

Hannover, den 18. November 1941.

Der Polizeipräsident (Stadt)

Der Polizeipräsident
als örtlicher Luftschutzleiter.

(Unterschrift)

Major der Schutzpolizei

E/0637

Bunker-»Platzkarte« für drei Schutzplätze einer Familie mit Kind für das oberste Geschoß des Luftschutzbunkers Alter Schützenplatz in Hannover, ausgestellt am 18. November 1941.

Um den Kreis der Schutzsuchenden zu verkleinern, wurde bereits ab Herbst 1940 damit begonnen, Teile der Bevölkerung zu evakuieren. Bereits am 27. September 1940 – also parallel zum »Sofortprogramm« – hatte Hitler befohlen, alle Kinder im Alter bis zu 14 Jahren aus den am meisten gefährdeten Städten Hamburg und Berlin herauszubringen. Im November desselben Jahres wurde das Evakuierungsprogramm auf weitere Städte in Nord- und Westdeutschland sowie im Ruhrgebiet ausgedehnt.[20] Diese Kinderlandverschickung basierte zwar auf freiwilliger Teilnahme, da aber nur wenige Eltern bereit waren, sich von ihren Kindern zu trennen, setzte man von staatlicher Seite durchaus auch Druckmittel ein. In Bremen zum Beispiel wurde gegen den elterlichen Widerstand die offizielle Parole »Kinder gehören nicht in den Bunker« ausgegeben.[21] Ab 1943 wurden solche Evakuierungen zunehmend auch auf andere Bevölkerungsgruppen ausgedehnt. In den Städten sollten vor allem möglichst nur jene Menschen verbleiben und die Bunker nutzen, die für die wirtschaftliche Produktion gebraucht wurden.[22]
Aufgrund der begrenzten bombensicheren Schutzplätze versuchten die für den Luftschutz verantwortlichen Stel-

len auch, bestimmte Personengruppen vom Besuch der Bunker auszuschließen, wie Männer im wehrfähigen Alter (16 bis 60 Jahre), denen man beschied, sie gehörten an die Front oder zur Verteidigung, aber nicht in den Bunker. In einem Schreiben des Reichsministers der Luftfahrt Göring hieß es am 22. Juni 1943 dazu: »In häufig angegriffenen LS-Orten im Westen des Heimatgebietes sind örtliche LS-Leiter mit Rückicht auf die beschränkte Platzzahl der LS-Bunker und zur Vermeidung einer Schwächung des Selbstschutzes in den Luftschutzgemeinschaften dazu übergegangen, männlichen Volksgenossen das Aufsuchen der LS-Bunker zu untersagen. Diese Regelung ist zweckmäßig.«[23] In Hannover gab die NSDAP-Kreisleitung am 17. Oktober 1943 eine Mitteilung heraus, die die Luftschutzsuchenden klar hierarchisierte: »Der vorhandene Luftschutzbunkerraum ist nach wie vor in erster Linie werdenden Müttern, Müttern mit Kindern, Schwerkriegsbeschädigten, alten und gebrechlichen Personen vorbehalten. Einsatzfähige Männer können nur dann Zutritt erhalten, wenn die Bunker noch ausreichenden Platz bieten.«[24] In Hamburg ließ der Polizeipräsident noch kurz vor Kriegsende eine Anordnung in allen Bunkern aushängen: »Männer, die unberechtigt LS-Bunker oder öffentliche Luftschutzräume aufsuchen, entziehen sich ihrer Luftschutzdienstpflicht. Sie verstoßen damit nicht nur gegen die Grundsätze der Volksgemeinschaft, sondern machen sich auch strafbar.«[25]

Selbst Fronturlaubern wurde der Zutritt zu den Bunkern verweigert. Oft gelangten die Soldaten nur mit List in den Bunker, beispielsweise indem sie behaupteten, daß sie zur örtlichen Befehlsstelle gehörten, die im Bunker untergebracht war. Ein großer Teil der Bevölkerung akzeptierte den Ausschluß der Männer und Soldaten nicht, weshalb entsprechende offizielle Verlautbarungen merklichen Unmut hervorriefen, zum Beispiel in Rostock: Hier hatte am 11. April 1944 der schwerste Tagesangriff stattgefunden, den 200 Menschen nicht überlebten. Am 17. Mai 1944 erschien daraufhin im *Rostocker Anzeiger* ein Artikel mit dem Titel »Wer darf in den Bunker?«. Insbesondere die Anweisung, Männer zwischen 16 und 60 Jahren sowie Wehrmachtsangehörige nicht in die Bunker zu lassen, löste Kritik aus, die zwar nicht öffentlich geäußert wurde, die die Spitzel des Sicherheitsdienstes (SD) der SS jedoch sorgfältig dokumentierten. Die Rostocker würden der NSDAP vorwerfen, sie treibe den Schutzraumbau nicht richtig voran. Es werde auch die Frage gestellt, warum Kinder, Alte und Gebrechliche nicht aus der Stadt evakuiert würden, um Platz für die männliche Bevölkerung zu schaffen, da ja schließlich die Männer nach den Bombenangriffen die Rettungsmaßnahmen durchführen müßten. Kritisiert werde auch der Umstand, daß der Bunkerstollen am Güterbahnhof ausschließlich von der NSDAP-Kreisleitung Rostock-Stadt genutzt werde und daß Bahnarbeiter angeblich am Betreten des Schutzraumes gehindert worden seien, von denen deshalb vier umgekommen wären. Der Verdacht, die NSDAP begünstige ihr nahestehende Personen, sei auch dadurch verstärkt worden, daß nicht wie üblich die Polizeireviere mit der Ausgabe von Bunkerausweisen betraut worden seien, sondern die Partei dies selbst übernommen habe. Die Meinung der Bevölkerung, die Spitzen der Partei sorgten sich vor allem um ihren eigenen Platz im Bunker, kam auch in einem Witz zum Ausdruck: »Achtung, Achtung, der Kreisleiter hat sich soeben im Bunkereingang festgeklemmt. Für die Bevölkerung besteht kein Grund zur Beunruhigung, da die Gewähr besteht, daß die übrigen politischen Leiter noch vor Einsetzen des Luftangriffs durch bereitgehaltene Ne-

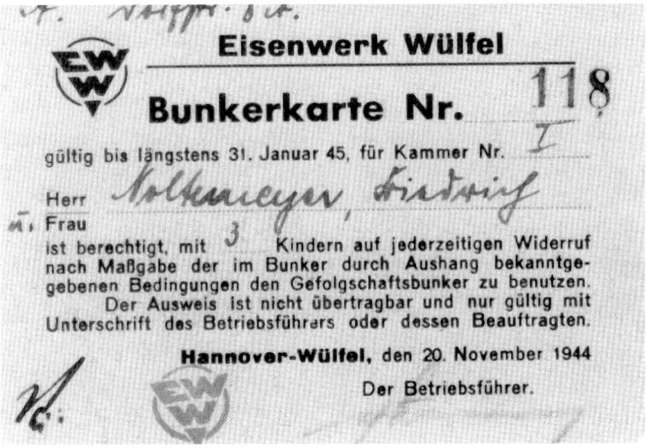
Eisenwerk Wülfel
Bunkerkarte Nr. 118
gültig bis längstens 31. Januar 45, für Kammer Nr. I
Herr
Frau
ist berechtigt, mit 3 Kindern auf jederzeitigen Widerruf nach Maßgabe der im Bunker durch Aushang bekanntgegebenen Bedingungen den Gefolgschaftsbunker zu benutzen.
Der Ausweis ist nicht übertragbar und nur gültig mit Unterschrift des Betriebsführers oder dessen Beauftragten.
Hannover-Wülfel, den 20. November 1944
Der Betriebsführer.

Ausweis für die Nutzung des Werkluftschutzbunkers der Eisenwerke Wülfel in Hannover, ausgestellt am 20. November 1944, gültig bis zum 31. Januar 1945.

beneingänge den Bunker betreten können.«[26] Kreisleiter Dettmann reagierte entsprechend gereizt und nervös. Er verteidigte sich, indem er darauf hinwies, daß über 30 000 bombensichere Schutzplätze in Rostock zur Verfügung stünden und zudem in den letzten Monaten zahlreiche Stollenprojekte in Auftrag gegeben worden seien.[27] »Es ist ... eine unerhörte Verleumdung, wenn der SD erklärt, die Bevölkerung hätte erwartet, daß dieser Bau mit Hochdruck vorangetrieben würde.«[28] Daß die bombensicheren Befehlsstellen mit der Führung der Kreisleitung belegt würden, sei »Führer-Erlaß«, Enge und Geheimhaltungserfordernisse schlössen den Besuch von Zivilisten grundsätzlich aus. Deshalb habe man auch Mitarbeiter der Reichsbahn abgewiesen; es seien immerhin 25 000 Frauen und Kinder zuvor aus der Stadt gebracht worden.[29]

Linke und rechte Seite: »Alltagsszenen« aus dem Bunker Wolthusen in Emden.

Aber nicht nur an der Bevorzugung von Parteimitgliedern und -führern entzündete sich der Unmut der Bevölkerung, auch die Vorteile der Staatsdiener boten Grund dafür. Um dem »Volksempfinden« zu genügen, wurde schließlich versucht, Vertreter des Staates wenigstens vom vorzeitigen Aufsuchen der Bunker abzuhalten. Der Polizeipräsident von Hannover zum Beispiel betonte am 17. November 1944 in seinem Tagesbefehl Nr. 41 an die Behördenleiter: »Wiederholte Kontrollen des Polizeipräsidenten von Berlin in Luftschutzbunkern haben ergeben, daß sich unter den Personen, die bereits vor Ertönen des Fliegeralarms Luftschutzbunker aufsuchen, eine erhebliche Anzahl von Beamten und Angestellten der in der Nähe ansässigen Behörden und Dienststellen befindet. Die schaffende Bevölkerung, die keine Gelegenheit hat, ihren Arbeitsplatz vorzeitig zu verlassen ..., steht diesem unwürdigen Verhalten verständnislos gegenüber. [...] Ich bitte deshalb, Ihre Gefolgschaftsmitglieder darauf hinzuweisen, daß ich in Zukunft jeden, der vorzeitig einen Luftschutzbunker aufsucht oder sich abwartend vor einem Bunker aufhält, zur Verantwortung ziehen werde.«[30]

Es gab aber auch Bunker, die in ihrer Bestimmung von vornherein einem beschränkten Personenkreis vorbehalten waren, so die Bunker der Reichsbahn, die nur Reisenden und dem Bahnpersonal offenstanden. Im Bereich des Luftgaukommandos XI gab es zwar kein Sonderprogramm »Mutter und Kind« wie in Berlin, dafür jedoch in jedem Bunker speziell reservierte Räume für Mütter mit Kleinkindern. Die Werkluftschutzbunker wiederum boten ursprünglich nur Arbeitern und Angestellten der jeweiligen Betriebe Unterschlupf, aber mit Zunahme der Bombenangriffe auch der allgemeinen Bevölkerung. Deshalb waren sie oft überlaufen, so daß die Firmen die Plätze für Nicht-Werksangehörige wieder beschränkten bzw. deren Zugang gänzlich verboten. Ein Beispiel war die Francke-Werke AG in Bremen, die am 1. September 1944 eine solche Beschränkung für ihren 800-Personen-Bunker forderte, der wegen der dort untergebrachten Befehlsstelle und einer Sanitätsstelle maximal 3,5fach überbelegt werden könne und von dessen Plätzen allein die Nachtschicht 650 benötige. »Darüber hinaus hat sich in letzter Zeit der Mißstand ergeben, daß ... bis zu 3 000 betriebs-

fremde Menschen Einlaß in den Bunker begehrten. Ferner wurden auf Veranlassung der Strafanstalt zeitweise etwa 270 Zuchthäusler im LS-Bunker untergebracht, obwohl hierfür andere ausreichende und genügende Schutzgelegenheiten vorhanden sind.
Es ergibt sich also eine etwa 50%ige Überbeanspruchung des Bunkerraumes, die im Hinblick darauf, daß die Einsatzgruppe des Werkes bei Eintritt von Schäden genügend Spielraum haben muß, völlig untragbar ist. Außerdem kommen 400 Betriebsangehörige hinzu, die teils verpflichtet sind, bei Fliegeralarm in der betriebsfreien Zeit zu erscheinen, und die unter allen Umständen untergebracht werden müssen. Es ist deshalb erforderlich, daß der LS-Bunker der Francke-Werke-AG grundsätzlich für die Zivilbevölkerung gesperrt wird und nur solche betriebsfremden Volksgenossen in ihm Aufnahme finden können, die zum Betreten des Bunkers einen besonderen Ausweis erhalten.«[31] Die Werkluftschutz-Bezirksstelle wurde aufgefordert, die Francke-Werke zu veranlassen, »am Werksbunker und im Werksbunker an sichtbaren Stellen Anschläge zu machen, daß es sich nicht um einen öffentlichen LS-Bunker handelt und Einlaß für betriebsfremde Zivilpersonen nur im Rahmen der Fassungsmöglichkeit gestattet werden könne«.[32]
Auch der Zugang zu Krankenhausbunkern war beschränkt, da sie vor allem dem Personal und den Patienten der Kliniken zur Verfügung stehen sollten. Dabei hing der Einlaß der in den Augen der Nationalsozialisten »minderwertigen« deutschen Fürsorgezöglinge, also behinderter Menschen, von der Gesinnungstreue der Verantwortlichen ab: In Schleswig war es selbstverständlich, daß sie in die Bunker durften, in Hannover dagegen blieb ihnen der Zutritt verwehrt. Ebenso erging es den »unliebsamen« Personengruppen der Roma, Sinti und Juden. Noch in einem Erlaß des Reichsministers der Luftfahrt Göring vom 7. Oktober 1940 hatte es in bezug auf jüdische Mitbürger geheißen: »Im Einvernehmen mit dem Stellvertreter des Führers wird darauf hingewiesen, daß bei Fliegeralarm Juden der Zutritt zu öffentlichen und sonstigen Luftschutzräumen nicht versagt werden kann, da andernfalls Unzuträglichkeiten zu befürchten sind, die sich auch auf die deutschblütige Bevölkerung nachteilig auswirken könnten. Falls mehrere Luftschutzräume vorhanden sind,

sollen die Juden in einem derselben gesondert untergebracht werden. Steht nur ein Luftschutzraum zur Verfügung, wird es zweckmäßig sein, durch Abtrennung eines Teils des LS-Raums die Möglichkeit zu schaffen, daß die Juden den Luftschutzraum getrennt von deutschblütigen Insassen benutzen können.«[33] Ab 1942 war dieses Problem »gelöst«, da nach den massenhaften Deportationen von Juden ohnehin nur noch sehr wenige in den Städten Deutschlands lebten, andere untergetaucht waren bzw. sich versteckt hatten.
Auch Ausländern waren die Schutzbauten verwehrt. Im Nachtrag zur Luftschutzraum-Ordnung vom 18. September 1942 war zu lesen: »Kriegsgefangenen, Ostarbeitern und P-Polen[34] ist der Zutritt zu den LS-Bunkern bei Fliegeralarm grundsätzlich untersagt. Den übrigen Auslän-

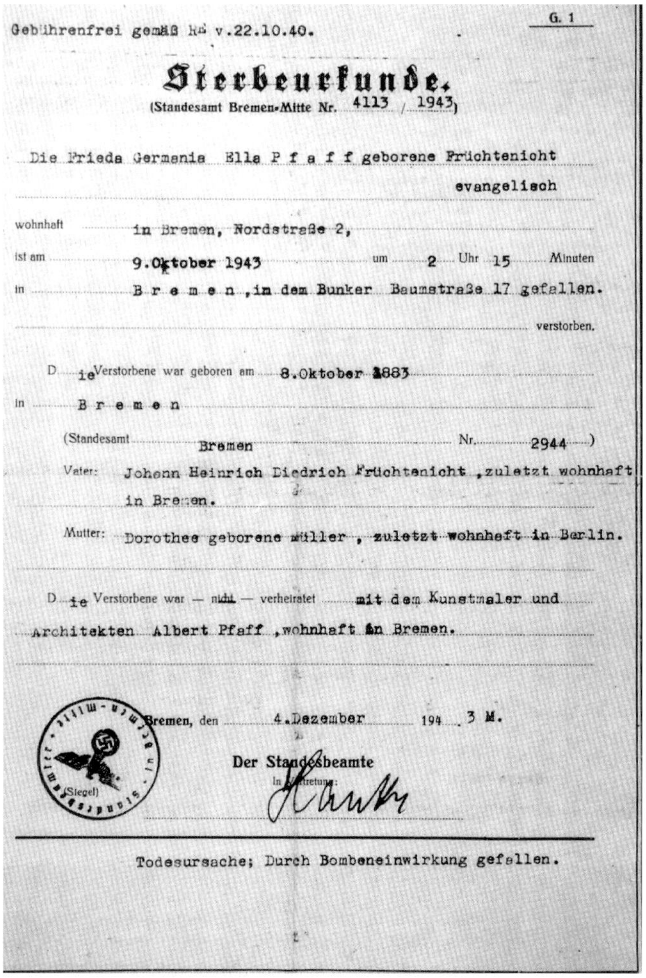
Gebührenfrei gemäß RE v.22.10.40. G. 1

Sterbeurkunde.
(Standesamt Bremen-Mitte Nr. 4113 / 1943)

Die Frieda Germania Ella P f a f f geborene Früchtenicht
evangelisch
wohnhaft in Bremen, Nordstraße 2,
ist am 9.Oktober 1943 um 2 Uhr 15 Minuten
in B r e m e n ,im dem Bunker Baumstraße 17 gefallen.
verstorben.

Die Verstorbene war geboren am 8.Oktober 1883
in B r e m e n
(Standesamt Bremen Nr. 2944)
Vater: Johann Heinrich Diedrich Früchtenicht ,zuletzt wohnhaft in Bremen.
Mutter: Dorothee geborene Müller , zuletzt wohnhaft in Berlin.

Die Verstorbene war — nicht — verheiratet mit dem Kunstmaler und Architekten Albert Pfaff ,wohnhaft in Bremen.

Bremen, den 4.Dezember 1943 M.
Der Standesbeamte
In Vertretung:
(Siegel)

Todesursache; Durch Bombeneinwirkung gefallen.

Als Ursache für den Tod im Bunker wurde auf der Sterbeurkunde vermerkt: »Durch Bombeneinwirkung gefallen.«

dern kann die Benutzung nur gewährt werden, wenn der LS-Bunker von der Zivilbevölkerung nicht voll in Anspruch genommen wird und sie von den deutschen Volksgenossen getrennt untergebracht werden können.«[35]
Eine besondere Kategorie bildeten die italienischen Arbeiter, da Deutschland und Italien als Achsenmächte verbündet waren. Viele von ihnen hatten schon vor dem Krieg in den Betrieben und auf Baustellen des Deutschen Reiches gearbeitet. Zu Beginn des Bombenkrieges gab es in Wilhelmshaven die italienische »Nebelkompanie«, die bei Luftalarm mit Nebelgeräten künstlichen Nebel erzeugte, um die Sicht für die angreifenden Flugzeuge zu erschweren. Als aber Italiener versuchten, bei Fliegerangriffen im Bunker Schutz zu suchen, kam es mehrmals zu Massenschlägereien mit deutschen Luftschutzsuchenden, so auch in Bremen. Die Stadtverwaltung sorgte auf ihre Weise für Ruhe: »Im Gemeinschaftslager Buntentorsteinweg sind Deckungsgräben für sämtliche Lagerinsassen ausreichend angelegt, die die gleichen Schutzmöglichkeiten wie der Bunker bieten. Durch Appell seitens der Lagerführung wurden die Lagerinsassen wiederholt darauf aufmerksam gemacht, daß bei Fliegeralarm die innerhalb des Lagers liegenden Deckungsgräben und nicht der Luftschutzbunker benutzt werden sollen. Die Italiener kümmern sich aber nicht um diese Auflage, sondern benutzen nach wie vor den Bunker. Anläßlich einer Besichtigung während eines Fliegeralarms wurde von dem Vertreter des örtlichen Luftschutzes erklärt, daß seitens der Polizei die Benutzung des Bunkers durch die Lagerinsassen verboten würde. Ich habe nunmehr dem Herrn Polizeipräsidenten als örtlichem Luftschutzleiter vorgeschlagen, vorübergehend bei Fliegeralarm durch Polizeiposten das Betreten des Bunkers durch die Lagerinsassen zu verhindern.«[36]
Daß die Italiener sich mit den Deckungsgräben nicht zufrieden gaben, lag daran, daß diese Gräben bei Nah- oder Volltreffern nicht den geringsten Schutz boten. Dementsprechend waren die Verluste unter den Ausländern insgesamt sehr hoch. Unter den 2 905 Luftkriegstoten in Braunschweig waren zum Beispiel 1 286 Ausländer.
Erst gegen Ende des Krieges sah sich das Reichsluftfahrtministerium aufgrund des dauernden Arbeitskräftemangels genötigt, die Öffnung der Bunker auch für ausländische Arbeitskräfte anzuordnen. »Einzelne örtliche Luftschutzleiter haben Ausländer von der Benutzung öffentlicher LS-Räume und LS-Bunker ausgeschlossen oder auch während des Fliegeralarms auf die Straße verwiesen. Da die im Reich anwesenden ausländischen Arbeitskräfte im Rahmen der deutschen Wirtschaft eingesetzt sind, müssen sie bei Luftangriffen – soweit wie irgend möglich – geschützt werden. Bei Benutzung von öffentlichen LS-Räumen und LS-Bunkern hat die deutsche Zivilbevölkerung den Vorrang. Ausländer sind, soweit der Raum ausreicht, grundsätzlich zuzulassen. Im Interesse der vollen Ausnutzung jedes Platzes in den öffentlichen LS-Räumen und

LS-Bunkern ist jedoch von einer Bereitstellung besonderer Aufenthaltsräume für Ausländer abzusehen. Das schließt jedoch nicht aus, daß bei Unterbringung geschlossener Einheiten ausländischer Arbeitskräfte der LS-Bunkerwart diesen bestimmte Plätze anweist.«[37]

Auch das generelle Verbot, Kriegsgefangene in die Bunker zu lassen, wurde gemildert. Das Reichsluftfahrtministerium wies darauf hin, daß für die Unterbringung von Kriegsgefangenen das Oberkommando der Wehrmacht bestimmt hätte, »daß sie, wenn unbedingt notwendig, möglichst in einem Raum für sich oder an einer anderen Stelle geschlossen in öffentlichen und privaten LS-Räumen unterzubringen sind«.[38]

In Osnabrück waren bereits nach den ersten Luftangriffen, die zahlreiche Tote besonders unter Kriegsgefangenen forderten, Stimmen laut geworden, die einen ausreichenden Luftschutz auch für diese Menschen verlangten, was zur Bereitstellung von einigen Luftschutzanlagen speziell für Ausländer führte. Doch aufgrund der immer schwereren Luftangriffe ab November 1944, bei denen immer mehr Deutsche in die Bunker drängten, wurden diese Maßnahmen von offizieller Seite rückgängig gemacht. Gleichwohl konnten dort Russen und Polen mit stillem Einverständnis der Wachmanschaften oder Bunkerwarte auch weiterhin die Bunker aufsuchen.

Solche Hilfsbereitschaft hat es auch andernorts gegeben, da die betreffenden gesetzlichen Verbote von Ort zu Ort sehr unterschiedlich gehandhabt wurden. Manche Bunkerwarte hielten sich streng an das Verbot, und auch Schutzsuchende drängten darauf, die Ausländer nicht in den Bunker zu lassen. Andererseits gab es viele Situationen, in denen sich Bunkerwarte, Wachmannschaften oder Bunkerinsassen für den Einlaß dieser Personen stark machten oder stillschweigend die Eingangsschleusen für sie öffneten. Auf diese Weise standen zahlreiche Bunker in Bremen, Braunschweig und Hannover »Ostarbeitern«, Kriegsgefangenen oder Roma und Sinti offen. Daß solche Hilfe häufiger gewährt wurde und die Behörden in Zugzwang gerieten, zeigt zum Beispiel der Tagesbefehl der Bremer Schutzpolizei vom 3. Januar 1944, in dem die Bunkerwarte nochmals darüber belehrt wurden, daß Kriegsgefangenen, »Ostarbeitern« und Polen der Zutritt zum

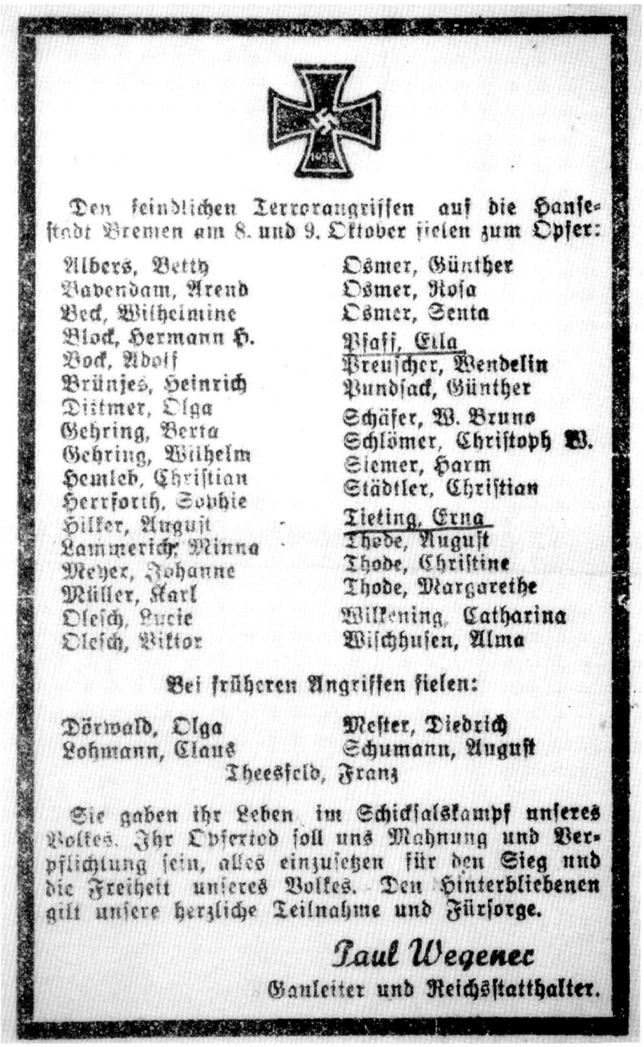

Den feindlichen Terrorangriffen auf die Hansestadt Bremen am 8. und 9. Oktober fielen zum Opfer:

Albers, Betty	Osmer, Günther
Bavendam, Arend	Osmer, Rosa
Beck, Wilhelmine	Osmer, Senta
Block, Hermann H.	Pfaff, Ella
Bock, Adolf	Preuscher, Wendelin
Brünjes, Heinrich	Pundsack, Günther
Dittmer, Olga	Schäfer, W. Bruno
Gehring, Berta	Schlömer, Christoph W.
Gehring, Wilhelm	Siemer, Harm
Hemleb, Christian	Städtler, Christian
Herrforth, Sophie	Tieting, Erna
Hilker, August	Thode, August
Lammerich, Minna	Thode, Christine
Meyer, Johanne	Thode, Margarethe
Müller, Karl	Wilkening, Catharina
Olesch, Lucie	Wischhusen, Alma
Olesch, Viktor	

Bei früheren Angriffen fielen:

Dörwald, Olga	Mester, Diedrich
Lohmann, Claus	Schumann, August

Theesfeld, Franz

Sie gaben ihr Leben im Schicksalskampf unseres Volkes. Ihr Opfertod soll uns Mahnung und Verpflichtung sein, alles einzusetzen für den Sieg und die Freiheit unseres Volkes. Den Hinterbliebenen gilt unsere herzliche Teilnahme und Fürsorge.

Paul Wegener
Gauleiter und Reichsstatthalter.

Todesanzeige für die »Opfer der feindlichen Terrorangriffe« auf Bremen am 8./9. Oktober 1943.

Bunker generell verboten sei und für die anderen Ausländer lediglich die Plätze zur Verfügung stünden, die von Deutschen nicht benötigt würden.[39]

Solche Hilfe gegenüber Ausländern führte oftmals zu Denunziationen, so in Osnabrück. SA-Hauptsturmführer Debusson schrieb am 7. März 1945: »In der letzten Zeit ist es im Gertrudenstollen des öfteren zu erheblichen Auseinandersetzungen der Schutzsuchenden mit zwei Ordnern gekommen, die heute noch allzu russenfreundlich

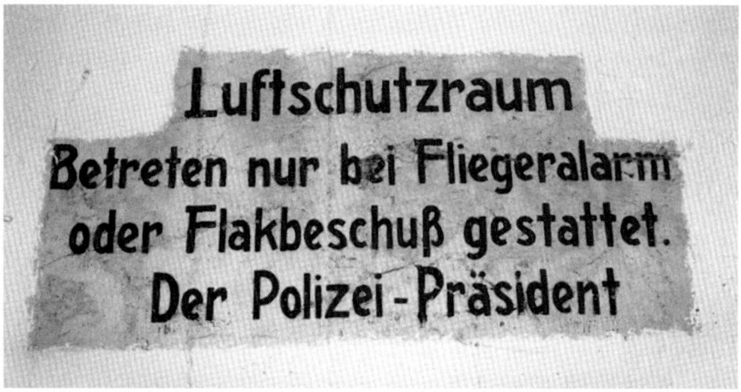

eingestellt sind. Diese Ausländer genießen beim Hineingehen und Verlassen des Bunkers den besonderen Schutz dieser Herren ...«[40] Im Schreiben Debussons zeigt sich auch der nicht uneigennützige Grund für die Hilfsbereitschaft der Ordner, sie wollten sich für die Zukunft absichern – ein Gedanke, der wohl manchen Wart bei Kriegsende zu seiner freundlichen Haltung bewog und sich nach dem Krieg durchaus auszahlen konnte. Nach der Besetzung durch die Alliierten und der Befreiung der Zwangsarbeiter und Kriegsgefangenen kam es verschiedentlich zu Racheakten, doch frühere Bunkerwarte, die Ausländern geholfen hatten, blieben meist verschont.
Die deutschen Bunkerinsassen haben sich während des Krieges Ausländern gegenüber sehr unterschiedlich verhalten. Das Spektrum reichte von couragiertem Einsatz für sie, über Desinteresse und Duldung bis zu Fanatikern, die sogar noch Druck auf hilfsbereite Bunkerwarte ausübten.

Vor den Eingängen

Aufgrund der sehr kurzen Vorwarnzeiten und oft völlig überraschenden Angriffe mußten die Menschen in größter Hast zu den Bunkern laufen, um ihn zu erreichen, bevor die Bomben fielen bzw. die Türen verschlossen wurden. Da Schutzplätze nicht ausreichend zur Verfügung standen, wurde diese Hektik durch die Angst, keinen Platz mehr zu bekommen, noch verstärkt. So geschah es sogar, daß Mütter in dieser Panik ihre Babys in den Kinderwagen vor dem Bunker vergaßen und während des Angriffs um sie bangten oder fremde Menschen die Kinder mit in den Bunker brachten, wo sie dann über die Köpfe der anderen hinweg zu den Müttern gereicht wurden.
Gedränge und Geschiebe enstand auch dadurch, daß bei Bombentreffern die oberen Stockwerke der Hochbunker viel gefährdeter waren, weshalb viele Schutzsuchende im Erd- oder im ersten Obergeschoß verharrten. Dadurch versperrten sie die Treppenaufgänge, so daß es zu Stauungen und Streitereien kam. An dieser Situation konnte auch die Luftschutzraum-Ordnung nichts ändern, in der es hieß: »Die Stockwerke des Bunkers sind stets in der Reihenfolge von oben nach unten zu besetzen, d. h. die zuerst ankommenden Schutzsuchenden haben sich in das oberste Stockwerk zu begeben. Erst wenn dieses keinen Platz mehr bietet, sind das nächste tiefer gelegene und später die dann folgenden Stockwerke zu besetzen. Hierbei steht ein fester Platz im allgemeinen keinem Bunkerbesucher zu. Das zu ebener Erde liegende Geschoß ist Kriegsversehrten, Kranken und Gebrechlichen sowie Müttern mit kleinen Kindern vorbehalten. Sofern es sich hierbei um Dauerbesucher handelt, ist diesen ein fester Platz in diesen Räumen anzuweisen.«[41]
Die Panik wurde durch das Brummen der Flugzeugmotoren bzw. das Schießen der Flak noch zusätzlich verstärkt. Nachts konnte man außerdem die »Tannenbäume« am Himmel sehen, die durch abgeworfene Leuchtkörper gebildet wurden, um die verdunkelten Städte für die anschließende Bombardierung kenntlich zu machen. »Tannenbäume« und Flak-Abwehr waren untrügliche Zeichen dafür, daß binnen kurzem Bomben fallen würden. Angesichts solcher Gefahr regierte die Angst um das nackte Leben, so daß es beim Gedränge vor dem Bunker auch Tote und Verletzte gab, so zum Beispiel am 8./9. Oktober 1943 vor dem Tiefbunker Klagesmarkt in Hannover, wie sich ein Augenzeuge erinnert: »Es kam Alarm und wir mußten den Engelbosteler Damm runterlaufen. Oma war immer ganz aus der Puste. Über der Stadt fielen die ersten Bomben. Wir haben also den Bunkereingang erreicht, davor eine Riesentraube von Menschen. Wir drängelten uns da mit runter, und dann habe ich das erlebt, wie von dem Geländer oben Leute runtergesprungen sind. Ich erinnere mich auch, daß dort Polizei und Militär war, die versuchten, das zu verhindern, aber die hatten selber Schiß. Wir hofften in Todesangst, daß wir da runterkamen. Wir ka-

Suchscheinwerfer und Leuchtspurgeschosse der Flak erhellten die Nacht, um anfliegende Bomber abzuwehren.

men auch runter, der Strom der Menschen ging rein. [...] Zum Schluß war es dann so, daß ich, als ich mit der Oma reinging, über Menschen lief. Das war für mich das schockierendste Erlebnis.« Nach diesem Ereignis schlug die dortige Polizei vor, die Schutzsuchenden mit Hilfe von Barrieren einzeln in die Bunker einzulassen. Stadtbaurat Elkart dagegen favorisierte sogenannte Leitmauern, die die Menschen sanft in das Innere führen sollten. Am 12. Oktober 1943 jedoch wurde bei einer Dezernentenbesprechung festgestellt, daß die eigentliche Ursache für die tödliche Drängelei vor dem Bunker darin gelegen habe, daß kein Mensch in die oberen Stockwerke hinaufwollte.[42] So konnten die Behörden die Schuld den Luftschutzsuchenden bzw. der mangelnden Durchsetzungskraft der Ordner zuschreiben und sich damit ihrer Pflicht zu verbesserten Sicherheitsmaßnahmen entziehen.

Vor demselben Bunker kam es am 15. Juli 1944 kurz nach Mitternacht erneut zu panischen Drängeleien mit zahlreichen Todesopfern. Der Angriff war derart überraschend gekommen, daß die Menschen keine Zeit mehr gefunden hatten, rechtzeitig in die Bunker zu kommen. Als die Türen schon geschlossen waren und die Flak bereits schoß, befanden sich noch 300 Menschen vor den Eingängen. Die Bombenopferkartei verzeichnete später 24 Tote allein durch Panik und Gedränge. Eine Woche danach schrieb Augenzeugin Franziska Kaßler in einem Brief an Verwandte: »Ihr habt sicher in der Zeitung gelesen von 28 Personen, die durch den tragischen Unglücksfall zu Tode gekommen sind. Es war das letzte Mal, als der Tommy hier war. Da fielen schon die Bomben, wo viele Leute noch

nicht im Bunker, sondern unterwegs waren, so auch zum Klagesmarktbunker. Es wollten noch so viele Leute hinein und konnten nicht mehr. Nun werden die Bunker, wenn geschossen wird oder wenn Leuchtschirme schon am Himmel stehen, zugemacht. Die untersten Leute kamen durch das Drängen zu Fall und die anderen alle obenauf. Die Männer sind noch von oben draufgesprungen, so daß es ein ringendes Menschenknäuel gewesen ist, und keiner konnte aus dem Haufen zurück. Den Toten sind die Sachen vom Leibe gerissen worden, und 28 Tote und viele Verletzte hat es gegeben. Unter den Toten waren sechs Kinder. Meine Fischfrau, Frau Petersen, hat auch dazwischen gelegen, aber nur Quetschungen und Prellungen erlitten.«[43]
Ähnliches ereignete sich auch in anderen Städten, so zum Beispiel am 30. September 1944 vor einem Bunker auf der Hamburger Reeperbahn: »Eine Reihe von Personen sprang von der Brüstung des Eingangs auf die Köpfe der sich stauenden Menge. Hierdurch kamen zahlreiche Personen zu Fall. Sie wurden teils totgetreten, teils mehr oder weniger schwer verwundet (sieben Tote und 26 Schwerverletzte!), und nur durch einen sofortigen verstärkten Ordner-Einsatz konnte noch größeres Unglück verhindert werden.«[44] Erst kurz vor Kriegsende, am 21. Februar 1945, entschloß sich der Chef des Luftschutzes des Oberkommandos der Luftwaffe zu der Weisung, Leithilfen in Form von Geländern anzubringen, um »einen gefahrloseren und schnelleren Einlauf der Menschenmengen zu gewährleisten«.[45] Doch zu diesem Zeitpunkt hatten die Bunker ohnehin fast schon ausgedient.

Der größte Schrecken der gehetzten Menschen aber war es, wenn sie die Bunker erreichten, die Türen bereits verschlossen vorzufinden. Weil die Bunkerwarte sich pflichtgemäß weigerten, die Abschlußtüren noch einmal zu öffnen, wurden sie die am meisten gehaßten und verfluchten Funktionsträger des Regimes. Sie sahen sich zudem den Vorwürfen der bereits im Bunker befindlichen Luftschutzsuchenden ausgesetzt: einerseits dafür, daß sie mitleidslos niemanden mehr hereinließen, und andererseits dafür, daß sie die Tür für Nachzügler noch einmal öffneten und damit die Insassen durch eine mögliche Detonationsdruckwelle gefährdeten.

Glück hatte aber beispielsweise die damals achtjährige Rosemarie Paustag, die während eines Besuchs im Kasperletheater von einem Luftangriff überrascht wurde: »Wieder kam Alarm, wir sind einfach losgerannt, da fielen auch schon dicke Splitter, wir hätten tot sein können. Als wir endlich bei unserem Bunker ankamen, waren die Türen geschlossen. Wir haben laut geschrien, aber die Türen blieben zu, das war den Herren von der Partei ganz egal. Aber wir hatten am Ende unserer Straße einen sogenannten Ein-Mann-Bunker, dort saß ein Mann vom Feuerlöschtrupp. Da Großalarm war, mußte er unseren Bunker aufsuchen, und es war Pflicht, für diesen Mann die Bunkertür zu öffnen. Er hatte ein Gerät und sagte nur: ›Türen öffnen, Feuerlöschtrupp zieht ein.‹ Da kamen wir ganz kleinlaut reinmarschiert.« Doch das war die Ausnahme.

Zu Beginn des Bombenkrieges geschah es auch noch des öfteren, daß die Menschen bei Luftangriffen deshalb nicht in den Bunker gelangen konnten, weil der ehrenamtliche Bunkerwart auf seiner Arbeitsstelle war und außer ihm niemand den Bunker aufschließen konnte.[46] Daraufhin wurden für jeden Bunker drei Schlüssel angefertigt: einer für den Ordner, einer für die jeweilige Polizeiwache. Der dritte Schlüssel sollte in einem versiegelten Kasten an der Bunkeraußenwand deponiert werden, damit im Notfall die Bevölkerung selbst aufschließen konnte. Ende 1942 ging man dann zu der Regelung über, daß die Bunkertüren auch ohne Alarm nach Beginn der Verdunkelung geöffnet sein sollten; dadurch hatten Ausgebombte wenigstens nachts ein gesichertes Dach über dem Kopf. Ab Oktober 1944 galt diese Regelung für das ganze Land.

Der Aufenthalt im Bunker

Die Menschen waren im Lauf des Krieges gezwungen, ihr Leben dem Bombenalltag radikal anzupassen, und erlangten unfreiwillig eine gewisse Routine beim »Bunkerbesuch«. Versuchten die Schutzsuchenden anfangs noch, soviel wie möglich mitzunehmen – selbst Wellensittichkäfige und »Volksempfänger« –, so merkten sie nur zu bald, daß großes Gepäck die Überlebenschancen erheblich verringerte, da man mit solchen Lasten nicht schnell genug

Menschenansammlung vor dem Bunker Münzstraße in Braunschweig nach den Bombenangriffen am 8. April 1944.

laufen konnte. Deshalb beschränkten sich viele mit der Zeit auf die notwendigsten Dinge: Lebensmittelmarken, Ausweispapiere, Andenken, Fotos, Kosmetikartikel, Geld, Sparbücher, Schmuck, einige Lebensmittel, Milch für die Kleinkinder, Taschenlampen, Gasmasken, Wolldecken und Wechselwäsche, falls man ausgebombt werden würde. Für die Kinder wurde das Lieblingsspielzeug zum »festen Bunkergepäck«, das man in Hand- und Aktentaschen, Rucksäcken sowie Koffern verstaute.

Einige Schutzsuchende nahmen aber auch weiterhin zu viele Habseligkeiten mit, für die sie sogar Kinder- und Handwagen zu Hilfe nahmen. Die Reaktion der Behörden ließ nicht auf sich warten. Bezüglich des Bunkergepäcks hieß es in einem Nachtrag zur Luftschutzraum-Ordnung am 18. September 1942: »Wegen Platzmangels kann jedem Bunkerbesucher nur die Mitnahme eines Gepäckstückes in der Größe eines Koffers von etwa 75 cm Länge gestattet werden. Volksgenossen, die mit mehreren Gepäckstücken den Bunker aufsuchen, sind zu veranlassen, die überzähligen Stücke außerhalb des Bunkers (an einer Seitenwand, damit die Zuwegung nicht versperrt wird) abzustellen.«[47] Diese Anordnung gab natürlich allen Grund zu Unmut. »Ich habe es erlebt«, erinnert sich Günter Suhrbier, »daß einzelne Bürger Kinder- oder Handwagen mit persönlichen Sachen voll beladen hatten. Diese mußten sie dann in angemessener Entfernung vom Bunkereingang zur Freihaltung des Fluchtweges stehenlassen. Es kam schon zu Auseinandersetzungen mit dem

Bunkerinsassen beim Verlassen des »Polizeibunkers« Blockbinnenhof an der Münzstraße/Ecke Bohlweg in Braunschweig nach dem Angriff der US Air Force am 8. April 1944.

Bunkerwart, wenn die Vernunft nicht siegen wollte und diesen Personen mit ihrem umfangreichen Gepäck zu Recht der Zugang zum Bunker verwehrt wurde.« Das Gepäck vor dem Bunker zu lassen war für jene Menschen besonders hart, die ausgebombt worden waren und ihre letzte Habe bei sich haben wollten. In einigen großen Bunkern, so in Hannover im Bunker Deisterplatz sowie im Bahnhofsbunker, gab es daher extra für Gepäck reservierte Räume, wo auch größere Koffer und Taschen untergebracht werden konnten.

Noch am 1. März 1945 befaßten sich die in Osnabrück erscheinenden *Neuen Volksblätter* mit diesem Thema. Schon die Überschrift war Losung: »Rücksichtsvoller sein!« In dem Artikel wurde ein besonders markanter Fall von Gepäckmitnahme eindringlich geschildert: »Ein elfjähriges Mädchen, schwer bepackt mit einem Rucksack und zwei Koffern, die es kaum tragen kann, drängt sich durch die Menge. An einer Bank angekommen, schiebt es seine Last so lange hin und her, bis das Gepäck die richtige Lage hat. Der Rucksack wird auf die Bank gestellt, und mit den Worten: ›Da kommt meine Mutter hin‹, nimmt das Kind Platz. Der fremde Zuschauer schüttelt über den Unverstand einer Mutter, die ihr Kind mit allem Gepäck belastet, den Kopf. Doch die Eingeweihten wissen besser Bescheid. Es kommt die Mutter selber. Man sieht und staunt. Ein riesiger Rucksack und ebenfalls zwei Koffer in dem Ausmaß kleinerer Kleiderschränke erdrücken sie fast. Wieder hebt ein Geschiebe an, und als man endlich alles verstaut hat, nehmen eine erwachsene Person und ein Kind den Platz für fünf Menschen ein. Das ging lange gut. Doch einmal riß einem der Geduldsfaden; er machte die Dame auf das Ungehörige ihres Tuns aufmerksam. Die Antwort ist bezeichnend: ›Was geht Sie mein Gepäck an? Schließlich muß man Vorsorge treffen. Ich kann mitnehmen, was ich will.‹ Oh nein, so ist das nicht. Selbstverständlich soll man vorsorgen. Wenn alle Osnabrücker so wie die Frau verfahren würden, wären die Schutzräume bald bessere Gepäckaufbewahrungen, und der Großteil der Schutzsuchenden stände vor den Bunkern. Also in die Bunker wird nur das unbedingt Notwendige mitgenommen; alles andere wird im Keller untergebracht.«

Um das Gepäck der Menschen zu entlasten, gab es in Bremen Überlegungen, im Bunker einige Dienstleistungen anzubieten. Doch aus dem Vorschlag, dort zum Beispiel alkoholfreie Getränke auszuschenken, wurde statt Praxis nur ein ansehnlicher Aktenvorgang. Wenngleich sich die meisten der zum Thema befragten Luftschutzreviere zustimmend äußerten und das 9. Luftschutzrevier den Ausschank von Getränken ausdrücklich begrüßte – zumal der

Erlös dem »Winterhilfswerk« zugeführt werden sollte –, verhinderten letztendlich steuerliche und rechtliche Fragen diesen Vorstoß. So befand das Referat I des Polizeipräsidenten von Bremen im Oktober 1943: »Der Verkauf von alkoholfreien Getränken in den LS-Bunkern kann aus grundlegenden Erwägungen nicht gestattet werden. Die Schutzsuchenden sind vielmehr durch die Bunkerverwalter usw. immer wieder darauf hinzuweisen, daß sie sich für einen längeren Aufenthalt im Bunker einzurichten und daher auch mit den nötigen Getränken zu versehen haben.«[48] Damit war der Getränkeausschank illegal.

Doch nicht nur Durst und die Angst vor Bombeneinschlägen machten den Bunkeraufenthalt zur Qual, sondern auch die eingeschränkte Funktionsfähigkeit der Bunker selbst. Entweder war die Heizung noch nicht oder nicht mehr in Betrieb, oder aber schlechte Lüftung, Feuchtigkeit und Wassereinbrüche machten sie zu unwohnlichen oder gar unbewohnbaren Orten. Anschaulich geht dies aus einem Beschwerdebrief an die Bremer Behörden vom 20. April 1941 hervor: »Ich fühle mich veranlaßt, auf die unglaublichen Zustände in den Bunkern gegenüber der Moselstraße ... hinzuweisen. Beide Eingangstreppen sind durch Baugeröll verschmutzt, und unten an den Treppen liegen Haufen von Bauschutt. Die Eisentüren sind deshalb nicht verschließbar. Trotz der langen Bauzeit sind innerhalb der Bunker total vernäßte Wände. Auch steht buchstäblich das Wasser in den Eingängen. Die Bänke sind natürlich auch feucht und mit Baustaub bedeckt. Die immer noch nicht fertiggestellten Entlüftungsmaschinen liegen in ihren einzelnen Bestandteilen frei auf den Bänken umher, und es ist ein Wunder, wenn noch alle Teile vorhanden sind. Was die Aborträume anbelangt – ich wünschte, der Regierende Bürgermeister würde diese Zustände sehen –, ich beneide alsdann den verantwortlichen Mann nicht. [...] Ich glaube nicht, daß im Katastrophenfall jemand vorhanden ist, der diese Zustände verantworten will, denn wie die Verhältnisse jetzt sind, kann man keinem Menschen zumuten, in die Bunker zu gehen.«[49]
Das Problem verschmutzter und verstopfter Toiletten war eine Art Fluch der Banalität während des gesamten »Sofortprogramms«. Nach Abschluß der Rohbauarbeiten fehlten vielerorts die Materialien zur Aufstellung ordentlicher Toiletten und zur Verlegung der entsprechenden Kanalisationsanschlüsse. Man behalf sich mit Notaborten, die jedoch von Zeit zu Zeit geleert werden mußten, was nicht nur in Bremen langwierige Streitereien verschiedener Behörden zur Folge hatte. Das Hochbauamt fragte wegen der Zuständigkeit für die Abortreinigung beim Amt für Kanalisation und Abfuhrwesen an, und dieses teilte am 5. Mai 1941 mit, daß die Aborte erst dann gereinigt würden, wenn die Bunker dem Amt vom Hochbauamt übergeben worden seien. »Halbfertige Bunker, in denen die Einrichtungen für die Befriedigung der menschlichen Bedürfnisse noch nicht vorhanden sind, die aber offensichtlich von den Polizeirevieren bereits zur Benutzung freigegeben sind, können wir nicht in Ordnung halten. Dafür fehlt es uns an Personal. Auch weigern sich unsere Leute und die Reinemachefrauen, durch Exkremente verschmutzte Räume zu reinigen.«[50] Ohnehin war das Amt für Kanalisation und Abfuhrwesen chronisch überfordert, da es neben der Reinigung von jeweils acht Aborten in den 90 Hochbunkern auch noch die Öfen zu entschlacken hatte. Am 11. Februar 1943 wies der Polizeipräsident die Bunkerverwalter endlich an, daß zur Vermeidung übler Gerüche nach jeder Benutzung der Notaborte Torfmull zu streuen sei. Doch auch dies mußte umgehend wieder eingeschränkt werden: »Mit Torfmull muß sparsam umgegangen werden, da die Zuteilungen sehr knapp bemessen sind.«[51]

In der Küche des Luftschutzbunkers Wolthusen in Emden.

In Emden verfügten fast alle Schutzräume über »Bunkerkisten«, in denen die Insassen ihr Gepäck verstauen konnten. Mit Lehnen ausgestattet dienten sie auch als Sitzgelegenheiten.

Mit wachsendem Andrang und zunehmender Aufenthaltsdauer in den Bunkern verschärfte sich auch die Gefahr von Infektionskrankheiten wie Masern, Scharlach oder Kinderlähmung, die durch die Nähe der Insassen zueinander beste Voraussetzungen für eine schnelle Verbreitung hatten. Die Bunkerwarte und Ordner waren zwar angehalten, Personen mit ansteckenden Krankheiten nicht in die Bunker zu lassen oder in separaten Räumen unterzubringen, doch als ab 1943 die Bunker pausenlos überfüllt waren, breiteten sich Ansteckungskrankheiten schnell aus. Diese Situation schilderte im März 1943 der Wart des Bunkers Delmestraße in Bremen in einem Schreiben: 1 500 Menschen hätten bei Alarm den Bunker aufgesucht, darunter Kinder mit Keuchhusten und Masern, die in gesonderten Räumen untergebracht worden seien. »Es werden aber noch sicher viele kranke Kinder mitgebracht, ohne daß diese von der Mutter aus Angst, keinen Einlaß in den Bunker zu bekommen, als krank gemeldet werden. Da sich unter den Erwachsenen auch viele kränkliche Personen befinden, besteht die große Gefahr, daß sich in den stets überfüllten Kabinen Krankheitskeime festsetzen, und es ist daher eine von Zeit zu Zeit zu wiederholende Desinfektion des Bunkers unbedingt erforderlich.«[52]

Die sanitären Einrichtungen bestanden zunehmend aus Trockentoiletten, die mit Torfmull aufgefüllt waren.

Aufgrund dieser Lage ging man zu einer routinemäßigen Desinfektion über. Die Schutzpolizei ordnete unter Verweis auf den Sanitätsdienst am 28. April 1943 an, »neben einer grundsätzlichen regelmäßigen Lüftung bei der Reinigung der Bunker die Fußböden von Zeit zu Zeit mit einem kresolhaltigen Desinfektionsmittel aufzuwischen«.[53]
Gleichwohl gab es in einigen Bunkern Ungeziefer, wobei die Gefahr in Krankenhausbunkern besonders groß war, wie Zeitzeugin Wark aus Bremen berichtet: »Flöhe, Haar- oder Kopfläuse und Krätze habe ich alles erlebt. Jeder neue Patient wurde daraufhin untersucht und, wenn nötig, behandelt. In den Klinikbunkern wurde sehr auf Sauberkeit geachtet. Aber in den Räumen mit Zivilbevölkerung übertrug sich leicht Ungeziefer. Während ich auf der Typhusstation arbeitete, bekamen wir drei britische Kriegsgefangene aus dem Bunker in Farge mit ›Flecktyphus‹. Diese Krankheit wird durch Kleiderläuse übertragen. Der Farger Bunker war bekannt für schlechte Unterbringung usw., da konnten sich Kleiderläuse wohl ausbreiten. Die Patienten sind alle drei verstorben.«
Als minimale medizinische Versorgung der Luftschutzsuchenden gab es in jedem Bunker einen Sanitätsraum, wo Laienhelferinnen, Mitglieder der »NS-Volkswohlfahrt« oder Rote-Kreuz-Schwestern arbeiteten. Sie verabreichten Baldrian und Riechsalz oder verbanden kleinere Wunden. Wenn keine Hebamme zugegen war, mußten sie auch bei Geburten helfen. Die Sanitätsräume verfügten über »Bunkerapotheken«, die jedoch nur eine Grundausstattung an Medikamenten enthielten. Mit zunehmender Dauer des Krieges, immer größerer Belegungsdichte und

größerer Wucht der Bombardements wurde es notwendig, die Bunker mit professionellem medizinischem Personal und Gerät zu versehen. Ab 1944 verpflichteten die Luftschutzbehörden in vielen Städten hierzu Ärzte, die in dem jeweiligen Stadtteil ihre Praxen hatten, und stellten entsprechende Belegungspläne auf.

Zwischen Todesangst und Disziplin

Zu Beginn des Krieges zweifelte kaum jemand an der Bombensicherheit der Bunker, Hauptsache man kam hinein. Von den Luftschutzbauten waren die Rundbunker und Luftschutztürme allerdings von Anfang an am unbeliebtesten, weil sie bei Bombeneinschlägen in der Nähe großen Schwankungen ausgesetzt waren. Doch auch die Insassen anderer Hochbunker wurden bei Nah- oder Volltreffern hin- und hergeschüttelt. Fiel zudem noch der Strom aus, steigerte die Dunkelheit die Angst um ein Vielfaches. Als aber ab Mitte 1941 trotz Geheimhaltung wiederholt Durchschläge an Bunkern in die Öffentlichkeit drangen, schwand das Vertrauen der Bevölkerung in die Bombensicherheit der Luftschutzanlagen rapide, und die Angst steigerte sich zu wirklicher Todesangst. Der Befehlshaber des Luftgaukommandos XI, Fliegergeneral Wolff, schrieb nach der Kapitulation: »Solche Nachrichten über durchschlagene Bunker verbreiteten sich – vielleicht auch geschürt durch den feindlichen Nachrichtendienst – schnell unter der Zivilbevölkerung und untergruben das Vertrauen der Bevölkerung.«[54]

Doch diese Nachrichten verbreiteten sich, ohne daß es feindlicher Nachrichtendienste bedurfte, zumal die Verluste sehr hoch waren. (Als am 15. März 1945 der Bunker Körnerstraße in Hagen seitlich durchschlagen wurde, kamen über 400 Menschen ums Leben.) Wenn der Bunker im Innern in viele kleine Kabinen unterteilt war, die einen Teil des Luftstoßes auffingen, waren die Verluste nicht ganz so hoch. Die Bevölkerung fand schnell heraus, welchen Typen von Luftschutzanlagen man vertrauen konnte und welchen eher nicht. So erhielten die zur Hälfte unterirdisch angelegten Sonderbauten, die vor dem »Sofortprogramm« in Bremen entstanden waren, die treffende Bezeichnung »Mausefallen«. Bereits am 15. September 1942 vermerkte die dortige NSDAP, daß das Vertrauen der Bevölkerung in die Sicherheit dieser Bauten vollständig geschwunden sei, nachdem bei einem Angriff zwei von ihnen von Bomben durchschlagen worden waren. Die Ursache dafür war, daß die Abschlußdecken und -wände dieser Bunker den mittlerweile von den Alliierten verwendeten Bombenkalibern nicht mehr standhielten.

Verpflegungsanlieferung für den Luftschutzbunker Wolthusen in Emden, der für 1 020 Menschen ausgelegt war.

Was bei einem solchen Durchschlag im Bunker Baumstraße in Bremen im Herbst 1943 geschah, schildert Zeitzeugin Hellmers: »Am 8. Oktober hatte meine Mutter ihren 60. Geburtstag, doch am Nachmittag war wieder

einmal Alarm, so daß keine Gäste kamen. Feiern war sowieso nicht möglich, da durch ständige Alarmbereitschaft sich niemand gern für längere Zeit von zu Hause forttraute. Da wir im Hause einen ausgebauten Luftschutzkeller hatten, war meine Mutter bisher nie im Bunker gewesen. An diesem Abend wollte sie überraschend zum erstenmal mit mir in den Hochbunker, in dem ich mich seit langem mit meiner Schulfreundin und deren Mutter traf, denn ich hatte zu Hause immer Angst.
Wir saßen im obersten Stockwerk an der Außenwand. Elf Personen hatten ihren Stammplatz in dieser Kabine. Ich bot meiner Mutter meinen Platz an, die Mutter meiner Freundin setzte sich neben sie, und da nur noch ein Platz frei war, gingen wir beide in die gegenüberliegende Kabine, in der noch zwei Feldbetten frei waren. Also saßen unsere Mütter nun beide auf unseren Stammplätzen! Als die Bombardierung losging, sah meine Mutter noch zu mir herüber (wir konnten uns über den Flur von einer Ecke zur anderen sehen) und lächelte mir zu, dann gab es plötzlich einen einzigen furchtbaren Knall, das Licht ging aus, und kurz darauf war die Notbeleuchtung an. Wir sahen, daß die ganze Kabine zugeschüttet war. Totenstille darin! Wir haben dann versucht, das Bewehrungsgitter, das vor dem Eingang der Kabine hing, zur Seite zu drücken, doch das ging nicht. Dann kamen auch schon der Bunkerwart und Helfer, die uns beide erst einmal in die Ambulanz brachten. Wir bekamen Beruhigungsmittel, da wir unter Schock standen. Nach einiger Zeit wurde uns mitgeteilt, daß alle aus der Kabine, mehr oder weniger verletzt, geborgen waren, nur unsere beiden Mütter waren tot. Meine Mutter hatte einen eingeschlagenen Kopf, sie war ganz unkenntlich, ich sah sie erst später im Sarg, aber den Anblick konnte ich jahrelang nicht vergessen. Die Mutter meiner Freundin (sie war erst 42 Jahre alt) hatte einen Genickbruch.«[55]

Je schutzloser die Menschen dem Kriegsgeschehen ausgeliefert waren und je mehr das Vertrauen in die Bunker schwand, desto stärker kündigte die Bevölkerung ihre einstmals breite innerliche Unterstützung des Regimes auf. Die Behörden waren sich dessen bewußt und suchten dem entgegenzuwirken, indem sie die Verbreitung von Nachrichten über Durchschläge verhinderten, was auch die Zeitzeugin Hellmers erlebte: »Uns wurde nahegelegt, nicht darüber zu sprechen, was dort oben wirklich passiert war, sondern zu sagen, unsere Mütter hätten bei dem Knall vor Schreck einen Herzschlag erlitten. Es war ein großes Loch in der oberen Kante des Bunkers, so daß man den Himmel sehen konnte, von außen nicht so sichtbar. [...] Das Schweigen über diese Katastrophe sollte Panik verhindern, da allgemein die Hochbunker als sicher galten.«[56] Im offizielen Bericht dazu hieß es: »LS-Bunker B 171, Baumstraße 17, durch Volltreffer an der oberen Kante der Westseite leichte Beschädigung der obersten Geschoßdecke mit vier Kabinen. Die Decke wurde eingedrückt. Durch herabfallende Schuttmassen wurden zwei Personen getötet und 13 Personen verwundet. [...] Der Bombentreffer auf dem LS-Bunker in der Baumstraße hat die Bunkerinsassen stark schockiert. Nachdem noch bekannt geworden war, daß durch diesen Bombentreffer Gefallene und Verwundete zu verzeichnen waren, machte sich eine gewisse Unruhe bemerkbar. Es gelang jedoch, durch sachliches Eingreifen der Bunkerwarte und zweier Polizeikräfte, die Ruhe und Ordnung in kürzester Zeit wiederherzustellen.«[57]
Neben den oft zu dünnen Abschlußdecken waren die Eingänge eine weitere Schwachstelle. Die eisernen Abschlußtüren wurden durch Nahtreffer häufig zerbeult oder aus der Halterung gedrückt bzw. verschüttet. Derartiges ereignete sich am 23. März 1945 am Luftschutzstollen Bremer Straße in Osnabrück. Dazu Wido Spratte: »Der Angriff an diesem Palmsonntag schien für die über 1 000 Menschen in den feuchten unterirdischen Gängen bereits überstanden zu sein, als gegen 10.10 Uhr mit ungeheurem Getöse direkt vor einem der Eingänge eine schwere Mine explodierte. Sie fegte die beiden Schutzmauern hinweg, zerfetzte die Tür und schleuderte ihre gewaltige Sprengkraft ungehindert in das Innere der Höhle. In einer Stollenlänge von ca. 80 Metern überlebte kaum jemand. Den ersten Rettungsmannschaften bot sich später ein Bild, das es in dieser Grausamkeit während des ganzen Luftkrieges gegen Osnabrück bisher noch nicht gegeben hatte. Über 100 Menschen waren auf der Stelle tot: von Gesteins- und Sprengstücken erschlagen, vom Luftdruck zerfetzt, verblutet oder durch Kohlenmonoxydgase der Explosion vergiftet. Dazwischen Sterbende, Verletzte,

Von einer 220-kg-Bombe durchschlagenes Dach des Hochbunkers Wilhelm-Wolters-Straße in Bremen nach dem Angriff am 3. Juli 1941. Im Hintergrund die von der Wucht der Explosion abgedeckten Dächer der Wohnsiedlung.

herabgestürzte Teile des Mauerwerks und Felsbrocken ... Nach der Explosion brach in den dunklen Gängen, die an den Unglücksbereich grenzten, eine Panik aus, bei der es weitere Opfer gab.«[58]

Da jeder im Bunker um diese Gefahren wußte, war die Stimmung durch das ängstliche, angespannte Horchen auf die Detonationen der Bomben bestimmt. Kamen die Einschläge näher, stieg die Beklemmung. Für diese Situation waren offizielle Verhaltensregeln in 23 Punkten ausgegeben worden, die auf Aushängen im Bunker zu lesen standen. Die erste Regel lautete: »Ruhe bewahren!«, die letzte: »Rauchen verboten!« Doch wie alle an behüteten Schreibtischen erdachten Vorschriften mußten sich auch diese Verhaltensmaßregeln letztlich der Logik des Alltags fügen, wenngleich sie dem Bunkerdasein zumindest eine Grundordnung verliehen.

Vor allem auf Disziplin wurde viel Wert gelegt, und wenn jemand seine Gefühle nicht mehr im Griff hatte, setzte die gegenseitige Kontrolle ein, und derjenige wurde durch die anderen Insassen – wie im Bunker üblich – angebrüllt. Bei Bombennah- oder -volltreffern wurde dadurch eine Panik meist verhindert, obwohl die Menschen schrieen, weinten und von ihren Plätzen aufsprangen. Die Aufteilung der Bunker in verschiedene Räume trug jedoch dazu bei, daß sich vereinzelte Panikausbrüche nicht sofort auf den gesamten Bunker übertrugen.

Das Befinden der Menschen hing unter anderem auch davon ab, ob man in »seinem« Bunker zwischen Nachbarn und Bekannten oder in einem anderen unter Fremden saß. Parteimitglieder aus der Nachbarschaft sahen sich außerdem den prüfenden Blicken von Mitgliedern der »Hitlerjugend« oder des »Bundes deutscher Mädel« ausgesetzt,

»Kellergemeinschaft« Flensburger Straße in Wilhelmshaven.

denen sie ohne Unterlaß »Heldenmut« und »Durchhaltewillen« gepredigt hatten und die nun sehen wollten, ob sie selbst die Nerven behielten oder zusammenbrachen.
Jeder Bunkerinsasse entwickelte mit der Zeit einen Mechanismus, seine Angst zu beherrschen. Helmut Teßmer aus Emden berichtet: »Jeder Mensch hat Angst. Im Normalfall ist sie gut verpackt im Innersten des Menschen. Im Bunker konnte man das Aufsteigen der Angst gut beobachten. Wenn die Besatzung drin war, wurden bald die ersten Luftlagemeldungen per Megaphon ausgerufen. Wenn es hieß: ›Ein Bomberverband südlich Lingen, Kurs Ost ...‹ war alles klar. Oder: ›Feindliche Bomberverbände 50 km nördlich der Ostfriesischen Inseln, Kurs Ost ...‹ Dann waren die Flugzeuge auf einer Route zu den anderen Städten. Aber wenn man im Bunker noch gar nicht seinen Platz erreicht hatte und es tönte: ›Ein Bomberverband im Anflug auf Emden. Bitte Ruhe bewahren‹, dann war die Angst da! Die Nerven spannten sich, die Kehle wurde trocken, im Körper ein Zittern. Gespräche verstummten, andere Menschen fingen plötzlich an, etwas Belangloses zu erzählen. Wieder andere sahen sich nur vielsagend an. Menschen schienen näher zusammenzurücken. Kinder sahen ihrer Mutter in das angstverzerrte Gesicht und merkten sofort, daß etwas losging, und fingen vielleicht schon an zu weinen. Inzwischen hatte draußen schweres Flakfeuer eingesetzt. Da unser Bunker am Stadtrand ziemlich frei stand, bekamen wir die Schallwellen von mehreren Batterien direkt. [...] In jeder Kabine des Bunkers gab es mindestens ein Lüftungsventil mit einer nach außen pendelnden runden Leichtmetallklappe. Sobald von außen Überdruck

kam, wurde die Klappe mit einem klappernden Geräusch gegen ihren Rahmen geschlagen. Das geschah auch schon beim Schießen der Flak. Weil das Geräusch auf Dauer nicht auszuhalten war, mußte die Klappe mit einem Hebel festgestellt werden. Jetzt war das direkte Geräusch in ein dumpfes Röhren und Poltern verwandelt. Schon das schürte die Angst. Das Licht flackert, Erschütterungen werden spürbar! Bombeneinschläge! Erste Angstrufe im Raum und aus dem Treppenhaus. Das wiederholt sich mehrmals, wird deutlicher. Von draußen ist Dröhnen und Knallen zu hören, der Bunker wackelt und knistert leise in seiner Bausubstanz. Licht und Lüftung gehen aus! Das war meist der Zeitpunkt, wo Ansätze von Panik entstanden. Psychisch labile Personen fingen an zu schreien, rufen, jammern und wurden von beherzten Personen, oft Soldaten, beruhigt. Inzwischen wurde der Hilfsdiesel im Maschinenraum des Bunkers angeworfen. Eine schwache Notbeleuchtung leuchtete auf, die Lüftung lief wieder. Draußen ist die Hölle los! Rufe: ›Ich will hier raus!‹ Von anderer Seite: ›Oh, unser Haus, unser Hund!‹ Beruhigende Antwort: ›Sei still‹. ›Halt den Mund‹. Es riecht nach Baldriantropfen. Hände sind gefaltet, stille Gebete. Menschen halten sich an den Händen und sitzen stocksteif, andere wiederum ganz gebückt, als wollten sie im Boden versinken. Kein Wort mehr.«

Die »Helden« in solchen Situationen waren oftmals gläubige Menschen, die beteten und durch die von ihnen ausgestrahlte Ruhe den anderen Halt boten. Zeitzeugin Oberheide erinnert sich: »Und gebetet hat man in der Zeit. Da hat man gebetet. Da hat man auch sehr realistisch gedacht. Da oben an den Bomber. ›Drück nicht auf das Auslöseknöpfchen‹, man hatte das ja in der *Wochenschau* gesehen, ›bitte nicht drücken, bitte noch nicht, wirf die Bomben in die Masch, bitte, bitte da oben.‹« Doch die meisten meinten wirklichkeitsnah, daß gegen Bomben Gebete nicht helfen würden.

Nach den ersten Durchschlagungen von 1941/42 im Gebiet des Luftgaukommandos XI wurden die Abwürfe von Phosphorbomben am 27./28. Juli 1943 auf Hamburg zur entscheidenden psychologischen Zäsur. Es folgten Abwürfe mit großen Flächenbränden in Bremen in der Nacht zum 19. August 1944 und in Braunschweig am 15. Oktober 1944. In allen drei Städten waren Tausende von Bunkerinsassen von einem Flammenmeer eingeschlossen, wobei die Schutzbelüftung im Bunker abgestellt werden mußte, weil die ohnehin unerträgliche Hitze dort sonst noch gesteigert worden wäre. Doch in allen Fällen wurden die Betroffenen mit einer neu entwickelten Taktik der Feuerschutzpolizei, den sogenannten Wassergassen, aus dem Gefahrenbereich herausgeführt. So wurden beim Angriff auf Bremen alle von Hitze und Luftmangel gemarterten 4 000 Insassen des Bunkers Zwinglistraße mit Hilfe dieser Taktik gerettet.[59] Obwohl die Feuerwehr so erfolgreich gewesen war, kursierten kurze Zeit später hartnäckige Gerüchte über Erstickte und Verbrannte, die das Vertrauen der Bevölkerung in die Bunker weiter erschütterten. Damit war aber auch die Vertrauensbasis der Machthaber gefährdet, und es bestand die Gefahr, daß sich die Wut der Menschen gegen das Regime richtete. Daher reagierte die Nazi-Führung sehr nervös und stellte die Verbreitung solcher Behauptungen unter Strafe. Göring verbot sogar den Gebrauch des Terminus »Katastrophenfall«, der bei Rettungskräften eigentlich zum offiziellen Sprachgebrauch gehörte.

Da die Luftalarme meist nachts gegeben wurden, mußten die Menschen versuchen, im Bunker Schlaf zu finden.

Der Aufenthalt im Bunker war stets von einem Schwanken zwischen Sicherheitsgefühl und panischer Angst geprägt, von einem Hin und Her zwischen Furcht und Humor oder Zynismus, zwischen erschöpfter Lethargie und

Zivilisten wurden zu Reparaturarbeiten am Bunker Hardenbergstraße in Bremen am 25. März 1945 herangezogen.

geschäftiger Improvisation im Chaos, zwischen Unerträglichem und dem Sich-Einrichten in den Verhältnissen. Helmut Teßmer berichtet, daß die Stimmung zudem zwischen Nacht- und Tagaufenthalten sehr verschieden war. »Wenn nachts Vollalarm gegeben wurde, die Menschen aus den Betten gescheucht wurden, sich anziehen mußten, mit Gepäck noch bis zu zehn Minuten zu laufen hatten, war die Stimmung im Bunker entsprechend mürrisch und schläfrig. An ein Kind von etwa fünf Jahren kann ich mich erinnern, das, nachdem es an der Hand seiner Eltern zum Bunker gelaufen war, erst aufwachte, als es im Bunker auf seiner Bank saß. Mehrmalige Alarme in einer Nacht waren nicht selten. Spitze waren fünfmal Alarm in Emden, zwischen Abend und frühem Morgen! Zeitweise war es daher Brauch, daß alleinstehende Personen mit Gepäck und Bettzeug abends in den Bunker gingen, um dort zu übernachten. Wenn in Emden längere Zeit nichts passiert war, machte sich bei einigen Leuten eine Trägheit bemerkbar, indem sie bei Alarm nicht mehr in den Bunker kamen. Das änderte sich aber sofort, wenn auch nur eine Bombe gefallen war. Viele setzten ihren Schlaf so gut es ging auf den harten Bänken fort. Andere, die zu munter waren, saßen handarbeitend oder lesend. Hier und da ein leises Gespräch. Wir jungen Leute (14/15 Jahre) verzogen uns auch wohl mit unseren Mädchen in die oberen Stockwerke, regelmäßig argwöhnisch vom Ordner beobachtet. Die Voraussetzungen für die Stimmung im Bunker am Tag waren natürlich ganz andere. [...] Überhaupt versuchten viele Menschen bei Alarm ihren ›Stammbunker‹ zu erreichen, wenn es von der Zeit und Entfernung her möglich war. Jedenfalls versammelte sich tagsüber eine Gesellschaft im Bunker, die soeben aus ihrem vollen Tagesablauf herausgerissen worden war, die ihre Probleme mitbrachte, mit denen sie kurz vorher beschäftigt war. Die Hausfrauen hatten sich genügend zu erzählen über Haushalt und Kinder. Ein Bauunternehmer zum Beispiel setzte mit Firmenangehörigen seine soeben unterbrochene Besprechung in einfacher Form fort. Familien brachten ihren vor kurzem eingetroffenen Besuch mit. Schulkinder besprachen Schulprobleme oder machten Schularbeiten. Kurz und gut, über Tag war Leben im Bunker. Am schönsten war es abends, wenn Einflüge waren, die Emden nicht betrafen. Dann war der Bunkeraufenthalt wirklich ein ›gemütliches Beisammensein‹. Manchmal wurde sogar gelacht! Ich erinnere mich an Abende, wo ›Döntjes‹ erzählt wurden, Seeleute von ihren Reisen um die Welt berichteten, eine Sängerin auf Heimaturlaub Lieder zum besten gab, Karten gespielt wurden oder auch mal eine unterbrochene Hochzeitsfeier im Bunker fortgesetzt wurde. Das konnte dazu führen, daß bei dem Ruf des Bunkerwarts ›Entwarnung!‹ eigentlich noch keiner gehen wollte.«

Auch Irma Sommer weiß über ähnliche Bunkererlebnisse zu berichten: »Ich habe den ganzen Krieg über bei Tag und Nacht in mehreren Bunkern gesessen. [...] Die Menschen verteilten ihr Mitgebrachtes, Kuchen aus Gries und Maismehl, und die neuesten Rezepte wurden ausgetauscht. Wenn wirklich mal eine alte Frau weinte, wurde sie getröstet, und alles war wieder gut! Wenn der Bunkerwart die Entwarnung bekanntgab und wir draußen ankamen, brannte alles, und die Menschen mußten große Umwege zu ihren Wohnungen wegen der Blindgänger und aufgerissener Straßen machen. Dann kam bei vielen die große Trauer über ihr verlorenes Heim.«

Natürlich kam es auch vor, daß Bunkerinsassen auf Krieg und »Führer« schimpften, im allgemeinen wurden aber keine politischen Themen angeschnitten, zumal wenn man nicht wußte, wer der Banknachbar war. Hella Klingenberg beschreibt dieses Verhalten wie folgt: »Geschehnisse als Bericht weitergegeben – ja, kommentiert – nein! Auch im Bunker hingen Schilder ›Achtung! Feind hört mit!‹. Das sah man, für sich allein, auch im doppelten Sinne. Feind konnte ja auch ein Parteigenosse sein, der einem was anhängen wollte, um sich wichtig zu machen.« Und Elisabeth von Ullmann meint zusammenfassend: »Meine stärkste Erinnerung an all das ist diese unheimliche kommentarlose Stille. Bedrängendes Schweigen.« Anders hat es Zeitzeugin Vogt erlebt: »In unserer Runde wurde zwar über Kriegsereignisse gesprochen, aber die Geschehnisse eines Angriffes wurden nicht kommentiert. Meistens führten wir gelockerte Gespräche, um uns vom grausigen Krieg abzulenken. Erfolgte ein Bombardement, war absolutes Schweigen geboten, um den Sauerstoffverbrauch zu verringern. Wir hielten Gebote und Verbote strikt ein.« Die dadurch aufgestaute Aggression der Menschen entlud sich durch die Umstände nicht an den eigentlich Verantwortlichen von Staat und Partei, sondern an den fremden »Tätern«. So wurden bei einem Angriff auf Braunschweig im Januar/Februar 1945 mehrere US-Bomber abgeschossen und zwei amerikanische Piloten von bewaffneten Posten in einen Bunker gebracht. »Da sind die Leute natürlich ausgeflippt«, erzählt Wolfgang Zimmer, »die sind auf die losgegangen, mit allem, was sie hatten.« Die Posten mußten daraufhin vor die Gefangenen treten, um diese von der Menge abzuschirmen. Dann wurden die Amerikaner schnell wieder fortgebracht.

Hatte man einen Luftangriff lebend überstanden, fingen die Probleme und Sorgen oft erst an, wenn die Wohnungen durch Bomben zerstört worden waren. So verlor die Familie von Helmut Teßmer ihre Wohnung durch den verheerenden Angriff vom 6. September 1944 auf Emden und fand im Bunker Bahnhof Emden-West ein neues »Zuhause«. Am Tag nach dem Angriff versuchte die Familie, noch etwas aus dem Trümmerhaufen ihrer Wohnung zu bergen. Doch die wenigen geretteten Habseligkeiten konnten nicht über die Entbehrungen des dauerhaften Wohnens im Bunker hinweghelfen. »Die Luftverhältnisse im Bunker verschlechterten sich, als gegen Morgen starke Regenfälle einsetzten und die Menschen mit total durchnäßten Kleidern und gerettetem Hausrat hereinkamen, worin sich der beißende Gestank von Brandschutt festgesetzt hatte. Am Bunker war verkündet worden, daß ein Wagen mit Verpflegung kommen sollte, der aber nicht eintraf. So hatten wir seit dem Mittag des 6.9. keine warme Mahlzeit mehr gehabt, nur etwas Notverpflegung aus dem Bunkergepäck. Als auch abends noch nichts Eßbares gekommen war, führte das dazu, daß aus benachbarten Äckern und Gärten roher Kohl, Möhren, Obst gestohlen wurden. [...] Am dritten Tag kam endlich ein Milch-Tankwagen und brachte Suppe und Pappteller. Wer einen Löffel hatte, konnte essen, die anderen mußten schlürfen. Rundherum herrschten unbeschreibliche Zustände! Die Notdurft wurde in den Büschen in der Nähe des Bunkers verrichtet. Uns bekannte Menschen, deren Haus einigermaßen erhalten war, erlaubten uns, gerettete Sachen in ihrem Keller unterzustellen und uns mit Wasser aus der Zisterne im Garten nach Tagen zum erstenmal wieder Gesicht und Hände zu waschen und sich zu rasieren.
Die folgenden Tage verbrachten die jungen Leute aus dem Bunker unter anderem damit, nicht gezündete Stabbrandbomben aus dem weiteren Umfeld des Bunkers einzusammeln und zu versuchen, sie zum Brennen zu bringen, indem sie sie gegen die vom Publikumsverkehr abgewandte Seite des Bunkers schleuderten. Im übrigen war es ratsam, den Bunker immer im Auge zu behalten, 1. weil die Luftwarnung nicht mehr wie gewohnt funktionierte, und 2. um einen Transport mit Essen (geschmierte Brote oder Suppe) nicht zu verpassen. Wer nicht da war, bekam nichts. Reichsarbeitsdienst und Feuerlöschbrigade waren inzwischen aus dem Bunker wieder abgezogen, als er am

Der Bunker Hardenbergstraße war bei einem Angriff »unterschossen« worden, deshalb mußte die Sohle repariert werden.

Selbst im Bunker gab es gelegentlich Anlaß zur Freude: Geburtstagsfeier im Bahnhofsbunker Hannover 1943.

4. und 5. Tag nach dem Angriff noch einmal voll wurde. Aus allen ostfriesischen Städten war die arbeitsfähige Bevölkerung zum Trümmerräumen dienstverpflichtet worden. Tausende von Leuten wurden mit Sonderzügen bis an den Stadtrand befördert – der Bahnhof West war total zerstört – und marschierten mit Schaufeln bewaffnet in die Innenstadt. Als dann Fliegeralarm gegeben wurde, strömte alles in die Bunker ...«
Die Ausgebombten mußten sich nach einer neuen Notunterkunft umsehen und fanden diese im Kreis Leer. Helmut Teßmer weiter: »Ohne besonderen Abschied vom Bunker zu nehmen, bewegte sich am Montag morgen, dem 11.9.1944, eine Gruppe von Leuten durch die Trümmerwüste zum Bahnhof Süd, struppig, dreckig, mit der restlichen Habe in Sack und Pack. Ich erinnere mich: Mein Bruder und ich trugen zwischen uns einen rostigen Einkochkessel mit den nötigsten Sachen. Am Bahnhof gab es als Notfahrscheine rote Karten, kostenlos. Im Zug löste sich die ganze Spannung der letzten Tage und machte einer ohnmächtigen Wut Platz. Wut gegen die Feinde, leider aber auch gegen die Personen, die es nicht getroffen hatte und die uns jetzt im Zug von der Seite musterten. Wir müssen gestunken haben! Man fühlte sich als Verlierer, ausgestoßen aus der menschlichen Gesellschaft. Als nach dem Umsteigen der Schaffner im Befehlston monierte, daß die Fahrkarten nicht unaufgefordert vorgezeigt wurden, kam es zur verbalen Explosion! Was die mehreren bombengeschädigten Erwachsenen ihm auf Plattdeutsch

gesagt haben, kann ich hier nicht wiedergeben. Ich weiß nur noch, daß in mir eine unheimliche Lust zu Handgreiflichkeiten aufstieg.« Am Ende des Krieges war solch ein Schicksal zu einem Massenphänomen geworden, und Hunderttausende zogen auf der Suche nach einer Bleibe durch Deutschland.

Das Kriegsende im Bunker

Den Einwohnern der meisten Städte des Luftgaukommandos XI blieben bei Kriegsende die bitteren Erfahrungen der Menschen in Bonn, Aachen, Essen, Berlin und Breslau erspart. Diese hatten aufgrund der andauernden Kämpfe zum Teil über Wochen im Bunker hausen müssen – krank, verdreckt, am Ende mit den Nerven. In vielen der dortigen Bunker hatten sich Wehrmachts- und SS-Stäbe einquartiert, um den »Kampf bis zur letzten Patrone« weiterzuführen, den Hitler vor seinem Selbstmord noch befohlen hatte. Die Militärs führten diesen Befehl willfährig bis zur letzten Minute aus, und wo derart gekämpft wurde, konnten die Bunker nicht verlassen, geschweige denn die Toten – unter ihnen viele Selbstmörder – hinausgebracht werden. Wenn dies noch möglich war, wurden in unmittelbarer Nähe der Bunker Friedhöfe angelegt und die Leichen in der Nacht oder in Feuerpausen notdürftig verscharrt.
Ähnliche Schrecken schienen den Menschen in den Bunkerstädten des Luftgaukommandos XI Anfang April 1945 bevorzustehen. Hitler hatte bereits im November 1944 fast alle Hafenstädte an der Nordsee zu »Festungen« erklärt, was ihre »totale Verteidigung« bedeutete. Doch statt dessen wurden die meisten von ihnen zu »offenen Städten« erklärt und einfach von der Wehrmacht geräumt (Cuxhaven, Hamburg, Kiel, Flensburg), andere ergaben sich mehr oder weniger kampflos (Wesermünde, Emden, Oldenburg, Hannover, Braunschweig, Wismar, Rostock, Wilhelmshaven, Lübeck, Watenstedt-Salzgitter). Lediglich Bremen bildete eine Ausnahme: Hier wurden noch mehrere Tage lang harte Straßenkämpfe ausgefochten.

Auf Hannover rückten die Einheiten der 9. US-Armee im April 1945 vor. Während Gauleiter Lauterbacher in den Harz geflohen war, hatten »Hitlerjungen« und »Volkssturm« ihre Stadt zu verteidigen. So auch am 10. April, als es im Ortsteil Kleefeld Panzeralarm gab. Lieselotte Tiemann hat die letzten Stunden des Krieges im dortigen Bunker Rupsteinstraße zugebracht: »Schon früh am Morgen saßen meine beiden Töchter und ich in unvorstellbarer Enge – ohne Lüftung, Licht, ohne Toilettenbenutzung – angstvoll im Bunker. [...] Gegen 11.30 Uhr kam ein Zivilist in den Bunker gestürmt und schrie: ›Der Polizeipräsident hat Hannover kampflos übergeben!‹ Stille Fassungslosigkeit, dann: ›Der Krieg ist aus‹. Alles rannte nach draußen. Fremde Menschen umarmten sich, weinten. Ich auch. Ich dachte an meine umsonst gefallenen Brüder, an vermißte und umgekommene Verwandte.«
Bereits einen Tag zuvor hatte Werner Spieker den Bunker Rampenstraße aufgesucht, »der bis zum Bersten gefüllt ist. Dicht gedrängt stehen und sitzen die Menschen beieinander. Einige Männer darunter, die vorher noch nie gesehen wurden. Vielleicht sind es Landser, die sich Zivilkleider verschafft haben. Die Luft ist zum Schneiden dick. Dann kommen einige schnell hereingedrängt: Draußen hat Artilleriebeschuß eingesetzt. ›Wer jetzt den Bunker verläßt‹, sagt der an Krücken gehende und Wehrmachtsuniform tragende Bunkerwart durch den Lautsprecher, ›tut dies auf eigene Gefahr‹. [...] Der Artilleriebeschuß ist längst beendet, als unser kriegsversehrter Bunkerwart verkündet: ›Leute, der Krieg ist aus, unsere Befreier sind da!‹«[60]

Am 12. April 1945 erschienen auch in Braunschweig der erste Panzer und ein Jeep auf der Landstraße von Timmerlah. Die Amerikaner betraten den nächstgelegenen Bunker Madamenweg, gingen langsam durch alle Etagen und suchten versteckte Soldaten. Für fast drei Tage durfte deshalb niemand den Bunker verlassen. Luftschutzmelder Wolfgang Zimmer, der sich seiner Uniform nicht mehr rechtzeitig entledigt hatte, erzählt: »Dann sind wir raus, die Soldaten draußen filzten uns. Ich hatte noch die schönen Stiefel an, eine Panzerhose, da haben sie mir das Hemd aufgerissen, die Maschinenpistole direkt auf den Bauch gesetzt, so: ›Du Soldat!‹ Ich konnte ein wenig Schulenglisch, ›Ich bin kein Soldat, verwundet, Bombensplitter!‹ Dann hat mich der Soldat in den Arsch getreten, und ich

durfte nach Hause. Da war alles aufgebrochen, fast auf dem ganzen Madamenweg haben die Amerikaner die Wohnungen aufgebrochen und Waffen gesucht.«
Hanna Wenzel war zur selben Zeit im Bunker Methfesselstraße: »In unserem Bunker gab es im Erdgeschoß einen gesonderten Raum für Mütter mit kleinen Kindern und für werdende Mütter. Da ich zur letztgenannten Gruppe gehörte, hatte ich auch meinen ›Stammplatz‹. Als wichtigstes Gepäck hatte ich einen Koffer bei mir mit Babywäsche. Die Front war inzwischen bedenklich näher gekommen ... Keiner wußte, was draußen los war, es kursierten die wildesten Gerüchte. Der diensthabende Arzt, dessen Frau mit zwei Kindern ebenfalls zu den Insassen gehörte, schwang noch zündende Reden, natürlich in brauner Uniform. Plötzlich – wir saßen fast schon 24 Stunden da – tauchte er in Rote-Kreuz-Uniform wieder auf und schrie durch den Raum, daß Koffer und Taschen aus dem Weg geräumt werden müßten, sonst würden sich die anrückenden Truppen mit der Reitpeitsche einen Weg bahnen. Einige waren ratlos, fingen an zu weinen. Schließlich beruhigte der Bunkerwart die ängstlichen Mütter. Der forsche Herr war inzwischen mit Familie in dem Durcheinander auf und davon! Die Gerüchteküche kochte weiter: Die Stadt wird verteidigt, die Stadt wird kampflos übergeben, die Amerikaner sind schon da. Einsatzfähige Männer wurden zusammengesucht, die sollten eine Panzersperre entfernen, die tags zuvor aus Schutt, einer umgekippten Straßenbahn usw. errichtet worden war. Vier Stunden, bevor der Krieg für Braunschweig nach fünf Jahren, sieben Monaten und elf Tagen zu Ende war, sind wir aus dem Bunker nach Hause gegangen.«

In der Luftschutzbefehlsstelle des Bunkers Hardenbergstraße in Bremen, März 1945.

Während die Besetzung von Hannover und Braunschweig durch die 9. US-Armee für alle Seiten glimpflich verlief, machten die Briten bei ihrem Vorstoß auf die Hansestadt Bremen andere Erfahrungen. Hier hatte »Kampfkommandant« Becker alle Kapitulationsangebote abgelehnt und war entschlossen, den britischen Truppen bis zum letzten Widerstand zu leisten. Stäbe, Zivildienststellen und Militärbefehlshaber richteten sich daraufhin in städtischen Bunkern ein; so versammelten sich im Bunker Bulthauptstraße die Kreisleitung der NSDAP, der Sicherheitsdienst-Abschnittsführer Kröger mit seinem Stab und der Bürgermeister. Die Anlage bot schließlich auch noch der Behörden-Fahrbereitschaft Quartier. In Anbetracht der zu erwartenden Nahkämpfe und der fortlaufenden Luftangriffe der Alliierten wurde die Bevölkerung bereits am 20. April aufgefordert, von diesem Zeitpunkt an in den Bunkern zu bleiben. Wegen der erwarteten langen Aufenthaltszeiten und der damit verbundenen Schwierigkeiten bei der Frischluftversorgung schrieben die Luftschutzbehörden den Insassen vor, »daß sie von sich aus alles tun, um ein schnelles Ansteigen von Kohlensäure- und Wasserdampfgehalt sowie der Temperatur zu verhindern. Jede Aufregung, unnütze Bewegung, lautes Sprechen, Lachen und Schelten ist zu vermeiden. [...] Das Kochen von Essen in den Bunkern muß grundsätzlich verboten werden.«[61]
Am 23. April drangen dann alliierte Truppen in Bremen ein, und es kam zu Kampfhandlungen, die erst nach drei Tagen beendet waren. Der fanatische Durchhaltewille der Befehlshaber kostete nochmals Hunderte von Menschenleben. Während der Kämpfe saßen Tausende von Bremern in den glühend heißen, überfüllten Luftschutzbunkern, in denen das Schwitzwasser die Wände herunterlief. Die Menschen litten unter Durst und Hunger, waren dem entsetzlichen Gestank der völlig verunreinigten Toiletten, der Angst und Ungewißheit ausgesetzt. Alte Leute brachen zusammen, Kinder wimmerten, andere erlitten Nervenzusammenbrüche oder fielen mit Kreislaufkollaps um. In den oberen Etagen der Bunker sollen bis zu 60 Grad Celsius geherrscht haben, verbunden mit einer ungeheu-

Kriegsende 1945: Einschläge britischer Artillerie in einem Bunker im Bremer Westen.

ren Luftfeuchtigkeit. Die Insassen wurden apathisch oder überreizt, weshalb es zu zahlreichen Prügeleien kam.
Werner Toebe beschreibt die Lage im Bunker Hardenbergstraße: »Dieser Bunker war total überfüllt. Dadurch herrschte Sauerstoffmangel, der auch nicht durch die handbetriebenen Luftpumpen beseitigt werden konnte. Wir nutzten deshalb jede Möglichkeit, den Bunker zu verlassen, um in unsere Wohnung zu kommen. [...] Auf dem Rückweg zum Bunker kamen die Tiefflieger. Wir lagen lang auf der Straße zum Bunker. [...] Vor den beiden Bunkertüren ein furchtbares Gedränge und viele Tote. An diesem Tag wurde auch meine Tante, die Mutter von sieben Kindern, beim Verlassen des Bunkers an der Kornstraße von Tieffliegern tödlich getroffen. [...] Im Bunker war jemand beauftragt, die Bunkerinsassen über die neuesten Ereignisse zu informieren, natürlich im Sinne der Parteileitung. [...] Inzwischen war Bremen eingekreist, die Panzer schossen mit ihren Kanonen auf den Bunker, und wir hörten die Einschläge, die uns allerdings nicht gefährlich werden konnten, und auch eine Mitteilung, daß der Kampfkommandant von Bremen eine Kapitulation abgelehnt hat. Also ging es weiter. Es waren wirklich unhaltbare Zustände während dieser letzten Tage ...« Am Nachmittag des 26. April war in einigen Stadtteilen der Krieg bereits vorüber: »Wir erlebten den Einmarsch der Truppen als Befreiung und tanzten, lachten und weinten mit

der ganzen Nachbarschaft vor dem Bunker. Der Krieg war für uns aus ... Was jetzt kommen würde, konnte nur besser werden.«[62] Im Bereich der Befehlsbunker dagegen waren die Kämpfe zu diesem Zeitpunkt noch voll im Gange. Gegen 21.30 Uhr funkte Generalleutnant Becker aus seinem Befehlsbunker Emmastraße an seine übergeordnete Stelle, das Korps Ems: »Infanterie-Angriffe abgeschlagen, habe keine Munition mehr. Halte noch mit letzten Teilen. Es lebe der Führer!«[63] Es dauerte noch bis in die Nacht vom 26. zum 27. April, daß endlich auch in Bremen die Kapitulation erfolgte. »Die Angehörigen des Stabes waren total übermüdet und über die Lage außerhalb des Bunkers nur unzureichend orientiert. Ein infanteristischer Einsatz der Stabsangehörigen bis zum ›letzten Blutstropfen‹, wie ihn der Kampfauftrag in dieser Lage gefordert hätte, wurde nicht ins Auge gefaßt, andererseits war der Generalleutnant auch nicht bereit, die Kapitulation hinzunehmen. [...] Es herrschte im Stab des Kampfkommandanten eine unvorstellbare Nervosität, die zeitweilig den Plan entstehen ließ, man möge Generalleutnant Becker erschießen und dann kapitulieren. Wortführer dieser Auffassung war Oberst Müller, der Kommandant der Flakgruppe Süd ... In einigen Schutzgräben in der Umgebung des Bunkers befanden sich noch deutsche Soldaten, doch als drei Soldaten aus dem Bunker zur Erkundung hinausgingen, stießen sie sogleich auf britische Infanterie; der Bunker war umzingelt. Generalleutnant Becker traf keine Entscheidung, doch Oberst Müller regte nun an, man möge einen Parlamentär hinausschicken, was dann auch geschah. [...] Becker ging mit Zorn und dem Hitler-Gruß in Gefangenschaft.«[64]

Am 3. Mai 1945 wurden Hamburg und das zur offenen Stadt erklärte Kiel von den britischen Truppen kampflos besetzt. Wilhelmshaven sollte nach dem Willen seiner militärischen wie Parteileiter verteidigt werden. NSDAP-Kreisleiter Horstmann verbreitete über den Rundfunk den Wunsch von »Führer«-Nachfolger Großadmiral Karl Dönitz: »Sorgt mir dafür, daß mein Wilhelmshaven bis zum letzten verteidigt wird.«[65] Auch dieser Kreisleiter schreckte nicht davor zurück, die älteren Männer zum »Volkssturm« zu verpflichten und die Jungen der »Hitlerjugend« mit Panzerfäusten bewaffnet als »Panzerknacker« an die »Front« zu schicken. Sogar sogenannte Werwölfe durchstreiften die Stadt und töteten Wilhelmshavener Bürger, die sich »in der Stunde der Bewährung« diesem aussichtslosen Abwehrkampf nicht anschließen wollten. Für die Zeit der Belagerung verfügte die Stadtverwaltung die Einlagerung von Lebensmittelvorräten, die durch ausgezehrte Kriegsgefangene mit Waggons in die Bunker gebracht wurden. Erst nachdem am 5. Mai 1945 die am Tag zuvor in Lüneburg erfolgte Teilkapitulation Nordwestdeutschlands bekanntgegeben worden war, übergaben am 6. Mai auch der »Kampfkommandant«, der Polizeipräsident und der Kreisleiter die Stadt an die einmarschierenden Truppen.

In Emden hatte Oberbürgermeister Renken schon am 13. März 1945 gemeldet, daß die Stadt zur Festung erklärt worden sei, und daraufhin im Bunker Emsmauerstraße Quartier bezogen. Wegen der drohenden Kämpfe sollten auch die Bürger in den Bunkern bleiben. Erst nach der Bekanntgabe der Kapitulation Nordwestdeutschlands am 5. Mai im Rundfunk endeten auch hier die Kämpfe. Am Tag darauf, um 9.00 Uhr, marschierten die ersten kanadischen Truppen in die Stadt ein. »Gegen 12.30 Uhr erschien in der Luftschutz-Befehlsstelle, Bunker Emsmauerstraße, ein kanadischer Soldat, der gut deutsch sprach, und übergab dem Oberbürgermeister eine Vorschrift in siebenfacher Ausfertigung für das Verhalten der Zivilbevölkerung.«[66]

Damit war der Krieg in Norddeutschland fast endgültig beendet, und die Bunker als Schutz vor Bombenangriffen waren funktionslos geworden.

Rechte Seite: Hamburg-St. Pauli: Der Blick von St. Michael auf das Elbufer mit den Landungsbrücken und die Ruine der alten Seewarte, 1945/46.

Bunkerschicksale im Nachkriegsdeutschland

Notquartiere und Bunkerhotels

Nach dem Ende des von Deutschland entfachten Krieges waren die deutschen Städte Trümmerwüsten und Hunderttausende von Wohnungen zerstört. In den Ruinen der Großstädte bildeten die klobigen, kaum beschädigten Luftschutzbunker oft die einzigen Orientierungspunkte. Für Ausgebombte und Flüchtlinge boten sie Notquartiere und erste Unterkünfte. So wurde der Bahnhofsbunker in Hannover bereits am 28. Mai 1945 wieder geöffnet und diente als Aufnahmestelle der Inneren Mission. In einem Bericht der Schutzpolizei vom 8. Juni 1945 hieß es dazu: »Die Stadtmission und die Bahnhofsmission haben im Einvernehmen mit der Reichsbahndirektion ein Nachtquartier für etwa 500 Rückwanderer oder obdachlose Personen in den Abteilungen 3 und 4 des Bunkers eingerichtet. [...] Der Aufenthalt ist als Durchgang gedacht und soll nicht länger als eine Nacht betragen.«[1] Auf Bitten der Stadt hatte eine Frau Hofstatter im Auftrag der Kirche diese karitative Arbeit organisiert, wodurch der Bahnhofsbunker »zur wohl größten und bekanntesten Übernachtungs- und Betreuungsstätte in Deutschland«[2] wurde und als »Schleuse des Elends« in die Geschichte einging. Bis zum 28. Juni 1950, dem Ende der Bunkertätigkeit der Inneren Mission, übernachteten dort über 1,2 Millionen Menschen. In Spitzenzeiten, wie beispielsweise im Januar 1946 als Folge von Massenvertreibungen aus den ehemaligen deutschen Ostgebieten, waren es bis zu 1 300 Personen pro Nacht. 20 angestellte Fürsorgerinnen und Fürsorger sowie etwa 50 ehrenamtliche Helfer waren im 24-Stunden-Einsatz.

Da in insgesamt 19 Bunkern Hannovers Flüchtlinge Aufnahme fanden, wurde am 15. Februar 1946 eine Flüchtlingsleitstelle eingerichtet, die deren Unterbringung koordinierte. Hierhin wurden dreimal täglich die Belegungszahlen aus den Bunkern gemeldet.

Viele der Einheimischen standen den Flüchtlingen ablehnend gegenüber, weil sie fürchteten, die wenigen Nahrungsmittel und die noch verbliebenen Wohnungen teilen zu müssen. In einem Bericht hieß es: »Täglich kommen noch immer die Scharen der Flüchtlinge aus dem Osten, aus der polnischen Zone, aus der russischen Zone, Familien, Frauen mit Kindern, alleinstehende junge Männer und Frauen. Alle wollen Heimat im britischen Raum haben. Wer in die Nähe des Bahnhofes kommt, sieht diese Menschen, zum Teil verwahrlost, vom Leid verhärmt, und doch stemmt sich die eigene Not dagegen: ›Was sollen wir mit diesen Menschen, wir können sie nicht aufnehmen, sollen sie bleiben, wo sie hergekommen sind, wir können doch nicht alle untergehen, wir leben ja selbst in Trümmern und hungern. Die britische Zone hat viele Millionen Flüchtlinge aufgenommen, sie muß sie zurückschicken. Warum läßt man die Menschen überhaupt über die Grenze. Wir sind so hart geworden, weil wir selber ja nichts mehr haben, wie soll die Zukunft unserer Kinder aussehen? Was haben wir für schwere Kriegsjahre mit Bombenangriffen hinter uns, als der Osten noch in satter Ruhe lebte. Aber der Ausgebombte gilt ja nicht, nur der Flüchtling ...‹«[3]

Bei solcher Not war die Kriminalitätsrate hoch, besonders unter Frauen, da sie den größten Teil der Flüchtlinge stellten. Wenn die Polizei eine ihrer zahlreichen Razzien vornahm – auch mit Unterstützung von Mitarbeitern der Inneren Mission –, wurde sie meist fündig. Am 7. Dezember 1946 meldeten die *Hannoverschen Neuesten Nachrichten* unter dem Titel »Aus den Berichten der Polizei – Fang im Bahnhofsbunker«, es seien 26 Personen wegen strafbarer Handlungen und zudem 123 weibliche Personen laut Fahndungsersuchen festgenommen worden, darunter auch die seit längerer Zeit gesuchte Oberaufseherin des Konzentrationslagers Buchenwald, Edeltraud Lotha. Doch meist handelte es sich um zeitspezifische Vergehen wie das Überschreiten der Sperrstunde, fehlende Meldepapiere, Schwarzmarkthandel usw.

Die Bedingungen im Bunker waren hart. Für elektrisches Licht gab es nur ein Notstromaggregat, und Diesel war knapp. Durch die vielen Menschen, die dicht an dicht

Viele während des Krieges geborene Kinder erlebten die ersten Nachkriegsjahre in Bunkern, die als Notquartiere dienten.

saßen, war die Luft verbraucht und feucht, obwohl die Lüftung ständig arbeitete. Bei einem Hochwasser im Februar 1946 fiel die Trinkwasserversorgung aus, und ein Teil des Bahnhofsbunkers lief voll Wasser. Die Bunkerbewohner mußten deshalb vorübergehend in den Bunker Bömelburgstraße gebracht werden. Diese Zustände sowie Not und Hunger führten zu einem rüden Umgangston im Bunker, und tätliche Auseinandersetzungen gehörten zum Alltag. So berichtete am 3. Januar 1947 die *Hannoversche Volksstimme* unter dem Titel »Hier muß aufgeräumt werden«, daß »Arbeitsscheue« Polizeibeamte verprügelt und »Nazilieder« gesungen hätten.[4]

Neben der Inneren Mission, die sich um Unterbringung und Weiterleitung der Flüchtlinge kümmerte, hatte auch das Deutsche Rote Kreuz gleich nach Kriegsende im Bahnhofsbunker Sanitätsräume eingerichtet und gab außerdem täglich bis zu 750 Essen aus. Mitte 1945 waren unter den Personen, die betreut wurden, noch viele ehemalige Insassen der Konzentrationslager, die – völlig ausgehungert und durch die körperliche Schwächung krank – medizinische Hilfe zum Überleben brauchten. Für diese ausgemergelten Menschen war es ein Hauptproblem, sich wieder an normale Nahrung zu gewöhnen. Viele von ihnen starben unter anderem auch wegen der Ernährungsstörungen noch längere Zeit nach ihrer Befreiung. Die meisten der zu Betreuenden waren aber Kriegsversehrte und Flüchtlinge.

Im Vordergrund der Arbeit stand eine Grundversorgung der Bedürftigen, für die seelische Betreuung einzelner war angesichts dieser Welle des Elends keine Zeit. Wegen der Vielzahl meist schwerer Krankheitsfälle – etwa Verwundete, in deren Wunden sich bereits Maden festgesetzt hatten, oder Menschen, die am nahen Bahnhof unter einen Zug geraten waren – wurde ein Arzt eingestellt. Dr. Julius Cäsar beschrieb die katastrophalen Arbeitsbedingungen auf seiner Sanitätsstation wie folgt: »Sie müssen helfen wollen. Alles andere hat keinen Zweck. Sie haben auch gar nicht viel Zeit, darüber nachzudenken. Denn der nächste steht doch schon da, dann ist wieder etwas anderes. Der hat sein Gebiß verloren. Da können Sie gar nichts machen, Sie kriegen ja kein neues Gebiß. Der kann jetzt nicht kauen. ›Ja, haste Pech gehabt.‹ Wir waren ja kaum in der Lage, mal eine Milchflasche warm zu machen für Säuglinge.«[5]

Die Einführung der D-Mark in den Westzonen im Juni 1948 und die deshalb verschärften Grenzkontrollen führten dazu, daß weniger Übersiedler aus der Ostzone kamen. Vor allem dadurch ging die Zahl der Schutzsuchenden im Bahnhofsbunker von diesem Zeitpunkt an kontinuierlich zurück. Im Oktober schrieb der Stadtverband der Inneren Mission: »Jetzt haben wir noch etwa 700 – 800 Besucher des Bahnhofsbunkers jede Nacht: verschiedene Gattungen, Flüchtlinge, die schwarz über die Grenze kommen, Leute, die keine Zuzugsgenehmigung haben, entlassene Strafgefangene, die nicht wissen, wohin,

Heimkehrer, die ihre Angehörigen suchen. Die Not ist heute ›konzentrierter‹ als vor der Währungsreform. Nach den Andachten im Bahnhofsbunker wird man oft angesprochen von den Flüchtlingen, die in den verschiedensten Angelegenheiten Rat erbitten (Zuzug! Angehörigensuche! Kein Geld, um für das Kleinkind Milch zu kaufen ...).«[6] Da im Juni 1950 der Andrang auf die Bunker weiter nachließ, wurden die Massenunterkünfte in den großen Bunkerräumen geschlossen.
Hannover hatte auch einen »Jugendbunker« in der Bergstraße, wo männliche Jugendliche zwischen 14 und 18 Jahren aufgenommen wurden – allein 1946 waren es 5 000. Diese hatten im Krieg, bei Flucht und Vertreibung ihre Eltern verloren und waren ziellos durch das Land gezogen, bis sie im Bunker eine erste Unterkunft fanden. Dort wurden sie von Erziehungspraktikanten des Jugendamtes betreut, erhielten Rat bei Angelegenheiten mit Behörden und konnten eine Arbeitsstelle vermittelt bekommen.

Wie in Hannover gab es auch in anderen Städten Notunterkünfte in Luftschutzbauten, beispielsweise in Lübeck in den Bunkern Schildstraße, Unter der Burg, Am Lotsenberg und Töpferweg sowie in Braunschweig in den Bunkern Kalenwall, Sack, Alte Knochenhauerstraße, Petritorwall und Hafenstraße. In Cuxhaven wurde der einzige Bunker der Stadt in der Rathausstraße von männlichen Obdachlosen bewohnt, obwohl er weder über Licht noch fließendes Wasser verfügte. Dennoch kamen täglich etwa 150 Personen für 20 Pfennige pro Nacht. Der Bunker wurde wie ein Hotel um 23.30 Uhr geschlossen, die »Besucher« wurden um 4.30 Uhr morgens geweckt.
In Hamburg waren die Wohnraumprobleme besonders groß, und diese Situation wurde durch die erwartete Rückkehr derer, die 1943 wegen der Bombenangriffe aus der Stadt evakuiert worden waren, noch verschärft. Hinzu kamen die Flüchtlingsströme aus den ehemaligen deutschen Ostgebieten und der Sowjetischen Besatzungszone (SBZ) sowie Kriegsheimkehrer, die alle eine Bleibe suchten. Gleich nach Kriegsende wurden deshalb auch hier die Bunker zu Massenquartieren umfunktioniert. Das Amt für Lagerbetreuung für Flüchtlinge nutzte beispielsweise die Bunker Lammstraße 44 und Paulstraße 27. Am 29. Juni 1945 wurde in einem Bericht über die Beschaffung von

Der Alltag solcher »Bunkerkinder« war durch bedrückende Enge und soziale Not gekennzeichnet.

Wohnraum vorgeschlagen, daß in den 157 erfaßten Bunkern der Stadt 58 100 Personen auf Liegeplätzen und 41 500 auf Sitzplätzen untergebracht werden sollten. Von diesen Bunkern waren aber lediglich 35 beheizbar. »In allen anderen Bunkern ist keine einwandfreie Heizung vorhanden. Sie wurden bisher im Winter durch Einzelöfen beheizt, was vielfach zu erheblichen Beanstandungen führte, da der Rauchabzug durch die in der Wand geknickten Lüftungsrohre erfolgte und die Schornsteinrohre schlecht zogen. Die Raumunterteilung ist der besseren Beheizung wegen meistens nicht ausgeführt.«[7] Außerdem ließen sich nur 60 Prozent der Räume direkt belüften, in

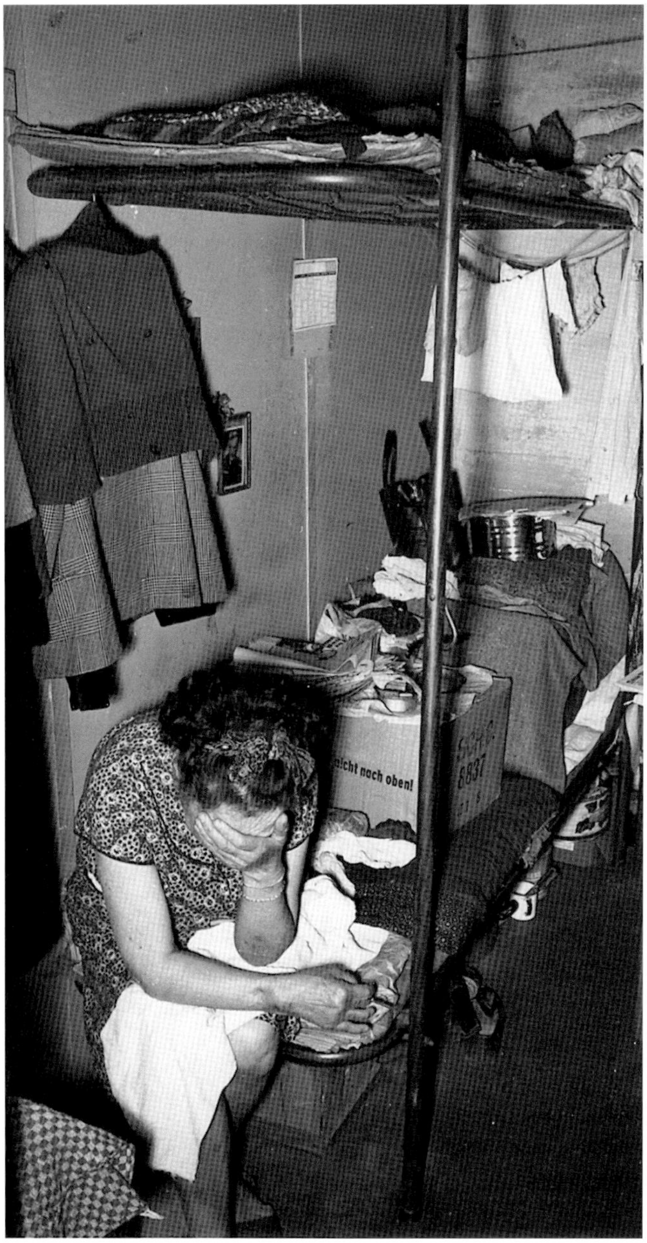

Nach Kriegsende wurden die Bunker zu Massenquartieren umfunktioniert, um die vielen Flüchtlinge aufzunehmen.

den übrigen Bereichen wurde die Luft bloß durch Filter im Umluftbetrieb gereinigt.
Deshalb konnten im Juli 1946 nur ungefähr 2 300 Menschen dauerhaft in den Bunkern Hamburgs leben, wobei einige der Luftschutzbauten speziell für alte und gebrechliche Menschen oder sogenannte Asoziale zur Verfügung standen. Im Juni 1947 betreute die Hamburger Sozialverwaltung noch insgesamt 26 Bunker, im Januar 1948 waren nur noch zwölf von ihnen bewohnt.[8]
In den Schutzbauten gab es für die Menschen zwar ein erstes Dach über dem Kopf, sie lebten aber unter katastrophalen Bedingungen. Schon in Kriegszeiten hatten die Schutzsuchenden beispielsweise mit der mangelnden Frischluftzufuhr und dem schlechten Zustand der Sanitäranlagen zu kämpfen gehabt. Bei einer dauerhaften Wohnnutzung nach Kriegsende waren diese Mängel noch gravierender als bei den zeitlich begrenzten Bunkeraufenthalten während der Bombenangriffe. Die Verhältnisse waren derart schlecht, daß zum Beispiel die »Public-Health«-Abteilung der Militärregierung in Hamburg am 30. Oktober 1946 die Evakuierung der Bunker Henriettenstraße, Gertigstraße, Dorotheenstraße 7–13, Preystraße und Eiffestraße beschloß. Zu den schlechten Wohnverhältnissen kamen noch Stromsperren und Kohleknappheit hinzu.
Im zerstörten Deutschland war die Unterbringung der Bevölkerung ohnehin nur eines von vielen Problemen, die anfangs die Besatzungsbehörden und später die deutschen Kommunalverwaltungen sowie staatliche Behörden zu lösen hatten. Nur wenige Verantwortliche erkannten überhaupt die dringende Notwendigkeit, nach alternativem Wohnraum für Bunkerbewohner zu suchen. Ausnahmen waren der Oberbefehlshaber der britischen Besatzungszone, Sholto Douglas, der im November 1946 den Bunker Arnoldstraße in Hamburg inspizierte, und der erste deutsche Bundespräsident, Theodor Heuss, der im März 1950 den Bunker Barmbeker Straße besuchte und mit Familien sprach, die dort Zuflucht gefunden hatten. Heuss war vermutlich der einzige hochrangige deutsche Politiker, der je ein Bunkernotquartier von innen gesehen hat.
In der Propaganda des beginnenden Kalten Krieges wurden recht bald auch die Bunkerbewohner ein Thema. Die Staaten hinter dem »Eisernen Vorhang« sprachen von der Überlegenheit des sozialistischen Systems, das derartige Zustände nicht kenne, und ergingen sich in Schilderungen der Wohnverhältnisse in deutschen Bunkern. So schrieb unter anderen Jozef Mat in der polnischen Illustrierten *Swiat* über die Bunker zwischen Reeperbahn und Do-

schering in Hamburg: »Sie stehen wie riesige Berge, alle aus Beton und Stahl, mit Tarnfarbe angestrichen ... In den großen kalten Bunkern leben Leute. Arbeiterfamilien haben Fensteröffnungen in die Betonwände gebrochen. Vor den Eingängen spielen schmutzige und bleiche Kinder, von denen einige schon in den Eisenbetonkäfigen geboren worden sind. Die Mädchen haben grünlich blasse Gesichter, die Männer gehen gebückt. In Hamburg, in den bombardierten Stadtteilen, gibt es viele dieser Bunker.«[9]

Als einzige Partei in den Westzonen machte die KPD offensiv auf die Notsituation der Bunkermenschen aufmerksam, ging in die Bunker und setzte sich für die dortigen Bewohner ein. Zudem wehrte sie sich – wie selbst ihre politischen Gegner zugestehen mußten –, im Widerspruch zu den sowjetischen Vorgaben vehement gegen die von den Alliierten geplanten Bunkersprengungen.

In Hannover beispielsweise wurde die KPD beim Bunker Tonstraße aktiv. Unter dem Titel »Zuchthäusler leben besser als wir« meldete ihr Presseorgan, die *Hannoversche Volksstimme*, am 6. September 1946, daß sich keiner der dort untergekommenen jugendlichen Waisen eine Decke leisten könne, da sie den Deckenpfand von 50 Pfennigen nicht aufbringen könnten. Ein Jugendlicher: »Wir leben schlechter als im Zuchthaus ..., denn im Zuchthaus haben die Zellen wenigstens ein Fenster. Dort ist frische Luft, bei uns wird der Ventilator nachts abgestellt, so daß wir morgens mit fast unerträglichen Kopfschmerzen aufwachen. Viele meiner Kameraden schlafen bei diesem Wetter draußen auf der Wiese.« Am 25. Oktober 1946 konnte dieselbe Zeitung unter der Überschrift »Die Bunkerbewohner bitten ...« melden: »Innerhalb einer Versammlung der KPD im Bunker Tonstraße wurde nach einem Referat des Genossen Schnittker eine Entschließung gefaßt, in der die Bunkerbewohner erwarten, daß durch die beiden Arbeiterparteien im Rat der Stadt Hannover Wohnraum für die im Bunker untergebrachten Familien bereitgestellt wird. Weiter wurde die sofortige Beschaffung von Winterkleidung für alle im Bunker Wohnenden – soweit sie am Aufbau der Stadt Hannover beteiligt sind – dringend gefordert. Schließlich soll die Bunkermiete in Höhe von 0,80 RM für die Nacht auf einen dem geringen Verdienst der Bunkerbewohner angemessenen Satz herabgemindert werden.« Am 8. November 1946 wurde im Beitrag »Lebend hinter Bunkermauern« über die Menschen im Bunker Herrenhäuser Straße berichtet. Dort mußten sich 600 Flüchtlinge zwei Toiletten teilen. »Ihr Alltag spielt sich auf wenigen Quadratmetern Raum ab. Die Gänge sind so schmal, daß man sich nur mit Mühe in ihnen bewegen kann. Liegend oder sitzend verrichtet jeder die tausend Kleinigkeiten, die notwendig sind, um nicht völlig zu verwahrlosen. Sechs Pritschen, Tragbahren oder Holzbetten für elf Personen sind keine Ausnahme. Eine junge Frau mit Kind deckt sich mit Holzwolle zu, eine andere schläft auf Stroh mit beiden Kindern. Ihre Kinder haben ansteckende Krankheiten. Ein paar Schritte weiter liegt ein älteres Ehepaar in zerlumpten Kleidern auf hartem Unterbett, beide sind herzkrank«. Aber selbst dieses Engagement machte die KPD nicht populärer.

Die bürgerliche Presse nahm sich des Elends ebenfalls an, so hatte das *Hamburger Echo* bereits am 30. April 1946 über die »Bunkerleute« geschrieben: »Wie das Dasein der Bunkerbewohner, so ist oft auch ihre Gemütsverfassung: resigniert und freudlos. Hier hilft keine Philosophie, hier kann nur Überwindung der materiellen Not helfen. Heraus aus dem Bunker und hinein in einen menschlichen Wohnraum. Und wenn er noch so klein ist!«

Eine Möglichkeit, das Leben in den Bunkern erträglicher zu gestalten, war ihre Umgestaltung zu sogenannten Wohnbunkern. Dazu wurden zum Beispiel Fenster in die Wände gesprengt, um die Frischluftzufuhr zu verbessern. Der Hamburger Bausenator Nevermann und Senator Eisenbart von der Sozialbehörde forderten im Mai 1949 den Umbau von zwölf Bunkern zu »Schlichtwohnungen«. Auch die erfaßten 371 nichtbombensicheren Rundbunker mit jeweils 40 Quadratmetern sollten mit einem Kostenaufwand von jeweils 5 000 DM für Wohnzwecke umgerüstet werden. Aber erst Ende des Jahres konnte der Umbau der Bunker zu Wohnhäusern beginnen, da bis dahin die Alliierten gemäß ihrer Kontrollratsdirektive Nr. 22 vom 6. Dezember 1945 alle Bunker sprengen wollten.[10]

Vor allem Wilhelmshaven und Hamburg mit ihrer Vielzahl an Bunkern waren die Vorreiter bei dieser Umgestaltung. In Hamburg schätzte das Wohnungsamt 1949 sieben Bunker als umbaugeeignet ein, bereits ein Jahr später waren dort 250 Wohnungen eingerichtet worden. Die Ko-

Hotelführer für die Englische Zone, in dem auch die Massenquartiere und Bunkerhotels verzeichnet waren.

sten beliefen sich für jede Wohnung auf etwa 4 000 DM. Die Miete betrug monatlich zwischen 13,40 DM und 16,70 DM, für eine Zweizimmerwohnung 38,30 DM. Bei den Elektrizitätswerken handelte die Bauverwaltung einen günstigen Sondertarif aus. Im *Norddeutschen Baublatt* hieß es anläßlich der Übergabe der Wohnungen an die Bevölkerung: »Das Erfreulichste aber, was man bei einem Besuch dieses neuen Wohnblockes mitnahm, war die Dankbarkeit und das Geborgensein, das die glücklichen Mieter ausstrahlten, und der Stolz, mit dem sie bereitwillig ihr neues Reich zeigten. Fast alle kamen aus menschenunwürdigen, ungesunden Kellern und baufälligen Hütten.«[11]

Schon kurz nach Kriegsende wurden die ehemaligen Luftschutzbauten auch gewerblich genutzt. Eine ganz besondere Facette stellen hierbei die Not- oder Bunkerhotels dar, die sogar in den damaligen Hotelführern verzeichnet waren. Bereits am 1. Dezember 1945 eröffnete zum Beispiel in Bremerhaven, dem früheren Wesermünde, eines der ersten Hotels im Bunker Leher Markt, außerdem wurden die Bunker Bahnhof Wesermünde, Allerstraße und Allmerstraße entsprechend umgebaut. Das größte Problem bestand auch hier darin, daß die Alliierten die Bunker eigentlich sprengen wollten. Der Widerstand der städtischen Behörden gegen diesen Beschluß führte zu einem Dauerstreit um die Bunker, wobei geplante Sprengungen verschoben, wieder aufgehoben und erneut geplant wurden. Doch letztendlich siegte die Wohnraumnot, und auch die Hotels konnten eingerichtet werden.
Der Tiefbunker vor dem Bahnhof von Bremerhaven wurde von einem Ehepaar Aude über 20 Jahre lang als Hotel betrieben. Auf Streichholzschachteln warben sie: »Hotel Aude – Alles unter der Erde«. Noch in den sechziger Jahren kostete die Übernachtung pro Person 5,00 DM. Danach diente der Bunker als Lagerraum für einen Imbiß. Es gab auch Bunkerhotels der gehobenen Klasse, mit einem Hauch von Exklusivität. Der Zombeckturm am Hamburger Hafen wurde zum »Turmhotel der Deutschen Afrika-Linien«. Bedient wurden die Gäste von Stewards und bekocht vom Chefkoch der »Pretoria«, einem Schiff der »Deutschen Afrika-Linie«. Das Hotel bot 68 Betten in

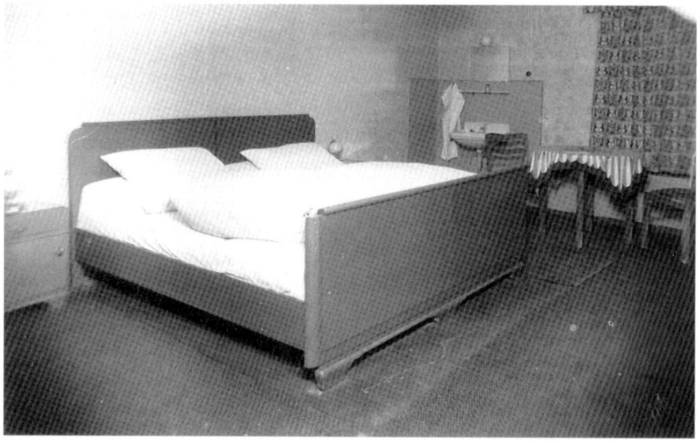

Zeittypische Ausstattung eines Bunkerhotelzimmers.

37 Zimmern an, ein Einzelzimmer kostete 5,50 DM pro Nacht.
Da nach dem Krieg auch in Braunschweig die meisten Hotels zerstört waren, richtete sich hier ebenfalls ein Hotelier in einem Bunker ein. Die Erfolgsgeschichte dieses Bunkerhotels und seines Betreibers Kurt Eichstädter ist exemplarisch für die Nachkriegszeit. Eichstädter entstammte einer Gastwirtsfamilie. Nach seiner Rückkehr aus der Kriegsgefangenschaft 1946 nahm er Kontakt zu seinen früheren SPD-Freunden auf, die ihn drängten, wieder im alten Gewerbe tätig zu werden und Unterbringungsmöglichkeiten für Reisende und Obdachsuchende, aber auch für Grenzgänger aus der SBZ zu schaffen. (Da Braunschweig die nächstgelegene größere Stadt Norddeutschlands an der Grenze zwischen der sowjetischen und britischen Zone war, blühte hier der Schwarzhandel.) Für einen Hotelbetrieb eignete sich der Bunker Bockstwete. Wenngleich er keine Ventilation hatte und nach einem Brand völlig verräuchert war, verfügte er über genügend große Räume. Darin wurden alte Betten aufgestellt, für die die Wäsche aus Stoff mit einem Zebramuster genäht wurde, der ursprünglich für die Kleidung von KZ-Häftlingen vorgesehen war.
Wegen der hohen Luftfeuchtigkeit in den Innenräumen wollte Eichstädter Fensteröffnungen in die Wände sprengen lassen und stellte am 12. Januar 1948 den Antrag auf Baufreigabe. Der zuständige Architekt Leppla begründete die Notwendigkeit dieser Maßnahme wie folgt: »Der Bunker Bockstwete erfüllt mit Restaurant und Hotelbetrieb ein dringendes Bedürfnis in der Betreuung der Bevölkerung Braunschweigs. Da die Belüftung und Beleuchtung des Bunkers große Schwierigkeiten verursacht, sollen genügend große und zahlreiche Öffnungen in die Außenwände gesprengt werden. Zur Zeit ist es nicht möglich, die mit Feuchtigkeit angereicherte Luft aus dem Restaurant und den Schlafräumen herauszuschaffen, so daß sich an Decken und Wänden Kondenswasser bildet. Ein Bewohnen der Hotelzimmer ist durch die Feuchtigkeit nicht möglich. Der Putz löst sich von den Decken und Wänden. Das Holzwerk der Türen verzieht sich. Da sämtliche Baumaterialien vorhanden sind und ich mich verpflichte, das Baulenkungsamt in bezug auf Material nicht in Anspruch zu nehmen, bitte ich um Genehmigung.«[12]

In Braunschweig richtete Kurt Eichstädter im Bunker Bockstwete 1948 sein berühmtes »Central Hotel« ein.

Der eigentliche Umbau des Bunkers war dann mit weiteren Schwierigkeiten verbunden: »Die ersten Maßnahmen, durch Herausnehmen von Wänden Änderungen zu schaffen, wurden bald wieder eingestellt, da dies mit Preßlufthämmern geschehen mußte und wegen des hohen Aufwandes an Zeit und Kraft und des großen Materialverschleißes unwirtschaftlich war. Erst die Anwendung des Sprengverfahrens mit flüssigem Sauerstoff, das ein Heraussprengen nach Maß erlaubte, ohne den Baukörper völlig durchzurütteln, ließ eine großzügige Umgestaltung des Bauwerkes zu.«[13] Um das Bauwerk im Innern nicht zu beschädigen, wurde nur an der Außenwand gesprengt. Für ein Fenster von 1,4 mal 1,6 Meter wurden zum Beispiel etwa 50 Löcher gebohrt, wobei eine Bohrung etwa 20 Mi-

Oben: In ehemaligen Bunkern, wie hier in der Arngaststraße in Wilhelmshaven, wurden Möbellager eingerichtet.

Unten: Im ersten Stock des »Central Hotels« eröffnete pünktlich zum Weihnachtsfest 1948 die »Barbarina-Bar«.

nuten beanspruchte. Diese Sprengungen betrafen außer 43 Fenstern verschiedener Größe auch den Eingangsbereich. Zusammen mit dem Architektenhonorar, den Tischler-, Maurer- und Glaserarbeiten sollten die Kosten für den Umbau 40 000 RM betragen.

»Das Erdgeschoß war als Restaurationsbetrieb vorgesehen. Es gab 300 Liter Senking-Kessel, und von den Engländern gab es Nährmittel, die die nicht mehr verwendet haben, unter anderem weil sie voller Käfer waren. Im Bunker wurde eine Gratis-Milchsuppe hergestellt und ausgeteilt, ohne Marken. Ausschank war 11.30 Uhr, um 7.00 Uhr standen die ersten vor der Tür. Da wurden 1 000 Portionen ausgeteilt. Der große Sack Nudeln, wir sagten immer 2 : 1 – zwei Stück Nährmittel, ein Käfer –, kam in den großen Kessel, den wir aus dem Reichsarbeitsdienstlager in Salzgitter gekriegt hatten, dann wurden oben die Käfer abgeschöpft, dann kam die Milch rein, dann war das eine Verpflegung erster Klasse.«[14] Im zweiten und dritten Stock war das Hotel untergebracht. Hier wohnten Prominente wie Chris Howland, Peter René Körner und andere Künstler, die im benachbarten Kino auftraten. Neben Einzelzimmern verfügte es auch über Schlafsäle mit 25 bis 30 Betten, die erst in den fünfziger Jahren zu separaten Zimmern umgebaut wurden. Anfangs gab es kein fließendes Wasser, sondern nur Schüssel und Kanne, später wurden Waschbecken eingebaut und die obligatorische Koksheizung durch Fernwärme ersetzt.

Im ersten Stock wurden 1948 ein Kabarett und die »Barbarina«-Bar eingerichtet. »Da war immer was los, da sind viele Ehen ›vorbereitet‹ worden. [...] Dann kam das Fernsehen auf, und die Leute sind nicht mehr so oft weggegangen. Im Laufe der Zeit kam natürlich Konkurrenz auf, und es war halt ein Bunker.«[15] Der Betrieb hielt sich bis 1961.

Bunker fanden nach Kriegsende auch Verwendung als Bordelle sowie als Lager für Möbel, Textilien, Lebensmittel, Kohlen, Archivalien, als Werkstätten für Kleinbetriebe, als Aquarien oder Kühlhäuser. So diente zum Beispiel der Bunker Rosenstraße in Oldenburg zunächst als Kühlhaus für Lebensmittel, später kamen hier eine Spedition und eine Ledergroßhandlung unter. Die Pläne, im Keller ein Tanklager einzurichten, lehnte das Stadtbauamt aus Sicherheitsgründen ab.

Die Einführung der D-Mark in den Westzonen 1948 kurbelte auch die Gastronomie an: der zu einem Restaurant umgenutzte Bunker Am Kalenwall in Braunschweig.

In Hamburg wurden die meisten Bunker als Lagerräume genutzt, da in den siebenstöckigen Betonriesen Aufzüge vorhanden waren. Der Polizeichef von Bremen bat am 3. April 1946, einige Geschosse des Bunkers Friedrich-Karl-Straße als Polizeigefängnis mit 240 Plätzen einrichten zu dürfen, da es ohne diese zusätzlichen Kapazitäten unmöglich sei, »im Falle politischer Schwierigkeiten eine größere Zahl von Arrestanten unterzubringen«.[16] Mit praktischem Beispiel war hier bereits die Militärregierung vorangegangen, die gleich nach Kriegsende den Tiefbunker Domshof beschlagnahmt und als Gefängnis eingerichtet hatte.

In Braunschweig zum Beispiel mietete in den fünfziger Jahren im Bunker Okerstraße das Internationale Schulbuchinstitut einige Räume an. Der Tiefbunker Petritor wurde angeschüttet und teilweise mit einem Gebäude der Landesversicherungsanstalt überbaut. Die Akten der Versicherungsanstalt lagerten aber im Bunker selbst, dessen Decke wiederum als Parkplatz diente. Im Bunker Am Kalenwall befand sich ab 1958 das Kino »Lido«, im »Sack-Bunker« wurde eine Unterhaltungsgaststätte mit Barbetrieb namens »Tabu« eingerichtet.

Später wurden in Flensburg, Braunschweig und Kiel Fledermausquartiere in Bunkern eingerichtet, in Hannover eine Igelüberwinterungsstation. Auch Champignonzüchter nutzten die feuchten und dunklen Räume der Bunker für ihre Zwecke, ebenso wie viele der Schutzbauten Musikgruppen als Übungsräume dienten.

Für die alliierte Verwaltung und die deutsche Zivilbevölkerung »nicht notwendige« Bunker sollten beseitigt werden. So sprengten die Briten am 17. Oktober 1945 das Innere des Geschützturms in Hamburg-Wilhelmsburg.

»Entfestigung« oder Sprengung?

Die zivile Nutzung der Bunker wurde durch die unübersichtlichen Eigentumsverhältnisse nach Kriegsende erheblich behindert. Diese Verhältnisse waren in den meisten Fällen bis in die fünfziger Jahre hinein ungeklärt. Anfang 1946 setzte die Dienststelle »Property control« (Eigentumskontrolle) der britischen Militärregierung in Bremen einen sogenannten Chief Custodien of Wehrmacht Property ein, »um die Erfassung, Verwaltung und Verwertung allen mobilen und immobilen Eigentums der früheren Wehrmacht, Organisation Todt, Speer und des Reichsarbeitsdienstes durchzuführen«.[17] Am 1. Juni 1946 gingen die Bunker der Wehrmacht und des Selbstschutzes in den Besitz dieser Abwicklungsstelle über, die bis Ende der vierziger Jahre tätig war. Dann wurden die Bunkeranlagen treuhänderisch der Bundesfinanzverwaltung, deren Bundesvermögensstellen und -ämtern übergeben, die fortan den gesamten Besitz des ehemaligen Reichsfiskus verwalteten.

Die sogenannten Reichsanstalten, Bahn und Post, waren dagegen für ihre Immobilien selbst zuständig, und es mußte im einzelnen geklärt werden, ob ein Bunker Eigentum der Reichsbahn war oder nicht. In vielen Fällen wollten die Behörden allerdings ihre Zuständigkeit gern an die »Reichsanstalten« abgeben, da der Besitz eines Bunkers mit hohen Kosten verbunden war. Als zum Beispiel die »Entfestigung« des Hochbunkers am Lübecker Bahnhof anstand, also seine Unbrauchbarmachung für militärische Zwecke, und Löcher in die Bunkerwände gesprengt werden sollten, erwog das Lübecker Finanzamt als zuständiger Kostenträger, ob der Bunker nicht Reichsbahnvermögen darstelle und somit aus der Verwaltung durch die Behörde herausfallen könnte. Schließlich sei der Bunker für die Reisenden und Bediensteten der Reichsbahn gebaut worden. Zudem gab es noch offene Rechnungen für die Bauarbeiten vor Kriegsende in Höhe von 100 000 RM. Die Reichsbahndirektion vertrat dagegen den Standpunkt, der Bunker sei aus Reichsmitteln finanziert worden und sie habe lediglich im Auftrage des Reiches die Bauleitung innegehabt.[18] Hier brachten letztlich die Grundstücksverhältnisse die Entscheidung: Ein Achtel des Bunkers stand auf dem Gelände der Reichsbahn, sieben Achtel auf Grund und Boden der Hansestadt. Der Umstand, daß die Reichsbahn ihr Achtel Boden von der Stadt gekauft und damit in ihr Vermögen aufgenommen hatte, veranlaßte die städtische Finanzbehörde, auch den Bunker als deren Eigentum zu bewerten.

Völlig ungeklärt war dagegen oft die Zuständigkeit für die Werkluftschutzbunker, die nicht unmittelbar zum Programm des Selbstschutzes der Kommunen gehörten, für die die jeweiligen Betriebe aber auch nicht verantwortlich sein wollten.

Unter alliierter Verwaltung verwiesen die Städte darauf, daß die Bunker samt Inneneinrichtung Reichsbesitz gewesen seien und ein Rechtsnachfolger noch nicht existiere, weshalb offene Rechnungen von Bauunternehmen und Gewerken auch nicht beglichen werden könnten. Die Außenstände in Bremerhaven zum Beispiel reichten von knapp 10 000 RM für Schutzlüfter der Firma Winkelsträter bis zu den Baukosten der unvollendeten Bunker Hindenburgplatz (250 000 RM) und Torfplatz (450 000 RM). Die Stadtverwaltung sah sich Forderungen in Höhe von insgesamt etwa 15 Millionen RM gegenüber. In Rostock versuchte aus denselben Gründen die AEG im November 1945, einen unbezahlten Transformator aus dem Rostocker Bahnhofsbunker eigenmächtig wieder auszu-

Sprengung des Geschützturms Hamburg-Wilhelmsburg.

Sprengung des Leitturms in Wilhelmsburg am 10. Oktober 1947, auf dem Gelände befindet sich heute ein Kindergarten.

Für die Sprengungen wurden, wie hier beim Luftschutzbunker Baustraße in Hamburg, Sprenglöcher mit einer Tiefe von ca. 80 Zentimetern gebohrt. Da der Beton so hart war, gingen die Bohrköpfe oft in der Betonwand verloren.

bauen, was die Reichsbahn verhinderte und derart kommentierte: »Die Art der Geschäftsführung durch die AEG muß ... sehr befremden.«[19]
Kleineren Unternehmen wurde dagegen manchmal sogar offiziell gestattet, die von ihnen installierten Sanitär- und Elektroeinrichtungen wieder zu demontieren. Doch zu einem Zeitpunkt, da sich Bau- und Abrißfirmen sogar bereit fanden, Bunker kostenlos zu beseitigen, wenn ihnen dafür das Eisen überlassen würde, waren Metalle, Heizungsanlagen und Toilettenbecken schon längst verschwunden. Sogenannte Piranhas hatten die Betonklötze bereits ausgeweidet und Verwertbares versilbert.
Geradezu verhindert wurde die zivile Nutzung der Bunker jedoch durch die erklärte Absicht der Alliierten, entsprechend der Kontrollratsdirektive alle Luftschutzbauten innerhalb von fünf Jahren vollständig zu zerstören. In der Direktive waren auch zivile Bunker und Anlagen des Selbstschutzes als militärische Gebäude eingestuft worden und hatten wie die übrigen Schutzbauten Dringlichkeitsstufe II erhalten. Allerdings gab es eine Einschränkung: Diese Maßnahmen sollten »mit Ausnahme der Baulichkeiten und Lagerstellen, die für die Besatzungsmacht oder die deutsche Zivilbevölkerung notwendig sind«,[20] durchgeführt werden.
In der SBZ hingegen wurden die Bunkeranlagen relativ konsequent beseitigt. In einer dort verbreiteten Fassung

der Kontrollratsdirektive hieß es etwas umständlich: »Mit der Absicht, Deutschland jegliche Möglichkeit zu nehmen, zu beliebiger Zeit für Kriegszwecke Fortifikationen, unterirdische Einrichtungen, militärische Bauten und andere Einrichtungen, die zu diesem Zweck erbaut oder leicht dazu umgebaut werden können, auszunutzen oder ebenso die Sicherheit der alliierten Okkupationstruppen zu gewährleisten, hat der Kontrollrat beschlossen: Durchzuführen eine absolute Entminung und Zerstörung aller Fortifikationen, unterirdischer Einrichtungen, militärischer Bauten und anderer Einrichtungen, die sich aufgeführt finden in der Anlage A.«[21] Hierzu wurden auch die zivilen Bunker gezählt.

Es sollte aber nicht nur gesprengt werden, man wollte auch alle Unterlagen, Entwürfe, Pläne usw. erfassen und sämtliche Geschäfte, Organisationen und Einzelpersonen ermitteln, die sich mit Planung und Konstruktion für den Bunkerbau beschäftigt hatten. Die gesammelten Unterlagen wurden dann von den sowjetischen Militärs in die UdSSR gebracht, um die gewonnenen Kenntnisse für ihre eigenen Zwecke auszuwerten.

Es erfolgte die Sprengung aller Luftschutzanlagen, die die Rote Armee (ab 1946 Sowjetarmee) selbst nicht nutzte. Allein in Rostock wurden vom 22. September bis zum 3. Oktober 1946 16 Tiefbunker und Luftschutzstollen gesprengt. Wegen der erwarteten Nebenwirkungen bei der Beseitigung der Hochbunker wandte sich am 13. Dezember 1946 der Rostocker Oberbürgermeister an die Sowjetische Militäradministration in Deutschland (SMAD): »Auf Anordnung der hiesigen Kommandantur ... soll mit der Sprengung der Luftschutzbunker (Hochbunker) begonnen werden und zwar noch im Laufe dieses Monats. Ich bitte zu genehmigen, daß die Sprengung dieser Bauten in der Weise erfolgen kann, daß nur die Eingänge zu denselben derart unbrauchbar gemacht werden, daß eine Benutzung der Bunker ausgeschlossen ist.« Bei größeren als diesen begrenzten Sprengungen seien Zerstörungen an den umliegenden Häusern zu erwarten, aber für Reparaturen stünden weder Glas noch Fenster zur Verfügung.[22] Die Sowjets ließen sich davon aber keineswegs beeindrucken, und es kam bei den Sprengungen zu schweren Schäden an umliegenden Gebäuden. »Der Jacobi-Bunker wurde gesprengt und zerstörte durch Trümmer die Jacobikirche so weit, daß nichts mehr zu retten war. [...] Vom Bahnhofsbunker flog bei der Sprengung ein Brocken in die Lindenbergstraße und riß die Vorderfront eines Wohnhauses herunter.«[23] Geschädigte konnten zwar prinzipiell Entschädigungen erhalten, doch es war nie ganz klar, an wen sie sich mit ihren Ansprüchen wenden sollten. Das Stadtbauamt formulierte schließlich im April 1947 seinen Standpunkt zu dieser Frage: »Die deutschen Beauftragten haben lediglich nach den befohlenen Anordnungen Hilfeleistungen bei der Sprengung durchzuführen. Aus diesem Grunde können diese Personen weder fahrlässig handeln noch für entstandene Schäden zur Verantwortung gezogen werden.«[24]

Nachdem die Bohrlöcher in die Bunkerwand eingebracht worden waren, wurden die Sprengpatronen eingelassen.

Vor allem militärisch wichtige Bunker wurden gesprengt, wie hier der Befehlsbunker der Kriegsmarinewerft in Wilhelmshaven.

Ursprünglich wollten auch die Briten die Kontrollratsdirektive Nr. 22 konsequent umsetzen. Mit der sogenannten Disarmament Branch wurde eine eigene Abteilung für die Demontage bzw. Abrüstungsmaßnahmen aufgestellt, in deren Bereich auch die Zerstörung der Bunker fiel. Eine Ausnahme waren lediglich von ihnen selbst genutzte Luftschutzbauten – vor allem der Marine, wie die beiden Truppenbunker in der Wilhelmshavener Emsstraße und der Bunker der Marine-Nachrichtenschule in Flensburg-Mürwik. In Hamburg hatten sie gleich nach Kriegsende zehn Bunker übernommen.

Zielstrebig verfolgte die britische Armee ihre Sprengabsichten in wichtigen deutschen Werftenstandorten und Kriegsmarinebasen wie Kiel und Wilhelmshaven, damit von hier aus keine militärische Gefährdung Großbritanniens mehr ausgehen konnte. Die meisten Bunker in Kiel waren gleich nach Kriegsende, im Sommer 1945, also noch vor der Kontrollratsdirektive gesprengt worden. Dabei war es zu starken Beschädigungen der umliegenden Häuser gekommen; zum Beispiel brach bei der Sprengung des Bunkers Hummelwiese ein Haus in der Nähe völlig zusammen. Gegen dieses rücksichtslose Vorgehen der Briten fanden am 13. Juni 1946 Demonstrationen statt. Ungeachtet der Proteste erfolgte am 11. November 1946 die Sprengung des wichtigen U-Boot-Bunkers »Kilian« durch den Sprengspezialisten Leutnant Elder mit 28 Tonnen Muni-

tion. Bis Mai 1955 wurden schließlich 31 Hoch- und 22 Tiefbunker völlig zerstört.
In Wilhelmshaven und Emden bedienten sich die britischen Soldaten einer besonderen Methode, so bei der Sprengung des Bunkers Eichstraße in Emden: Sie brachten große Mengen von Munition und Sprengstoff in den Bunker, »dann wurde der Bunker abgedichtet und zur Erhöhung der Sprengwirkung mit Wasser gefüllt und in die Luft gejagt. Seinen praktischen Nutzwert hatte er danach zwar verloren, was man darüber hinaus erreicht hatte, war eine Riesenüberschwemmung und ein häßlicher Haufen riesiger, kreuz und quer liegender Betonsegmente«, wie Helmut Teßmer beobachtete.[25] Erst später verwendete man stählerne U-Boot-Netze oder Blenden, um herausgesprengte Betonteile aufzufangen.

Lediglich solche Bunker, die für die »deutsche Zivilbevölkerung notwendig« waren, sollten von den Sprengungen ausgenommen bleiben. Aufgrund dieser Festlegung waren die britischen Besatzungsbehörden in oft jahrelange Auseinandersetzungen mit den Stadtverwaltungen verstrickt. Durch die Bekanntgabe der Sprengabsichten aufgeschreckt, rang die deutsche Seite angesichts der Wohnungsnot um jeden verfügbaren Raum, der zur Unterbringung von Menschen und Betrieben dienen konnte. Die wiederholt vorgetragenen Argumente, durch die Sprengungen würden lebenswichtiger Wohn- und Lagerraum vernichtet und die wenigen bewohnbaren Häuser in der Umgebung noch beschädigt werden, ließen die Briten von ihrem Vorhaben allmählich Abstand nehmen. Dennoch war bis Ende der vierziger Jahre in Pacht- und Mietverträgen für Bunker festgelegt, daß der Nutzer mit einer Sprengung seines Domizils jederzeit rechnen müsse und in diesem Falle keine Entschädigung erhalten könne.
Ein Beispiel für das zähe Ringen um die Bunker war der dreigeschossige Luftschutzbunker Hackethalstraße in Hannover-Langenhagen. Deutsche Behörden und Vertreter der Stadt setzten alles daran, um seine Sprengung zu verhindern. Dabei wurden sie von der Presse unterstützt; so stand in den *Hannoverschen Neuesten Nachrichten* am 17. Juli 1946: »Solange aber die Raumfrage so dringend ist wie in Hannover und jeder Quadratmeter Betonfläche, die sich nicht für Wohnzwecke eignet, als Lagerplatz dienen muß, darf an eine Sprengung nicht gedacht werden.« Die britsche Militärverwaltung war dennoch entschlossen, das Gebäude »aus Gründen der Forschung« am 29. August 1947 zu sprengen. Man wollte herausfinden, wieviel Sprengstoff für eine derartige Zerstörung notwendig war. Der Bunker bot sich wegen der geringen Zahl an Wohnhäusern in seiner Umgebung an. Außerdem waren die umliegenden Industriebetriebe entweder zerstört oder im Rahmen der Reparationen demontiert worden. Doch der Termin verzögerte sich, weil im Bunker angeblich Baumaterialien gelagert waren, die bis zum 3. September 1947 geräumt werden sollten. Dies geschah nicht, weil die Deutschen vermeintlich einen Gegenbefehl erhalten hatten. Nunmehr wollte die Militärregierung den Bunker bis zum 22. September 1947 geräumt haben, damit die Sprengung am 26. September pünktlich um 14.30 Uhr erfolgen konnte.[26]
Am 15. September jedoch rief der niedersächsische Wirtschaftsminister Hofmann beim leitenden Kontrolloffizier der »Disarmament Branch« im Land Niedersachsen, Brigadier Streeten, an und führte aus, Ministerpräsident Kopf habe die Zusage erhalten, daß zwar alle Bunker bis zum 31. Dezember 1948 zerstört werden sollten, aber mit Ausnahme jener, die bewohnt seien oder als Lagerräume dienten. Streeten suchte daraufhin den »Regional Commissioner« für Niedersachsen, Brigadier Hume, auf und trug

Abriß eines Luftschutzturms in Wilhelmshaven.

Gegen Trümmerflug und Streusteine bei Sprengungen wurden ehemalige Torpedonetze eingesetzt – wie hier bei der Sprengung des Luftschutzturms in Hamburg-Ottensen im November 1951.

ihm die Angelegenheit vor. Hume berief sich auf ein gleichlautendes Versprechen, das er den Deutschen am 4. September gegeben hatte, und betonte, daß er das Verhältnis zu den Deutschen durch einen Bruch dieser Vereinbarung nicht belasten möchte. Streeten wiederum entgegnete, wenn die Deutschen dem Befehl gehorcht hätten, wäre der Bunker bereits am 4. September leer und damit ein derartiges Versprechen gegenstandslos gewesen. Er unterstrich außerdem noch einmal, daß diese Versuchssprengung dringend nötig sei und das Versprechen verhindere, in absehbarer Zeit Bunker überhaupt zu zerstören.[27] Am 25. September erhielt Streeten die Nachricht, daß Brigadier Hume auf persönliche Bitte von Ministerpräsident Kopf erneut eingegriffen hätte. Eine einzige Sprengung würde ausreichen, die Lage für Kopf unhaltbar zu machen, und falls Kopf gehe, würde es äußerste Schwierigkeiten bereiten, ihn zu ersetzen.[28] Schließlich wurde der Bunker aber trotz aller Interventionen total »geschleift«.

Am ehesten konnte die Sprengung eines Bunkers dadurch verhindert werden, daß man ihn »entfestigte«, das heißt die Wände und Decken durchlöcherte, damit die Gebäude keinen Schutz vor Bomben mehr boten und so für militärische Zwecke nutzlos waren. Wie städtische

Verwaltungen auf diese Weise Sprengungen verhinderten, zeigt das Vorgehen in Lübeck. Die Hansestadt wurde dadurch zum Präzedenzfall für andere Städte.
Bereits vor den Beschlüssen der Alliierten vom Dezember 1945 wurde in Lübeck bekannt, daß die Luftschutzbunker gesprengt werden sollten. Als die Militärregierung die Stadt aufforderte, Informationen über ihre Luftschutzanlagen beizubringen, war man gewarnt, und der Oberbürgermeister reagierte am 1. Juni 1945 mit einem Schreiben an die Besatzungsmacht: »Ich glaube, aus den Bemerkungen entnehmen zu können, daß beabsichtigt ist, diese Luftschutzeinrichtungen zu sprengen. Ich möchte Sie bitten, sich dafür einzusetzen, daß diese Sprengungen weitgehend unterbleiben.«[29] Einziges Mittel der Stadtverwaltung gegen die Sprengungen waren Argumente. In einer von den britischen Pioniertruppen (Royal Engineers) angeforderten Einschätzung der militärischen Verwendbarkeit der städtischen Luftschutzbauten teilte das Bauschädenamt am 3. Juli 1945 mit: »Die überwiegende Zahl unserer Bunker hat die Stärke von 1,10 Meter, ist also für schwere Bomben sowieso nicht mehr als bombensicher anzusehen.«[30] Am 9. Juli 1945 konnte der Oberbürgermeister vorläufige Entwarnung geben: »Die Alliierte Militärregierung hat bereits erwirkt, daß von der Sprengung der Luftschutzbauten abgesehen wird.«[31]
Sicherheitshalber verfaßte der frühere Leiter des Bunkerbauprogramms Hespeler am selben Tag noch einen zusätzlichen Bericht[32], in dem er bei einer Sprengung auftretende Probleme aufzählte: »Die Luftschutzbunker sind größtenteils in engbebaute, besonders schutzbedürftige Stadtteile gestellt worden. Die Häuser in der engeren Umgebung sind meist alt ... Der Lübecker Untergrund ist außerordentlich weich, Erschütterungen pflanzen sich viel weiter fort als in festem Boden. Ein Großteil der Bunker ist daher auf stärkeren Fundamenten oder auf Pfählen gegründet.« Eine Sprengung hätte die Zerstörung einer Reihe von Nachbargebäuden zur Folge. Der nach den Märzangriffen schwer beschädigte 700 Jahre alte Dom und das 500 Jahre alte Zeughaus (zu dieser Zeit Polizeipräsidium), die katholische Kirche wie das Marienhospital seien durch Bunkersprengungen in diesem Gebiet direkt gefährdet. Die Druckwellen würden auch Schäden unmittelbarer wie versteckter Art an den Versorgungsleitungen

Durch »Entfestigung« konnte die Sprengung eines Bunkers verhindert werden. Dabei wurden Wände und Decken durchbrochen, um so eine erneute militärische Nutzung unmöglich zu machen.

hervorrufen. Weitere Folgen seien möglicherweise Krankheiten durch Zusammenbruch der Versorgungsleitungen, denn »durch Sielbrüche und dadurch entstehende Verstopfungen wird eine Begünstigung von Typhusfällen möglich«. Hespeler wies außerdem darauf hin, daß die Bunker auch im Hinblick auf eine Friedensverwendung konzipiert worden seien (der Bunker an der Parade sei für Seuchenbekämpfung bereits in der Planung berücksichtigt gewesen), sich bescheiden in das Stadtbild einfügten und keinesfalls »im sogenannten ›Baustil des Dritten Reiches‹« erbaut worden seien. Aus diesen Gründen bitte er

Durch die Sprengungen vor allem in strategisch wichtigen Städten gehörten Anfang der fünfziger Jahre Bunkerruinen zum typischen Straßenbild, wie in der Jungmannstraße in Kiel.

dringlichst, von den Sprengungen Abstand zu nehmen; dieser Wunsch sollte aber »keineswegs dem Verlangen der alliierten Militärregierung, die Bunker als Schutzraum unbrauchbar zu machen, entgegenstehen«. Hespelers Vorschlag bestand darin, »sämtliche Bunker mit Fensteröffnungen zu versehen, die durch kleine Teilsprengungen oder durch Herausschneiden mit Kompressoren hergestellt werden können«. Er vergaß auch nicht, nochmals auf den schlechten Schutz durch diese Bunker hinzuweisen, denn »es hat sich schon bei den letzten Angriffen gezeigt, daß gegen die neueren Bomben selbst die undurchbrochenen Wände keinerlei Schutz gegen Bombendurchschläge« bieten würden. Außerdem gebe es für die Bunker zahlreiche private Interessenten; man könne aus den Bauwerken zum Beispiel Getreidesilos herstellen.

Doch die Gefahr der Sprengung der Bunker blieb trotz aller Gegenargumente bestehen. Am 19. November 1945 teilte Stadtbaudirektor Pieper dem Oberbürgermeister mit, daß in der vergangenen Woche abermals sämtliche Daten der Lübecker Großbunker von der Militärregierung angefordert worden seien. Als Grund hätte man deren baldige »Schleifung« angegeben. »Diese Meldung läßt die Frage nach der Entfestigung der Bunker erneut aufrollen und drängt zur beschleunigten Beantwortung«,[33] so Pieper, und er legte sogleich seine Kalkulation vor: Der Nettogewinn bei der Entfestigung aller Bunker beliefe sich auf 5,635 Millionen RM, da Wohnraum erhalten bliebe, Reparaturen und Trümmerbeseitigung fortfallen würden. Bei einer Totalsprengung hätte man einen Gesamtverlust von 5,875 Millionen RM. Eine Woche später

Bunkerruine in der Freiligrathstraße in Wilhelmshaven.

kamen daraufhin erste Anzeichen einer Entspannung. Der Oberpräsident von Schleswig-Holstein in Schleswig teilte mit, daß die britische Militärregierung gern wüßte, welche Bunker in Schleswig-Holstein sich für die Aufnahme von Flüchtlingen eignen würden, »solche Bunker sollen gegebenenfalls von der Zerstörung ausgenommen werden«.[34]
Durch die Kontrollratsdirektive im Dezember 1945 wurde die Beseitigung der Bunker akut, und die Lübecker Stadtverwaltung begründete infolgedessen für jeden einzelnen Bunker konkret, was seiner Sprengung entgegenstand. Der Bunker Puppenbrücke sollte beispielsweise als Restaurant genutzt werden. Zudem bestünde bei seiner Zerstörung die Gefahr, daß die 1906 errichtete Puppenbrücke nicht mehr zu benutzen wäre, es aber keine Ausweichmöglichkeit für den Schwerlastverkehr gäbe.
Mitte 1947 willigte die Militärregierung schließlich ein, daß einige Bunker entfestigt werden dürften, wenn dies bis Mitte 1948 abgeschlossen wäre. Die Zeit drängte, und bereits am 1. August 1947 bewilligte der Senat einen Kredit von 787 000 RM.[35] Die Erlaubnis der Briten galt allerdings nur für bewohnte, nicht aber für gewerblich genutzte Bunker, was Gegenstand der Senatssitzung am 1. August 1947 war: »Die Bürgerschaft nimmt mit großem Bedauern davon Kenntnis, daß 16 Flachbunker im Stadtbezirk ... gesprengt werden sollen. [...] Die ohnehin übergroße Raumnot der Stadt wird durch diese Maßnahmen im gewerblichen Bereich unerträglich gesteigert und der Wiederaufbau und Ausbau von Industrie und Handwerk, der unentbehrlich ist und von den Alliierten selbst gefordert wird, damit Deutschland sich künftig selbst ernähren kann, gehindert und gestört. Die Bürgerschaft erhebt nachdrücklich Einspruch gegen diese widersinnigen Maßnahmen und bittet die Landesregierung und Kontrollkommission alles zu tun, um sie abzuwenden.«[36]
Doch die Militärregierung blieb bei ihrem Standpunkt und verlangte die Sprengung aller Hochbunker – mit Ausnahme der Bunker für Wohnzwecke und für die Unterbringung von Flüchtlingen. Nun wandten sich immer mehr Institutionen und Organisationen gegen die Sprengbeschlüsse. Die Deutsche Friedensgesellschaft, Bezirksgruppe Lübeck, wies am 2. September 1947 darauf hin, daß die Bunker lediglich dem Schutz der Bevölkerung gedient hätten und keine militärischen Anlagen gewesen seien. Die Stadtwerke machten geltend, daß in den Bunkern Trafo- und Schaltstationen eingebaut wären, die man nicht ohne weiteres entfernen könnte; so versorge der Bunker Ziegelstraße beispielsweise auch die »Churchill«-Kaserne mit Strom. Für Neubauten und neu zu legende Kabel fehle es an Material.
Der Protest sollte auch über die Stadtgrenze hinaus vernommen werden, wie aus einem Entwurf der Stadtverwaltung für eine öffentliche Stellungnahme hervorgeht: »Die Hansestadt Lübeck erhielt vor wenigen Tagen, nachdem sie unter Aufwand erheblicher Mittel eine technische Methode der Entfestigung der zivilen Luftschutzbunker entwickelt hatte, durch einen Vertreter des Kontrollrats den Auftrag, die Bunker für die Sprengung vorzubereiten. Diese Zerstörung der Luftschutzbunker, für die in Kiel Beispiele vorhanden sind, wird für Lübeck eine zweite Zerstörung bedeuten. Sie wird in ihrem Umfang schlimmer werden als die durch die Bomben und wird die letzten wertvollen Kulturdenkmale schwer in Mitleidenschaft ziehen. Darum müssen wir die deutsche Öffentlichkeit von dem riesigen Umfang der zu erwartenden Zerstörungen unterrichten. Wir müßten auch die Aufmerksamkeit der Welt und besonders der britischen Öffentlichkeit auf diese Ungeheuerlichkeit lenken.«[37]
Am 24. September 1947 schrieb die *Lübecker Freie Presse* unter der Überschrift »Sichert Bunkersprengung den Frieden?«: »Lübeck bedrängt jetzt sein wichtigstes Nachkriegsproblem. Es kämpft um die Bunker. Nicht um ihre Erhaltung, wie fälschlich gesagt wird, sondern um ihre Umwandlung in friedensmäßige Bauten. Wären wir reich und gesegnet und ständen die Bunker wie Kasernenbauten abseits der Stadt, sollte uns ihre radikale Ausrottung eine reine Herzensfreude sein. Wer legte Wert auf den dauernden Anblick solcher frivolen Kolosse, die uns an Deutschlands traurigsten Abstieg erinnern?«
Die Pressemeldungen verfehlten ihre Wirkung nicht, und es kam kurz darauf zu öffentlichen Protesten der Gewerkschaften und der Kirchen. Im Lübecker Dom fand eine ökumenische Messe statt. Auch die CDU Lübeck sowie der Haus- und Grundstücksbesitzerverein Lübeck e.V. schlossen sich den Protesten an. So konnte am 22. Okto-

Ehemaliger Luftschutzturm der Hafenkaserne in Wilhelmshaven.

ber 1947 die *Lübecker Freie Presse* von »Kundgebungen aller Christen gegen Bunkersprengungen« schreiben und erinnerte geschickt an Feldmarschall Montgomerys Ausspruch, daß die Engländer als ein christliches Volk nach Deutschland gekommen seien.
Die Verbindungen der Kirchen zu Amtskollegen in Großbritannien hatten jedoch den größten Erfolg. Der Bischof der evangelisch-lutherischen Kirche in Lübeck Pautke informierte am 14. Oktober 1947 den Stadtpräsidenten, daß er wegen der drohenden Bunkersprengungen an den Erzbischof von Canterbury und weitere Persönlichkeiten geschrieben habe: »Ich glaube, daß damit alles geschehen ist, was von hier aus veranlaßt werden könnte, um die Auf-

Umgestürzter Rundbunker Mühlenstraße der Kriegsmarinewerft in Wilhelmshaven.

merksamkeit vor allem in England und Amerika auf die sinnlose Katastrophe zu lenken, die für die Stadt Lübeck bei Durchführung der Bunkersprengung entstehen würde.«[38] Die Botschaft hatte in England eine so durchschlagende Wirkung, daß selbst im britischen Parlament über die Lübecker Bunker diskutiert wurde. In der Unterhausdebatte am 17. November 1947 fragte Mr. Skeffington-Lodge den Unterstaatssekretär des britischen Außenministeriums, ob man sich der Not der Menschen bewußt sei, insbesondere bei dieser kalten Jahreszeit, und ob der Sprengbefehl aufgeschoben oder geändert werden könne. Die Antwort von Mr. Mayhew war eindeutig: »Es ist nicht unsere Absicht, irgendwelche überirdischen Luftschutzbunker in Lübeck zu sprengen, die hinreichend entfestigt worden sind, indem sie für Unterbringungszwecke umgebaut worden sind.«[39]
Dennoch zogen sich die Verhandlungen mit den britischen Behörden hin; so vermerkte das Amt für Statistik und Baukonstruktion in Lübeck am 26. Januar 1948: »Über die zur Zeit laufenden Verhandlungen wegen der Anerkennung der Entfestigung durch die Militärregierung wird demnächst wieder in der *Baurundschau* berichtet. Es sei vorweggenommen, daß in einer britischen Parlamentsdebatte über unsere Vorschläge erklärt wurde, daß hinreichend entfestigte Bunker nicht gesprengt würden. Eine Feststellung, was unter ›hinreichend entfestigt‹ verstanden wird, steht noch aus. Inoffiziell wurde uns geraten, so schnell wie möglich mit der Entfestigung fortzufahren. Wir sind zur Zeit beim 8. Bunker.«[40]
Wenn solche Fragen geklärt waren, gab es noch immer das Problem, daß nicht genügend Personal und Geräte zur Verfügung standen, um die Entfestigungen in ausreichendem Maße durchführen zu können, was wiederum Diskussionen mit den Briten nach sich zog. Bei einer Sitzung des Lübecker Senats am 28. Juni 1948 wurde protokolliert: »Der Kreis-Resident-Officer Mr. Sullivan hat bemängelt, daß mit der Entfestigung einiger Bunker noch nicht begonnen worden ist, und hat darauf hingewiesen, daß er unter diesen Umständen die Sprengung der Bunker nicht mehr verhindern könne. Senator Ehrtmann teilt mit, daß die mit der Entfestigung der Bunker beauftragten Firmen wegen Mangel an Fachkräften und Gerät eine gleichzeitige Entfestigung der Bunker unmöglich durchführen können. Die Entfestigung wird jedoch mit größtem Nachdruck betrieben.«[41] Sullivan machte daraufhin einen hilfreichen Vorschlag: »Er erwartet, daß wenigstens pro forma einige Löcher in die noch nicht entfestigten Bunker gesprengt werden, damit die Nichtentfestigung einiger Bunker nicht eines Tages als Anlaß benutzt wird, womöglich alle Hochbunker aufs Neue zu gefährden.«[42]
Zu guter Letzt ging die Strategie der Stadtverwaltung aber doch auf. Im Februar 1951 waren dann 14 Hochbunker entfestigt und sieben von ihnen bereits weiter ausgebaut. Der in Lübeck ausgehandelte Kompromiß zwischen Stadtverwaltung und Militärregierung wurde für die gesamte britischen Zone maßgebend.

Sprengung des Bunkers Luisenstraße in Wilhelmshaven im Oktober 1949.

Als Folge der Ereignisse in Lübeck lockerte die Militärregierung auch in Hamburg ihre Bestimmungen, wo es 1 200 Betriebe und Firmen in Bunkern gab. Besonders markant waren die vier riesigen Flaktürme auf dem Heiligengeistfeld, für deren Erhalt eigens die »St.-Pauli-Turm-Gesellschaft« gegründet wurde. Im Juni 1945 waren hier vor allem Lebensmittel eingelagert, zudem nutzten das Deutsche Rote Kreuz, die Deutsche Hilfsgemeinschaft, die Baufirma Cronen und die Staatsoper Räume.[43] Im April 1946 kamen zum illustren Kreis der Nutzer noch das Schauspielhaus und das Thalia Theater, eine Baustoffhandlung, die Deutsche Seewarte, Kulturverwaltung und Bildersammlung sowie das Gesundheitsamt mit einer Impfstation hinzu

Mitte 1946 erkannte die Militärregierung die »augenblickliche Wichtigkeit dieser Bauwerke als Wohn- und Lagerraum«[44] zwar an, wies aber zugleich darauf hin, daß wegen möglicher Sprengabsichten größere Investitionen unzweckmäßig seien. Am 22. September 1947 trafen sich Behördenvertreter mit Repräsentanten der Militärregierung, um anstehende Sprengungen von Flaktürmen zu diskutieren. Entschieden wurde, daß der Leit- und der Geschützturm in Wilhelmsburg noch im Oktober beseitigt werden sollten. Der Anfang Oktober 1947 zum »Sprengkommissar für die Bunkersprengung in Wilhelmsburg« ernannte Bausenator Nevermann erließ deshalb die Anweisung, für dieses Vorhaben im Umkreis von 500 Metern die Menschen aus ihren Wohnungen zu evakuieren. Aufgrund der befürchteten Zerstörung umliegender Häuser fertigten die deutschen Behörden Listen über die Anlieger an, um vorsorglich die Ausmaße von Notquartieren zu bestimmen. Für die Sprengung selbst wur-

Trümmer des Bunkers Blumenstraße in Kiel.

den zwei Löschzüge der Feuerwehr bereitgestellt, das Deutsche Rote Kreuz richtete zwei Ambulanzen ein. Doch alle Aufregung war umsonst, wie Amtmann Ullrich am 10. Oktober 1947 notierte: »Der Bunker ist vollständig gerissen und in sich zusammengestürzt ... Selbst die Holzbaracken in unmittelbarer Nähe des Bunkers sind unbeschädigt.«[45] Eine Woche später folgte die Sprengung des Geschützturms, die ohnehin nur das Innere des Bunkers zerstören sollte und ebenfalls gefahrlos verlief.

Die Flaktürme auf dem Heiligengeistfeld wurden dagegen nicht gesprengt. Im Mai 1947 hatte Bausenator Nevermann das Wohnungsamt noch darauf hingewiesen, daß die Beseitigung der Flaktürme lediglich für sechs Monate aufgeschoben sei, Interessierte also auf eigenes Risiko investieren würden. Allerdings hatte Oberbaudirektor Meyer-Ottens vorgeschlagen, möglichst viele Wohnungen in die Türme einzubauen, »damit diese ein schwerwiegendes Argument gegen die Sprengung sein können«.[46] Daraufhin entstanden im Geschützturm 48 Wohnungen, für die 160 Fensteröffnungen aus der Wand herausgesprengt wurden. Im Erdgeschoß war der Einbau eines Kinos für 600 Personen geplant, im zweiten Obergeschoß hatte sich die »Scala«, ein Kabarett und Theaterrestaurant, etabliert. Darüber befand sich das »Jugenddorf des CVJM« beim Christlichen Wohlfahrtswerk.

Im Februar 1948 legten die britischen Behörden endlich verbindliche Richtlinien zur Behandlung der Bunkeranlagen vor. Falls die deutsche Seite den Erhalt von 100 namentlich aufgeführten Bauwerken wünsche, seien konkrete Entfestigungspläne vorzulegen. Bunker mit einer geringeren Aufnahmekapazität als 100 Personen könnten sogar ohne gesonderte Genehmigung der Militärbehörden als Lager genutzt werden. Weiter hieß es: »Die Erfahrung hat gezeigt, daß die Zerstörungen ungefähr doppelt soviel Kosten verursachen wie die Entfestigungen, abgesehen davon, daß noch Schäden an benachbarten Gebäuden entstehen und daß die Beseitigung der Trümmermassen Jahre dauern und erhebliche Kosten verursachen würde. Außerdem ist es im Hinblick auf die in Hamburg herrschende Raumnot nicht zu vertreten, daß die Bauwerke nicht zu Wohnraum oder zu gewerblichen Zwecken ausgenutzt werden. Die Entmilitarisierung ist daher der Zerstörung vorzuziehen.«[47] Damit ein Gebäude als »entfestigt« gelten konnte, mußten mindestens 25 Prozent der Außenfläche entfernt werden. Bis 1950 wurden auf diese Weise 53 Bunker umgebaut.

Mit den »Entfestigungen« war ein lukratives Geschäft für deutsche Privatfirmen entstanden. Eine der ersten auf dem neuen Markt und damit längere Zeit auch marktführend war die Hamburger »OXYGEN Spreng- und Baugesellschaft«. Die gleich nach Kriegsende gegründete Spezialfirma hatte ihren ersten Firmensitz in den ehemaligen Munitionsräumen des Geschützturms auf dem Heiligengeistfeld, mit zunehmender Auftragslage verlegte sie ihren Sitz in die noble Elbchaussee. Unter der Geschäftsführung von Ewald Blanke etablierte die OXYGEN umgehend Fi-

Sprengung des Winkelturms auf dem Gelände der Drägerwerke in Lübeck am 23. April 1971.

lialen in den meisten Großstädten Nord- und Westdeutschlands, so in Kiel, Lübeck, Bremen, Bremerhaven, Hannover, Braunschweig, Essen, Krefeld und Wuppertal. Bei ihrer Arbeit griff sie in großem Maße auf Kenntnisse und Fähigkeiten ehemaliger Wehrmachtspioniere zurück. Die Tätigkeiten der OXYGEN umfaßten die »Vornahme von Sprengungen, insbesondere mittels flüssiger Gase und flüssigen Sauerstoffes, die Übernahme von Abbruch- und Aufräumungsarbeiten, die Übernahme von Hoch- und Tiefbauarbeiten, die Verwertung von Abbruch- und Baumaterialien«.[48] Weil die Alliierten Sprengungen mit festen Sprengstoffen wie Dynamit verboten hatten, nutzte die Firma ein neues Sprengverfahren, bei dem mit flüssigem Sauerstoff getränkte brennbare Stoffe wie Kohlepulver elektrisch gezündet wurden.[49] Zudem waren mit diesem Verfahren kleinräumigere Sprengungen möglich, die keine so starke Druckwelle erzeugten wie normale Sprengstoffe. Deshalb war es besonders geeignet, kleinere Öffnungen wie Fenster oder Türen aus den Betonwänden herauszusprengen. Die OXYGEN hatte diese Marktlücke nicht nur entdeckt, sondern konnte sie wegen ausgezeichneter Kontakte zu den britischen wie deutschen Behörden effektiv nutzen. So begutachtete bereits am 19. Juni 1945 Leutnant Curtis von der Besatzungsverwaltung den Versuch einer Sauerstoffsprengung bei der OXYGEN.

Die Firma konnte diese Monopolstellung der ersten Nachkriegsjahre aber nicht lange halten. Das Amt für Statik und Baukonstruktion in Lübeck schrieb am 2. Juni

Linke und rechte Seite: Noch bis Ende der sechziger Jahre wurde der Bunker Madamenweg in Braunschweig zu Wohnzwecken genutzt.

1947: »Beim letzten Bunker tritt die Fa. Max Giese, Kiel mit 50 Prozent niedrigeren Preisen auf. Ich hoffe, daß sie trotzdem die Arbeit gut durchführen kann, da die OXYGEN-Gesellschaft sich bisher im Besitze eines Monopols glaubte und ihre Preise entsprechend gestaltete.«[50] Aufgrund der zunehmenden Konkurrenz und der abnehmenden Sprengaufträge mußte Blanke am 9. August 1950 das Vergleichsverfahren zur Abwendung eines Konkurses anmelden, am 11. Oktober 1957 wurde die Gesellschaft schließlich aufgelöst. Aus der Konkursmasse der Hamburger Filiale wurde eine neue OXYGEN-Spreng- und Baugesellschaft aufgebaut und von Erhard Wenzel weitergeführt. Sie existiert noch heute.

Bunker gegen die Wohngungsnot

Als die »Disarmament Branch« am 12. September 1950 ihre Aktivitäten endgültig einstellte und die Alliierten auf weitere Sprengungen von Bunkern verzichteten, atmeten vor allem die Bewohner der bundesweit etwa 300 Wohnbunker auf. Dort wohnten nunmehr zunehmend völlig andere Personengruppen als nach Kriegsende: An die Stelle der Ausgebombten und Flüchtlinge waren Menschen dorthin gezogen, die in der neuen Wohlstandsgesellschaft in das soziale Abseits geraten waren und sich keine richtige Wohnung leisten konnten – sogenannte Randsiedler oder Asoziale.

In fast allen Städten entwickelten sich die Bunker deshalb zu sozialen Brennpunkten, in denen Armut und soziale Ungerechtigkeit herrschten, deren Folge Krimialität und Prostitution waren. Jede Stadt hatte ihren »Bunker«: so beispielsweise Kiel den »Holsten-Bunker« und Bremerhaven den Bahnhofsbunker. In Hannover wurden die Bunker Tonstraße, Am Listholze und Pfarrlandplatz bis 1964 ohnehin von der Obdachlosenbehörde verwaltet, die Bewohner regelmäßig von Kriminalpolizei und Gesundheitsamt überprüft.[51]

Trotz erfolgter Umbauten waren die Wohnverhältnisse in den Bunkern weiterhin meist katastrophal. So wurden am 11. Juli 1956 die hygienischen Bedingungen im Bunker Kaiserstraße in Braunschweig überprüft, wo zu diesem Zeitpunkt 52 Menschen lebten. Im Bericht des Gesundheitsamtes vom 16. Juli heißt es: »Für die Bewohner des stark gesundheitswidrigen Bunkers Kaiserstraße würde von der Verwaltung nichts getan, sie könnten dort verkommen bzw. weiter gesundheitlich Schaden nehmen. Ferner haben es die Bewohner satt, sich in Zukunft weiter über ihre Verhältnisse ausfragen zu lassen, denn es geschehe ja doch nichts zur Linderung ihrer katastrophalen Wohnungsnot. Man könne sich seitens der verantwortli-

chen Stellen davon überzeugen, daß stets ein erheblicher Teil der Insassen in ärztlicher Behandlung sei bzw. sich sogar in stationärer Behandlung wegen chronischer Erkältungen, Kreislaufstörungen usw. befinde. Daran sei der ständige Sauerstoffmangel, die ungewöhnliche Kälte und Feuchtigkeit, die mangelhafte Beleuchtung usw. schuld.«[52]
Nachdem die Gefahr einer Kohlenmonoxydvergiftung immer größer geworden war, weil viele Herde nicht sachgerecht an Kamine angeschlossen waren, und auch die Stromkabel durch zu viele Elektroöfen nicht mehr sicher waren, wurde der Bunker 1960 schließlich wegen einer zusätzlichen Seuchengefahr geschlossen.
1958 wies der Deutsche Kinderschutzbund auf die unzumutbaren Verhältnisse in den Wohnbunkern vor allem für Kinder hin. In einem Bericht an das Hannoversche Wohnungsamt hieß es: »Die besondere Situation in den Lagern und Bunkern bringt es mit sich, daß insbesondere die Kinder und Jugendlichen in sittlicher Hinsicht gefährdet sind. Gefährdet bereits dadurch, daß sie nicht von den Erwachsenen getrennt sind und alles miterleben müssen, was sich zwischen den Erwachsenen, insbesondere auch in geschlechtlicher Beziehung, abspielt.«[53] Es fehle an Führung, Aufklärung und guter Literatur. »Ein Gang durch die dunklen Gänge des Bunkers an der Tonstraße/Ecke Ricklingerstraße läßt die Frage aufwerfen, wo angesichts der Tatsache, daß hier die Menschen zu urzeitlichen Höhlenbewohnern degradiert werden, der Artikel 1 der Bundesverfassung von der Würde des

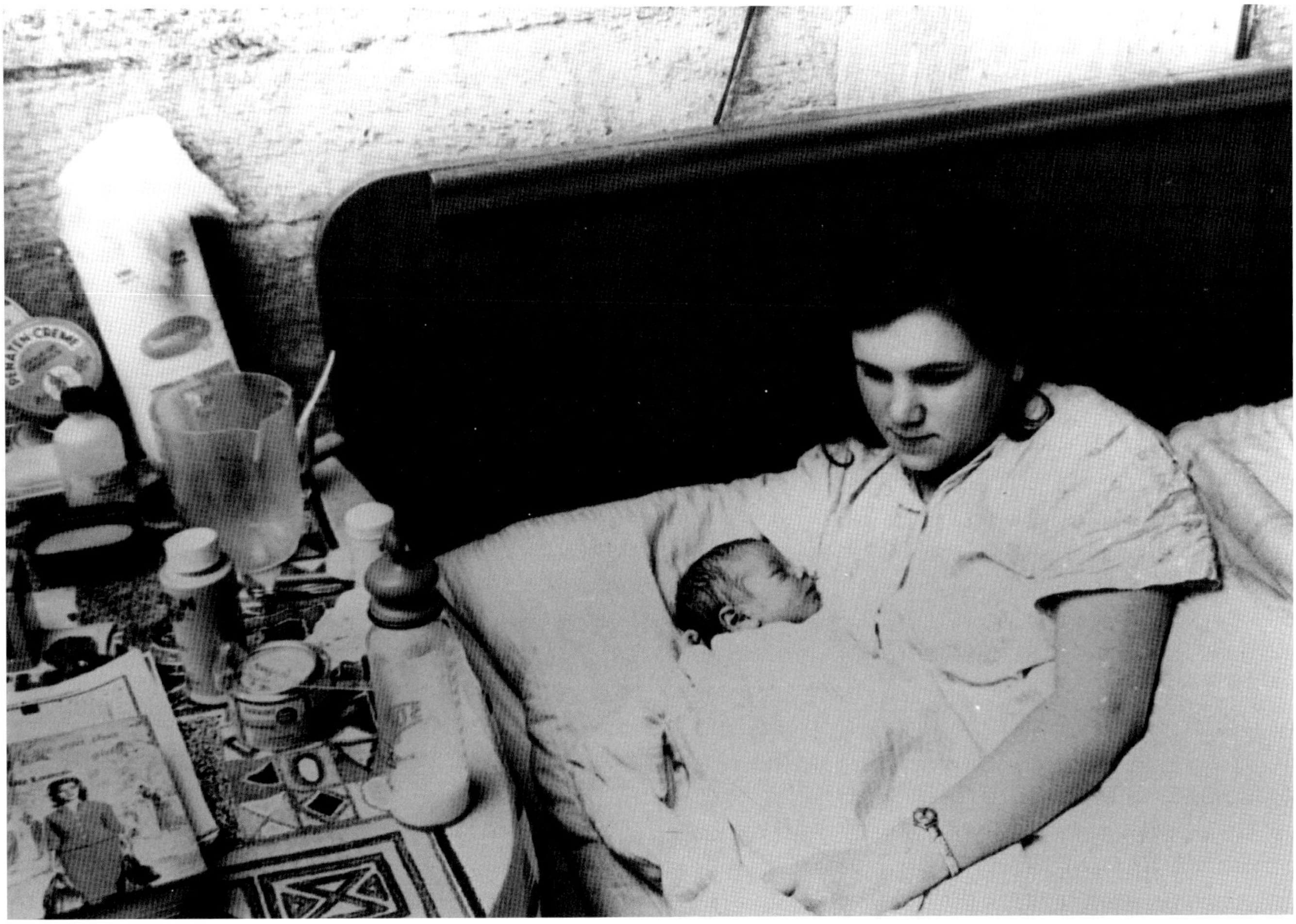

Menschen noch zu Recht besteht, der hier offensichtlich in sein Gegenteil verkehrt wird. Wie mir der Leiter des Bunkers sagte, sind hier auch vorwiegend kinderreiche Familien untergebracht, mit insgesamt 32 Kindern unter 14 Jahren. [...] Kriminelle Elemente beherrschen das Feld, da ja die Aufsicht nur selten da ist ... Eine Bewohnerin berichtete, daß sie einen älteren Mann dabei getroffen habe, als er sich an einem Kind unsittlich vergehen wollte, auf eine diesbezügliche Meldung bei der Leiterin der Verwaltung erklärte diese, an dem Kind dieser Familie sei ohnehin nichts zu verderben.«[54]

Linke und rechte Seite: Aufnahmen aus dem Bunker Madamenweg in Braunschweig um 1960.

Aufgrund solcher katastrophalen Verhältnisse hatte sich das Wohnungsamt in Hannover bereits ab Mitte der fünfziger Jahre darum bemüht, Bunker zu räumen und den Dauerbewohnern normalen Wohnraum zur Verfügung zu stellen. In einem Pressebericht über eine Sitzung des Verwaltungsausschusses hieß es: »Mehrere Male hat das Wohnungsamt der Stadt Hannover einen Anlauf nehmen müssen, bis es ihm schließlich im Oktober 1954 gelungen war, den Herrenhäuser Bunker zu räumen und die Bewohner anderweitig unterzubringen, weil ihnen bei längerem Verweilen in dem Bunker gesundheitliche Gefahren drohten. Der Herrenhäuser Bunker war der mit den schwierigsten Verhältnissen unter den Hannoverschen Notunterkünften.«[55] Ab 1960 unternahm die Stadt verstärkte Anstren-

Wohnbunker Gablenzstraße in Kiel, Ende der fünfziger Jahre.

gungen, wenigstens die Kinder in erträglichen Quartieren unterzubringen. Am 19. Januar 1960 notierte das Wohnungsamt: »Um Familien mit Kindern aus den Bunkern herauszubekommen, soll versucht werden, aus im Besitz der Stadt befindlichen Altgebäuden gute Familien in neue Wohnungen eventuell mit Mietbeihilfen umzusetzen und die alten Wohnungen für die Bunkerfamilien mit Kindern freizumachen.«[56] Es gab auch unerwartete Schwierigkeiten bei der Umquartierung von Bunkerinsassen. So berichtete der Stadtverband Innere Mission: »Eine frühere Großbauernfamilie aus Pommern, Vater (75), Mutter (72) und Tochter (51), war bei der Räumung des Bunkers – trotz verlockenden Angebots – nicht zu bewegen, den Bunker zu verlassen. Es mußte eine regelrechte Zwangsräumung in eine wesentlich bessere Wohnung vorgenommen werden, deren Miete nur um wenig die bisher gezahlten Kosten übersteigt. Diese Familie hat bereits acht Jahre im Bunker verbracht. Ihr ist der Zustand im Bunker so zur Gewohnheit geworden, daß nunmehr nervöse Krankheiten aufgetreten sind. Der ständige Einfall von Tageslicht stört diese Menschen, der Lärm der Straße bringt sie zur Verzweiflung.«[57]

Als die Bundesregierung im Zuge des Kalten Krieges beschloß, Bunker wieder für den Luftschutz herzurichten, wurden viele Bauten trotz fehlender Ausweichquartiere zwangsweise geräumt. So kündigte beispielsweise am 26. Januar 1962 die Bundesvermögensstelle den Mietvertrag für die beiden verbliebenen Wohnbunker Tonstraße und Pfarrlandplatz in Hannover: »Aufgrund des Gesetzes über Maßnahmen zum Schutze der Zivilbevölkerung sollen die ehemaligen LS-Bunker in Kürze für Luftschutzzwecke in Anspruch genommen werden.«[58]

Am 22. Oktober 1962 mußte ein Dezernent des Wohnungsamtes daher resigniert feststellen: »Obwohl der Bundesvermögensstelle die Schwierigkeiten bekannt sind, in denen sich die Stadt bei den vom Wohnungsamt für Notunterkünfte für Obdachlose benutzten Bunkern befindet, besteht sie darauf, daß diese Bunker geräumt werden. Sie kündigt sogar an, daß sie u. U. die Zwangsräumung betreiben wird.«[59] 1964 waren die Bunker dann geräumt.

Ein anderes Beispiel ist der Bunker Heußweg 37 in Hamburg. In den achtziger Jahren wurden die Räumlichkeiten durch das Möbelgeschäft Roseke, den Imbiß Joergensen und den Blumenladen Plewe genutzt. 1986 sollte der Bunker für den Zivilschutz umgebaut werden, wofür die Betriebe das Gebäude räumen sollten. Eine Klage gegen diese Kündigung war erfolgreich, und ein anderer Bunker wurde für den Zivilschutz bestimmt.

Die Auseinandersetzung hatte 1994 eine Fortsetzung. Immobilienbesitzer und Anwalt Dr. Kurt Groenewold wollte auf dem Gelände einen Büro- und Wohnhauskomplex errichten, wofür der mittlerweile leerstehende Bunker weichen sollte.[60] Ironie der Geschichte war es, daß Groenewold die Mieter des Bunkers als Anwalt 1986 vertreten hatte.

Anwohner des Viertels protestierten im Schulterschluß mit der GAL gegen die Baupläne, weil sie den Lärm und eine »Yuppiefizierung« befürchteten. Am 4. Juli 1994 tagte der Kerngebietsausschuß zum Projekt »Karl-Schneider-Passage« und stimmte dem Bauvorhaben zu. Am 29. August 1996 meldete das *Eimsbütteler Wochenblatt*, daß der Bunker Heußweg ab Oktober abgerissen werden würde. Im April des folgenden Jahres war man aber erst bis zum Erdgeschoß vorgedrungen. Während der Abrißarbeiten forderte das Denkmalsschutzamt plötzlich, ein Fragment des Bunkers als Mahnmal stehenzulassen. Nach Protesten seitens der Bauverwaltung und des Bauherrn nahm das Amt seine Forderung wieder zurück, und der Bunker wurde vollständig abgerissen, um Platz für den Neubau zu schaffen.

1950 zum Wohnhaus umgebauter Bunker in der Störtebeckerstraße in Wilhelmshaven.

Die Wiederbelebung des Zivilschutzes in der Bundesrepublik Deutschland

1950 hatten sich deutsche Kommunalpolitiker mit ihren Vorstellungen von einer zivilen Nutzung der verbliebenen Luftschutzbunker weitgehend durchgesetzt. Die Differenzen zwischen der Sowjetunion und den Westalliierten hatten 1949 zur Gründung zweier deutscher Staaten geführt, und der Korea-Krieg 1950–1953 hatte der Welt gezeigt, wie schnell der sogenannte Kalte Krieg in einen heißen umschlagen konnte. Die Bundesregierung unter Kanzler Konrad Adenauer begann über einen »Verteidigungsbeitrag« der Bundesrepublik nachzudenken, was heftige Kritik auch in den eigenen Reihen provozierte. (So trat Innenminister Gustav Heinemann, zugleich Präses der Synode der EKD, aus Protest gegen diese Remilitarisierungspolitik am 10. Oktober 1950 von seinem Staatsamt zurück.) Die Bundesregierung erwog für den Ernstfall auch den Aufbau eines zivilen Luftschutzes. Vorsorglich ordnete die Vermögensverwaltung der Oberfinanzdirektion bereits 1950 einen »Entfestigungsstop« für Bunker an, um die noch nutzbaren Bunker für den Luftschutz zu erhalten.[61] 1951 verhandelte die Bundesregierung mit der Hohen Alliierten Kommission über die Aufhebung des Verbots eines zivilen Luftschutzes, dem die Westalliierten zustimmten. Der sowjetische Vertreter konnte sich mit seiner gegenteiligen Meinung nicht durchsetzen. Ende desselben Jahres beauftragte die Bundesregierung daraufhin den zuständigen Bundesinnenminister Robert Lehr mit dem Aufbau eines sogenannten Zivilschutzes. Zu dessen Koordinierung wurde am 11. Dezember 1953 die Bundesanstalt für zivilen Luftschutz gegründet, die dem Bundesinnenminister unterstellt blieb. Wie für die Adenauer-Ära typisch, trafen hier viele »Ehemalige« zusammen: so zum Beispiel der stellvertretende Chef der Technischen Nothilfe, Erich Hampe, die ehemaligen Ministerialdirigenten im Reichsluftfahrtministerium Großkreuz, Knipfer und Mielenz sowie der frühere Ministerialrat Alexander Löfken. Hinzu kamen Spezialisten wie Prof. Theodor Kristen, der für das Sachgebiet »Baulicher Luftschutz« zuständig war. Um auch die laufenden Forschungen einbeziehen zu können, wurde der »Deutsche Forschungsrat«, später »Deutsche Forschungsgemeinschaft«, in die Planungen einbezogen.

Vor allem aus Kostengründen wollte man für den zivilen Luftschutz die Bunker aus der Kriegszeit nutzen. Dabei war fraglich, ob die bereits entfestigten Bunker nach dem Verschließen der eingesprengten Öffnungen für den Zivilschutz tauglich sein würden. Um entsprechende Fragen zu klären, tagte am 14. November 1951 ein neu gebildeter Fachausschuß des Bundesministeriums des Innern für baulichen Luftschutz in Göttingen. Die Experten kamen zu dem Ergebnis, daß man »bei der heute üblichen Methode einer Wiederinstandsetzung einen sechzigprozentigen Schutz und bei der im Versuchsstadium befindlichen Methode einen solchen bis zu 80 Prozent« erzielen könne.[62]

Aber erst im Oktober 1954, mit der Unterzeichnung der Pariser Verträge, und ab Mai 1955, mit dem Beitritt der

Für Zivilschutzzwecke wurden ab Mitte der fünfziger Jahre viele Schutzräume reaktiviert, so im Bunker Alte Waage in Braunschweig.

Bundesrepublik zur NATO, wurden die Bemühungen um den zivilen Luftschutz konkret. Am 11. Juli 1955 beschloß die Bundesregierung ein »vorläufiges Luftschutzprogramm«, das sogenannte Vorabprogramm. Am 27. Juli 1955 folgten dann die »Richtlinien für Schutzraumbauten« der Bundesministerien für Wohnungsbau und des Innern. In ihnen waren die technischen Vorgaben für Bau und Einrichtung von Luftschutzanlagen festgelegt, die im Grunde den Vorschriften für das »Sofortprogramm« der Nazis entsprachen. Aber es dauerte noch einige Zeit, bis die Bunker tatsächlich instand gesetzt wurden. Noch im August 1957 luden amerikanische Wissenschaftler ihre westdeutschen Kollegen in die Wüste von Nevada als Beobachter zu Bunkertests mit Kernwaffen ein. Bei diesen Versuchen konnte man auch auf Unterlagen deutscher Forschungseinrichtungen, wie zum Beispiel der Reichsanstalt der Luftwaffe für Luftschutz, zurückgreifen, die nach Kriegsende von den Amerikanern in die USA gebracht worden waren, um sie für eigene Zwecke auszuwerten. (Zeitgleich führten die Sowjets sehr ähnliche Versuche in Semi-Palatinsk durch.)

Die gewonnenen Erkenntnisse gingen in das im Oktober 1957 verabschiedete »Erste Gesetz über Maßnahmen zum Schutz der Zivilbevölkerung« ein. Hier waren neben der Organisation eines überregionalen Luftschutzdienstes die Standortwahl bezüglich der Einwohnerzahlen, bauliche Maßnahmen sowie die Kostenfrage für die Unterhaltung der Bauten geregelt. Ebenso wurde festgelegt, daß vorhandene öffentliche Schutzräume weder beseitigt noch verändert werden durften und bei ihrer Wiederherstellung die vorgeschriebene Kostengrenze von 2 000 DM pro Schutzplatz einzuhalten war. Eine Ausnahme bildeten nichtbundeseigene Luftschutzanlagen, ebenso Bauwerke, die lediglich bis zu 50 Schutzplätze aufwiesen, sowie einsturzgefährdete Luftschutzstollen bis zu einer Länge von 200 Metern. Für alle weiteren Abrisse galt die Auflage, Ersatzraum zu schaffen.

Um einen genauen Überblick über den Zustand der Bunker zu erhalten, wurden die Stadtverwaltungen aufgefordert, von jedem Bauwerk mit einer Mindestaußenwandstärke von 1,10 Meter eine »luftschutztaktische« Beurteilung anzufertigen, die unter anderem die örtliche Luftschutzplanung, eine Bauskizze im Maßstab 1 : 200 und eine Kosteneinschätzung beinhalten sollte. Die Erfassung der Objekte oblag den Bundesvermögens- und Bauabteilungen der Oberfinanzdirektionen gemeinsam mit den Luftschutzleitern. Mit ihrer Hilfe wollte man diejenigen der 1 500 Bunker in der Bundesrepublik herausfiltern, die für die Wiederherstellung geeignet waren. Die Entscheidung über die Instandsetzungswürdigkeit lag beim Bundesministerium des Innern.

Wenn diese positiv ausfiel, sollten zunächst bestehende Nutzungsverträge gekündigt werden. Daraufhin sollten Säuberung und Instandsetzung der Be- und Entwässerung, der Lüftung, der Maschinen- und elektrischen Anlagen erfolgen und abschließend die Entfestigungsöffnungen geschlossen und Abschlußtüren angebracht werden.

Ende der fünfziger Jahre hatten die Städte die relevanten Informationen ermittelt und an die Oberfinanzdirektionen weitergegeben. Das Kieler Luftschutzamt stellte am 28. Mai 1958 seine Luftschutzpläne vor: Von den im Krieg gebauten 55 Hoch- und 36 Tiefbunkern sowie 14 Luftschutzstollen seien im Krieg zwei zerstört worden (Tiefbunker Lessingplatz und Sternwarten-Stollen), 31 Hoch-, 22 Tiefbunker sowie acht Luftschutzstollen seien gesprengt worden bzw. nicht wiederherstellbar. 24 Hoch- und 14 Tiefbunker sowie sechs Luftschutzstollen gehörten jedoch zu den Bauten, »die voraussichtlich nach den jetzigen Richtlinien wiederhergestellt werden können«.[63] Die übermittelten Angaben bildeten die Grundlage der »Richtlinien für die bauliche Instandsetzung der Bunker«, die das Bundesministerium für Wohnungswesen im Mai 1960 herausgab. Diese wiederum basierten auf den »Richtlinien für Schutzraumbauten« vom 27. Juli 1955. Am 21. Mai 1960 schrieb der Innenminister von Schleswig-Holstein: »Für die Wiederinstandsetzung von ehemaligen Schutzraumbauten ist im Rahmen der zur Verfügung stehenden Bundeshaushaltsmittel ein ›Vorab‹-Programm vorgesehen. Der Verfahrensgang, der vom Herrn Bundesminister für wirtschaftlichen Besitz des Bundes im Einvernehmen mit den Herren Bundesministern des Innern, der Finanzen und des Wohnungsbaues festgelegt wurde, sieht zunächst nur eine Wiederinstandsetzung solcher ehemaligen Schutzbauten vor, die im Eigentum der Bundes stehen (Grundstücke und Gebäude), mindestens eine vorhandene Druckresistenz von zwei atü haben und deren Außenmauern eine Mindestdicke von 1,10 m aufweisen.«[64] Schwerpunkt der Instandsetzungsarbeiten war die Verstärkung der Wände auf drei Meter.

Nach dem Bau der Mauer im August 1961 und den folgenden weltpolitischen Spannungen trieb die Bundesregierung ihre Zivilschutzanstrengungen weiter voran. Am 12. Oktober 1961 fand im Bundeskanzleramt eine Konferenz statt, die darüber beriet, wie man bei den beschränkt zugestandenen Mitteln eine möglichst hohe Zahl von zivilen Bunkern reaktivieren könne. Zu diesem Zeitpunkt waren die Planungsarbeiten erst für 200 Objekte eingeleitet worden. Über die Schwierigkeiten gibt ein Schreiben des Bundesinnenministers vom 9. November 1961 Auskunft: »Da nach den vorliegenden Erfahrungen die Instandsetzung von Bunkern vom Beginn der Planung bis zur Fertigstellung erhebliche Zeit beansprucht und die Kapazität der mit der Planung beauftragten Stellen und der Instandsetzungsbetriebe begrenzt ist, kann die endgültige Wiederherstellung nur bei einem Teil der vorhandenen LS-Bauwerke gleichzeitig in Angriff genommen werden. Die endgültige Instandsetzung wäre danach erst nach einer Reihe von Jahren beendet. Unter diesen Umständen empfiehlt sich eine behelfsmäßige Herrichtung vorhandener Schutzbunker, wo sie ausreicht, um wenigstens einen kürzeren Aufenthalt zu ermöglichen. Eine solche behelfsmäßige Herrichtung wäre als 1. Stufe der späteren endgül-

tigen Instandsetzung anzusehen.«[65] Da es sich hier um vergleichsweise schnell durchführbare Umbauten bei 650 Bunkern handelte, erhielten die entsprechenden Maßnahmen die Bezeichnung »Sofortprogramm«.
Im November 1962 wurde dann das »Schutzbaugesetz« verabschiedet, das abermals grundlegende Anforderungen formulierte, wobei bereits zu diesem Zeitpunkt aus Kostengründen auf die Verstärkung der Außenwände verzichtet wurde.[66]
Die Entwicklung der Schutzmaßnahmen wird am Beispiel Hannover deutlich: Die wiederhergerichteten Bunker sollten der Bevölkerung »Grundschutz« bieten, dazu gehörten die Sicherheit gegen herabfallende Trümmer, Brandeinwirkung, konventionelle Waffen, radioaktive Niederschläge, biologische und chemische Kampfstoffe. Bei diesem Grundschutz wurden zwei Arten von Bunkern unterschieden: Variante I sah den Aufenthalt von bis zu 14 Tagen vor. Diese Bunker waren mit Notstromaggregaten, Notwasserbrunnen, Lüftungsanlagen und notwendigen Verbrauchsgütern ausgestattet. In Hannover gab es vier solcher Objekte mit insgesamt 8 712 Schutzplätzen. Variante II war für eine Aufenthaltsdauer von maximal zehn Stunden ausgelegt. Die technische Ausstattung beschränkte sich daher auf Lüftungsanlagen. Hiervon gab es fünf Bunker mit 7 746 Schutzplätzen. Für die gesamte Stadt gab es trotz Sanierung der Versorgungsleitungen für Wasser und Strom lediglich 29 Objekte mit 26 256 Plätzen, bei denen die Aufenthaltsdauer auf drei Stunden begrenzt war. Keiner dieser Bunker bot Schutz gegen chemische, biologische oder atomare Waffen.
Die Kosten für den Umbau hatte der Bund zu tragen, die Gemeinden waren aber verpflichtet, die eingerichteten Bunker zu übernehmen: »Rechtsgrundlage für die Übernahme ist § 18 Abs. 3 des Schutzbaugesetzes vom 9. September 1965, wonach die Gemeinden die vom Bund errichteten öffentlichen Schutzräume und ihre Ausstattung zu übernehmen und auf ihre Kosten zu verwalten haben, während der Bund weiterhin für alle Instandsetzungs-, Unterhaltungs- und Ergänzungsmaßnahmen aufkommt.«[67]
Wegen der geringen Finanzmittel kam man mit den Arbeiten nur langsam voran. Noch Anfang 1971 mußte der Bundesfinanzminister seine Ressortkollegen der Länder und Senate mit den Worten vertrösten: »Die Instandsetzung der öffentlichen Schutzbunker wird sich bei der Vielzahl der vorhandenen Objekte noch über viele Jahre hinziehen. Damit eine größere Anzahl von Bunkern trotzdem als Schutzbauwerke benutzt werden können, beabsichtige ich im Einvernehmen mit dem Bundesminister des Innern, soweit wirtschaftlich und baufachlich vertretbar, die Bunker, bei denen vorläufig eine Instandsetzung nicht möglich ist, für einen kürzeren Aufenthalt ... nutzbar zu machen.«[68] Wie begrenzt die Gelder für die Umbauten zu dieser Zeit waren, zeigen die Ausgaben von 1974, als für das gesamte Bundesgebiet lediglich sieben Millionen DM bereit standen, womit insgesamt vier Bunker instand gesetzt werden konnten. 1975 beschloß die Bundesregierung dann, daß Bunker nur noch für einen Aufenthalt von maximal zehn Stunden hergerichtet werden sollten.[69] Die entsprechenden Mittel flossen bis 1992, als aufgrund der weltpolitischen Entspannung das Zivilschutzprogramm weitgehend abgebrochen wurde. Von nun an bewilligte die deutsche Regierung ausschließlich Mittel für die Unterhaltung der existierenden Schutzbauten.

Die praktische Umsetzung des Zivilschutzes war von verschiedenen Schwierigkeiten begleitet. So hatte man beispielsweise den einzigen bombensicheren Bunker von Cuxhaven, in der Rathausstraße, nach dem Krieg soweit »entfestigt«, daß die Sachverständigen Ende der fünfziger Jahre zu dem Schluß kamen, der Bunker könne seinem ursprünglichen Zweck nicht mehr dienen. Außerdem böte solch ein Hochbunker keinen ausreichenden Schutz vor Atomwaffen und deren Wirkungen.[70] Wegen der weltpolitischen Lage wurde diesen Bedenken zum Trotz im Mai 1964 aber mit dem Umbau begonnen. Doch erst im Frühjahr 1971 wurde der Bunker, der 1 500 Personen einen Aufenthalt von vier Wochen ermöglichte, der Stadt zur Nutzung übergeben.
Am Beispiel der Stadt Lübeck wird ein weiteres Problem des Zivilschutzprogramms deutlich: Die bis 1989 durch Umbauten geschaffenen Schutzplätze reichten lediglich für etwa 7,5 Prozent der Einwohner der Hansestadt, was aber immerhin noch vier Prozent über dem Bundesdurchschnitt lag. Dieses auffällige Mißverhältnis erklärt der

Amtsleiter des Kieler Zivil- und Katastrophenschutzes, Manfred Martins, so: »Eigentlich, so die Planungen der fünfziger und sechziger Jahre, sollten alle Bauherren zum Einbau von Schutzkellern in ihre Häuser verpflichtet werden. Da das politisch nicht durchsetzbar war, wurde aus der Pflicht eine Empfehlung, der freilich niemand folgte. Die öffentlichen Bunker, die eigentlich nur für Passanten gedacht waren, wurden so zum einzigen Schutz für die gesamte Bevölkerung – nach Meinung der Kritiker ohnehin ein mehr als zweifelhafter Schutz.«[71]

Der Vorwurf, daß zu wenig Schutzplätze geschaffen wurden, reiht sich in die andauernde Kritik ein, die das Zivilschutzprogramm von Anfang an begleitet hat. Bald nach Beginn des Instandsetzungsprogramms waren unter anderem Bedenken an der Schutzfähigkeit der Bunkeranlagen beim Einsatz atomarer Waffen aufgekommen. Die *Kieler Morgenzeitung* veröffentlichte am 9. Februar 1964 eine Polemik, die sich auf eine Broschüre bezog, die der Leiter der Abteilung Ziviler Bevölkerungsschutz im Bundesministerium des Innern, Ministerialdirektor Arnold Thomsen, verfaßt hatte: »Die Auswirkungen der Kernwaffen im Megatonnenbereich werden in der Broschüre überhaupt nicht behandelt. [...] Anscheinend glaubt Herr Thomsen, daß sich der Feind in einem Atomkrieg in seinen Angriffsmitteln auf den bundesdeutschen Luftschutz einstellt, um nur nicht die Schutzmaßnahmen unwirksam werden zu lassen.«[72]

Ein weiteres Problem entstand durch die überaus kurzen Vorwarnzeiten bei einem Angriff mit Atomraketen, da nach dem Alarm meist nur ein bis zwei Minuten vergehen, bis die Geschosse ihre Ziele erreicht haben. Bereits im Schutzbaugesetz vom November 1962 war eingestanden worden, daß »eine Alarmierung allenfalls kurz vor der Detonation möglich« sei.[73] Und selbst wenn die Schutzsuchenden die Bunker noch rechtzeitig erreichten und diese die Atombombenexplosion überstehen würden, sei noch immer die Frage der atomaren Verseuchung ungeklärt. Strahlenbiologe Professor Wilfried Linden, früher Mitglied der Strahlenschutzkommission im Bundesministerium des Innern, hielt vor allem deshalb die »Reaktivierung der Bunker für bloße Augenwischerei«.[74]

Anfang der achtziger Jahre äußerte auch die erstarkende Friedensbewegung solche grundsätzliche Kritik an den

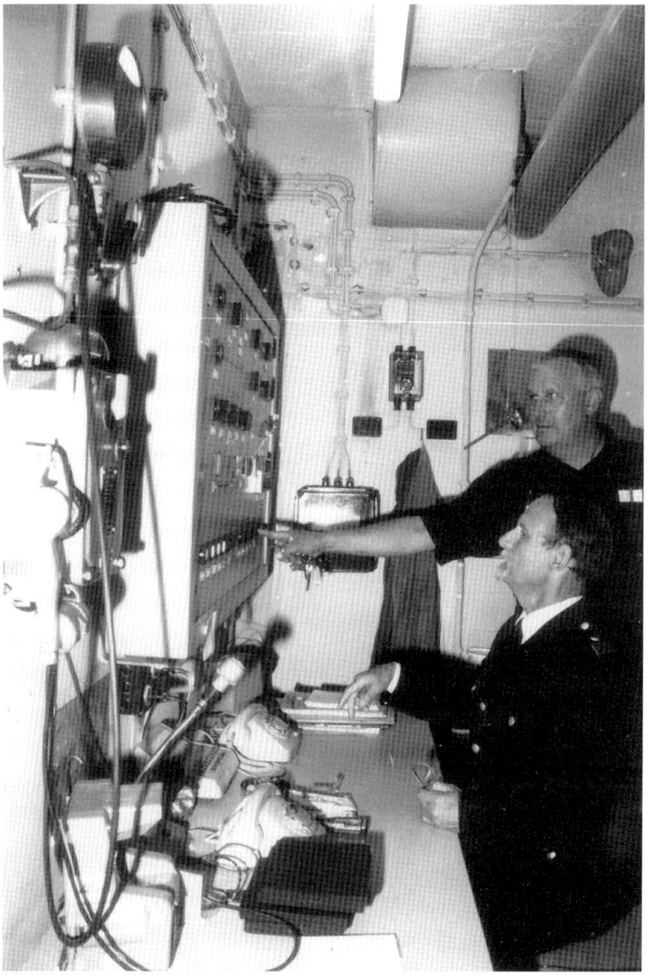

Amtsleiter und Bunkertechniker kontrollieren die Hauptlüftungsschalttafel im Werftstraßenbunker in Kiel 1992.

Luftschutzbemühungen: Der Frieden sollte durch Abrüstung gesichert werden, die Luftschutzbauten trügen dagegen nur zur Illusion bei, daß ein Atomkrieg führbar und ein Überleben möglich wäre. Im April 1984 »nisteten« sich beispielsweise 13 Mitglieder verschiedener Hamburger Friedensinitiativen bei einer symbolischen Bunkerbesetzung für 38 Stunden im Bunker Methfesselstraße ein. Eine weitere Anti-Zivilschutzaktion fand am 29. Juni 1984 unter dem Motto: »Zivilschutz – Hilfe oder gefährliche Illusion?« statt. Diese Veranstaltung richtete sich gegen den Entwurf eines neuen Zivilschutzgesetzes der Bundesre-

gierung vom 5. Juni 1984, in dem die Aufgabe der Bürger bei solchen Maßnahmen formuliert worden war. Die Veranstalter meinten: »Unser Ziel ist es, die Einsicht in den Zusammenhang von Zivilschutz und Kriegsvorbereitung zu vermitteln.«[75]
In das Blickfeld der Behörden gerieten die Bunker wieder im Herbst 1989; so forderte Bundesinnenminister Wolfgang Schäuble am 10. November, alle verfügbaren Schutzbauten mit Sanitäranlagen auszustatten, damit die zahlreichen Übersiedler aus der DDR dort wohnen könnten.

Der Zivilschutz in der Deutschen Demokratischen Republik

Ebenso wie die Bundesrepublik reagierte die DDR Anfang der fünfziger Jahre auf die Weltlage. Mit praktischer sowjetischer Hilfe erfolgte auch hier der Aufbau eines Luftschutzes, dessen Hauptaufgabe die Verhütung und Bekämpfung von Katastrophen war.[76] Anfang 1954 entstand zu diesem Zweck eine »Zentrale Katastrophenkommission« (ZKK), die dem Ministerium des Innern unterstand. Im Mai 1955 wurde die DDR Gründungsmitglied des Warschauer Vertrages.
Am 16. August desselben Jahres beschloß das SED-Politbüro die Einrichtung eines zivilen Luftschutzes in der DDR. Für den Aufbau dieser neuen Behörde war das Ministerium des Innern unter seinem Minister Willi Stoph verantwortlich, das am 24. Oktober 1955 die entsprechende Anordnung Nr. 5/55, »Maßnahmen zur Organisierung des zivilen Luftschutzes der DDR«, erließ. Für die Bevölkerung erhielt die Verwaltung die unverfängliche Bezeichnung »Aktiver Brandschutz«. Der zivile Luftschutz der DDR arbeitete von Anfang an eng mit der Kasernierten Volkpolizei (KVP) und ab 1956 mit der Nationalen Volksarmee (NVA) zusammen. Am 11. Februar 1958 verabschiedete die Volkskammer das »Gesetz über den Luftschutz in der DDR«, das auf die Erhöhung der Verteidigungsfähigkeit, den wirksamen Schutz der Bevölkerung, der Wohngebiete und Betriebe sowie auf die Sicherung kultureller Werte gerichtet war. Der wesentliche Teil der Arbeit des Zivilschutzes waren demgemäß Einsätze bei der Beseitigung von Hochwasser- und Sturmschäden, bei Waldbränden sowie bei Havarien und Katastrophen. (Aber auch beim Bau der Mauer im August 1961 wurden die Helfer aktiv.) Konsequenterweise fand der Luftschutz Eingang in das Verteidigungsgesetz der DDR vom September 1961, das ihn zu einem Bestandteil des »Schutzes der Republik und der Bevölkerung« erklärte. Als sich Mitte der sechziger Jahre die bestehende Luftschutzkonzeption änderte, sollte aus dem bisherigen Luftschutz eine in das System der Landesverteidigung eingegliederte Zivilverteidigung (ZV) gebildet werden. Verteidigungsminister Heinz Hoffmann verlangte 1966 einen »einheitlich organisierten Schutz des Hinterlandes und der Bevölkerung vor gegnerischer Waffenwirkung«.[77] Am 14. September 1967 beschloß der Ministerrat der DDR die Schaffung eines republikweiten Systems der Zivilverteidigung, das einen »optimalen Schutz« der Bevölkerung während des »Verteidigungszustandes« gewährleisten sollte. Als neues Führungsgremium wurde dafür eigens ein Stab der Zivilverteidigung im Ministerium des Innern eingerichtet. Mit dem »Gesetz über die Zivilverteidigung« vom 16. September 1970 wurden Luftschutz, Katastrophenschutz und Sanitätseinheiten des DRK de jure in das System der Zivilverteidigung integriert und waren fortan Bestandteil der Landesverteidigung. Als Konsequenz wechselte die Zivilverteidigung am 1. Juni 1976 in die Zuständigkeit des Ministeriums für Nationale Verteidigung über, das wiederum ein Zusammenwirken mit den anderen Staaten des Warschauer Vertrages auf diesem Sektor gewährleisten sollte. Mit dem »Gesetz über die Landesverteidigung der DDR« vom 13. Oktober 1978 wurde die Zivilverteidigung dort endgültig integriert. Entsprechend militärisch waren ihre Aufgaben: »Maßnahmen zum Schutz der Menschen und materiellen Werte sowie zur Aufrechterhaltung bzw. Wiederingangsetzung des gesellschaftlichen Lebens unter den Bedingungen des Einsatzes aller Arten von Vernichtungsmitteln«.[78] Außerdem beschloß der Nationale Verteidigungsrat (NVR) 1978 die »Grundsätze für die Organisierung der geschützten Unterbringung der Bevölkerung bis 1990«. Zu diesem Zeitpunkt existierten lediglich für 29 Prozent der Beschäftigten in Betrieben und für neun Prozent der übrigen Bevölkerung Schutzplätze. Da die sowjetischen Besatzungsbehörden nach 1945 den größten Teil der Bunker

Vorbildliches »Verhalten im Freien« bei einem nuklearen Ernstfall, so in einem »Lehrbuch der Zivilverteidigung« der DDR. Da es nicht genügend Schutzplätze gab, hätte sich auf diese Weise die Mehrheit der Bevölkerung in Ost und West behelfen müssen.

beseitigt hatten, sollten bis 1985 über 2,5 Millionen Schutzräume gebaut werden. Doch bereits im November 1979 mußten die großspurigen Pläne aus Mangel an Material und Arbeitskräften korrigiert werden und waren – bis auf die geheimen Bunker für Parteiobere wie Honecker und Mielke – bald darauf ganz vom Tisch.[79] Es gab Überlegungen, vorhandene Bunker zu reaktivieren, wofür alle in Frage kommenden Bauten erfaßt werden sollten. Dieser Vorgang war bis Mitte der achtziger Jahre noch nicht abgeschlossen; so wurde zum Beispiel das entsprechende Gutachten zu den Bunkern auf dem Gelände der strategisch wichtigen Rostocker Neptun-Werft erst 1982 erstellt.[80] Zu diesem Zeitpunkt war es aber bereits zu Veränderungen in der Militärdoktrin des Warschauer Vertrages gekommen, die sich der Erkenntnis der NATO, daß es bei einem Kernwaffenkrieg keine Sieger geben kann, anschloß. Infolgedessen konzentrierten sich die Kräfte der Zivilverteidigung abermals auf das, womit der Nachkriegsluftschutz in der DDR 1952 begonnen hatte – den Katastrophenschutz. Ende der achtziger Jahre hegte man im Ministerium für Staatssicherheit den absurden Gedanken, Bunker als Gewahrsam für Oppositionelle bei Massenverhaftungen zu nutzen, doch die Ereignisse im Herbst 1989 vereitelten diese Pläne. Am 3. September 1990, einen Monat vor der Wiedervereinigung der beiden deutschen Staaten, erließ der Minister für Abrüstung und Verteidigung, Rainer Eppelmann, den Auflösungsbefehl für den Zivilschutz. Bis zum 30. Juni 1991 war dies vollzogen.

Der Bunker als Schandfleck, Kunstwerk oder Mahnmal

Die Bunker waren seit ihrem Bau von der deutschen Bevölkerung je nach Stimmungslage eingeschätzt worden. Als man während des Krieges dort Schutz vor Bomben suchte, wurden sie begrüßt und die Plätze in ihnen waren begehrt. Als nach dem Krieg in den zerbombten Städten jedes bewohnbare Gebäude benötigt wurde, setzte sich die Bevölkerung vehement für den Erhalt der Bunker ein. Als dann aber durch den Wiederaufbau und Neubau von Wohnhäusern in den fünfziger Jahren die Bunker zunehmend ihre Wohnfunktion verloren, wurden die klobigen grauen Riesen unisono als »Schandfleck«[81] abgelehnt.
Diese Ablehnung wurde noch dadurch verstärkt, daß die Umgebung der Bunker meist eine einzige Müllhalde war. Die Abneigung gegen die Bunker schloß oft auch deren Bewohner ein – sogenannte Randsiedler, die in der neuen Wohlstandsgesellschaft nicht hatten Fuß fassen können. Darüber hinaus wollten die Menschen durch den Anblick der grauen Klötze nicht weiter an die Zeit des Nationalsozialismus erinnert werden, die man mit ihrem Leid und ihren Entbehrungen, aber auch Greueltaten und eigenen Verstrickungen möglichst vergessen wollte.
Nach den Sprengungen der Bunker durch die Besatzungsmächte Ende der vierziger Jahre ließen deshalb auch im Laufe der sechziger und siebziger Jahre viele Städte ihre Bunker abreißen und die Trümmer beseitigen. Wegen des hohen finanziellen Aufwandes gab es jedoch Überlegungen, wie die Bunker kostensparender beseitigt oder zumindest aus dem Blickfeld geräumt werden könnten. Die preiswerteste »Entsorgung« war die Begrünung der Bunkerwände und -ruinen. Diese Methode war vor allem für solche Bunker geeignet, die an Häuser angebaut waren und so nicht ohne Zerstörung dieser Gebäude abgerissen werden konnten. Aber erst in den achtziger Jahren gingen die Stadtverwaltungen verstärkt dazu über, Efeu, Wilden Wein und Knöterich anzupflanzen, die an den Betonwänden emporwuchsen.
Als Folge der 68er Studentenunruhen wurden auch die Bunker Anlaß für Diskussionen über die Art und Weise des Gedenkens an Krieg und Nationalsozialismus. Dies geschah zum Beispiel 1970 in Wilhelmshaven, als Oberstadtdirektor Eickmeier den Vorschlag machte, Künstler sowie Studenten der Kunstakademien und Werkkunstschulen zum Bemalen von Bunkerwänden zu gewinnen. Für die besten Entwürfe sollten Preise ausgelobt werden. Wenngleich das Echo auf diesen Vorschlag überwiegend positiv war, gab es auch ablehnende Stimmen, so einen Kommentator der *Wilhelmshavener Zeitung*: »Als Fachmann sage ich: Finger weg! Weder Farben, Efeu, Weinranken oder anderes. Die Bunker, wo man voller Angst und Sorgen Zuflucht gesucht hat, sind keinen Pinselstrich wert. Je mehr man daran herumfummelt, desto schneller werden wieder die Erinnerungen an die Vergangenheit

Der Hamburger Bunker Heußweg/Ecke Unnastraße wurde 1982 mit Motiven alter Kaufmannshäuser bemalt.

Begrünter Bunker Eidelstedter Straße in Hamburg.

wach. Wir wollen hoffen, daß diese Hindernisse eines Tages für immer verschwinden.«[82] Trotz solcher Einwände erhielt im Sommer 1970 der Künstler Manfred Wuttke den Auftrag, am Luftschutzbunker Ölhafendamm ein Wandbild anzubringen.[83] Oberstadtdirektor Eickmeier wollte zudem ein Zitat auf der Bunkerwand, das den mahnenden Charakter des Wandbildes zusätzlich betonen sollte. Er wandte sich deshalb mit einer entsprechenden Bitte an den damaligen Bundespräsidenten Gustav Heinemann, der eine Passage aus seiner Antrittsrede vorschlug: »Der Frieden ist der Ernstfall, in dem wir uns bewähren müssen. Nach dem Krieg gibt es keine Existenz mehr.« Wuttke integrierte dieses Zitat in sein Wandbild. Für die Bundesrepublik dieser Zeit typisch provozierte auch dieses Bild Streit über Sinn und Unsinn von Erinnerungsarbeit.[84]

In Hamburg wurden 1982 Bunkerwände ohne größere Diskussionen oder Ausschreibungen bemalt. So leistete die Firma Beiersdorf anläßlich ihres 100. Firmenjubiläums ihren »Beitrag zur Verschönerung von Eimsbüttel«[85], indem sie die Fassade des Bunkers Unnastraße/Heußweg 114 mit Fachwerkhäusern bemalte.

Heftige Kontroversen löste dagegen ein im September 1982 vom Kulturamt ausgeschriebener »Ideenwettbewerb zur künstlerischen Auseinandersetzung mit Hochbunkern im Stadtgebiet der Freien und Hansestadt Hamburg« aus. Die Künstler sollten mit ihren Entwürfen zum Ausdruck bringen, daß Bunker »Kriegsgeräte« seien, und dadurch auf den vergangenen sowie einen möglichen zukünftigen Krieg hinweisen. Die künstlerische Gestaltung sollte die Luftschutzbauten aus ihrer »Unsichtbarkeit durch Gewöhnung« herausreißen. Immerhin waren für die Umgestaltung zwölf Bunker ausgesucht worden, für die jeweils 80 000 DM zur Verfügung standen.[86]

Besonders heikel war allerdings, daß sieben dieser Bunker eigentlich für den Zivilschutz ausgebaut werden sollten. Deshalb sahen sich viele der Künstler für die »Verschönerung von Kriegsbauten« mißbraucht, und es kam Ende des Jahres 1982 zu heftigen Protesten. In einem Flugblatt der »Freien Vereinigung Bildender Künstler« wurden die Kollegen dazu aufgefordert, an dem Wettbewerb nicht teilzunehmen: »Wir Künstler sind keine unpolitische Manövriermasse für staatliche Instanzen. Wir lassen uns unsere Gesinnung nicht durch verlockende Geldsummen abkaufen.«[87] Bei einer Diskussionsveranstaltung mit Vertretern der Kulturbehörde kritisierten die Mitglieder der »Freien Vereinigung«, daß durch eine künstlerische Gestaltung die Bunker verharmlost würden. Man verwies darauf, daß Schutzräume für den Zivilschutz kriegerische Konflikte erst möglich machten. Eine sinnvolle Auseinandersetzung mit den Bunkern sei aber nur dann möglich, wenn ihre kriegsfördernde Wirkung und Funktion aufgehoben würde, sie also nicht mehr als Schutzräume genutzt werden könnten. Es wurden auch Forderungen vorgebracht, aus jedem Bunker ein Anti-Kriegsmahnmal zu machen.[88]

Kultursenator Wolfgang Tarnowski hielt an dem Ideen-

Geschützturm auf dem Heiligengeistfeld in Hamburg und der Entwurf des Wiener Malers Hundertwasser zur Neugestaltung.

Die Gestaltung des Bunkers Iltisstraße in Kiel unter dem Motto »Revolution und Krieg« erfolgte erst nach einer heftigen Debatte unter den Bürgern der Stadt. Besonderer Kritikpunkt war der nackte weibliche Torso unter dem Bildnis von Rosa Luxemburg.

wettbewerb fest, und letztendlich wurden 82 Vorschläge eingereicht. Die Jury hielt die Entwürfe für unzureichend, weil keiner den Kriterien der Auslobung vollauf Rechnung getragen hätte. Das Scheitern des Wettbewerbs wurde offiziell am 6. Juni 1983 in einem Schreiben der Pressestelle eingestanden: Die Kulturbehörde habe die von der Kunstkommission bestätigte Empfehlung des Preisgerichts übernommen. »Aus Mitteln ›Kunst im öffentlichen Raum‹ werden zunächst keine Arbeiten im Zusammenhang mit Hochbunkern ausgeführt werden.«[89]
Die künstlerische Gestaltung der Bunkerwände bot auch andernorts immer wieder Zündstoff für heftige Kontroversen. Als der Bremer Senator für Wissenschaft und Kultur, Horst Werner Franke, anläßlich des 50. Jahrestages der

Machtergreifung Hitlers für die Bemalung eines Bunkers den Wettbewerb »Faschismus und Widerstand« ausschrieb, kam es auch hier zu Diskussionen. Vorgesehen war die Bemalung der etwa 19 Meter hohen und 23 Meter breiten Wand des Bunkers Admiralstraße im Stadtteil Findorff, der als Mahnmal ausgestaltet werden sollte. Das geplante Bild sollte den Opfern im nahegelegenen Konzentrationslager Mißler gewidmet sein. 87 Entwürfe gingen ein, und zum Sieger wurde das Bild von Jürgen Waller »Den Gegnern und Opfern des Faschismus« gekürt. Es zeigte Szenen aus der Untergrundarbeit, Verhaftete, Öfen und eine Guillotine, außerdem die Namen der Opfer und der Widerstandskämpfer, die im Konzentrationslager eingesperrt gewesen waren.

Der Kultursenator stieß jedoch auf Widerstand beim Senator für Inneres, Helmut Fröhlich. In einem Vermerk hieß es: »Der Senator für Inneres hat sich bis jetzt allen Versuchen widersetzt, Bunker mit politischen Aussagen zu versehen.«[90] Auch die Landesstelle Bremen des Bundesverbandes für den Selbstschutz protestierte. Sie schrieb am 17. März 1983, daß der Entwurf einen rein negativen Eindruck hinterlasse. Der Einwand gipfelte in dem Appell, »solche Motive nicht weiter zum Aushängeschild des Bremer Kunstbegriffs zu machen«.[91] Am 11. April 1983 antwortete der Referent für Bildende Kunst, Kunst im öffentlichen Raum und Künstlerförderung Manske: »Der Entwurf für das Wandbild an der Admiralstraße bezieht sich auf ein Thema, das mit dem Bunker nichts zu tun hat. Meines Erachtens kann man nicht akademisch darüber diskutieren, ob man sich mit dem Thema Faschismus auseinandersetzen soll oder nicht. Ich sehe hierin keine ›Zwangsauseinandersetzung‹, sondern eine Aufgabe, die immer wieder neu angegangen werden muß. Eine Wand, die sich 200 Meter neben dem ersten Bremer KZ befindet, ist durchaus geeignet, in künstlerisch angemessener Weise auf den faschistischen Terror und seine Opfer hinzuweisen. Wieso Sie in diesem humanen Akt, der sich gegen die schlimmste Form von Nicht-Humanität wendet, einen Gegensatz sehen zur humanitären Aufgabe des Zivilschutzes, ist mir unklar. [...] Ich bedaure sehr, daß es für Sie unvorstellbar ist, angesichts einer Mahnung gegen den Faschismus und seiner verheerenden Folgen nicht für den Zivilschutz eintreten zu können.«[92] Schließlich wurde dann doch der Entwurf von Jürgen Waller verwirklicht.

Eine ähnliche Debatte über die künstlerische Gestaltung von Bunkern wurde in Kiel zwei Jahre lang mit großer Vehemenz geführt. Am 1. Februar 1989 hatten die *Kieler Nachrichten* gemeldet, daß der Bunker Iltisstraße bemalt werden solle: »Im Rahmen des seit zwei Jahren bestehenden Projekts ›Krieg und Frieden in Gaarden‹ will die Räucherei zusammen mit dem Fachbereich Sozialwesen der Fachhochschule Kiel den Iltis-Bunker und seine Bedeutung aufarbeiten. Das Kulturamt sieht für den Frühsommer dieses Jahres eine Bemalung des instandgesetzten Bunkers durch acht Künstler vor.«[93]

Am 26. Juni 1989 versammelte sich der Kunstbeirat der Landeshauptstadt Schleswig-Holsteins in der »Sternschule«, um über vier Entwürfe des Künstlers Shahin Charmi und seiner Arbeitsgruppe »Fassadengestaltung« zu beraten: »Nazithematik« (keine Stimme), »Kollwitz«-Motiv mit abstrakten Ergänzungen (drei Ja-Stimmen), »Revolution und Krieg« (fünf Ja-Stimmen), »Umweltbild/Sieben Todsünden« (neun Ja-Stimmen). Man entschied sich dennoch für den Entwurf »Revolution und Krieg« mit Motiven aus der neueren Geschichte Kiels – vom Matrosenaufstand 1918 über das »Dritte Reich« bis zum Kriegsende. Auf die Frage der *Kieler Nachrichten*, weshalb er so düstere Motive gewählt habe, antwortete Charmi: »Die

Gänzlich unpolitisch wurde dieser Rundbunker in Wilhelmshaven bemalt.

Welt ist in einem Zustand, in dem wir keinen Augenschmaus auf die Wände bringen können«.[94]
Auf wenig Gegenliebe stieß diese Collage bei der städtischen CDU, und ihr Fraktionschef bezeichnete das Bild als »sozialistischen Realismus wie in Moskau«. Der CDU-Ratsherr Arno Witt kritisierte, das Bild »sei nichts anderes als die Aufbereitung der Geschichte der sozialdemokratischen Partei. Vielleicht stünde der Entwurf dem Zimmer des SPD-Parteivorsitzenden am Kleinen Kuhberg besser zu Gesicht als in Gaarden an einer Bunkerfassade.«[95] Kulturdezernent Rolf Johanning verteidigte daraufhin den Entwurf und wandte sich vor allem gegen die Bemalung mit einer idyllischen Fördelandschaft, wie sie die CDU vorgeschlagen hatte.[96] Man könne stolz darauf sein, daß Matrosen durch ihren Aufstand mitgeholfen hätten, 1918 den Krieg zu beenden, und ein Teil der demokratischen Wiege Deutschlands in Kiel liege. Ein Zeitungsartikel wiederum sprach sich gegen jegliche Bemalung aus: »Ein Bunker braucht keine Malerei, um als Bunker kenntlich zu sein. Man fördert nicht die Kenntnis der Geschichte, wenn man einen Bunker als pädagogische Wandtafel benutzt, und sei es in bester Absicht. Verläßlicher wirkt die ungeschönte Wahrheit der Dinge: Seht, Kinder, man hat dieses Monstrum bauen müssen, weil Krieg und Tod befürchtet und herausgefordert wurden. Und so, wie der Bunker jetzt aussieht, sah er schon damals aus.«[97]
Die SPD blieb jedoch bei ihrem Projekt – übrigens gegen das Votum der Grünen, die für einen Abriß des Bunkers plädierten. Ebenso stimmte die Mehrheit des Gaardener Ortsbeirats für den Entwurf »Krieg und Revolution«. Nach dem endgültigen Beschluß durch den Bauausschuß der Stadt am 13. September 1989 konnte die fertige Fassadenmalerei am Iltis-Bunker bereits am 27. November enthüllt werden. Bei der offiziellen Übergabe führte Kulturdezernent Johanning aus, daß das Gemälde »schlaglichtartig und beispielhaft Widersprüchlichkeiten und die extremen Situationen deutscher Geschichte dieses Jahrhunderts« widerspiegele.[98]
Nach Fertigstellung des Bildes verlagerte sich die Kontroverse von der Politik auf die Ästhetik und die Moral. Unterhalb des Gesichtes von Rosa Luxemburg hatten die Künstler einen Torso gemalt, der zum einen nackt und zum anderen weiblich üppig war. »Dieses Bild ist eine Sauerei«, meinten biedere Moralapostel und Vertreterinnen der Frauenbewegung. Die Fraktionsfrauen der Grünen fanden die Brüste »diskriminierend und belästigend«, Rosa Luxemburg würde sich im Grabe umdrehen, wenn sie das sähe.[99] Im Juli 1990 wandte sich der Verein »Notruf und Beratung für vergewaltigte Frauen und Mädchen – Frauen gegen Gewalt« mit einer Presseerklärung an die Öffentlichkeit, die den Torso mit der Darstellung von Frauenkörpern in Werbung, Pornoindustrie und Medien gleichsetzte.[100] Die *Kieler Nachrichten* stellten die rhetorische Frage: »Kunst soll sich frei entfalten. Darf sie deshalb alles? Kunst soll provozieren. Muß sie deshalb belästigen?«[101] Letztlich lehnten aber SPD und CDU eine nachträgliche Zensur gemeinsam ab, und der Vorschlag des Abgeordneten der Grünen, Repp, die Brüste mit einem BH zu übermalen, wurde nicht aufgegriffen.

Ab Mitte der neunziger Jahre werden die Bunkerbauten zunehmend als steinerne Zeichen der Erinnerung an die Zeit des Krieges wahrgenommen und für schützenswert befunden. So wurde zum Beispiel der Bunker Kralenriede in Braunschweig im September 1996 im Rahmen des »Tages des offenen Denkmals« einer breiten Öffentlichkeit zugänglich gemacht, und das Bauordnungsamt erwägt, den Bau unter Denkmalschutz zu stellen und dort ein Museum einzurichten. In Emden wurde zum 50. Jahrestag des Kriegsendes 1995 das »Bunkermuseum« in der Holzsägerstraße eingerichtet. Dort gestaltete man einige Räume originalgetreu wie zu Kriegszeiten, in anderen gibt es eine Dokumentation. Hamburg erhielt sein Bunkermuseum im Jahr darauf: Der unterirdische Röhrenbunker im Wichernsweg 16 wurde wiederhergerichtet. Ähnliche Überlegungen gibt es in Hannover und Lübeck.

Einige der im Rahmen des »Führer-Sofortprogramms« errichteten Bunker waren noch bei Kriegsende Baustellen. Der Bunker Töpferweg/Moislinger Allee in Lübeck wurde 1942 fertiggestellt; auf der Dachplattform befand sich eine Flakstellung. Der ausgesparte Nazi-Adler wurde nie eingesetzt. Heute wird der Bunker für den Zivilschutz genutzt.

Bunker in Norddeutschland – eine Bilanz

Am 1. September 1939 überfiel das »Dritte Reich« Polen. Zwei Tage später erklärten die Verbündeten Polens, Frankreich und England, dem Deutschen Reich den Krieg. Am 16. Juli des folgenden Jahres befahl Hitler die Aktion »Seelöwe«, den Luftkrieg gegen England. Als Vergeltungsschlag für die Bombardierung ihrer Städte flog die Royal Air Force (RAF) in der Nacht zum 26. August 1940 den ersten geschlossenen Bombeneinsatz auf Berlin. Es folgten weitere, immer schwerere Angriffe vor allem auf deutsche Küstenstädte, die auch die Zivilbevölkerung schwer trafen. Der Krieg war nach Deutschland gekommen. Als Reaktion auf die Bombardements und die Schutzlosigkeit der betroffenen Einwohner erließ Hitler am 10. Oktober 1940 das »Führer-Sofortprogramm« für den zivilen Bunkerbau, das mit seinem geplanten Volumen und erwarteten Kosten von 120 Milliarden RM das größte zweckgebundene Bauprojekt der Menschheitsgeschichte war. Die strategische Planung und politische Weisungsbefugnis übertrug Hitler dem Reichsluftfahrtminister und Beauftragten des Vierjahresplans Hermann Göring, der noch kurze Zeit zuvor großspurig verkündet hatte, er wolle Maier heißen, wenn jemals Bomben auf das Reich fallen sollten.

Ursprünglich sollte die gesamte Zivilbevölkerung Schutzplätze erhalten, wofür die reichsweite Verbunkerung von Städten geplant war. In der I. Welle sollten in 61 Städten mit insgesamt etwa 20 Millionen Menschen Bunker gebaut werden, in der II. Welle ab 1941 nochmals in 31 Städten mit weiteren 15 Millionen Menschen.

Von besonderer Bedeutung waren die Küstenstädte an

Nord- und Ostsee mit den Stützpunkten der Marine, den Werften und der U-Boot-Produktion, denen die britischen und ab 1943 auch amerikanischen Luftangriffe vorrangig galten. Insgesamt 17 von ihnen, mit zwölf Häfen, wurden sogenannte Bunkerstädte – zum Beispiel Bremen, Kiel und Wilhelmshaven. Insgesamt wurden im sogenannten Luftgaukommando XI (Norddeutschland) etwa 1 100 Bunker und Luftschutzstollen im Rahmen des »Führer-Sofortprogramms« errichtet.

Als Folge des Unternehmens »Barbarossa«, des Überfalls auf die Sowjetunion, im Juni 1941 kam es in Deutschland zu einem immer größeren Mangel an Baustoffen, Transportmöglichkeiten und Arbeitskräften, was natürlich auch den Bunkerbau betraf. Man versuchte von nun an, billiger zu bauen, um mit weniger Baustoff dieselbe oder eine höhere Anzahl von Schutzplätzen zu schaffen – oft zu Lasten der Sicherheit der Bevölkerung. Ab 1943 setzten die Alliierten bei ihren beinahe täglichen Angriffen zunehmend schwere und schwerste Bomben ein, denen auch die neuentwickelte »Braunschweiger Bewehrung« der deutschen Luftschutzbauten kaum mehr standhielt. Immer öfter wurden Decken und Wände von Bunkern durchschlagen, was das Vertrauen der Bevölkerung in die Bauten allmählich schwinden ließ. Dabei waren sie extra dafür geschaffen worden, daß der »Kampfeswille des deutschen Volkes« nicht nachlasse und die Bevölkerung aufgrund der Luftkriegsfolgen nicht ihre Loyalität gegenüber dem Regime aufkündige oder sich gar Widerstand formiere.

Zu einem Teil haben die Machthaber dieses Ziel mit Hilfe des Bunkerbauprogramms erreicht. Ohne die Bunker hätten weitere Hunderttausende Menschen in Deutschland ihr Leben verloren. Amerikanische Militärs konnten nach dem Krieg feststellen, daß die Verluste unter der Zivilbevölkerung Deutschlands zwanzigmal niedriger ausgefallen waren, als es ihre Strategen angenommen hatten.[1]

Dennoch gab es im Deutschen Reich 570 000 zivile deutsche »Luftkriegstote«,[2] was etwa 0,7 Prozent der deutschen Gesamtbevölkerung entsprach; außerdem kamen 32 000 Ausländer sowie 23 000 Angehörige von Polizei und Wehrmacht durch die Luftangriffe ums Leben. In den Großstädten Norddeutschlands waren es sogar bis zu drei Prozent. Der »totale Krieg«, der von den Nazis rücksichtslos in die Welt getragen worden war, hatte ebenso total auf die deutsche Zivilbevölkerung zurückgeschlagen. Bei den »Gomorrha«-Angriffen auf Hamburg Ende Juli 1943 beispielsweise wurden drei Viertel der alten Hansestadt zerstört und verloren nahezu 40 000 Menschen ihr Leben.

Die Nationalsozialisten haben diese Verluste in Kauf genommen, denn für den Bau ziviler Bunker haben immer nur so viele Baustoffe, Geräte und Personal zur Verfügung gestanden, wie es die militärischen Bauprogramme – zum Beispiel des Atlantikwalls – zuließen. In den norddeutschen Städten gab es daher lediglich für etwa zehn Prozent der Bevölkerung Plätze in bombensicheren Luftschutzbauten, und nur bei mehrfacher Überbelegung fand rund die Hälfte der Bevölkerung Schutz. Zudem gab es starke Unterschiede im Verhältnis der Einwohner- zur Schutzplatzzahl, je nach militärischem Stellenwert der einzelnen Städte. So kamen in Emden und Bremen nur etwa ein Prozent der Bevölkerung durch Bomben ums Leben, obwohl beide Städte schweren Luftangriffen ausgesetzt waren. In Hamburg dagegen starben über drei Prozent der Bevölkerung. Außerdem waren die Bunker auch nicht gleichmäßig über die Städte verteilt, weil sie hauptsächlich in Wohngebieten ohne Unterkellerung oder andere Schutzmöglichkeiten – meist Arbeiterbezirken – gebaut wurden, so daß die Zahl der Toten dort entsprechend geringer war.

Als die Alliierten in der zweiten Jahreshälfte 1944 begannen, auch mittlere und Kleinstädte zu bombardieren, verfügten diese über keinen ausreichenden Bombenschutz. So hatte zum Beispiel eine Stadt wie Neumünster, in der es keine Bunker gab, bei fünf Luftangriffen vom 25. Oktober 1944 bis 26. April 1945 über 1 000 Tote zu beklagen – mehr als Emden und Wilhelmshaven zusammen während des gesamten Krieges.

Bei Kriegsende lagen die meisten Städte Norddeutschlands in Trümmern, und die Bunker wurden zu Massennotquartieren für Ausgebombte und Kriegsheimkehrer, für Flüchtlinge aus der Sowjetischen Besatzungszone (SBZ) und Vertriebene aus den ehemaligen deutschen Ostgebieten. Wie schon zu Kriegszeiten waren die Plätze knapp und begehrt. Am 6. Dezember 1945 erließen die Alliierten zwar ein Gesetz, daß im Zuge der Demilitarisierung Deutschlands die Zerstörung aller deutscher Bunker

Wie Arnold Böcklins »Toteninsel« ragt die Ruine des 1946 gesprengten U-Boot-Bunkers »Kilian« aus der Kieler Förde; sie soll in den nächsten Jahren endgültig beseitigt werden.

vorsah, doch nur in der SBZ wurde dieser Beschluß auch konsequent umgesetzt. In der Britischen Besatzungszone, zu der das Gebiet des ehemaligen Luftgaukommandos XI hauptsächlich gehörte, ließen die Machthaber mit sich verhandeln, und umfassende Sprengungen konnten weitgehend verhindert werden. So wurden aus den Bunkern unter anderem Wohnhäuser, Hotels und Lagerhallen.
Als Folge des Kalten Krieges sah sich die Welt Anfang der fünfziger Jahre in zwei Lager geteilt. Die junge Bundesrepublik war – wie die früheren Gegner England und die USA – Teil der westlichen Hemisphäre, 1955 wurde sie Mitglied der NATO. Ein Jahr darauf beschloß die Bundesregierung den Umbau aller noch verwendbaren Bunker für Zivilschutzzwecke. Als die entsprechenden Arbeiten nach dem Zusammenbruch des realen Sozialismus Anfang der neunziger Jahre praktisch zum Erliegen kamen, waren für lediglich 3,5 Prozent der Bevölkerung bombensichere Schutzplätze geschaffen worden.
Mit der veränderten Wahrnehmung der NS-Vergangenheit seit den Umbrüchen von 1968 wurde auch die Frage aktuell, wie mit den Bunkern als Symbol der dunkelsten Zeit deutscher Geschichte umgegangen werden sollte. Die Vorstellungen reichten von der Sprengung über Begrünung und Bemalung bis zur Einrichtung von Museen bzw. Umnutzung als Denkmal – und die Diskussion hält an ...

Es bleibt zu hoffen, daß Bunker für immer einen solchen nichtkriegerischen Charakter behalten und niemals wieder als Schutz gegen Bomben gebraucht werden.

Anmerkungen:

Planung und Bau der Bunker

1 Im *US Strategic Bombing Survey* heißt es über das Ausmaß der Verteidigungsanstrengungen: »probably the most tremendous constructional program in civilian or passive defense for all time«. (MacIsaac, David: The United States Strategic Bombing Survey. New York, London 1976, Bd. 2: Final Report C. D. D. Nr. 40, S. 150).

2 Vgl. Foedrowitz, Michael: Die Flaktürme in Berlin, Hamburg und Wien 1940–1950. In: Waffen-Arsenal Sonderb. 44/1996, S. 5–23.

3 Dies war der Fall bei einem Funktionär des Reichsluftschutzbundes. Die Luftschutzplanungen dieses Funktionärs waren 1939 noch als »zersetzend« bezeichnet worden. (Vgl. Beer, Siegfried; Karner, Stefan: Der Krieg aus der Luft. Kärnten und Steiermark 1941–1945. Graz 1992, S. 33).
In einer Zeit, da »Deutschland an allen Fronten siegte«, bot das Bunkerbauprogramm durchaus Anlaß zu abweichenden Spekulationen der Bevölkerung. Um Irritationen vorzubeugen, lieferte Kurt Knipfer, Inspekteur des zivilen Luftschutzes im Reichsluftfahrtministerium (RLM) und zuständiger Referatsleiter, im April 1941 bei einem Vortrag vor dem Betonverein im Nationalsozialistischen Bund Deutscher Techniker (NSBDT) ein merkwürdiges Erklärungsmuster: »Wozu brauchen wir jetzt diese bombensicheren Bauwerke? [...] Warum bauen wir sie in diesem Kriege, der eindeutig die Überlegenheit der deutschen Luftwaffe über unsere Gegner gezeigt hat? [...] Der Luftkrieg, der völlig neue Verhältnisse in die Kriegführung hineingetragen hat, zwingt auch dann auf allen Gebieten des militärischen, des wirtschaftlichen und des menschlichen Lebens rege Gedankengänge anzuwenden. Auch ein Land, das, wiederum dank dem Befehl des Führers, eine so starke Luftwaffe hat wie wir, kann es sich nicht leisten, seine Luftverteidigung und seinen Luftschutz zu vernachlässigen. [...] Dabei muß man sich darüber klar sein, daß es vollkommen gleichgültig ist, ob die Luftschutzbauten in diesem Krieg gebraucht werden oder nicht. Wir schaffen nicht für heute, und wir schaffen nicht für morgen, sondern wir schaffen für Deutschlands Zukunft, und früher oder später sind diese Bauten einmal nötig. Wir wissen aber, daß sie sich niemals improvisieren lassen, sondern daß ihre Erstellung eine bestimmte Zeitdauer benötigt. Daher muß ihre Errichtung rechtzeitig begonnen werden.« (Knipfer, Kurt: Die Bedeutung des Baues von Luftschutzräumen im Rahmen der Luftverteidigung. In: Baulicher Luftschutz 1/1942, S. 1).

4 Bundesarchiv Berlin (BAB), R 46.06/659, Niederschrift vom 27.9.1940 über Hitlers Anordnung vom 26.9.1940 bzgl. Waffen- u. Munitionsprogramm.

5 Ebenda.

6 Bundesarchiv-Militärarchiv (BAMA), Freiburg RL – 4/340, Chef d. Luftabwehr, Gen. d. Flakart. vom 1.10.1940.

7 Ebenda.

8 Assmann, Georg: Beitrag zur Entwicklung des Schutzraumbaues für die Zivilbevölkerung nach den bisherigen Luftkriegserfahrungen unter besonderer Berücksichtigung des Sicherheitsbegriffs. Bremen 1944, S. 8 (einzusehen in der Bibliothek der TU Braunschweig, Institut für Baustoffkunde und Stahlbetonbau).

9 Nach einer Einteilung von 1934 unterschied man Luftschutzorte I., II. und III. Ordnung. 94 deutsche Städte fielen in die Kategorie der Luftschutzorte I. Ordnung, nach der Okkupation Österreichs 1938 kamen zwölf weitere hinzu. Bis Mitte 1943 erhielten nur diese Städte öffentliche Mittel für den Luftschutzbau. Der Bevölkerung der 201 Luftschutzorte II. Ordnung und der anderen Städte standen bis dahin nur ausgebaute Luftschutzkeller zur Verfügung und ab 1943 einige Luftschutzstollen.

10 Königsberg, Berlin, Brandenburg, Magdeburg, Stettin, Bitterfeld, Halle (mit Merseburg, Leuna), Jena, Dessau, Leipzig, Wittenberg, Aachen, Bielefeld, Bochum (mit Hattingen-Stadt), Bonn, Dortmund, Düsseldorf, Duisburg (mit Walsum), Essen (mit Landgemeinde Kettwig), Hagen (mit Wetter und Herdecke), Hamm, Köln, Krefeld-Uerdingen, Leverkusen (mit Opladen), Mönchen-Gladbach-Rheydt, Münster W., Neuss, Oberhausen (mit Mülheim/Ruhr), Osnabrück, Recklinghausen (mit Gelsenkirchen, Buer, Bottrop, Gladbeck), Rheinhausen, Soest, Wuppertal, München, Stuttgart, Breslau (mit Burgweide, Klettendorf und Brokkau), Bremen, Emden, Hamburg, Braunschweig, Hannover, Kiel, Lübeck, Rostock, Wesermünde (nach 1945 Bremerhaven), Wilhelmshaven, Frankfurt/Main (mit Oberursel und Offenbach), Kassel, Koblenz, Mannheim/Ludwigshafen, Nürnberg/Fürth (mit Stein), Schweinfurth, Siegen, Trier, Wien und Linz (nach BAMA RL – 4/340, RMdL vom 13.10.1940).

11 Vgl. BAMA RL–4/341 RMDL, L. In. 13 vom 29.1.1942.

12 Vgl. BAMA RL – 4/341 (die Zahl enthält nicht die Bunker in Berlin).

13 Die Schutzplatzzahlen und deren Verhältnis zur Einwohnerzahl können nur ungefähr eingeschätzt werden. Die Angaben in den Dokumenten beziehen sich nämlich je nach

Zeitpunkt auf verschiedene Vorgaben zum Platzbedarf. Die mitunter beträchtlichen Schwankungen der Einwohnerzahlen erschweren zusätzlich die Aussagen über das Verhältnis der Schutzplatzzahl zur Einwohnerzahl.

14 Berlin, Bremen, Kiel, Hamburg, Köln, Düsseldorf, Emden, Wilhelmshaven, Neuss, Duisburg, Dortmund, Essen, Münster, Ludwigshafen, Mannheim, Mülheim/Ruhr, Hamm, Gelsenkirchen, Hannover, Wanne-Eickel, Magdeburg, Stettin, Halle, Dessau, Hagen, Krefeld-Uerdingen, München-Gladbach-Rheydt, Leverkusen, Osnabrück, Recklinghausen und Bochum (GB–Bau vom 14.7.1941, in: BAMA RL – 4/340). Bielefeld und Wesermünde waren aus der Liste der II. Bauwelle gestrichen worden.

15 Vgl. BAMA RL – 4/341.

16 Vgl. ebenda. Für 1943: BAB 23.01/5952, GBI Wochenmeldung der Städte vom 7.5.1943.

17 Da das Zentralregister des Reichsluftfahrtministeriums verbrannt ist, ist es heute nicht mehr möglich, die genauen Zahlen der geplanten und dann wirklich realisierten Bunkerbauten zu ermitteln. Erich Hampe gibt an, daß über 3 000 Bunker für den Selbstschutz gebaut wurden. Aufgrund von Abrechnungen des Rechnungshofes des Deutschen Reiches schätzt Olaf Groehler die Zahl der Bunker auf rund 2 000 (Vgl. Hampe, Erich: Der zivile Luftschutz im Zweiten Weltkrieg. Frankfurt/Main 1963, S. 292. Vgl. Groehler, Olaf: Bombenkrieg gegen Deutschland. Berlin 1990, S. 245). Aufgrund der oben zitierten Quellen sind die 3 000 Bunker für den Selbstschutz realistischer.
Für die norddeutschen Städte (Luftgaukommando XI) konnte der Verfasser bisher 1 135 Bunker ermitteln, davon waren ca. 50 über das Planungsstadium nicht hinausgekommen (Stand 30.7.1998). In dieser Zahl sind aber auch die Bunker der Reichsbahn, des Werkluftschutzes und der Wehrmacht enthalten. Die Zahl dieser Sonderbunker kann für das ganze Deutsche Reich heute nicht einmal annähernd geschätzt werden, da hierfür keine zentrale Archivierung der Unterlagen existiert und die Großzahl der Akten vernichtet ist.

18 Landesarchiv Schleswig-Holstein (LASH), Abt. 371/1411, Beauftragter f. d. Vierjahresplan, GB f. d. Regelung der Bauwirtschaft, 22.1.1941, Festlegung und Zuständigkeit des GB-Bau.

19 Ebenda.

20 Nach dem Geschäftsverteilungsplan vom 22. Januar 1941 wurde die Abteilung »Allgemeine Aufgaben« von Ministerialrat Wilhelm Steffens geleitet, das Referat II (Bauforschung) von Reichsbaurat Berlitz. Für den Luftschutzbau war das Referat »GB-Luftschutz« unter Reichsbaurat Ludwig Seywald eingerichtet worden. Zu seinem Aufgabengebiet gehörte der Luftschutzbau nach dem »Führerprogramm«; Festlegung des Luftschutz-Bauprogramms in den einzelnen Städten; Verwaltung und Zuteilung der Bau- und Betriebsstoffe für Luftschutzbauten; Überwachung der Baudurchführung sowie Versuchsbauten. (Vgl. ebenda).

21 Knipfer führte die »Inspektion 13« vom 1. Februar 1939 bis zum 5. November 1944. Wegen des Versagens des Luftschutzes und durch Intrigen wurde er seines Amtes enthoben und gegen Kriegsende für einige Zeit in einem Konzentrationslager inhaftiert.

22 Das Luftgaukommando XI ist am 30. Juni 1938 mit dem Luftgaukommando X vereinigt worden. Im Luftgaukommando XI lagen folgende 17 Luftschutzorte I. Ordnung: Hamburg, Bremen, Wesermünde, Wilhelmshaven, Wismar, Stralsund, Braunschweig, Peine, Kiel, Lübeck, Hannover, Cuxhaven, Brunsbüttelkoog, Westerland, Emden, Flensburg und Rostock. Doch nicht alle Luftschutzorte I. Ordnung waren im »Führer-Sofortprogramm« für bombensichere Luftschutzanlagen vorgesehen. Die territorialen Grenzen des Luftgaukommandos XI änderten sich anscheinend mehrere Male – so unterstand zum Beispiel Osnabrück erst ab 1943 dem Luftgaukommando XI, Braunschweig hingegen dem Luftgaukommando VI.

23 Hierunter fielen die Luftschutzmaßnahmen zum Beispiel für Kaufhäuser, Einzelhandelsgeschäfte, Banken, Hotels, Universitäten, Krankenhäuser, Kirchen.

24 BAMA RL – 4/340, L.In.13 vom 13.10.1940.

25 Voigt, Hans; Brenne, Herbert: Krefeld im Luftkrieg 1939–1945. Bonn 1986, S. 78.

26 Ebenda.

27 BAB R 120/3934, Verhandlung bez. Forderungen der Fa. Luzbau GmbH vom 9.11.1944. Das bestätigte auch der Empfänger der Zeichnung, Prof. Brugmann: »Der Führer entschied, daß diejenigen Entwürfe zur Ausführung kommen sollten, die auf Grund seiner Skizze eine starke Unterteilung der Räume mit massiven Zwischenwänden vorsehen.« (BAB R 46.06/676, Niederschrift Brugmann vom 18.3.1941).

28 Dazu hatte der GB-Bau angewiesen: »Zur übersichtlichen Erfassung des Bauzustandes bezw. Baufortschrittes bei den baulichen Luftschutzmaßnahmen in den einzelnen Städten sind für jede Stadt zwei gleiche Pendelakten anzulegen. Die eine Ausfertigung ist mir erstmals am 24. ds. Monats vollständig ausgefüllt vorzulegen. Die zweite Fertigung ist mir am darauffolgenden 2. Freitag ergänzt ... zuzuleiten. Nach Empfang der Zweitfertigung werde ich die Erstausfertigung der Pendelmappe der Stadt zur folgenden Ergänzung rückleiten. Die Wiedervorlage hat wiederum vollkommen vollständig ergänzt jeweils alle 14 Tage zu erfolgen. Jede Pendelmappe hat folgendes zu enthalten: I. einen Übersichtsplan der Stadt; II. eine Zusammenstellung zu I.), III. ein Lei-

stungsschaubild.« (Stadtarchiv Bremerhaven 160/Nr. 1, Bd. 2, Der Beauftragte f. d. Regelung der Bauwirtschaft vom 8.1.1941).

29 BAMA RW 19/1736, In: Berliner Börsen Zeitung, Nr. 163 (Morgenausgabe) vom 7.4.1938: »Die Bauwirtschaft an der Grenze der Leistungsfähigkeit«; »Probleme des Arbeitseinsatzes«. In: Ebenda vom 21.5.1938:.

30 Ebenda, GFM Göring vom 9.12.1938.

31 Knipfer: Die Bedeutung des Baues von Luftschutzräumen ..., S. 2.

32 BAB R 46.06/660, Schreiben Speer an Todt vom 6.9.1941.

33 Assmann: Beitrag zur Entwicklung des Schutzraumbaues ..., S. 8.

34 »Die mit der Durchführung des Baues beauftragten Stellen fordern die jeweils benötigten Mittel bei dem zuständigen örtlichen LS-Leiter an, dem die Mittel – wie bisher – von den Luftgaukommandos durch Ausstellung von Kreditschreiben zur Verfügung gestellt werden.« (BAB 23.01/ 5952, RMdLuOdL vom 17.1.1941).

35 Staatsarchiv Hamburg, Amt f. Wohnungswesen, 8.03 111, Bd. 1, 800, Niederschrift Sitzung d. Arbeitskreises für das Bunkerbauprogramm vom 17.1.1941.

36 BAMA RL – 4/341, Entwurf für Vortrag Milch bei Hitler. Vermerk vom 28.1.1942: »Ist einverstanden«.

37 BAMA RW 19/1716 RuK vom 25.2.1942.

38 Der Atlantikwall bestand aus einer Kette von Befestigungsanlagen zur Verteidigung der kontinentalen Atlantikküste gegen eine Invasion von Großbritannien aus. Die Anlagen, von denen nur ein kleiner Teil fertiggestellt wurde, sollten sich von Skandinavien bis nach Spanien erstrecken. Die Entscheidung zum Bau fiel am 14.12.1941, drei Tage nach Hitlers Kriegserklärung an die USA, wodurch die Gefahr einer Invasion deutlich gestiegen war.

39 BAMA RL – 4/341, Bahnpost Köln/Hannover vom 4.11.1941 an StS Reinhardt.

40 BAMA RL – 4/340, Milch-Vorlage für Hitler vom 7.8.1943.

41 BAB R 46.06/1293 VII/Wf/A vom 30.10.1940 an Reichspropagandaministerium.

42 BAB R 46.06/660, Speer an Goebbels vom 4.9.1941.

43 Speer sah sich schließlich veranlaßt, an den Reichsfinanzminister Schwerin von Krosigk am 26. November 1941 zu schreiben: »... soll das Reichsbauamt dem Herrn Reichsminister der Finanzen angegeben haben, daß die hohen Kosten der Ministerbunker durch die vom GBI angeordnete Bauweise und besondere Innenausstattung (›Täfelung bis unter die Decke, Fußböden aus Eichenholz, Fliesen in den Nebenräumen‹) bedingt sind. In der allein zuständigen Reichsbaudirektion ist über eine solche Mitteilung nichts bekannt.« (BAB R 46.06/660, Speer an von Schwerin-Krosigk vom 26.11.1941).

44 Vgl. Speer, Albert: Erinnerungen. Frankfurt/Main, Berlin, Wien 1967, S. 547.

45 BAB R 46.06/676, Vortrag 18.3.1941 in Reichskanzlei.

46 BAB R 46.06/660, Speer an Gutterer vom 24.9.1941. Goebbels schrieb am 3. Juli 1943 in sein Tagebuch: »Vor allem ist die Bevölkerung sehr ungehalten darüber, daß wir nicht in der Lage sind, ausreichend Bunkeranlagen herzurichten. Aber ich hoffe, daß durch die Umwandlung von Häuserruinen in feste Bunker diesem Übel etwas abgeholfen werden kann.« Goebbels, Joseph: Die Tagebücher. Hrsg. v. Elke Fröhlich, Bd. 9., S. 37.

47 BAB R 46.06/660, Speer an Schwerin von Krosigk vom 26.11.1941.

48 Welche Ausmaße die Bunker Görings und der militärischen Stellen annehmen konnten, wird bei den Anlagen in Bad Wildungen in Hessen deutlich. »Die ersten Luftschutzbunker in größerer Anzahl wurden Anfang 1939 vom Reichsluftfahrtministerium für den Reichsmarschall Hermann Göring in Bad Wildungen errichtet, der beabsichtigte, das Hauptquartier der Luftwaffe in dieses schöne Bad zu verlegen. Die Durchführung der Bauten lag in den Händen der Hannoverschen Baufirma Luz-Bau, und ich wurde als ständiger Berater hinzugezogen. Die Bunker wurden über die ganze Stadt verteilt und durch eine Plattenverkleidung aus Natursteinen unauffällig dem Stadtbilde angepaßt. Für Göring und seinen engeren Stab wurde ein riesiger Bunker mit allen Schikanen gleich neben dem großen Kurhotel am Ende des Kurparks errichtet, der mit dem Hotel in direkter Verbindung stand. Decken und Wände erhielten auf direkten Befehl von Göring eine Dicke von 3 m, die sonst nur 2,50 m betrug. Als die Luftschutzbunker fertig waren und bezogen werden konnten, marschierte am 9.4.1940 die Deutsche Wehrmacht gerade in Dänemark und Norwegen ein, und Bad Wildungen lag nun Göring zu weit abseits.« (Kristen, Theodor: Die Geschichte des Luftschutz-Bunkerbaues und des ›Institutes für Baulichen Luftschutz‹ an der technischen Hochschule Carolo-Wilhelmina zu Braunschweig. Unveröff. Ms., o.D., S. 13 f., einsehbar in der Bibliothek des Instituts für Baustoffkunde und Stahlbetonbau an der TU Braunschweig).

49 BAB R 46.06/660, Leopold Gutterer an Speer vom 29.9.1941.

50 BAK R 120/2749 GBI vom 22.7.1944 (Bestellung vom 11.5.1944).

51 Vgl. Hampe: Der zivile Luftschutz ..., S. 52; Linhardt, Andreas: Beiträge der TH Braunschweig zum zivilen Luftschutz im »Dritten Reich«. In: Technische Universität Braunschweig. Vom Collegium Carolinum zur Technischen Universität 1745–1995. Hildesheim, Zürich, New York 1995, S. 566.

52 Die Spiralbewehrung bestand aus mehreren, mit Abstand verbundenen Stahldrahtmatten, die aus spiralförmig gewickeltem Stahldraht gebildet wurden. Bei den beiden anderen Bewehrungen ging man von Drahtmatten aus, die durch senkrecht gekreuzte Moniereisen aufgebaut waren. Bei der kubischen Bewehrung wurden diese Matten durch senkrecht stehende Drähte verbunden, bei der Gitterraumbewehrung waren diese 60 Grad geneigt. Zu den Bewehrungen vgl. Leutz; Hermann: Bauliche Instandsetzung von Schutzbauten. In: Zivilschutz 1/1962.

53 Anders als bei den anderen Hochbunkern verjüngten sich oft die Wände der Luftschutztürme nach oben, durften aber eine Dicke von 1,50 Metern bei Stampfbeton und 0,80 Metern bei Eisenbeton nicht unterschreiten.

54 Vgl. Bautechnische Mitteilungen des Deutschen Beton-Vereins e.V., Nr. 4, Berlin Juli/August 1937, S. 1, Schutzraumbau.

55 Vgl. ebenda, S. 2 und 4.

56 Vgl. Kristen: Die Geschichte des Luftschutz-Bunkerbaus ..., S. 2.

57 Der 1888 in Paderborn geborene Kristen arbeitete nach Ende des Ersten Weltkrieges als Regierungsbauführer bei der Eisenbahn und bei einer Betonfirma. 1924 promovierte er auf dem Gebiet der Zementtechnik, und mit seiner Habilitationsschrift »Neue wissenschaftliche Erkenntnisse auf dem Gebiet der neuen Betonforschung« wurde er als Privatdozent für Materialprüfung und Baustoffkunde zugelassen. Von 1932 bis 1937 war er als Professor am Staatlichen Materialprüfungsamt Berlin-Dahlem sowie an der Fakultät für Bauwesen der Technischen Hochschule Berlin im Bereich Materialprüfung und Baustoffkunde tätig.

58 Vgl. Kristen: Die Geschichte des Luftschutz-Bunkerbaus ..., S. 6.

59 Bis 1941 erfolgte der weitere Ausbau des Instituts, wozu auch Druckpressen mit bis zu 1 150 Tonnen Druckleistung und eine 100-Tonnen-Zerreißmaschine für Stahlprüfungen gehörten.

60 Vgl. Piepenburg, Werner (Hrsg.): Festschrift für Prof. emer. Dr.-Ing. Theodor Kristen zum 80. Geburtstag 11.6.1968, Braunschweig 1968, S. 7 (im folgenden Kristen: Festschrift). Für die Großversuche an Objekten in Originalgröße hatte die Firma Krupp für das Reichsluftfahrtministerium ein Geschütz konstruiert, mit dem bis zu 1 000 kg schwere Sprengbomben auf die senkrecht aufgestellten Versuchsobjekte geschossen werden konnten, so daß die Unsicherheit beim Bombenabwurf fortfiel. (Vgl. Kristen: Die Geschichte des Luftschutz-Bunkerbaues ..., S. 7).

61 Kristen: Die Geschichte des Luftschutz-Bunkerbaus ..., S. 14 f.

62 Ebenda.

63 Die Bewehrung oder Armierung besteht aus Stahleinlagen, meist Stahldrahtgeflechten in Betonwänden und -decken. Die Stahleinlagen nehmen die Zugspannung auf und erhöhen so erheblich die Stabilität der Stahlbetonwand im Vergleich zu einer reinen Betonwand gleicher Dicke.

64 Die »Braunschweiger Bewehrung« ist aufgebaut aus mehreren übereinanderliegenden Stahldrahtmatten mit relativ großen Maschenweiten. Die Matten werden durch Stahlbügel in einem bestimmten Abstand zueinander gehalten. Charakteristisch für die »Braunschweiger Bewehrung« ist, daß der Abstand zur Deckenunterseite oder Wandinnenseite hin abnimmt, das heißt, daß die Großzahl der Matten im inneren Teil der Wände und Decken angebracht ist. Vgl. auch Kristen, Theodor; Winter, Alois: Die Braunschweiger Schutzbewehrung. In: Baulicher Luftschutz 1/1942.

65 Neben der Maginotlinie an der Ostgrenze Frankreichs im Juni 1940 war dies im April 1941 bei der Metaxaslinie in Griechenland und nach Juni 1941 bei Befestigungsanlagen in der Sowjetunion der Fall.

66 Vgl. Kristen: Festschrift, S. 5.

67 Vgl. Kristen: Die Geschichte des Luftschutz-Bunkerbaues ..., S. 16.

68 Kristen besichtigte die Folgen der Luftangriffe auf Köln am 30. November 1942, auf Berlin am 31. August 1943, am 20. Januar und am 24. März 1944 auf Frankfurt/Main, am 29. Januar und am 20. Februar 1944 auf Hamburg sowie weiterer Luftangriffe auf Rostock und Braunschweig. In Dresden war er wenige Tage nach dem verheerenden Angriff vom Februar 1945.

69 Vgl. Kristen: Die Geschichte des Luftschutz-Bunkerbaues ..., S. 26.

70 Staatsarchiv Hamburg, Architekt Konstanty Gutschow, B 64 OBR Fouquet vom 10.5.1944.

71 Vgl. ebenda.

72 Berufsfeuerwehr Kiel, OT Einsatzgruppe »Hansa« vom 10.11.1944.

73 Vgl. BAB R 5/116, L.In.13 vom 31.5.1944 u. ebenda, RMdL vom 14.6.1944.

74 Von den acht Heften sind nur die ersten sechs erschienen. Sie sind in zahlreichen Archiven vorhanden, so im Bundesarchiv Berlin, Stadtarchiv Kiel und im Landesarchiv Schleswig-Holstein.

75 Wegen Lizenzgebühren für die Erfindung der Gitterraumbewehrung kam es Anfang 1944 zu einem Streitfall zwischen verschiedenen Baufirmen und dem Reichsluftfahrtministerium. Vgl. BAB R 120/3934 RdL vom 29.5.1944; ebenda Tel. Mitteilung Piepenburg vom 7.10.1944; ebenda Verhandlung Vorgang Luz-Bau vom 9.11.1944.

76 Es gibt Berichte, daß im Herbst 1940 Typenpläne in Berlin ausgegeben wurden. Bis jetzt sind dem Autor aber lediglich

standardisierte Bewehrungspläne der Firma Luz-Bau GmbH bekannt geworden.

77 Vgl. Staatsarchiv Bremen (STAB) 4,29/1–1180 Der Beauftragte f. d. Vierjahresplan 19.2.1942. Der GB f. d. Regelung der Bauwirtschaft Ref. LS 99 EL 39/42 (Seywald).

78 Vgl. STAB 6,36–22 Abschrift v. Abschrift RMdL vom 28.12.1944.

79 Vgl. Assmann: Beitrag zur Entwicklung des Luftschutzbaues..., S. 29.

80 Ebenda.

81 Staatsarchiv Hamburg, Amt für Wohnungswesen 8.03 111, Bd. 1, 800 Niederschrift Sitzung des Arbeitskreises für das Bunkerbausofortprogramm vom 17.1.1941, S. 34.
Selbst bei der Füllung der Strohsäcke mit Holzwolle gab es Engpässe: Für die zunächst bis zum 31. Januar 1941 geplanten zwei Millionen Luftschutzbetten wurden 30 000 Tonnen Holzwolle benötigt, die monatliche Gesamterzeugung im Reich lag aber lediglich bei 22 000 Tonnen. (BAB R 46.06/659 RDML vom 17.12.1940).

82 Bunkermuseum Emden, Niederschrift Sitzung der Beigeordneten vom 14.7.1942.

83 STAB 50-04 m 2 Verwaltung der LS–Apotheken in den LS-Bunkern, RMdLuObdL vom 11.8.1943.

84 Vgl. ebenda, Abschrift Dr. Edzard, Oberabteilungsführer der LS-Polizei vom 28.12.1943.

85 Ebenda, RMdLuObdL vom 8.2.1944.

86 STAB, Ungeordn. Bestand, 50-04 m 2, Verwaltung der LS-Apotheken in den LS-Bunkern, Pol.Präs. Bremen vom 19.1.1944 an die LS-Abschnitte.

87 BAMA RL 4/347, RMdLuObdL, L. In.13 vom 17.7.1943.

88 Diese 143 Luftschutzstollen verfügten über mindestens 80 000 Schutzplätze. Allein 11 500 Schutzplätze gab es in den fünf Stollen in Braunschweig, in Flensburg 14 800 in sieben Stollen, in Hannover 20 000 in zwei Stollen und in Kiel 28 490 in 26 Stollen. In Hamburg wurden mindestens fünf Luftschutzstollen angelegt, in Lübeck zwei, in Osnabrück 42, in Rostock zwei und auf Helgoland drei. (Der Luftschutzort I. Ordnung Osnabrück war am 15.1.1943 zum Luftgaukommando XI gekommen).

89 Vgl. US Strategic Bombing Survey, Bd. 2, S. 157.

90 Stadtarchiv Kiel, Akte 45796, Deutsche Akademie für Städtebau, Reichs- und Landesplanung vom 26.7.1941.

91 Ebenda.

92 Zu diesen Fragen wurden eigens Dissertationen verfaßt: Herde, Alexander: Der Luftschutzbunker im Wohngebiet. Seine Grundrißgestaltung und städtebauliche Einordnung. Diss. 1941.

93 Luftschutz-Wettbewerb »Alarm«. In: Baulicher Luftschutz, 2/1942, S. 31.

94 Reichsstatthalter in Hamburg, der Architekt des Elbufers: Bombensichere Luftschutzbauten. Erste Städtebaulich-architektonische Ausrichtung. Hamburg 1941. Den Posten des Architekten des Elbufers hatte zur Zeit der Veröffentlichung Konstanty Gutschow inne, der aller Wahrscheinlichkeit nach auch ihr Verfasser war.

95 Staatsarchiv Hamburg, Architekt Konstanty Gutschow, B 48, Notiz »Farbe am Bau« vom 26.11.1942; Aktennotiz Tiefbauamt.

96 Der Hamburger Regierungsbaurat Friedrich Heintze schrieb an Gutschow einen Brief, in dem er die Verklinkerung von Betonbunkern rundweg ablehnte: »Ein Beton-Bunkerbau wirkt mit Klinkern verblendet bestenfalls wie ein Kühlhaus oder wie ein Speicher, aber niemals wie ein bombenabwehrender Schutzbau. Ein Ziegeldach über einem Renaissancegesims auf einem solchen Bunkerbau kann nur als ein Polterabendscherz angesehen werden.« (Brief Friedrich Heintze an Konstanty Gutschow vom 10.12.1941, im Archiv des Verfassers).

97 »Es gab aber erbitterten Widerstand der Partei und vor allen Dingen der Luftschutzleute gegen diese Formen, die von ihrem Standpunkt aus wirklich sehr angreifbar waren; denn mehrmals wurde an den Außenteilen sogar Holz verwendet. Dennoch konnte sich Hespeler durchsetzen. [...] Es gab damals zum Teil sehr erregte Debatten, und einmal fiel sogar seitens eines Parteifunktionärs das Wort ›Sabotage‹.« (Stier, W.: Lübeck während der NS-Herrschaft. In: Lübecker Blätter 1983, S. 120).

98 Vgl. Knothe, H.: Tarnung und Verdunkelung als Schutz gegen Luftangriffe. Zweiggebiete des baulichen Luftschutzes. In: Luftschutz durch Bauen. Berlin o. D., S. 307 ff.

99 LASH, Abt. 371/1473, Beauftragter f. d. Vierjahresplan, GB LS vom 7.7.1941.

100 Vgl. Wleklinski, Oliver: Tarnung von Luftschutzbauten. In: IBA 17/1991, S. 18.

101 Bunkermuseum Emden, ungeordn. Bestand, LS–Bauamt vom 11.5.1942.

102 Stadtarchiv Bremerhaven 160, Nr. 2, Bd. 1, LGK XI vom 12.5.1943.

103 Kristen: Die Geschichte des Luftschutzbunkerbaues ..., S. 18.

104 Staatsarchiv Hamburg, Finanzbehörde I 443–1/24, Bd. 1, Dr. Schröder vom 23.7.1941. Nach 1945 hat man in Hamburg versucht, die Briten von ihren Sprengabsichten der Bunker mit dem Hinweis abzubringen, diese seien bereits in der Planung friedensmäßig angelegt worden. Das stimmte aber nur sehr eingeschränkt und traf ausschließlich für den Bunker an der Reeperbahn in vollem Maße zu.

105 Zit. nach: Arntz, Wilhelm: Leitgedanken beim Bau von bombensicheren Luftschutzräumen. In: Baulicher Luftschutz 1/1942, S. 16.

106 Neben der Planung und dem Bau der Bunker fiel die Planung und Errichtung aller anderen Luftschutzbauten in die Zuständigkeit des Luftschutz-Bauamtes, ebenso wie die Verwaltung der Bunker und die Schulung der Bunkerwarte und -verwalter.
107 Vgl. Staatsarchiv Bremen (STAB), Ungeordn. Bestand, Akte 50-04, Verfügung Oktober 1943.
108 STAB, Akte R. 4a Nr. 892, Reg. Kanzlei, Org. Plan der Baubehörden, 27.12.1940, S. 17.
109 Vgl. STAB 4,29/1–1146, Senator f. Arbeit und Technik vom 27.3.1941.
110 Hierüber geben verschiedene Dokumente Auskunft in STAB 4,29/1–1150.
111 STAB 4,29/1–1150 Aktennotiz, o. D.
112 »Hier in Bremen können bei allen Behörden noch mindestens 30–40 % kriegs- und einsatzfähige Leute herausgezogen werden, die bis jetzt immer uk [unabkömmlich] gestellt worden sind und vollkommen im Leerlauf beschäftigt sind. So sind allein beim Luftschutz-Bauamt in Bremen noch 20–30 Mann im kriegsfähigen Alter bis 40 Jahren, die vollkommen entbehrlich sind, wo trotzdem die Arbeiten bewältigt werden könnten.« (STAB, Akte R. 4a Nr. 892, Brief Max Koch vom 24.3.1943 an PROMI).
113 STAB, Akte R.4a Nr. 892, Senator f. d. Bauwesen vom 3.6.1943.
114 STAB, Ungeordn. Bestand, Hefter Reichsleistungsgesetz, Luftwaffen-Verordnungsblatt Nr. 9 vom 24.2.1941, 7. Jg., 193: Luftschutzangelegenheiten, Anl. 1 u. 1a.
115 Staatsarchiv Bremen 4,29/1–1206, Brief an Pol.Präs. Bremen vom 8.11.1943.
116 Ebenda, Brief K. an Senator Dr. Fischer vom 14.3.1944.
117 Ebenda, Brief Grunow vom 22.4.1944 an Frau K.
118 Vgl. STAB, Ungeordn. Bestand, Ordner »Nicht ausgeführte LS-Bauten«, LS-Bauamt Bremen vom 16.3.1942.
119 Vgl. Amtsgerichtsrat S. vom 22.1.1943. Kaufvertrag vom 22.1.1943 (im Archiv des Verfassers).
120 Oberfinanzdirektion (OFD) Hannover, Aktenvermerk vom 22.11.1940 über Verkaufsverhandlungen, Akte LS-Bunker Pfarrlandplatz.
121 Interview Frau Salge vom 2.3.1995.
122 Vgl. OFD Hannover, Aktenvermerk vom 8.9.1942, Akte LS-Bunker Lönsstraße; ebenda, Kaufverträge für die Grundstücke der Bunker in der Karlstraße, Schulstraße und In der Plantage.
123 1940 waren für das gesamte »Sofortprogramm« 20 000 Tonnen Dieseltreibstoff und fast die gleiche Menge Vergasertreibstoff freigegeben worden. Im Frühjahr 1941 wurde die Zusage auf 16 000 Tonnen gekürzt und nach dem Überfall auf die Sowjetunion um weitere 7 100 Tonnen herabgesetzt. »Versorgt wurden z. T. überhaupt nur noch die Bauvorhaben der Dringlichkeitsstufe 0, alles andere beginnt Not zu leiden.« (BAMA RL 4–340, StS d. Luftfahrt vom 3.10.1941).
124 So erhielt Bremen von beantragten 15 000 t lediglich 10 000, Hamburg (27 800 t/20 000 t), Wesermünde (5 000 t/2 000 t), Wilhelmshaven (9 000 t/5 000 t). Das beantragte volle Kontingent erhielten Emden (3 500 t), Kiel (6 000 t), Lübeck (2 770 t), Braunschweig (4 500 t) und Hannover (6 000 t).
125 Vgl. Stadtarchiv Bremerhaven 160 Nr. 7, Bd. 1, Reichsforstmeister, Erl. vom 30.9.1944.
126 BAMA RL 4–340, Stand des Luftschutz–Führerbauprogramms Mitte September 1941.
127 Vgl. Stadtarchiv Salzgitter, LS–Bauten 1943–1954, Montanblock Baustab GmbH RWHG vom 9.9.1944; Schutzpolizeiabschnittskommando Watenstedt-Salzgitter vom 2.9.1944.
128 Stadtarchiv Bremerhaven 160/Nr. 6, Bd. 1, GB f. d. Regelung der Bauwirtschaft vom 22.11.1940 an die OB.
129 Ebenda (Pfisterer) vom 8.2.1941.
130 Vgl. Baulicher Luftschutz 1/1942, S. 26, Amtliches.
131 So wurden zwei Betrüger im Baugewerbe, die in Berlin im »Führer-Sofortprogramm« für den Kellerausbau zuständig waren und einen Schaden von 195 000 RM verursacht hatten, zum Tode verurteilt und hingerichtet. Zwei Sachbearbeiter, die die Betrügereien ermöglicht hatten, erhielten Haftstrafen. (Vgl. BAB R 46.04/1766).
132 Vgl. Stadtarchiv Bremerhaven, d. Beauftragte d. Vierjahresplans, GB f. d. Regelung der Bauwirtschaft vom 17.12.1942 an OB Wesermünde. Nach Verf. 99–5805/42 Fr/F vom 17.12.1942 als Sonderbau eingestuft. Bunker von der Liste bombensicherer Bunker gestrichen. In: ebenda, Reichsminister f. Rüstung u. Kriegsproduktion vom 25.2.1944.
133 Vgl. Schütz, Erhard; Gruber, Eckhard: Mythos Reichsautobahn. Bau und Inszenierung der »Sraßen des Führers« 1933–1941. Berlin 1996.
134 Bundesarchiv Koblenz (BAK), (Todt an Hitler) RL 4/340/ GB-Bau vom 13.11.1940.
135 Vgl. BAB R 46.04/659, GB–Bau vom 19.10.1940. Zum Beispiel wurde die Belegschaft der Fa. Camillo Köhler, die mit dem Bau eines Bunkers in Travemünde (Lübeck) beschäftigt war, Anfang 1944 nach Kiel abgezogen. Die Baufirma protestierte bei der Lübecker Verwaltung. (Der gesamte Vorgang in: LASH, Abt. 371/1359 I).
136 Vgl. Staatsarchiv Hamburg, Architekt Konstanty Gutschow, B 40, Ergebnis der Besprechung beim RMdLuOdL vom 24.5.1941.
137 Vgl. Staatsarchiv Hamburg, Architekt Konstanty Gutschow, B 43, LS-Stelle an Baurat Gutschow vom 4.6.1941.
138 Stadtarchiv Bremerhaven 160/Nr. 1, Bd. 1, GB-Bau vom 29.7.1941.
139 BAB R 46.06/674, Meldung Stand 10.7.1941.
140 Mutschke, Peter: Zwangsarbeit. Der Arbeitseinsatz von

Fremdarbeitern und Kriegsgefangenen, Zuchthäuslern und KZ-Häftlingen in der kriegswichtigen Bauwirtschaft Bremens 1939–1945. Magisterarbeit, Göttingen 1986, S. 9.
Das Luftschutz-Bauamt in Emden vermerkte über die holländischen Arbeiter, daß sie »zwar nicht in ihrem Können, wohl aber in ihrer Leistung den deutschen Facharbeitern erheblich nachstehen. Es fehlt bei den ausländischen Zivilarbeitern in der Hauptsache an gutem Willen und dem erforderlichen Interesse. Eine immer energischer werdende Bauaufsicht ist erforderlich geworden.« (Bunkermuseum Emden, Archiv LS-Bauamt Emden vom 1.1.1942).

141 Vgl. Staatsarchiv Hamburg, Architekt Konstanty Gutschow, B 40, Ergebnis der Besprechung beim RMdLuOdL vom 24.5.1941; vgl. auch Mutschke: Zwangsarbeit ..., S. 10 ff.
Neben Bremen arbeiteten auch in Emden Holländer. Italiener arbeiteten in Bremen, Wesermünde, Wilhelmshaven und Hamburg, wo noch Dänen hinzukamen. Freiwillig geworbene Polen arbeiteten in Oldenburg auf den Bunkerbaustellen. Die Bauarbeiter wohnten in eigens eingerichteten Barackenlagern, allgemein Gemeinschaftslager oder Abeitslager genannt, die teilweise auf privatem Firmengelände standen. Die Arbeitszeit betrug zehn bis zwölf Stunden am Tag. Eine Überschreitung dieser Zeit hatten nicht nur die Gewerbeaufsichtsämter untersagt, sondern es wurde auch auf höherer Ebene bestimmt, daß höchstens in zwei Schichten gearbeitet werden sollte, um Mängel und Fehler, die durch Dunkelheit entstehen konnten, auszuschalten. Wurde Beton gegossen, mußten allerdings Überstunden in Kauf genommen werden, die mit Zusatzrationen an Lebensmitteln sowie mit Geldmitteln entlohnt wurden, teilweise auch für die ausländischen Arbeiter.
Selbst auf eine Grundversorgung mit Kultur und Sex wurde Wert gelegt. Im Januar 1942 wurden in Bremen Räumlichkeiten für die kulturelle Betreuung der italienischen Bunkerbauer hergerichtet. Ebenfalls in Bremen entstand Ende 1941 eine »Bordellbaracke« für die Arbeiter. Auch in Hannover und Emden entstanden »Bordellbaracken«, um angebliche »sexuelle Begierden« der ausländischen Arbeiter von deutschen Frauen und Mädchen abzulenken. (Vgl. STAB, Ungeordn. Bestand, Akte 50-04 LGK XI vom 13.11.1941 gemäß Antrag des Reg. Bürgermeisters Bremen. Stadtarchiv Hannover, Dezernentenbesprechung 1941/42, Nr. 153 vom 30.9.1941. Mitteilung Raoul Francescon vom 20.7.1996).

142 Vgl. Pischke, Gudrun: Salzgitter im Rahmen der alliierten Luftoffensiven. In: Salzgitter Jahrbuch 1990. Hrsg. v. Geschichtsverein Salzgitter e.V. Bd. 12, Salzgitter 1990, S. 164.

143 »Nach den Feststellungen des Herrn Reichsarbeitsministers haben sich bei der Zusammenarbeit italienischer und deutscher Arbeitskräfte verschiedentlich Unstimmigkeiten ergeben. Diese sollen hauptsächlich darauf beruhen, daß italienische Arbeitskräfte mitunter in ihren Leistungen und in der Arbeitsdisziplin zu wünschen übriglassen. Ferner sollen sich die deutschen Arbeiter auch den italienischen Arbeitskräften gegenüber ablehnend verhalten, weil ihre deutschen Arbeitskameraden an die Front geschickt würden, während die dadurch frei gewordenen Arbeitsplätze mit italienischen Arbeitskräften besetzt würden. Es liegt nicht im Sinne des besonderen Freundschaftsverhältnisses zu Italien, daß durch derartige Mißhelligkeiten der Arbeitsfrieden gestört wird. [...] Bei Schlichtung in Betrieben muß auf jeden Fall vermieden werden, daß Betriebsführer gegenüber den Betreuern der italienischen Arbeitskräfte – wie bereits geschehen ist – abfällige Äußerungen über die militärischen und beruflichen Qualitäten der Italiener machen.« (Stadtarchiv Bremerhaven 160/Nr. 1, Bd. 1, Arbeitsamt Wesermünde vom 5.7.1941).

144 STAB 4,29/1–1150, Reichsminister f. Wissenschaft, Erziehung und Volksbildung vom 14.11.1941.

145 Vgl. Mutschke: Zwangsarbeit ..., S. 88.

146 Im Juli 1943 war Mussolini in Italien gestürzt worden, und Pietro Badoglio regierte ohne die Faschisten. Nach dem Waffenstillstand Italiens mit den Alliierten im September desselben Jahres kamen auch italienische Truppen in Kriegsgefangenschaft.

147 Niedersächsiches Hauptstaatsarchiv, Hannover (NHSA), Hann 122 a/6529 RMdL vom 4.3.1944.

148 Vgl. Mutschke: Zwangsarbeit ..., S. 31 f.

149 Traupe, Karl: Der Kreisbefehlsstand in Braunschweig und andere Kriegsbauten im Nussberg 1944/45. Braunschweig 1988.

150 Vgl. Johr, Barbara; Roder, Hartmut: Der Bunker. Bremen 1989; Becker, Fabian; Schmidt, Dieter: U-Boot-Bunker »Valentin«. Kriegswirtschaft und Zwangsarbeit. Bremen-Farge 1943–45. Bremen 1996; Aschenbeck, Nils [u. a.]: Fabrik für die Ewigkeit. Der U-Boot-Bunker in Bremen-Farge. Hamburg 1995.

151 STAB 4,29/1–1475, LS-Bauamt an Pol.Präs. Bremen vom 16.3.1944.

152 Ebenda.

153 Staatsarchiv Hamburg, Architekt Konstanty Gutschow, B 40, Abschrift RMdLuObdL vom 13.10.1940. Vgl. die Besprechung im Reichsluftfahrtministerium am 23.10.1940 (BAMA RL–4/340, L.In.13 o. D.).

154 Vgl. STAB, Ungeordn. Bestand, Akte 50–04 m 2, Führerprogramm, Der Beauftragte für den Vierjahresplan vom 8.12.1941.

155 STAB, Ungeordn. Bestand 50–04 m 2, Führerprogramm, RMdL vom 24.1.1942.

156 Vgl. ebenda, Richtlinien für Raumordnung, Größe und

Ausstattung bombensicherer Luftschutzräume in Krankenanstalten für die Zivilbevölkerung, Anlage zum Erl. RMdLuObdL, L.In.13 vom 9.4.1941, S. 4).

157 Ebenda, S. 8.

158 Vgl. Brief von Hanna Gercke vom 31.3.1996 an Verfasser.

159 Vgl. Brief von Ingeborg Wark vom 31.3.1996 an Verfasser.

160 Staatsarchiv Hamburg, Architekt Konstanty Gutschow, B 59, Hochbauamt, 1. Baudirektor Daiber vom 4.9.1942.

161 Staatsarchiv Hamburg, Architekt Konstanty Gutschow, B 59. Für die restlichen Krankenhausbunker liegen keine genauen Baudaten vor.

162 Der Bunker Rutenbergstift hatte zwar nicht wie die folgenden Krankenhausbunker die Bezeichnung BK (Bunker-Krankenhaus) erhalten, aber es existieren Hinweise auf seine Nutzung durch das Klinikum St.-Jürgens-Straße.

163 Vgl. Brief von Hanna Gercke vom 31.3.1996 an Verfasser.

164 STAB 4,29/1–1194, Städtische Krankenanstalten Bremen an Senator f. Innere Verwaltung vom 16.8.1943.

165 Welche Baustellen von der Stillegung betroffen waren, ist nicht mehr nachvollziehbar. Nicht gebaut wurde der Bunker Hartmannstift, während im Mai 1943 der Bunker für die Kinderklinik begonnen wurde. Für das Rote-Kreuz-Krankenhaus liegen Planungsunterlagen von 1943 vor.

166 Vgl. MacIsaac: The United States Strategic Bombing Survey, Bd. 2, S. 161.

167 In Kiel wurden folgende Krankenhausbunker gebaut: Chirurgische Klinik in der Hospitalstraße 40 (Bauwerk Lu 30), Frauenklinik (Bauwerk Lu 38) und der Bunker Hassee in der Fröbelstraße (Bauwerk Lu 43). Lübeck verfügte über einen Krankenhausbunker An der Parade 5, der vom Marien-Hospital genutzt wurde. In ihm fanden 70–80 Schwerkranke Platz. In Rostock wurde der Krankenhausbunker Maßmannstraße errichtet, ein Tiefbunker, der heute die Zentralapotheke des Rostocker Universitätsklinikums beherbergt. Auf den Nordseeinseln gab es bombensichere Unterkünfte für Verwundete und Kranke der Wehrmacht: auf Wangerooge fünf Krankenhausbunker, auf Sylt in Westerland zwei. Auf Helgoland war eine Krankenstation im militärischen Stollenbereich eingebaut.

168 Deutsche-Bahn-Museum im Verkehrsmuseum Nürnberg, DV 1111 »Vorläufige Richtlinien für den baulichen Luftschutz der Reichsbahnanlagen (Ri–Lu). Gültig vom 15. Februar 1941 an«, S. 10.

169 Ebenda, S. 17.

170 Ebenda, S. 20 f.

171 BAB R 46.06/670, RVMin. an RMdL vom 18.3.1941.

172 »Der Reichsbahn wird es ohne wirksame Unterstützung durch das Reichsluftfahrtministerium und den Generalbeauftragten für die Regelung der Bauwirtschaft bei den augenblicklichen Verhältnissen auf dem Arbeitsmarkt nicht möglich sein, die Ausführung ihrer Luftschutzbauten zu sichern. [...] Das Eisenbahnpersonal, das bei Fliegeralarm bis zum Fliegerangriff seinen Dienst weiter versehen muß, hat Anspruch auf gleiche Schutzmaßnahmen wie der übrige Teil des Volkes. Ohne Einbeziehung in das Sofortprogramm ist aber wegen des Mangels an Material und an Arbeitskräften ein Schutz des Eisenbahnpersonals unmöglich.« (BAB R 46.06/670, RVMin. an RMdL vom 18.3.1941).

173 Ebenda, RMdL vom 2.7.1941.

174 Löfken, Alexander: Bauliche Maßnahmen im Werkluftschutz. In: Luftschutz durch Bauen. Zusammengestellt aus Veröffentlichungen der »Bauwelt«. Berlin o. D., S. 185–194, hier S. 186.

175 Ebenda.

176 Leitfaden war die Luftwaffendienstvorschrift 756 »Werkluftschutz« (Teil IV: Baulicher Luftschutz). Vgl. Pforr, Karl: Der Deutsche Luftschutz vor und während des 2. Weltkrieges. o. O. 1957, S. 53 f., 99 f.

177 Vgl. zu den Werkluftschutzbunkern der Motorenwerke und des Flugzeugbaus: BAMA RL–4/340, RLM L. In.13 vom 13.10.1940.

178 BAB R 46.06/659, RMdL Göring vom 13.10.1940; vgl. auch: BAB R 46.06/674 RM Göring vom 13.10.1940.

179 BAA Freiburg, RM 104/525, Beitrag zur Kriegschronik der KMW von der Abt. V Ha 1, März 1942. Nach einem anderen Dokument im gleichen Bestand begannen die Arbeiten bereits im Dezember 1940.

180 Vgl. Kramp, Karl: Werft- und Hafenluftschutz. In: Ziviler Luftschutz 6/1955, S. 136.

181 Vgl. Kristen: Die Geschichte des Luftschutz-Bunkerbaus ..., S. 17. Der Bunker ist wahrscheinlich auch gebaut worden. Wann der Bau erfolgte und um welchen der heute nachweisbaren Bunker es sich handelt, geht aus den Quellen nicht hervor.

182 Bei den Bunkern des Werkluftschutzes sind meistens nur sehr beschränkte Aussagen möglich, da diese von den Betrieben in eigener Zuständigkeit errichtet wurden, was den Zugang zu Dokumenten über den Bunkerbau sehr erschwert. Zudem haben die Betriebe die Bauunterlagen meistens nicht aufbewahrt. Zentrale Zählungen sind nur für einzelne Bereiche vorgenommen worden, wie die Erfassung der Werkluftschutz-Bunker der Flugzeug- und Motorenindustrie im August 1940.

183 Vgl. Brief Blohm & Voss vom 27.9.1996 an Verfasser.

184 Bauordnungsamt Wismar, Bauakte Dornier-Werke Wismar GmbH, H VI 68a III.

185 Diesen Industriekomplex haben die Nationalsozialisten – ähnlich wie die »Reichswerke Hermann Göring« – mit der dazugehörigen Stadt für die Arbeitskräfte errichtet. Hier sollte der »KdF-Wagen« (KdF für »Kraft durch Freude«)

gebaut werden, besser bekannt als »Volkswagen«, weshalb die Stadt offiziell »Stadt des KdF-Wagens« hieß. Aber das Werk produzierte während des Krieges nur Militärfahrzeuge, Panzerräder, Minen, und Teile der V 1.

186 Vgl. STAB 6,36–2, Brief Carl Borgward an Reichsgruppe Industrie vom 22.2.1945.

187 Um für die Kriegsführung von Erdöllieferungen unabhängig zu sein, hatten die nationalsozialistischen Machthaber Hydrierwerke bauen lassen, in denen Mineralöl aus einheimischen Kohleprodukten gewonnen wurde.

188 Vgl. Birkenfeld, Wolfgang: Der synthetische Treibstoff 1933–1945. Göttingen 1954, S. 241.

189 BAB R 3/1050a, RMdL vom 22.8.1944.

190 STAB 4,29/1-1208, Niederschrift Besprechung vom 10.11.1943.

191 Kramp: Werft- und Hafenluftschutz, S. 139.

192 Mitteilung von Horst Winkler vom 12.9.1995 an Verfasser.

193 Vgl. hierzu Groehler: Bombenkrieg, S. 284–293.

194 Vgl. Schmidt, Fabian; Becker, Dieter: U-Boot-Bunker »Valentin«. Bremen 1996.

195 Zit. nach: Johr; Roder: Der Bunker, S. 55.

196 STAB 4,13/1 M 2 e, Nr. 190, Quad. 194, Pol.Präs. vom 9.9.1943. Weitere Befehlsstellen in Bunkeranlagen bezogen beispielsweise der Stab des Oberbürgermeisters von Wesermünde im Bunker Leher Markt, der Polizeipräsident von Kiel in der Blumenstraße, der Polizeipräsident von Lübeck im Bunker Parade 7, die Luftschutzleitung der Ordnungspolizei von Braunschweig im Bunker Madamenweg, die Befehlsstelle der Luftschutzpolizei von Osnabrück in der Lohstraße oder die Luftschutzleitung von Cuxhaven in der Rathausstraße. Im Bunker Rosenstraße in Oldenburg befanden sich unter anderem die NSDAP-Kreisleitung, die Reichsbahn BASA-Zentrale und die Befehlsstelle des Oberbürgermeisters.

197 Zu den Hafenstädten Bremen, Hamburg, Wesermünde (ab 1945 Bremerhaven), Wilhelmshaven, Wismar, Kiel, Lübeck, Cuxhaven, Emden, Rostock, Flensburg und Brunsbüttel kamen noch die Städte Braunschweig, Hannover, Oldenburg, Flensburg und ab Januar 1943 Osnabrück hinzu. Weiterhin erhielten Helgoland mit seinem Hafen und Watenstedt-Salzgitter Bunkeranlagen.

198 Auf der Kriegsmarinewerft ist neben anderen Bunkern ein Winkel-Turm nachweisbar, für einen weiteren gibt es Hinweise. Aufgrund fehlender Dokumente läßt sich nicht klären, ob und gegebenenfalls wann die ab 1937 geplanten Bauten realisiert wurden.

199 Berufsfeuerwehr Wilhelmshaven, Abt. Zivil- und Katastrophenschutz, Niederschrift Hofmeister vom 13.5.1954, S. 1.

200 Vgl. ebenda.

201 Stand vom 17.5.1939.

202 Vgl. Berufsfeuerwehr Wilhelmshaven ..., S. 5.

203 Ebenda, S. 7.

204 Uphoff, Rolf: Als der Tag zur Nacht wurde – und die Nacht zum Tage. Wilhelmshaven im Bombenkrieg. Oldenburg 1992, S. 76.

205 Vgl. Möhlmann, G.: Schutzraumbauten in Wilhelmshaven für Marine und Bevölkerung im Luftkrieg. Wilhelmshaven 1985, S. 1 und 3.

206 Vgl. Berufsfeuerwehr Wilhelmshaven..., S. 14.

207 Bundesvermögensamt Wilhelmshaven, Akte VI D LS-Bauamt vom 13.11.1944 an den Präsidenten der Reichspostdirektion Bremen.

208 Ebenda, LS-Bauamt vom 13.11.1944 an den Bevollmächtigten beim Reichsverteidigungskommissar Weser-Ems.

209 Im umliegenden Landkreis Friesland gab es mindestens vier bombensichere Bauten: einen Bunker in Sande (der Ort wurde 1943 Wilhelmshaven zugeschlagen), zwei Bunker in Heidmühle mit jeweils 150 Schutzplätzen sowie einen Bunker der Marine für 1 000 Personen in Mariensiel.

210 Vgl. Boelck, Detlef: Kiel im Luftkrieg 1939–1945. In: Sonderveröffentlichungen der Gesellschaft für Kieler Stadtgeschichte, hrsg. von Jürgen Jensen. Bd. 13, Kiel 1980, S. 135.

211 Vgl. Stadtarchiv Kiel, Akte 45796, Schreiben Sonderbauleitung vom 30.11.1941 an Amt Stadtplanung; Stadtarchiv Kiel, GB-Bau, Sonderbauleitung Kiel vom 27.1.1942 an Stadtplanungsamt.

212 Amt f. Zivilschutz Kiel, Akte 13.5.5.06, Sternwartenweg (von 1960).

213 Für die Marinebunker war die Bauleitung Kiel des Reichsministeriums für Bewaffnung und Munition zuständig.

214 Der Aufgabenbereich des Luftschutz-Bauamtes erweiterte sich territorial, als die Stadt Delmenhorst nach wiederholten Angriffen Ende Juni 1942 Bremen angegliedert wurde. Soweit bekannt, sind in Delmenhorst keine bombensicheren Bauten des Selbstschutzes, vielleicht aber des Werkluftschutzes entstanden.

215 STAB 4,29/1–1137, Bauverwaltung vom 4.12.1940.

216 STAB 4,29/1–1137, Kummer am 16.12.1940 an Senator f. Arbeit und Technik.

217 STAB 4,29/1–1180, Prof. Kristen an Dr. Fischer vom 25.9.1941.

218 STAB, Ungeordn. Bestand, Akte 50–04 m 2 Führerprogramm, Beauftragter d. Vierjahresplans vom 7.12.1942 an Leiter LS-Bauamt Bremen.

219 Ebenda, Niederschrift Pol.Präs. Bremen vom 16.12.1942.

220 STAB, Ungeordn. Bestand, Weglegemappe I 50–04 m2/4 LS-Sonderbauten, Abschrift Brief an Pol.Präs. vom 21.4.1943.

221 STAB 4,29/1–1218, Brief Henninger an den Reg. Bürgermeister vom 17.3.1943.

222 Geplant waren die Krankenhausbunker Vegesack (Hart-

mannsstift) und Blumenthal (Kreiskrankenhaus) sowie die Bunker Burgdamm (Schule am Ring), Grambke (An der Badeanstalt), Blumenthal (Lüssumer Straße), Grambkermoor (Am Smidt's Markt) und Lesum (Alter Heerweg).

223 STAB 4,29/1–1142, Senator für Bauwesen an LS-Bauamt vom 15.1.1944.

224 STAB 4,29/1–1216, Niederschrift der Besprechung LS-Bau in Bremen-Lesum vom 4.12.1943.

225 STAB 4,29/1–1180, Brief Assmann vom 25.9.1944.

226 Ebenda.

227 Stadtarchiv Bremerhaven 160/Nr. 24, Bd. 2, LS-Führer Ruteberg an OB Wesermünde vom 6.10.1938.

228 Stadtarchiv Bremerhaven 160/Nr. 1, Bd. 1, Vermerk über die Besprechung in Berlin vom 6.2.1941.

229 Vgl. Schwarzwälder, Herbert: Das Ende an der Unterweser 1945. In: Veröffentlichungen des Stadtarchivs Bremerhaven. Bd. 1, Bremerhaven 1974, S. 14.

230 Bunkermuseum Emden, Archiv, Ungeordn. Bestand, Protokoll der Ratsherrensitzung v. 7.11.1940.

231 Ebenda., Protokoll der Ratsherrensitzung v. 18.12.1941, S. 3.

232 Ebenda., Vermerk LS-Bauamt vom 31.3.1942.

233 Ebenda., Protokoll der Ratsherrensitzung v. 18.12.1941, S. 3.

234 Ebenda, Vermerk LS-Bauamt vom 17.6.1945.

235 Ebenda, Protokoll der Ratsherrensitzung vom 18.12.1941.

236 Ebenda, Vermerk LS-Bauamt vom 17.6.1945.

237 STAB 4,29/1–1146, Schreiben Verw. Bremen an Dr. Fischer vom 9.2.1942.

238 Die Evakuierung von Frauen und Kindern bereitete den Stadtoberen in Emden allerdings Sorge, da durch die sinkende Bevölkerungszahl der Status einer Stadt verlorengehen konnte.

239 Bunkermuseum Emden, Archiv, Ungeordn. Bestand, Protokoll der Ratsherrensitzung vom 18.10.1944.

240 Die Zerstörung der Stadt fand Anteilnahme sogar an höchster Stelle: Hitler war anscheinend »sehr mitgenommen«. (Picker, Henry: Tischgespräche im Führerhauptquartier. Stuttgart 1977, S. 156).

241 Zum Beispiel den Bunker Töpferweg. (Vgl. Berufsfeuerwehr Lübeck, Abt. Zivil- u. Katastrophenschutz, Akte 37.12.24.02, NSDAP-Ortsgruppe Lübeck-Lachswehr vom 4.6.1942).

242 Staatsarchiv Hamburg, 443–I/24, Bd. 1, Finanzbehörde 1, Bauamt 1 (Schröder).

243 Staatsarchiv Hamburg, Amt f. Wohnungswesen 8.03.111, Bd. 1, aus der Niederschrift der 139. Amtsleitersitzung vom 22.11.1940. Dänen haben auf Bunkerbaustellen gearbeitet, es war sogar eine dänische Baufirma in Hamburg eingesetzt. Keinesfalls gab es jedoch ein dänisches Arbeitskräftekontingent in den angegebenen Größenordnungen.

244 Unmittelbar verantwortlich für die Durchführung des »Sofortprogramms« war der Leiter der Luftschutzstelle im Bereich des Amts für kriegswichtigen Einsatz Schröder. Das Amt leitete Konstanty Gutschow, der bekannteste Architekt für Bunkerentwürfe. Nachdem dieser am 1. Januar 1943 auch die Leitung der Bauverwaltung übernommen hatte, wurde das Amt für kriegswichtigen Einsatz immer mehr in die Bauverwaltung integriert.

245 In einem Vortrag vor Architekten am 24. April 1941 in Hamburg wurde der enorme Finanzbedarf der Bauten in Hamburg erörtert: »Es befinden sich rund 100 Bauten in der Planung oder in der Ausführung. Die Gesamtkosten dieser Bauten mögen 70–80 Millionen Mark betragen. Das entspricht etwa der Summe dessen, was die Gemeindeverwaltung etwa zwischen 1920 und 1930 in 6 bis 8 Haushaltsjahren verbaute. Das ist eine Riesenaufgabe.« (Ms. im Archiv des Verfassers).

246 Staatsarchiv Hamburg, Amt f. Wohnungswesen 0.03.111, Bd. 1, aus der Niederschrift der 139. Amtsleitersitzung vom 22.12.1940.

247 Diese Aussage einer Zeitzeugin konnte bisher nicht durch die entsprechenden Akten belegt werden. Vgl.: Es war ein unterirdischer Bunker. Stadtteilarchiv Hamm, Bd. 7, Hamburg 1996.

248 Zit. nach: Brunswig, Hans: Feuersturm über Hamburg. Stuttgart 1978, S. 234.

249 Die Angaben dieses Kapitels über Rostock beruhen auf Aufzeichnungen von Karl-Ludwig Klenz und Dr. Karsten Schröder sowie auf Unterlagen des Rostocker Stadtarchivs, Aussagen von Rostocker Bürgern und vereinzelten Dokumenten des BAB.

250 Stadtarchiv Rostock, Sign. 1090, Rat der Stadt, Dez. Wirtschaft und Arbeit, Abt. Aufbau 1945–1949, Stadthochbauamt vom 5.10.1946.

251 Die Stollen hatten eine bis zu zehn Meter dicke Erdüberdeckung und waren somit nicht völlig bombensicher. Immerhin wurde der Wallstollen bei einem Luftangriff selbst von Kettenbomben nicht durchschlagen. Vgl. Brief Wolfgang Bündel an Verfasser vom 28.8.1996.

252 Die Baufirma Suka-Silo-Bau Heinrich Kling reichte am 22. Februar 1945 die Hauptrechnung für den Bunker in Höhe von 316 633,48 RM ein.

253 Nach Stadtbaurat Elkart waren vier Bunker bereits im Sommer 1939 im Bau, darunter der Bunker Am Klagesmarkt. Für diese Angaben finden sich heute keine Nachweise mehr. Die Unsicherheit kann auch darin begründet liegen, daß man den Begriff »Bunker« fälschlicherweise oft auch für nichtbombensichere Bauten gebrauchte. Die Ausschachtungsarbeiten für den Bunker Am Klagesmarkt begannen nachweislich erst 1940/41.

254 Beauftragt wurde hier das Städtische Hochbauamt unter dem

Ingenieur Oberbaurat Kurt Piepenschneider, später Baudirektor, der mit seinen Mitarbeitern die Bunker entwarf.

255 Vgl. Prescher, Rudolf: Der rote Hahn über Braunschweig. Braunschweig 1955, S. 28 f.

256 Vgl. Brief Ursula Heuser an Verfasser vom 9.12.1996.

257 Die Firma Arge Westerlinde richtete zum Beispiel ihre Rechnung Nr. 880 – Luftschutzstollenbau Gebhardshagen – an die Finanzbehörde des Luftschutzortes Braunschweig.

258 Stadtarchiv Salzgitter-Lebenstedt, Akte LS-Bauten 43–45, Schutzpolizei-Abschnittskommando Watenstedt-Salzgitter vom 2.9.1944; ebenda, Montanblock-Baustab GmbH vom 9.9.1944; ebenda, Abschrift v. Abschrift, RMdL L.In.13 vom 31.8.1944; ebenda, Montanblock-Baustab GmbH vom 22.11.1944 an Reg. Baurat Schrader.

259 Stadtarchiv Wismar, XIX.10.261, Ratsakte 1941–1944.

260 Schreiben RVM vom 9.4.1941, im Archiv des Verfassers.

261 Vgl. Mitteilung von Herrn Leipelt, Herrn Wulf und Frau Schohknecht an Verfasser vom 18.4.1997.

262 BAMA RL 19/424, Bericht Gen. Wolff, August 1945, S. 33.

263 Vgl. BAMA RL 4–354, Aktennotiz Dr. Finsterwalder vom 18.7.1941 nach einem Besuch in dem Bunker in der Nacht zum 4.7.1941. Nach Finsterwalder war dieser Durchschlag der zweite, der ihm bekannt geworden sei.

264 BAMA RL 19/424, Bericht Gen. Wolff, August 1945, S. 33.

265 Nach britischen Gewichtsmaßen: 125 bis 250 lbs (pounds; 1 lb = 453,6 Gramm) bzw. 500 bis 2000 lbs. Die Hälfte des Gewichts der Sprengbomben machte der Sprengstoff Trinitrotoluol (TNT) aus.

266 Vgl. auch Hampe: Ziviler Luftschutz ..., S. 124. Propagandaminister Goebbels notierte am 25. Juni 1944, daß die US-Luftwaffe neuerdings eine »Bunkerknackerbombe« verwende, »die, aus sehr großer Höhe abgeworfen, sich nach dem Einschlag noch sechs bis acht Meter in die Erde bohrt und dann explodiert«. (vgl. Goebbels, Joseph: Die Tagebücher ... Bd. 12, München 1993, S. 543).

267 Vgl. STAB 4,77/161, Luftangriff vom 22.3.1945, 14.09 bis 15.07 Uhr, LS-AK Nord vom 23.3.1945 Schadens- und Schlußmeldung.

268 Diese »Vergeltungswaffen«, automatisch gesteuerte Flugbomben oder Raketen, sollten die alliierten Luftangriffe »vergelten«. Mit großem propagandistischem Aufwand wurden sie gegenüber der Bevölkerung als waffentechnischer Durchbruch dargestellt, der den »Endsieg« sichern sollte. Obwohl der militärische Nutzen dieser Waffen nicht groß war, stellten die Produktionsanlagen wichtige Ziele der Alliierten dar.

269 Noch am 9. April 1945 wurden die U-Boot-Bunker der Deutschen Werft in Hamburg angegriffen: Bunker I erhielt drei Volltreffer, Bunker II einen und U-Boot-Bunker V zwei, die alle die etwa 3,75 Meter starke Abschlußdecke durchschlugen. »Verwendet wurden wahrscheinlich die rund 6 t schweren Panzerbomben ..., deren Endgeschwindigkeit durch zusätzliche Raketensätze auf etwa 300 m/sec ... erhöht war. Bei einer Auftreffwucht bis zu etwa 2500 mt war ihnen keine Betondecke damaliger Luftschutzbauten gewachsen.« (Brunswig: Feuersturm über Hamburg, S. 370). Vgl. Bode, Volkhard; Kaiser, Gerhard: Raketenspuren. Peenemünde 1936–1996. Berlin 1996.

270 Der Hamburger »Arbeitskreis Luftschutzbau« wertete die Gutachten im Rahmen der »Untersuchung über Luftkriegserfahrungen« im Oktober 1943 aus. Vgl. Staatsarchiv Hamburg, Architekt Konstanty Gutschow, B 63.

271 Staatsarchiv Hamburg, Architekt Konstanty Gutschow, B 63, Untersuchungen über Luftkriegserfahrungen, Arbeitskreis Luftschutzbau vom 5.10.1943, LS-Bunker Wielandstraße; vgl. auch ebenda, LS-Bunker Paulstaße.

272 Bei dem Luftangriff auf Wilhelmshaven am 15. Oktober 1944 traf eine 230 bis 900 kg schwere Bombe den Bunker Banter Markt. »Die Bombe hat die Klinkerschicht, Betonausgleichsschicht, die 3fache Isolierung und den Gefällbeton in einer Gesamtstärke von 25 cm durchschlagen und ist dann trichtermäßig 15 cm tief mit 50 cm oberem Durchmesser in die 1,40 m starke bewehrte Decke eingedrungen. Im Inneren des LS-Bunkers zeigten sich an der Aufschlagstelle Schäden an der Decke in geringen Abmessungen. Die ca. 3–5 cm stark abgesprungenen Betonteile der Decke wurden teilweise durch das eingebaute Baustahlgewebe gehalten, so daß schwere Personenschäden nicht entstanden sind. Lediglich vier Personen erlitten leichte Hautabschürfungen. [...] Am 17. 10. 1944 wurde der Bombentrichter sorgfältig mit Beton ausgefüllt. Die weiteren Ausbesserungsarbeiten (Isolierung) sind noch auszuführen, sobald die Witterung dies zuläßt.« (BVA Wilhelmshaven, Akte VI D, LS-Bauamt vom 3.11.1944 an Amt Bau-OT).

273 Assmann: Beitrag zur Entwicklung ..., S. 28 f.

274 Staatsarchiv Hamburg, Architekt Konstanty Gutschow, B 40, Bauverwaltung der Gemeindeverwaltung der Hansestadt Hamburg, Aktenvermerk vom 16.7.1941.

275 STAB 6,36–22, Abschrift v. Abschrift RMdL o. D.

276 So Bernhardine Schulze. (... und manchmal kommen die Erinnerungen auch noch heute. In: Emder Zeitung, 5.2.1994).

277 STAB 4,29/1–1183, LS-Bauamt Bremen vom 26.7.1941.

278 Vgl. Akte »Kriegsbauten werden Friedensbauten« (OXYGEN), im Privatbesitz von Ursula Zoch.

279 Stadtarchiv Kiel, Schreiben RMdL vom 3.6.1944.

Die Nutzungsphase – Alltag im Bunker

1 Staatsarchiv Bremen (STAB), Ungeordn. Bestand, Akte 50-04 m 2, LS-Sonderbauten, RFSSuChdDtPol. Rd.Erl. vom 19.8.1940.
2 Pol.Präs. Hannover als örtl. LS-Leiter vom 7.11.1942, (im Archiv des Verfassers).
3 Wo bei wörtlichen Zitaten keine Quellenangabe gemacht wurde, handelt es sich um Berichte aus Interviews, die der Autor führte, oder um briefliche Mitteilungen – beides aus den Jahren 1994-1998.
4 Pol.Präs. Hannover vom 28.4.1944 im Archiv des Verfassers.
5 STAB, Ungeordn. Bestand, Akte LS-Revier 1-6, LS-Abschnitt Bremen-Ost vom 3.12.1942; vgl. auch STAB 4,13/1 M 2 e Nr. 190 Quad. 35, Akte II Pol.Präs. Bremen an HSSPF vom 12.12.1942. Auch für andere Nebentätigkeiten gab es verschiedene Hinderungsgründe. »Personen, die sich unter Umständen noch einige Stunden am Tage für nebenamtliche Tätigkeiten freimachen könnten, insbesondere Frauen für Reinemachearbeiten, werden hiervon im wesentlichen davon zurückgehalten, weil diese nebenamtliche Tätigkeit bei Abschließung eines Dienstvertrages auch ›arbeitsbuchpflichtig‹ ist und die Betreffenden dann, neben den Abgaben für Sozialversicherung, Steuern usw., als Arbeitsbuchpflichtige vom Arbeitsamt erfaßt werden und dann auch von diesem für jeden anderen Arbeitseinsatz verwandt werden können.« (STAB, Ungeordn. Bestand, Akte LS-Revier 1-6, LS-Abschnitt Bremen-Ost vom 3.12.1942.).
6 Ebenda.
7 STAB, Ungeordn. Bestand, Akte 50–04 m 2/4, LS–Bauamt Bremen vom 30.11.1942.
8 Ebenda, vom 1.8.1944.
9 Ebenda, Lehrgang f. Bunkerverwalter, LS–Bauamt Bremen vom 4.9.1944.
10 STAB, Ungeordn. Bestand, Akte 50–04 m 2, Verfügungen über die Verwaltung der LS-Bunker, Entwurf über Hausordnung von LS-Bauten vom Mai 1942.
11 Ebenda, Pol.Präs.I vom 25.4.1942.
12 STAB 4,29/1–1475, Kreisleiter vom 31.5.1941.
13 (Kleiner Knigge für den Luftschutzbunker) In: Bremer Zeitung vom 4.7.1943, STAB 4,13/1–M 2 e Nr. 190 Quad. 35.
14 Vgl. hierzu Hampe, Erich: Der zivile Luftschutz im Zweiten Weltkrieg. Frankfurt/Main 1963, S. 299–318.
15 Vgl. auch Groehler, Olaf: Bombenkrieg gegen Deutschland. Berlin 1990, S. 230-237.
16 Rasmußen, Kerstin; Wulf, Gunnar: Es war ein unterirdischer Bunker. (Mitteilung Frithjof Wurtmann). In: Stadtteilarchiv Hamm Bd. 7, Hamburg 1996, S. 35.
17 STAB, Ungeordn. Bestand, Akte 50–04 05, Thomas Fischer, Bunkerverwalter LSB Neanderstraße vom 18.12.1942.
18 STAB, Ungeordn. Bestand, Akte 50–04 m 2 »LS–Sonderbauten/Nachtbunker«.
19 STAB 4,29/1–1180, RdLuOdL, Insp. LS vom 31.5.1941.
20 Vgl. auch Groehler: Bombenkrieg ..., S. 264–267.
21 Vgl. Brief Helmut Helmken an Verfasser.
22 Goebbels, Joseph, a. a. O., Eintragung vom 20.4.1944, Bd. 12, München 1996, S. 154.
23 Niedersächsisches Hauptstaatsarchiv, Hannover 122 a, 7076, RMdL vom 22.6.1943.
24 Niedersächsisches Hauptstaatsarchiv, Hannover 122 a, 19411, Kreisleitung Hannover der NSDAP vom 17.10.1943.
25 Staatsarchiv Hamburg, Senatskanzlei, Verwaltungsbeschwerden, 118: 15. Pol.Rev. vom 24.2.1945.
26 Bohl, Hans-Werner; Keipke, Bodo; Schröder, Karsten: Bomben auf Rostock. Rostock 1995, S. 167.
27 Ebenda.
28 Ebenda, S. 168.
29 Ebenda, S. 169.
30 Polizeihistorische Sammlung Hannover, Ungeordn. Bestand, Nachrichten der Staatlichen Polizeiverwaltung Hannover, Der Polizeipräsident, Nr. 6 vom 17.11.1944.
31 STAB 6,36–2, Aktenvermerk vom 1.9.1944.
32 Ebenda, Aktenvermerk vom 29.9.1944.
33 Polizeihistorische Sammlung Hannover, Erl. d. RdLuOdL vom 7.10.1940. In: Luftschutzkalender 1941.
34 Die polnischen Zwangsarbeiter mußten ein P-Abzeichen tragen und standen unter einem verschärften Sonderstrafrecht.
35 STAB 4,13/1 M 2 e Nr. 190 Quad. 35, Akte III, Nachtrag 2 zur Luftschutzraum-Ordnung vom 18.9.1942.
36 STAB 4,29/1–1178, Ref. III an NSDAP–Ortsgruppe Bremen–Huckelriede vom 23.8.1941.
37 STAB 6,36/3, RMdL Abschrift vom 21.1.1945.
38 Ebenda.
39 Schmink, Gustavus: Bremen kaputt. Bremen 1983, S. 218.
40 Spratte, Wido: Im Anflug auf Osnabrück. Osnabrück 1985, S. 44 f.
41 STAB, Ungeordn. Bestand, Akte 50–04 m 2, Verfügung über die Verwaltung der LS-Bunker, Nachtrag 2 zur Luftschutzraum-Ordnung vom 18.9.1942.
42 Stadtarchiv Hannover, Dezernentenbesprechung 1943, 195. Besprechung vom 21.10.1943.
43 Brief Manfred Dürkefelden an Verfasser vom 17.6.1995, in dem er aus Briefen seiner Großmutter, Franziska Kaßler, zitiert.
44 Brunswig, Hans: Feuersturm über Hamburg. Stuttgart 1978, S. 340. In London kamen bei einer Panik am 3. März 1943 in einem Röhrenbunker 173 Menschen ums Leben; es war ein Alarm vor einem deutschen Angriff, der aber nicht stattfand.

Vgl. Salmaggi, Cesare; Pallavisini, Alfredo (Hrsg.): 2 194 days of war. An illustrated chronology of the Second World War. New York 1993, S. 354.

45 NHSA Hannover, Hann 122a/7060, OKL/Chef LS vom 21.2.1945.

46 STAB 4,29/1–1475, Senator f. Technik u. Arbeit vom 16.5.1941.

47 STAB, Ungeordn. Bestand, Akte 50–04 m 2, Verfügung über die Verwaltung der LS-Bunker, Nachtrag 2 zur Luftschutzraum-Ordnung vom 18.9.1942.

48 Ebenda, Pol.Präs. vom 23.10.1943.

49 STAB 4,29/1–1475, Beschwerdebrief vom 20.4.1941.

50 Ebenda, Hochbauamt vom 5.5.1941. Wegen akuten Arbeitermangels konnten 1942 die LSB-Notaborte nur ein-, höchstens zweimal in der Woche gereinigt werden. (STAB 4,13/1 – M 2 e Nr. 190 Quad. 35 Akte II, Tagesbefehl d. Schupo Nr. 237 vom 28.10.1942).

51 Ebenda, Pol.Präs. Bremen vom 11.2.1943.

52 STAB, Ungeordn. Bestand, Akte 50–04/4, Reinigung, Bericht Bardowyk vom 6.3.1943.

53 STAB 4,13/1 M 2 e Nr. 190 Quad.35, Akte II, Tagesbefehl Schupo Nr. 97 vom 28.4.1943.

54 Bundesarchiv-Militärarchiv (BAMA), Freiburg RL 19/424, Bericht Wolff, August 1945, S. 33.

55 Brief Frau Hellmers an Verfasser vom 26.3.1996; vgl. auch STAB, Ungordn. Bestand, Akte 50–04 m 2, Führerprogramm, Kdo. d. Schupo. vom 16.11.1943. Demnach gab es keine Durchschlagsöffnung, sondern nur Betonzerstörungen und innere Absprengungen.

56 Brief Frau Hellmers.

57 STAB 4,77/1–116, Luftangriff vom 9.10.1943, LS AK Nord vom 11.10.1943, Abschlußbericht.

58 Spratte: Im Anflug ..., S. 142.

59 Heute vor 10 Jahren: Todesnacht des Bremer Westens. In: Weser Kurier vom 18.8.1954.

60 Vgl. auch den Brief von Werner Spieker an die *Hannoversche Allgemeine Zeitung* vom Januar 1995 (im Stadtarchiv Hannover).

61 STAB, ungeordn. Bestand, Akte 50-04 m 2, Verfügungen über die Verwaltung der LS-Bunker, LS-Bauamt Bremen an Pol. Präs. vom 10.4.1945.

62 Vgl. Bruss, Regina: Mit Zuckersack und Heißgetränk. Bremen 1989, S. 15.

63 Saft, Ulrich: Krieg in der Heimat. Walsrode 1990, S. 401.

64 Schwarzwälder, Herbert: Geschichte der Freien Hansestadt Bremen. Hamburg 1985, Bd. IV, S. 630.

65 ... daß Wilhelmshaven bis zum letzten verteidigt wird ... In: Neue Wilhelmshavener Rundschau vom 8.4.1965.

66 Janßen, Dietrich: Die letzten Tage der Festung Emden. Emden 1995, S. 8.

Bunkerschicksale im Nachkriegsdeutschland

1 Polizeigeschichtliche Sammlung Hannover, Nachrichtenblatt der staatlichen Polizeiverwaltung Hannover, Kdo. Schupo vom 8.6.1945.

2 1,5 Millionen übernachteten im Bahnhofsbunker. In: Hannoversche Allgemeine Zeitung vom 16.7.1950.

3 Bunker-Unterkunft 1945–1950: Flüchtlingsschicksale aus den Bahnhofsbunkern der Inneren Mission in Hannover. In: Archiv der Kirchenkanzlei der Ev. luth. Landeskirche Hannover, Akte 07.3, Bahnhofsmission.

4 Einzusehen im Stadtarchiv Hannover.

5 Interview Dr. Julius Cäsar vom 5.12.1994.

6 Bunkerunterkunft 1945–1950 ..., a. a. O.

7 Tiefbauamt Hamburg, Bericht über Beschaffung von Wohnräumen in Luftschutzbunkern vom 29.6.1945 (Im Archiv d. Verfassers).

8 Familien und Ehepaare waren in den Bunkern Barmbekerstraße 183, Ulmenstraße 27/29, Wolfshagen 17, Stiftstraße, Lammstraße 44/46, Marienstraße, Papenstraße und Sievekingsdamm 29 untergebracht. Nur für Männer waren die Luftschutzgebäude in der Weidenallee 42, Eiffestraße 632/638, Mittelstraße 3, Missundestraße 8/12, Anemonenweg und Reeperbahn vorgesehen, nur für Frauen die Bunker Mettelstraße 19 und Arnoldstraße 16/20. In den Bunkern Schumannstraße und Glockengießerwall waren Hotels eingerichtet worden und in der Baustraße 27/29, Barnerstraße, Brockelallee, Bismarckstraße und Hachmannplatz Übernachtungsstätten, das heißt Bunkerhotels unter Leitung der Sozialverwaltung.

9 Obrazki z ›tamtego swiat‹. In: SWIAT vom 13.6.1954.

10 Staatsarchiv Hamburg, Senatskanzlei II, 239.20–8/684, Abschrift Direktive Nr. 22, S. 2.

11 Frühauf, Karl Anton: Hamburgs Luftschutzbunker mit neuen Aufgaben. In: Norddeutsches Baublatt 4/1950, S. 16.

12 Bauordnungsamt Braunschweig, Akte Bunker Bockstwete, Vermerk H. Lepla (o. D.) betr. Antrag zur Einsprengung von Fenster- und Türöffnungen.

13 Leppla, H.: Luftschutzbunker wird Hotel. In: Neue Bauwelt 3/1948, S. 39.

14 Interview mit Wolfgang Eichstädter am 26.2.1996.

15 Ebenda.

16 Staatsarchiv Bremen, L. 9, Nr. 332, Chef der Polizei vom 3.4.1946.

17 Stadtarchiv Bremerhaven, 160 Nr. 3, Bd. 2, Chief Custodien A. Hartmann (Bremen) an OB Bremerhaven vom 2.4.1946.

18 Vgl. Oberfinanzdirektion Kiel, BV »Luftschutzanlagen«.

19 Stadtarchiv Rostock, Sign. 1090, DRB vom 30.11.1945.

20 Ebenda.

21 Stadtarchiv Rostock, Sign. 1090, Dir. Nr. 22 vom 6.12.1945.

22 Ebenda, OB Rostock an SMAD vom 13.12.1946.
23 Brief Wolfgang Bründel an Verfasser vom 28.8.1996.
24 Stadtarchiv Rostock, Sign. 1090, Stadtbauamt, Abt. Hochbau vom 29.4.1947.
25 Brief Helmut Teßmer an Verfasser.
26 Vgl. Public Record Office, Foreign Office (PRO FO), 1062/291, Brief Streeten vom 29.9.1947 an Disarmament Branch, Minden.
27 Ebenda.
28 Ebenda; vgl. auch ebenda, Schreiben vom 27.9.1947 an Min. Präs. des Landes Niedersachsen.
29 Stadtarchiv Lübeck, Hauptamt 948, OB Lübeck an All. Militärregierung vom 1.6.1945.
30 Ebenda, Kriegsschädenamt vom 3.7.1945.
31 Ebenda, OB Lübeck vom 9.7.1945.
32 Ebenda, Bericht über Sprengung von LS-Bunkern und Schutzgräben vom 9.7.1945.
33 Ebenda, Bauverwaltung an OB Lübeck vom 19.11.1945.
34 Ebenda, Oberpräsident Schleswig-Holstein an die Oberbürgermeister Flensburg, Kiel und Lübeck vom 27.11.1945. Der Bundesminister der Finanzen, Fritz Schäfter, bezifferte die Kosten einer Totalsprengung und Trümmerbeseitigung aller Bunker der Britischen Besatzungszone mit 311 Millionen DM, während eine »Entfestigung« bei 170,7 Millionen DM läge. Vgl. Staatsarchiv Hamburg, Senatskanzlei II, 239. 20-8/684 BuMindFinanz. vom 2.6.1950.
35 Ebenda, Senatsprotokolle, Sitzung Nr. 30 vom 1.8.1947.
36 Ebenda.
37 Ebenda, Entwurf (o. D.).
38 Stadtarchiv Lübeck, Hauptamt 948, Bischof Pautke an Stadtpräsident Lübeck vom 14.10.1947.
39 Ebenda, Abschrift Unterhausdebatte vom 17.11.1947.
40 Ebenda, Kleine Behörden Archive, Feuerwehr–Luftschutz, Akte 9, Amt f. Statistik u. Baukonstruktion vom 26.1.1948.
41 Ebenda, Senatsprotokolle, Sitzung Nr. 67 vom 28.6.1948.
42 Ebenda, Hauptamt 948, Aktenvermerk f. Oberstadtdirektor Helms (o. D.).
43 Vgl. Staatsarchiv Hamburg, Wohnungsamt II, 210, Vermerk Juni 1945.
44 Ebenda, Mil.Reg. (Colvin-CG Hansestadt HH-BE) vom 25.7.1946.
45 Ebenda, Amt f. Wohnungswesen 8.03. 111, Bd. 1 800, Niederschrift Ulrich vom 10.10.1947.
46 Ebenda, Wohnungsamt II, 210, Vermerk vom 30.5.1947.
47 Ebenda, Senatskanzlei II, 239.20–8/684, Anlage zur Senatsdrucksache Nr. 134 vom 10.2.1950.
48 Handelskammer Hamburg, Amtsgericht Hamburg, Abt. 65, Vermerk vom 10.8.1950, Vergleichsverfahren.
49 Besonders spektakulär war unter anderem die Sprengung des berühmten Geschützturmes »Zoo« in Berlin 1947/48. Vgl. Foedrowitz, Michael: Die Flaktürme ..., S. 12.
50 Stadtarchiv Lübeck, Kleine Behörden Archive, Feuerwehr–Luftschutz, Akte 9, Amt f. Statistik u. Baukonstruktion vom 2.6.1947.
51 Am 12. Januar 1960 waren sie noch mit 395 Menschen belegt. Die Miete für ein Bett in einem Gemeinschaftsraum betrug 30 Pfennige pro Nacht und 15 DM monatlich für ein »Zimmer«.
52 Bauordnungsamt Braunschweig, Akte Bunker Kaiserstraße, Amt 53 vom 16.7.1956.
53 Amt für Wohnungswesen Hannover, Amt f. Obdachlose E 412, Bericht des Deutschen Kinderschutzbundes über die milieugefährdete Jugend in den Lagern und Bunkern.
54 Ebenda.
55 Ebenda, Pressebericht der Sitzung des Verwaltungsausschusses der Hauptstadt Hannover vom 5.10.1955.
56 Ebenda, Schreiben vom 19.1.1960.
57 Randsiedler? Ein Bericht über Notunterkünfte und deren Bewohner in der Landeshauptstadt. Zusammengestellt vom Stadtverband für Innere Mission in Hannover. Hannover 1966, S. 9 f.
58 Amt für Wohnungswesen Hannover, Amt f. Obdachlose E 412, Bundesvermögensstelle an Wohnungsamt Hannover vom 26.1.1962.
59 Ebenda, Dezernat H vom 22.10.1962.
60 Vgl. Die Zeit 25/1994, S. 17, sowie Brief von Dr. Kurt Groenewald an Verlag vom 14.7.1998.
61 Vgl. Aufbaugedanken um Kieler Luftschutzbunker. In: Kieler Nachrichten vom 24.5.1952.
62 Bauamt Cuxhaven, Akte Umbau des Hochbunkers, Allgemeines, Vermerk vom 3.12.1951.
63 Berufsfeuerwehr (BF) Kiel, Amt f. Zivilschutz, Akte 14.1.0.2.15, Luftschutzamt Kiel vom 28.5.1958.
64 Oberfinanzdirektion (OFD) Kiel, VV 2515/16 B, Zivilschutz-Erfassung, Innenmin. d. Landes Schleswig-Holstein vom 21.5.1960.
65 Berufsfeuerwehr Kiel, Amt f. Zivilschutz, Akte 13.0.5.5.05, Stollenanlage in Kiel-Russee, Abschrift BuMin. d. In. vom 9.11.1961.
66 Niedersächsisches Hauptstaatsarchiv Hannover, NdS 100 Acc 1/89 Nr. 21, Entwurf des Schutzbaugesetzes Oktober 1962.
67 Zit. nach Cuxhaven, Amt 380, Besichtigung des Hochbunkers, Stand Juli 1990.
68 OFD Kiel, VV 2515/16, Zivilschutz Instandsetzung, BuMin. d. Fin. vom 25.2.1971.
69 Vgl. Hamburg renoviert seine 125 Luftschutzbunker. In: Die Welt vom 26.1.1980.
70 Vgl. Schreiben des Cuxhavener Ordnungsamtes vom 31. März 1959: »Die Feststellung eines 80%igen Schutzes

kann sich demgemäß auch unter Berücksichtigung der ganzen Anlage und Struktur des Hochbunkers nur auf die Standfestigkeit und Schutzmöglichkeit vor sogenannten konventionellen, nicht aber vor atomaren Waffen beziehen (die Planungen müssen verständlicherweise auf solche Waffen abgestellt werden). Beim Schutz vor atomaren Waffen ist aber mit ganz anderen, vielfach stärkeren Einwirkungen (Hitzeblitz, Druckwelle, Radioaktivität) zu rechnen, für die der Hochbunker – auch nach entsprechender Instandsetzung – einen relativen Schutz kaum bieten dürfte.« (Kopie im Archiv des Verfassers).

71 Bunker – überflüssig oder doch zu wenig? In: Lübecker Nachrichten vom 23.7.1992.

72 Raabe, Rolf: Luftschutz mit Scheuklappen. In: Kieler Morgenzeitung vom 9.2.1964.

73 Niedersächsisches Hauptstaatsarchiv Hannover, NdS 100 Acc 1/89 Nr. 21, Entwurf des Schutzbaugesetzes Oktober 1962.

74 Schutz für zehn Stunden. In: Die Zeit 39/1986.

75 Bunkerakte, Bezirksamt Eimsbüttel.

76 Vgl. Jahn, Wolfgang: Der Luftschutz und die Zivilverteidigung der DDR (1955–1990). In: Diedrich, Torsten; Ehlert, Hans; Wenzke, Rüdiger (Hrsg.): Im Dienste der Partei. Handbuch der bewaffneten Organe der DDR. Berlin 1997, S. 551–576.

77 Zit. nach ebenda, S. 560.

78 Autorenkollektiv des Stabes der Zivilverteidigung der DDR: Schutz vor Massen-Vernichtungsmitteln. Lehrbuch der Zivilverteidigung. 2., korr. Aufl., Berlin 1977, S. 17.

79 Vgl. Jahn: Der Luftschutz ..., S. 568.

80 Vgl. Bürkholz, R.: Konzeption für die geschützte Unterbringung der Belegschaft des VEB Schiffswerft »Neptun Rostock«. Berlin, 15.10.1982. In: Werksarchiv Neptun Industrie Rostock.

81 So setzte sich im Kieler Stadtteil Ellerbek ein Kommunalverein eigens für den Abriß des Bunkers Große Ziegeleistraße ein: »Die vor der Gerhard-Hauptmann-Schule stehende Bunkerruine wird von vielen Bürgern unseres Stadtteils als Schandfleck von Ellerbek bezeichnet. Wir beantragen daher den Abbruch der Bunkerruine und bitten Sie, unserem Antrag stattzugeben. Wir glauben, daß es 19 Jahre nach Beendigung der Kriegshandlungen an der Zeit ist, dem Wunsche unserer Bürger zu entsprechen.« (Oberfinanzdirektion Kiel, BV, Beseitigung von Gefahren, Bd. 4, Brief Ellerbeker-Kommunalverein an OFD vom 19.2.1964.) Der Abriß erfolgte nicht, und so diskutierte man noch 1992 über den Bunker. (Vgl. Bunker dient als bessere Litfaßsäule. In: Lübecker Nachrichten vom 12.1.1992).

82 Unfug mit Farben. In: Wilhelmshavener Zeitung vom 21.3.1970.

83 Der erste Bunker wird schon bald mit Pop-Farben angepönt. In: Ebenda vom 2.7.1970.

84 Vgl. Grauer Bunker durch Farbe aufgepoppt. Zu einer Mahnstätte umfunktioniert. In: Ebenda vom 25.11.1970.

85 Vgl. Bezirksamt Eimsbüttel, Bunkerakte, Schreiben Beiersdorf AG vom 25.2.1985. Vgl. auch Ein Bunker bekam Farbe. In: Hamburger Abendblatt vom 24.3.1982.

86 Es handelte sich um die Bunker Othenstraße 28, Thadenstraße 60, Carlebachstraße 12, Eggerstedtstraße 51, Holstenstraße 14a, Von-Sauer-Straße 42, Heußweg 37/39, Forsmannstraße 10, Humboldtstraße 91/99, Poelchaukamp 10, Bussestraße 12 und Lasallestraße 3. (Vgl. Kulturbehörde Hamburg, Akte Bunkerwettbewerb: Freie und Hansestadt Hamburg Kulturbehörde. Betr.: Ideen-Wettbewerb für die künstlerische Auseinandersetzung mit Hochbunkern im Stadtgebiet der Freien und Hansestadt Hamburg, Hamburg o. D.).

87 Kulturbehörde Hamburg, Akte Bunkerwettbewerb, Flugschrift Dezember 1982.

88 Vgl. Keine »schöneren« Bunker in Hamburg. In: Hamburger Anzeigen und Nachrichten vom 16.7.1983.

89 Kulturbehörde Hamburg, Akte Bunkerwettbewerb, Staatliche Pressestelle Hamburg vom 6.6.1983.

90 Bundesvermögensstelle Bremen, Akte 0015/17 A III C, Vermerk vom 15.3.1983.

91 Ebenda, Bundesverband für den Selbstschutz vom 17.3.1983.

92 Ebenda, Akte 0015/17, Senator für Wissenschaft und Kultur vom 11.4.1983.

93 Historie mit dem Pinsel festhalten. In: Kieler Nachrichten vom 1.2.1989.

94 Vier Entwürfe – eine Fassade. In: Ebenda vom 17.5.1989.

95 Diekelmann: Sozialistischer Realismus wie in Moskau. In: Ebenda vom 5.7.1989. Vgl. SPD setzt Bemalung Iltisbunker durch. In: Ebenda vom 10.7.1989.

96 Vgl. Auf Expertenurteil verlassen. In: Ebenda vom 6.7.1989.

97 Laßt die Bunker Bunker sein. In: Ebenda vom 10.7.1989.

98 Johanning: Bunker spiegelt Widersprüchlichkeit wider. In: Ebenda vom 2.12.1989.

99 Vgl. Dieses Bild ist eine Sauerei. In: Ebenda vom 18.7.1990.

100 Bunkerbild: Schuld und Sühne. In: Ebenda vom 20.7.1990.

101 Artikel von Kirsten Hansen. In: Ebenda vom 28.7.1990.

Bunker in Norddeutschland – eine Bilanz

1 Vgl. Hampe, Erich: Der Zivile Luftschutz im Zweiten Weltkrieg. Frankfurt/Main 1963, S. 297.

2 Vgl. ebenda, S. 141 ff.; vgl. auch Groehler, Olaf: Bombenkrieg gegen Deutschland. Berlin 1990, S. 316–320.

Quellenlage

Die Dokumentenlage zu den Bunkern des Zweiten Weltkrieges ist sehr lückenhaft, da eine Vielzahl von Akten durch Kriegseinwirkungen verloren gingen, so das Archiv des Reichsluftfahrtministeriums, das im April 1945 verbrannt wurde. Die Unterlagen des Stadtarchivs Wilhelmshaven sind seit der Auslagerung in das ehemalige »Protektorat Böhmen und Mähren« verschollen. Archivalien des Luftschutzbauamtes in Bremen und der Luftschutzstelle Hamburg wurden bei Luftangriffen zerstört. Ähnliches widerfuhr den Archiven von Unternehmen der Bauindustrie, die mit der Ausführung des »Sofortprogramms« befaßt waren, zuständigen Ämtern einzelner Bunkerstädte, Behörden und Instanzen wie der Deutschen Reichsbahn, der Reichsanstalt der Luftwaffe für Luftschutz sowie großen Rüstungsfirmen, die bombensichere Luftschutzanlagen errichten ließen.
Solche Aktenverluste gab es aber auch in der Nachkriegszeit bei Firmen der Bauindustrie und Wirtschaftsunternehmen, da Fusionen bzw. Konkurse zumeist auch mit der Vernichtung der Archive verbunden waren.
Diese Forschungsarbeit konnte in der vorliegenden Art und Weise vermutlich zum letztmöglichen Zeitpunkt durchgeführt werden, weil es schon jetzt nicht mehr möglich war, einen Verantwortlichen auf der Entscheidungsebene dieses Bauprogramms persönlich zu befragen. Bis auf die Aufzeichnungen des ehemaligen Leiters des Instituts für Baulichen Luftschutz der Technischen Hochschule Braunschweig, Prof. Theodor Kristen, waren keine Nachlässe von Entscheidungsträgern verfügbar.
In großem Maße konnten allerdings Erinnerungen damaliger Luftschutzsuchender gesammelt werden. Auf entsprechende Aufrufe in der Tagespresse norddeutscher Städte (mit Ausnahme von Cuxhaven) meldeten sich 1 000 Zeitzeugen, die anhand eines 25 Punkte umfassenden Fragebogens zu allen Aspekten der Bunkernutzung im Krieg ihre Erlebnisse aufschrieben und zur Verfügung stellten. Natürlich ist bei solcher »Oral History« der beschriebene Inhalt in erheblichem Maße vom zeitlichen Abstand zum Geschehnis abhängig. Gleichwohl sind die Aussagen wertvolle Ergänzungen zu den Dokumenten, denn die Haltung der Befragten zu Krieg und Unrecht der NS-Zeit war ja nicht zuletzt durch die eigenen Erfahrungen stark geprägt. Viele Zeitzeugen bedankten sich sogar dafür, daß dieses scheinbar so unspektakuläre Thema aufgegriffen wurde, weil sie dadurch erstmals über diese unvergeßlichen Erlebnisse in ihrem Leben sprechen konnten.
Eine Anmerkung sei noch hinzugefügt: Bereits während des Krieges gab es keine einheitliche Terminologie bei der Benennung der Luftschutzanlagen. In einigen Dokumenten taucht zum Beispiel der Begriff »Bunkerstollen« auf, richtiger müßte es Luftschutzstollen heißen. Diese sind keine Bunker, können aber unter dem Oberbegriff Luftschutzanlage geführt werden.
Die verantwortlichen Luftschutzbehörden wiesen schon zu Kriegszeiten in Rundschreiben immer wieder daraufhin, daß der Begriff »Bunker« nur verwendet werden dürfte, wenn das betreffende Bauwerk die Kriterien der »Bombensicherheit« und des Gasschutzes erfüllte. Oftmals waren splitter- und trümmersichere Luftschutzanlagen oder Röhrenbunker (Erdbunker) einfach als Bunker bezeichnet worden, was bis heute zu Irrtümern und Mißverständnissen geführt hat. Für den Sammelbegriff der Luftschutzbunker gab es ebenfalls unterschiedliche Bezeichnungen: Luftschutz- oder Wehrhäuser (Hamburg), bombensichere Bombenhäuser (Wesermünde), Luftschutztürme usw.
In den Dokumenten wird für Bunker das Fachkürzel »L.S.-Bunker« oder »LS-Bunker« verwendet, aber in den verschiedenen Luftschutz-Bauämtern des Luftgaukommandos XI waren auch andere Kürzel gebräuchlich: In den Hamburger Dokumenten findet man das Kürzel »F. Bo« (Führerbauprogramm, bombensicher) mit betreffender Abschnitts-, Revier- und Polizeinummer, in Lübeck »Bom« sowie die Baunummer, in Kiel »Lu« plus Ziffer. In Bremen wurde das Kürzel »B« und die Baunummer verwendet, je nach Funktion der Bunker mit zusätzlichen Buchstaben versehen: BW (Werkluftschutz), BR (Reichsbahn), BK (Krankenhaus), BV (Verkehr), BH (Hafenbauamt) sowie BS (Bunkerstollen). In Cuxhaven wurde für den einzigen Bunker der Stadt die eigentlich korrekte Bezeichnung »L.S.-Bunker Nr. 1« benutzt.

Zu den Bunkern des »Sofortprogramms« wurden auch bombensichere Luftschutzanlagen aus ähnlichen Programmen anderer Reichsanstalten (Reichspost, Reichsbahn), des Werkluftschutzes und des Luftschutzes der Teilstreitkräfte Luftwaffe und Marine berücksichtigt, da sie als Personenschutzbunker nicht nur den Angehörigen ihrer Bediensteten oder der Streitkräfte bei Fliegeralarm Schutz boten, sondern auch Zivilisten. Bei der Luftwaffe waren das Flakbunker und Flaktürme, bei der Marine U-Boot-Bunker, Mannschaftstruppenbunker, Torpedoreglerbunker usw. Hinzu kommen Befehlsbunker der Wehrmacht sowie die der Zivilverwaltung.
Am Beispiel der Kriegsmarinewerft Wilhelmshaven als einziger marineeigener Werft wird besonders deutlich, daß eine klare Abgrenzung von Marinebunkern, Werkluftschutzbunkern und zivilen Luftschutzbunkern wegen fehlender Unterlagen fast unmöglich ist. In den dortigen Bunkern fanden nicht nur Marinesoldaten und Seeleute Schutz, sondern auch zivile Werftarbeiter und Zivilisten aus der Stadt. Die Marine baute in Wilhelmshaven sogar eigens Bunker, die für die Bewohner bei Alarm offenstanden. Die Bunker der Werft werden zum Beispiel vereinheitlicht unter der Rubrik Werkluftschutzbunker geführt.

Quellenverzeichnis

Publikationen

Arentzen, Alfred-Christian: Aus meinen Erinnerungen. Garlstedt o. D.

Arntz, Wilhelm: Leitgedanken beim Bau von bombensicheren Luftschutzräumen. In: Baulicher Luftschutz 1/1942.

Assmann, Georg: Beitrag zur Entwicklung des Schutzraumes für die Zivilbevölkerung nach den bisherigen Luftkriegserfahrungen unter besonderer Berücksichtigung des Sicherheitsbegriffs. Bremen 1944 (einsehbar in der Bibliothek TU Braunschweig).

Autorenkollektiv des Stabes der Zivilverteidigung der DDR: Schutz vor Massen-Vernichtungsmitteln. Lehrbuch der Zivilverteidigung. 2.,korr. Aufl., Berlin 1977.

Baumann, H.: Ist Luftschutz noch sinnvoll? In: Ziviler Luftschutz 12/1965.

Baur, Helmuth: Das Kriegsende in Wilhelmshaven – als persönliche Erinnerung. Wilhelmshaven 1985.

Brasche, Friedel: Bericht an ihren Vater, Oberstabsarzt Dr. Paul Brasche, z. Zt. des Angriffs als Patient im Lazarett in Braunslage. Friedenszentrum e.V. Braunschweig o. D.

Brugmann, Walter: Baustab Speer im Luftschutz. In: Baulicher Luftschutz 1/1942.

Chronik Truppenübungsplatz Ehra-Lessien. Bd. 1, o. O., o. D.

Daniel, Horst: Die Engländer wollten den Bunker mit einer Sprengung beseitigen. In: Nordwest-Zeitung vom 10.6.1978.

Denkert, Wilhelm: Der Ausbau des ehemaligen Luftschutzbunkers (LSB) an der Störtebekerstraße in Wilhelmshaven. Braunschweig 1984.

Denkschrift über den Aufbau eines zivilen Luftschutzes in Deutschland. Lübeck o. D. (Dräger).

Diederichs, Peter: Neuzeitliche Gründungen von Bunkerbauten. In: Baulicher Luftschutz 8/1942.

Dünnhaupt, Jens-Peter (Sammlung): Tagebuch Austermann.

Ders., Wie unsere Heimat in Schutt und Asche versank (nach Tagebuchaufzeichnungen von Ubbo Geerds).

Eynatten, Sibylle von: Bunkerzeiten in Misburg. Hannover 1995.

Frühauf, Karl Anton: Hamburgs Luftschutzbunker mit neuen Aufgaben. In: Norddeutsches Baublatt 4/1950.

Gebauhr, Udo: Niederschrift Interview mit Elisabeth und Kurt Zawaty vom 30.8.1996. Braunschweig 1996.

Goebbels, Joseph: Die Tagebücher. Bd. 5-13. Hrsg. v. Elke Fröhlich. München 1996.

Hammann, Hans: Der LS-Bunker in der Städteplanung des Siedlungsverbandes Ruhrkohlenbezirk. In: Baulicher Luftschutz 4/1942.

Hampe, Erich: Aufbau des zivilen Luftschutzes. In: Ziviler Luftschutz 1/1952.

Hencke, Dr. Walter: Aufzeichnungen. o. O. o. D.

Herde, Alexander: Der Luftschutzbunker im Wohngebiet. Seine Grundrißgestaltung und städtebauliche Einordnung. Diss. 1941.

Johannsohn, Helga: Zur Geschichte der Bremer Bunker. o. O. o. D.

Jönk, Karl-Wilhelm: Mein Weg als Kriminalist in den SS-Staat. o. O. o. D.

Knipfer, Kurt: Die Bedeutung des Baues von Luftschutzräumen im Rahmen der Luftverteidigung. In: Baulicher Luftschutz 1/1942.

Kramp, Karl: Werft- und Hafenluftschutz. In: Ziviler Luftschutz 6/1955.

Krause, Kurt: Bombensichere Bauwerke. In: Der Deutsche Baumeister 12/1940.

Kristen, Theodor: Die Geschichte des Luftschutz-Bunkerbaues und des Instituts für ›Baulichen Luftschutz‹ an der Technischen Hochschule Carola Wilhelmina zu Braunschweig. Ms. o. O. o. D.

Ders.; Winter, Alois: Die Braunschweiger Schutzbewehrung. In: Baulicher Luftschutz 1/1942.

Kutter, Siegfried: Bericht über den Erprobungsbau Schutzbunker Dortmund-Sonnenstraße. In: Ziviler Luftschutz 9/1964.

Lennartz, Werner: »Was tun Sie, wenn ...« Das luftschutzmäßige Verhalten im Meinungstest. In: Ziviler Luftschutz 7 u. 8/1956.

Leppla, H.: Luftschutzbunker wird Hotel. In: Neue Bauwelt 3/1948.

Leutz, Hermann: Bauliche Instandsetzung von Schutzbunkern. In: Ziviler Luftschutz 1/1962.

Ley, Willi; Schäfer, Herbert: Wie steht es um Raketenbomben? In: Baulicher Luftschutz 7/1942.

Linhardt, Andreas: Kradmelder der Motor-HJ im Luftkriegseinsatz. Braunschweig 1994.

Lippert, K. H.: Der Bau von Luftschutzräumen in Form bombensicherer Erdstollen. In: Baulicher Luftschutz 2/1942.

Löfken, Alexander: Bauliche Maßnahmen im Werkluftschutz. In: Luftschutz durch Bauen, Berlin o. D.

Luftschutz Taschenkalender 1941. Berlin 1941.
Luftschutz-Wettbewerb »Alarm«. In: Baulicher Luftschutz 2/1942.

Martin, Hanno: Bunker Borchersstraße 23, 3000 Hannover 71. Hannover 1991.
Mat, Jozef: Obrazki z »tamtego swiat«. In: Swiat 24/1954.
Michel, Rudolf: Die Instandsetzung vorhandener öffentlicher Schutzraumbauten im »Vorabprogramm«. In: Ziviler Luftschutz 3/1963.
Mitteilungsblatt der Fachgruppe Bauwesen e.V. NSBDT 5/1944.
Möhlmann, G.: Schutzraumbauten in Wilhelmshaven für Marine und Bevölkerung im Luftkrieg. Wilhelmshaven 1985.

Nienhaus, Elisabeth: Tagebuch.

Otto: Der Reichsausschuß für baulichen Luftschutz. In: Bauwelt 35 u. 36/1942.

Paschen: Hinweise für die Instandsetzung vorhandener Schutzbunker. In: Zivilschutz 5/1961.
Pforr, Karl: Der deutsche Luftschutz vor und während des 2. Weltkrieges. Ms. 1957.
Piepenschneider, Kurt: Baugestaltung und Bunkerbau. In: Braunschweiger Kunstspiegel, April 1942.
Pieper: Fenster im Luftschutzbau. In: Baurundschau 3/1947.
Ders.: Müssen die Hochbunker des zivilen Luftschutzes gesprengt werden?. In: Baurundschau 3 u. 4/1948.
Die polnische Zementindustrie. In: Bauwelt 38/1939.

Quasebart; Roedler: Raumklimatische Untersuchung in einem volltreffersicheren Luftschutzturm. In: Baulicher Luftschutz 3/1942.

Raschower, Luise: Bremen 1944. Erlebnisse einer Bremerin. o. O. o. D.
Reese, Gerda: Aufzeichnungen vom November 1996.

Schardin, Hubert: Kurzbericht über Versuchssprengungen an Luftschutzbauten in Marienthal. Lübeck o. D. (Dräger).
Ders.: Schutzbauten für die Zivilbevölkerung. In: Wehrtechnische Monatshefte 12/1962.
Schmidt, Otto: Das »Ganghaus«. In: Baulicher Luftschutz 4/1942.
Schmidt, Gottfried: Umbau eines Hochbunkers zum Krankenhaus. In: Neue Bauwelt 12/1949.
Schminck, Gustavus: Bremen kaputt. Bremen 1983.
Schrader, Hermann: Über die Planung von LS-Bunkern des LS-Führerprogramms. In: Baulicher Luftschutz 5/1943.
Schunk, J.: Vor dem ersten Schutzbunker Belegungsversuch in der Bundesrepublik. In: Ziviler Luftschutz 4/1964.
Der Schutzraumbau. In: Bautechnische Mitteilungen des Deutschen Beton-Vereins e.V. 4/1937.
Sollwedel, Georg: Vom Schicksal der Bunker. In: Neue Bauwelt 37/1949.
Speer, Albert: Der Sklavenstaat. Frankfurt/Main, Berlin, Wien 1981.
Spieker, Werner: Der Luftschutzbunker Rampenstraße – Küchengartenstraße zu Hannover-Linden. Hannover o. D.
Stadtbaurat Professor Karl Elkart 60 Jahre. In: Bauwelt 37/1940.
Statistisches Amt Braunschweig (Hrsg.): Verwaltungsbericht der Stadt Braunschweig 1940.
Stier, W.: Lübeck während der NS-Herrschaft. Erinnerungen eines Lübeckers an die Vorgänge damals. In: Lübecker Blätter 1983.

Traupe, Karl: Erlebnisse eines Braunschweiger Schülers zwischen 1943 und 1945. Braunschweig 1988.

Unger, Günter: Tagebuch.

Verarbeitungsvorschriften für LS-Tarnfarben. Berlin 1945.
Voigt-Deutsch, Elfriede: Beitrag zur Erforschung der Geschichte der Hannoverschen Luftschutzbunker im Zweiten Weltkrieg. Hannover 1995.

Weilbier, Rudolf: Grundsätzliche Ergebnisse des Wettbewerbs »Alarm«. In: Bauwelt 51 u. 52/1941.
Wendt, Fritz: Aussprengen von Fenstern in Bunkerwänden. In: Neue Bauwelt 45/1948.
Wunderlich, H.: Aus der Praxis des Baues von bombensicheren Luftschutzräumen. In: Baulicher Luftschutz 2/1942.

Zarnikow, Annemarie: Kreisbefehlsstand Braunschweig (Am Nußberg). Berlin o. D.
Zoch, Ursula: Aufzeichnungen. o. O. o. D.
Zur Lage. In: Ziviler Luftschutz 11/1962.

Filme und Tonkassetten

Erinnerungen an Bombenangriffe. Bremer Diakonissen-Haus-Schwestern, 1984 (Tonkassette im Archiv des Verfassers).
Koch, Matthias; Eckert, Frank: Operation Donnerschlag. MDR 1995 (Videoaufzeichnung im Archiv des Verfassers).
Mitteilung über die Braunschweiger Bunker von Rosemarie Schlüter, Februar 1996 (Tonkassette im Archiv des Verfassers).

Briefe

Adam, Ida v. 9.2.1997
Aevers, v. 20.8.1996
Arnecke, Karl-Heinz v. 4.1.1997
Arnold, Giesela v. 8.11.1996
Archiv der Hansestadt Rostock v. 10.3.1997
Ärztekammer Niedersachsen v. 30.11.1994
B., Helga v. März/April 1996
Bartel, Waltraud v. 17.11.1996
Bast, W. v. 24.10.1996
Benn, Dietrich v. 26.1.1996
Benter, Gertrud v. 13.11.1996
Berger, Dietrich v. 16.9.1996
Betzendahl, Herta v. Nov. 1996
Blohm & Voss v. 27.9.1996
Blume, Hildegard v. 30.3.1996
Blunck, Barbara v. 6.1.1996
Bockemüller, Dr. Bernhard v. 27.3.1996
Bollmann, Gerda v. 29.4.1996
Brüggemann, Dr. v. 3.1.1995
Bründel, Wolfgang v. 18.6., 30.6., 28.8.1996
Brunken, Gerhard v. 30.7.1996
Buhlmann, Lisa o. D.
Busch, Ilse v. 13.11.1996
Denkert, Wilhelm v. 26.11.1996
Dettmer, Inge o. D. (Fragebogen)
Dittrich, Ingeborg v. Nov. 1996
Docters, Walter v. 11.11.1996
Dötze, Alexander v. April 1996
Dreyer, Hilde v. 11.11.1996
Dunker, Erich v. Nov. 1996
Dürkefelden, Manfred v. 17.6.1995
Eilers-Tromp, Ursula v. 9.12.1996
Eimecke, Hildegard v. 1.11.1996
Eisenbarth, J. o. D. (Fragebogen)
Engel, Helga v. 22.6.1995
Ewert, Emma v. 1.11.1996
Fehner, Herbert v. Febr. 1996
Feld, Oskar v. 9.12.1996
Feldmann, Börries von v. 28.3.1996
Flügge, v. Febr. 1996
Franzen, Dr. Klaus v. 27.11.1996
Freygang, Hellmuth v. 6.3.1997
Frost, Irmgard o. D
Gehrke, Hans o. D. (Fragebogen), v. 14.4.1996
Gerdes, Christa v. Nov. 1996
Geruschkat, Robert v. 16.6.1995
Gesundheitsamt Hannover v. 15.11.1994
Gildebrauerei Hannover v. 12.12.1994
Glauß, Margit v. 8.11.1996
Groth, L. v. 12.8.1995 (Fragebogen)
Gumpert, Georg v. 20.4.1996
Haake, Cord Martin v. März 1996
Habermann, Horst v. 5.9.1996
Hahl, Marion v. 12.11.1996
Hammerich, Ruth 1996 (Fragebogen)
Hammerstein o. D. (Fragebogen)
Hane, Gerda o. D
Heeren, Kurt v. 31.1.1996
Heide, Hildegard v. April 1997
Heitkemper, Erika v. April 1996
Heller, Ingeborg v. 15.6.1995
Hellmers, v. 26.3.1996
Helmken, Helmut v. 8.4.1996
Helmken, Waltraud v. 8.4.1996
Helms, Rolf v. 21.11.1996
Henseleit, Ingrid v. 21.4.1997
Heuser, Ursula v. 9.12.1996
Hinken, H. v. Mai 1996
Hofmann, Hella v. Juli 1995
Hofmeister, R. o. D. (Fragebogen)
Hundt, Karl-August v. 21.3.1996
IHK Düsseldorf v. 2.12.1994
IHK Hannover v. 14.12.1994
Isermann, Dr. Horst v. 26.3.1996
Jänecke, Gertrud v. 8.7.1995
Janßen, Dietrich v. 16.1.1996
Jehn, Elvira v. 15.12.1995 (Fragebogen)
Jelkmann-Gross, I. v. Juli 1996 (Fragebogen)
Jöhnk, Hans-Helmut v. 8.12.1996
Käthow, Margit v. 21.3.1996
Kempff, Ursula o. D.
Kettner, Jutta v. 16.6.1995
Kirstein, G. o. D. (Fragebogen)
Klee, Ernst v. 5.3.1997
Kleinermans, v. Mai 1996 (Fragebogen)
Klenz, Karl-Ludwig v. 28.4. u. 6.6.1997
Klingebiel, Jürgen v. 23.3.1998
Klümper, Alexander v. 10.11. u. 14.11.1996
Kneschke, Erika v. 1.3.1996
Koch, Karl Heinrich v. 10.4.1997
Koriath, Maria v. Dez. 1996
Krause, Marianne v. April 1996
Krimmling, Karl-Heinz v. 18.11.1996
Kröger, Erika v. 13.3.1996
Kuettner, Anneliese v. 5.4.1996
Landshöft, Marianne v. 10.4.1996
Langbein, Hannelore v. 2.5.1996
Legner, Benno v. 11.4. u. 15.4.1997
Lehmann, Hans-Christel v. 23.12.1996
Linhardt, Margarete v. Nov. 1995

Lohmann, Margarete v. 10.6.1996
Lohse, Gerhard v. 20.12.1995
Lorenzen, Ilse v. 14.5.1997
Lubitz, Christa v. 20.11.1996
Lüders, Horst v. Okt. u. 26.11.1996
Mansholt, Anne v. 12.6.1995
Mattis, Gisela v. Febr. 1997
Mazur, Mariechen v. 12.12.1996
Mildner, Helga v. 19.5.1996
Mittweg, Walter v. Febr. 1996
Möhlmann, Günther v. 2.1.1997
Mond, Erika v. 6.4.1996
Müller, Ehepaar v. 30.4.1997
Müller-Böschen, Hans Heinrich v. 28.3.1996
Nespethal, Hanna v. 25.2.1996
Niederrheinische IHK Duisburg v. 13.12.1994
Nienhaus, Elisabeth v. 29.3.1996
Palma, Ingrid v. 10.12.1996
Paustag, Rosemarie v. 14.11. u. 24.11.1996
Peemüller, Hilde v. 22.1.1997
Petersen, Waldemar v. 14.1.1997
Petzold, Willi v. 30.10.1996
Preschel, Bertha v. März 1996
Prescher, Rudolf v. 18.12.1995 (Fragebogen)
Reese, Karl v. 24.11.1996
Reich, O. v. 15.4.1996
Reiß, Gerda v. 27.2.1996
Richter, Dr. Hans v. Jan. 1996
Ritter, Marga v. 28.2.1996
Röhr, Karl-Heinz v. März 1997
Rüdiger, Erwin v. 2.1.1997
Salchow, Erika v. 27.1.1997
Schaarschmidt, Franziska v. 26.8.1996
Schilling, Wolfgang v. 30.3.1996
Schindler, Elfriede v. März 1996
Schiweck, Käthe v. 15.12.1996
Schlicht, Günter v. 17.2.1997
Schneider, K. W. v. 15.6.1996
Schoelzel, Waltraud v. Febr. 1996
Schönefeld o. D. (Fragebogen)
Schönfeld, Hanna v. 10.11.1996
Schöttler, Rolf v. 11.11.1996
Schröder, Dr. Karsten v. 6.11.1995
Schwarz, Martha v. 8.4.1996
Schwelm, Rudolf v. Nov. 1996
Seiler, Eberhard v. 18.2.1998
Siemaszko, Zbigniew v. 19.4.1995
Sobottka, Meta Marie v. 27.2.1997
Sommer, Irma v. 21.11.1996
Staatsanwaltschaft am Landgericht Hamburg v. 16.6.1997
Stadtforstamt Hannover v. 6.12.1994
Steffen, Erwin v. Okt. 1996
Steinberg, Gitta v. Nov. 1996
St.-Willehad-Hospital v. 18.4.1998
Suhrbier, Günter v. 5.7.1996
Sczeponek, Gisela v. 24.9.1996
Teßmer, Helmut v. Jan. 1996
Tewes, Edith v. 13.1.1997
Thieme, Ruth v. 31.3.1996
Tiemann, L. v. 17.6.1995
Toebe, Werner v. 15.4.1996
Tönnies, H. v. 2.2.1995
Traupe, Karl v. 19.12.1995
Trumpff, Gerhard v. 10.12.1996
Ulbrich, Edith v. 6.11.1996
Ullmann, Elisabeth von v. 16.2.1997
Unger, Günter v. 12.4.1996
Universitätsklinik Rostock v. 23.4.1997
Usselmann, Anita v. Juli 1996
Viets, Erdmute v. Aug. 1996
Vogelsang, Erika v. 21.6.1995
Vogt, Rosemarie v. 16.1.1995
Voigt, Anneliese v. 15.3.1997
Wagner, Helga v. 25.3.1996
Wagner, Ilse v. 21.11.1996
Wagner, Inge o. D.
Wark, Ingeborg v. 31.3. u. 19.4. 1996
Wässerling, Helga o. D.
Weichbrodt, H. G. v. 9.11. u. 12.12.1996
Wemuth, Günter v. 27.8.1996
Wenzel, Hanna v. 6.1.1996
Wickinger, Kurt v. 13.1.1996
Wiede, Herbert v. 26.11.1996
Wildfang, v. 17.9.1996
Wilhelm, Edith v. 17.11.1996
Witte, Egon v. 14.9.1996
Wulf, Gertrud v. Nov. 1996
Zillmann, v. 2.3.1996
Zinder, Rosemarie v. 25.6.1996

Mitteilungen

Abele, Hans-Jörg v. 16.4.1997
Ahrens, Werner v. 3.1.1995
Arnold, Dietmar mehrere 1996; 1997
B., Helga v. 23.3.1996
Beutz, Hans v. 23.1.1997
Biehl, v. 27.1.1997
Borkowski, v. 29.11.1994
Breuste, Hans Jürgen v. 13.1.1995
Carbow, v. 20.9.1996

Dammeyer, v. 1993
Demuth, v. 15.12.1994
Denecke, Barbara v. 13.12.1995
Discherl, v. 12.12.1994
Docters, Walter v. 29.10.1996
Dose, v. 7.3.1997
Dünnhaupt, J. P. v. 21.1.1997
Eisenbarth, v. 4.1.1996
Fischer, Marco v. 15.12.1995
Flügge, v. 12.12.1995
Freitag, Günther v. 25.7.1996
Frerichs, Holger v. 9.11.1996; 17.2.1997
Hartmann, Günther v. 29.11.1994
Hazebrouck, van v. 10.10.1994
Heine, v. 6.10.1994
Heitmann, v. 12.12.1995
Hupe, v. 16.10.1995
Isenberg, v. 18.12.1995
Jander, Doris v. 14.6.1995
Janßen, Dietrich v. 7.11.1995
Jürgensen, v. 28.10. u. 30.10.1996
Kampen, Ralf v. 5.12.1996; 18.1.1997
Kempowski, Walter v. 19.8.1996
Kießlich, Dieter v. 22.4.1997
Knigge-Hornbostel, v. 25.11.1994
Knuppe, Günther v. 7.3.1996
Köster, v. 10.4.1995
Kordina, Prof. Karl v. 15.2.1996
Krebs, Benno v. 29.12.1996
Krüger, v. 13.12.1994
Krüger, Dora v. 25.2.1995
Krüß, Max v. 29.12.1996
Lehmann, Heinz v. 25.2.1995
Leipelt, v. 18.4.1997
Lenz, Inge v. 13.5.1996
Liebehenz, v. 7.11.1994; 23.2.1995
Liebherr, v. 5.1.1995
Linhardt, Andreas mehrere 1995;1996
Maaß, Volker, v. 3.9.1996
Mayer, v. 2.12.1994
Mestwarp, Heinrich v. 12.11.1993
Nickstadt, v. 12.12.1994
Noltemeyer, v. 7.11.1996
Peschel, v. 3.5.1996
Prigge, Hans Günther v. 27.3.1996
Reese, Gerda v. 13.11.1996
Reichel, v. 22.11.1996
Reinke, v. 9.12.1994
Rosenthal, v. 24.2.1995
Schilling, Axel v. 20.8.1996
Schmedes, Dr. Rolf v. März 1995
Schmidt, v. 2.2.1995
Schmidt, v. 20.9.1994
Schneider, v. 19.10.1994
Schneider, v. 19.12.1995
Schohknecht, v. 18.4.1997
Scholz, Jutta v. 25.11.1994
Schroeter, Bernhard v. 4.1.1996
Seiler, Eberhard v. 23.9.1996
Sommer, Dr. Ingo v. 5.11.1996
Spielvogel, v. 21.3.1997
Stadtarchiv Kiel v. 2.1.1997
Steege v. 19.12.1994
Töllner, Christoph v.12.12.1994; 11.1.1995
Traupe, Karl v. 19.12.1995
Wachenhausen, Anneliese v. 28.1.1997
Wenzel, Hanna v. 3.1.1996
Werkmeister, v. 7.11.1994
Werner, Walter v. 23.8.1996
Wichmann, v. 23.9.1996
Wickinger, v. 20.12.1995
Winkler, Horst v. 12.9.1995
Wizin, v. 13.12.1994
Wulf, v. 18.4.1997
Wüstefeldt, Hermann v. 25.2.1995
Zawaty, Familie v. Sept. 1996
Zwingmann, Günther William v. 12.12.1995

Interviews

Artus, Ingeborg v. 1.3.1995
Barghoorn, v. 13.1.1996
Bängerot, Waltraut v. 6.1.1995
Barz, Helga v. 17.2.1995
Beensen, Marlit v. 13.12.1994
Beutz, Hans v. 26.1.1997
Borkowski, v. 6.12.1994
Breuste, Hans Jürgen v. 13.1.1995
Brzoska, Ralf v. 29.11.1994
C., Luise v. 3.1.1995
Cäsar, Dr. Julius v. 5.12.1994
Carbow, v. Dez. 1996
Dans, Max v. 7.3.1995
Eichstädter, v. 26.2.1996
Engelhardt, Siegfried v. 28.9.1994
Falk, Gerhard v. 17.12. u. 21.12.1994
Francescon, Raoul v. 20.7.1996
Freiberg, Karin v. 8.12.1994
Fricke, Hertha v. 7.1.1995
Harms, Hermann v. 15.10.1994
Holze, v. 11.8.1995
Jung, v. 10.1.1995

Kieper, Gerda v. 2.12.1994
Klingenberg, Hella v. 29.12.1994
Knopf, Siegrid v. 13.3.1996
Lange, Anita v. 4.1.1995
Lange, Annemarie v. 6.3.1995
Lippe, Ursula v. 23.1.1995
Martin, Hanno v. 10.12.1994
Martin, Helga v. 10.12.1994
Müller, G. v. 22.2.1995
Müller, Kurt v. 22.2.1995
Mütze, Peter v. 8.11.1993
Oberheide v. 5.12.1994
Pohle, Margot v. 10.12.1994
Salge, v. 2.3.1995
Scholz, Jutta v. 2.12.1994
Tewes, Edith v. 2.2.1997
Töllner, Christoph v. 12.1.1995
Weller, Prof. Johannes v. 4.11.1993
Wöhleke, Gerd v. 2.4.1995
Woll, Karl-Heinz v. 29.12.1994
Zerkowski, Lieselotte v. 19.10.1994
Zimmer, Wolfgang v. 15.2.1996
Zingel, Erna v. 29.3.1996

Sekundärliteratur

Beer, Siegfried; Karner, Stefan: Der Krieg aus der Luft. Kärnten und Steiermark 1941–1945. Graz 1992.

Bein, Reinhard: Im deutschen Land marschieren wir ... Materialien zur Landesgeschichte. Braunschweig 1992.

Bezirksamt Tiergarten (Hrsg.): Tiergarten Mai 1945. Berlin 1995.

Birkenfeld, Wolfgang: Der synthetische Treibstoff 1933–1945. Göttingen 1954.

Boelck, Detlef: Kiel im Luftkrieg 1939–1945. In: Sonderveröffentlichung der Gesellschaft für Kieler Stadtgeschichte. Bd. 13, Kiel 1980.

Bohl, Hans-Werner; Keipke, Bodo; Schröder, Karsten: Bomben auf Rostock. Rostock 1995.

Borrmann, Hermann: Bilder zur Geschichte des Hamburgischen Amtes Ritzebüttel und der Stadt Cuxhaven. Bd. 2, Cuxhaven 1983.

Brunswig, Hans: Feuersturm über Hamburg. Stuttgart 1978.

Bruss, Regina (Hrsg.): Mit Zuckersack und Heißgetränk. Leben und Überleben in der Nachkriegszeit. Bremen 1945–1949. Bremen 1989.

Eckel, Walter: Ein Zehnjähriger erlebt die Hamburger Katastrophe vom Sommer 1943. In: Hamburgische Geschichts- und Heimatblätter. Bd. 13, 9/1996.

Eckler von Gleich, Cecilie: Als der Bremer Westen brannte. Bremen 1995.

Erdmenger, Manfred; Eimers, Hauke; Meyer, Helmut: 75 Jahre Kralenriede. Braunschweig 1996.

Ders.; Meyer, Helmut: Die Schuntersiedlung. Braunschweig 1987.

Ethell, Jeffrey L.: B-17, Flying Fortress. Osceola 1995.

Fechtmann, Jörg: Bremen 1939 bis Juni 1941. Luftschutz und Luftangriffe. Hausarbeit f. d. 1. Lehrerprüfung, PH Bremen, Bremen 1968.

Foedrowitz, Michael: Beten in Beton. Hannover 1995.

Ders.: Die Flaktürme in Berlin, Hamburg und Wien 1940–1950. In: Waffen-Arsenal Sonderb. 44/1966.

Ders.: Die Luftschutztürme der Bauart Winkel. Baugeschichtliches Gutachten für die EWZ. Hannover 1997.

Freeman, Roger A.: Mighty Eighth War Diary. New York, London, Sydney 1981.

Geschichtswerkstatt e.V. Lüneburg: Das andere Lüneburg. Ein antifaschistischer Stadtrundgang. Lüneburg 1992.

Girbig, Werner: 1000 Tage über Deutschland. München 1964.

Gabcke, Harry: Die Zerstörung Wesermündes in der Bombennacht vom 18. September 1944. In: Kleine Schriften des Stadtarchivs Bremerhaven. Bremerhaven 1985.

Grabe, Thomas u.a.: Unter der Wolke des Todes leben ... Hannover im Zweiten Weltkrieg. Hamburg 1983.

Gräff, S.: Tod im Luftangriff. Hamburg 1955.

Graßmann, Antjekathrin (Hrsg.): Lübecksche Geschichte. Lübeck 1988.

Grieser, Helmut: Reichsbesitz, Entmilitarisierung und Friedensinitiative in Kiel nach dem Zweiten Weltkrieg. In: Gesellschaft für Kieler Stadtgeschichte, Sonderveröffentlichung 11. Kiel 1979.

Groehler, Olaf: Bombenkrieg gegen Deutschland. Berlin 1990.

Grote, Eckart: Braunschweig im Zweiten Weltkrieg. In: Arbeitsberichte aus dem Städtischen Museum Braunschweig 65/1985.

Ders.: Target Brunswick 1943–1945. Braunschweig 1994.

Die Hamburger Katastrophe vom Sommer 1943 in Augenzeugenberichten. Hamburg 1993.

Hamburgs Weg in den Feuersturm. In: MEMO 1/1993.

Hampe, Erich: Der zivile Luftschutz im Zweiten Weltkrieg. Frankfurt/Main 1963.

Hattinger, Heinz; Steyrer, Peter: Die Illusion vom Überleben. In: Aufrisse-Buch 5/1986.

Hauptner, Rudolf: Die Entwicklung bombensicherer Decken im Zweiten Weltkrieg. In: Österreichische Ingenieur- und Architektenzeitschrift 4/1988.

Heitmann, Jan: Gomorrha – The Hamburg Firestorm. In: After the Battle. Bd. 70, London 1990.

Henicz, Barbara: Generation ohne Gleichen. Hannover 1990.
Heuzeroth, Günter: Die im Dreck lebten. Bd. 4/1, Oldenburg 1993.
Hildebrand, K. F.: Die Generale der deutschen Luftwaffe 1935–1945. Bd. 2, Osnabrück 1991.
Hiller, Marle P. (Hrsg.): Stuttgart im Zweiten Weltkrieg. Gerlingen 1989.
Hoffmann, Hans: Aachen in Trümmern. Düsseldorf 1984.
Hütte, H. J.: Aus der Geschichte des Luftschutzes. In: Ziviler Luftschutz 7 u. 8/1959.

Improvisierter Neubeginn. Hamburg 1989.
Irving, David: Die Tragödie der deutschen Luftwaffe. Berlin 1970.

Jahn, Wolfgang: Der Luftschutz und die Zivilverteidigung der DDR (1955–1990). In: Diedrich, Torsten; Ehlert, Hans; Wenzke, Rüdiger (Hrsg.): Im Dienste der Partei. Handbuch der bewaffneten Organe der DDR. Berlin 1997, S. 551–576.
Janßen, Dietrich: Der Bombenkrieg über Emden. Hrsg. v. Das Bunkermuseum e.V., Emden 1996.
Ders.: Der Bunkerbau in Emden. Hrsg. v. Das Bunkermuseum e.V., Emden 1996.
Ders.: Der zivile Luftschutz in Emden. Hrsg. v. Das Bunkermuseum e.V., Emden 1997.
Ders.: Die letzten Tage der Festung Emden. Hrsg. v. Das Bunkermuseum e.V., Emden 1995.
Jensen, Jürgen: Kieler Zeitgeschichte im Pressefoto. Neumünster 1985.
Johr, Barbara; Roder, Hartmut: Der Bunker. Bremen 1989.
Jürgens, Hans Jürgen: Zeugnisse aus unheilvoller Zeit. Jever 1991.
Jürgensen, Kurt: Die Briten in Schleswig Holstein 1945–1949. Neumünster 1989.

Kallen, Peter W.: Luftschutzbauten in Lübeck. In: Deutsche Kunst und Denkmalpflege. München, Berlin 1989.
Kampe, Hans Georg: Streng geheim! Die Bunkeranlagen von Zossen. In: Waffen-Arsenal 13/1995.
Kern, Georg: Bauliche Instandsetzung von Schutzbunkern. In: Ziviler Luftschutz 4/1961.
Klaska, Karl: Kriegsereignisse auf dem Lehrter Bahnhof. In: Lehrter Land & Leute: 125 Jahre Eisenbahn Lehrte–Berlin. Lehrte 1996.
Klass, Gerd v.: Weit spannt sich der Bogen. Darmstadt o. J.
Klöpper, Heinrich: Die Abwehr. In: Ziviler Luftschutz 7 u. 8/1953.
Köhler, Wolfgang: Wesermünde (Bremerhaven) im Luftkrieg 1939–1945. Hausarbeit f. d. 1. Lehrerprüfung an der PH Bremen. Bremen 1969.
Koller, Karl: Der letzte Monat. Berlin 1995.
Koop, Gerhard; Mulitze, Erich: Die Marine in Wilhelmshaven. Koblenz 1987.
Krause, Karl-Joachim: Braunschweig zwischen Krieg und Frieden. Braunschweig 1994.
Krebs, Benno: Helgoland. Bd. 1 u. 2., Helgoland 1985; 1988.
Krebs, Thorsten: Stadtumbau, Stadtbildpflege, Denkmalschutz in der Hansestadt Lübeck während der Zeit des Nationalsozialismus. Wiss. Hausarbeit f. d. 1. Staatsprüfung f. d. Lehramt der Oberstufe. Hamburg 1994.
Kucia, Włodzimierz; Siorek, Stanisław: Podziemny Wrocław. In: Explorator 2/1995.

Landesmuseum Braunschweig (Hrsg.): Bomben auf Braunschweig. Braunschweig 1994.
Lauterbacher, Hartmann: Erlebt und mitgestaltet. Preußisch Oldendorf 1984.
Linhard, Andreas: Beiträge der TH Braunschweig zum zivilen Luftschutz im »Dritten Reich«. In: Technische Universität Braunschweig. Vom Collegium Carolinum zur Technischen Universität 1745–1995. Hildesheim, Zürich, New York 1995.
Der Luftkrieg über Deutschland 1939–1945. München 1963.

MacIsaac, David: The United States Strategic Bombing Survey. Bd. 2, New York, London 1976.
MaK Maschinenbau Kiel (Hrsg.): 100 Jahre Werk Friedrichsort 1866–1966. Kiel 1965.
Mallory, Keith; Ottar, Arvid: Architecture of Aggression. London 1973.
Mehmel, Hans-Christoph: Mehmel. 75 Jahre. Hannover 1996.
Meyer, Horst; Klingebiel, Jürgen: Bunker in Vinnhorst. In: Vinnhorst. Ein Stadtteil verändert sein Gesicht. Hrsg. v. Arbeitskreis Stadtteilgeschichte Vinnhorst. Hannover 1996.
Middlebrook, Martin: Hamburg Juli 1943. Berlin, Frankfurt/M 1983.
Ders.; Everitt, Chris: The Bomber Command War Diaries. An Operational reference book 1939–1945. New York, Harmondsworth 1985.
Mommsen, Hans; Grieger, Manfred: Das Volkswagenwerk und seine Arbeiter im Dritten Reich. Düsseldorf 1996.
Mutschke, Peter: Zwangsarbeit. Der Arbeitseinsatz von Fremdarbeitern und Kriegsgefangenen, Zuchthäuslern und KZ-Häftlingen in der kriegswichtigen Bauwirtschaft Bremens 1939–1945. Hausarbeit M. A. Göttingen 1986.

Nagel, Norbert (Hrsg.): Luftschutzbauten in Hamburg bis 1945 mit einer speziellen Betrachtung der Hochbunker. In: Kulturlandschaftsforschung und Industriearchäologie im Hamburger Raum. Universität Hamburg 1989.
Neitzel, Sönke: Die deutschen U-Bootbunker und Bunkerwerften. Koblenz 1991.
Nesbit, Roy Conyers: An illustrated History of the RAF. Goldaming, Surrey 1990.
Neujahr, Harald: Das Ende des Zweiten Weltkrieges im heutigen

Bremerhaven. In: Kleine Schriften des Stadtarchivs Bremerhaven. Bd. 2, Bremerhaven 1985.

Die O & K-Story. Presseinformation Nr. 2/April 1997 der Orenstein & Koppel Aktiengesellschaft.

Picker, Henry: Tischgespräche im Führerhauptquartier. Stuttgart 1977.
Piepenburg, Werner (Red.): Herrn o. Prof. emer. Dr.-Ing. e.h. Dr.-Ing. habil. Theodor Kristen zum 80. Geburtstag. Braunschweig 1968 (Festschrift).
Pischke, Gudrun: Salzgitter im Rahmen der alliierten Luftoffensive. In: Salzgitter Jahrbuch 12/1990.
Plan für Wohnraumerhaltung und Obdachlosenangelegenheiten. In: Braunschweiger Hefte zum Jugend-, Sozial- und Gesundheitswesen 4/1986.
Prescher, Rudolf: Der Rote Hahn über Braunschweig. Braunschweig 1955.
Prigge, Hans-Günther: Bremen 1940 bis 1945. Auch ein Teil unserer Geschichte. Bremen o. D.
Prueß, Margot: Die Zerstörung Helgolands durch die Bombardierung am 18. April 1945. Helgoland 1996.

Rasmußen, Kerstin; Wulf, Gunnar: Es war ein unterirdischer Bunker. In: Stadtteilarchiv Hamm. Bd. 7, Hamburg 1996.
Rumpf, Hans: Der Luftangriff auf Hamburg im Juli/August 1943. In: Ziviler Luftschutz 7 u. 8/1953.

Sachs Günther; Hertel, Manfred; Klösel, Horst: Langenhagen 1933–1946. Hannover 1985.
Saft, Ulrich: Krieg in der Heimat. Walsrode 1990.
Salmaggi, Cesare; Pallavisini, Alfredo (Hrsg.): 2 194 Days of War. An illustrated chronology of the Second Wold War. New York 1993.
Schmeelke, Michael; Schmeelke, Karl-Heinz: Deutsche U-Bootbunker gestern und heute. In: Waffen-Arsenal 15/1996.
Schmid, Armin: Frankfurt im Feuersturm. Frankfurt/Main 1965.
Schmidt, Georg: Bremen nach der Stunde Null. Bremen 1983.
Schramm, Georg Wolfgang: Bomben auf Nürnberg. Luftangriffe 1940–1945. München 1988.
Schröder, Herbert: Luftschutzbauten. In: Hamburg und seine Bauten 1929–1953.
Schröder, Wulf: Luftwaffenhelfer 1943–1944. In: Kleine Reihe der Gesellschaft für Flensburger Stadtgeschichte 16/1988.
Schwarzwälder, Herbert: Bremen und Nordwestdeutschland am Kriegsende 1945. Bd. 1 (Die Vorbereitung auf den Endkampf), Bremen 1972.
Ders.: Das Ende an der Unterweser 1945. Bremerhaven 1974.
Ders.: Geschichte der Freien Hansestadt Bremen. Bd. 4, Hamburg 1985.
Ders.: Vom »Kampf um Bremen« b. z. Kapitulation. Bremen 1974.
Seidler, Franz: Organisation Todt. Bauen für Staat und Wehrmacht 1938–1945. Koblenz 1987.
Siebert, Rolf: Bomben auf Querum vor 50 Jahren. Braunschweig 1994.
Siorek, Stanislaw: Podziemny Wroclaw. In: Odra 5/1994.
Sommer, Ingo: Die Stadt der 500 000. NS-Stadtplanung und Architektur in Wilhelmshaven. Braunschweig, Wiesbaden 1993.
Sperling, Hans: Die deutschen Luftkriegsverluste im Zweiten Weltkrieg. In: Statistik und Wirtschaft 3/1962.
Spratte, Wido: Im Anflug auf Osnabrück. Die Bombenangriffe 1940–1945. Osnabrück 1985.
Stahl, Joachim: Bunker und Stollen für den Luftschutz im Raum Siegen. Kreuztal 1980.
Stockhorst, Erich: Wer war was im 3. Reich. 5 000 Köpfe. Wiesbaden o. D.
Szezinowski, Herbert: Friedenskampf um Helgoland. Frankfurt/Main 1985.

Thiel, Reinhold: Die bremische Flugabwehr im Zweiten Weltkrieg. Bremen 1995.
Ders.: Die Luftangriffe auf Bremen 1943–1945. Hausarbeit f. d. 1. Lehrerprüfung, PH Bremen 1970.
Tielebier, Gerd: Luftangriffe und Luftschutz in Bremen 1941-1943. Hausarbeit f. d. 1. Lehrerprüfung PH Bremen 1969.
Toll, H. J.: Die Nacht vor dem Tag ohne Sonne. Hannover o. D.
Traupe, Karl: Der Kreisbefehlsstand in Braunschweig und andere Kriegsbauten im Nußberg 1944/45. Braunschweig 1988.

Ueberschär, Gerd: Freiburg im Luftkrieg 1939–1945. Freiburg; Würzburg 1990.
Uphoff, Rolf: Als der Tag zur Nacht wurde – und die Nacht zum Tage. Wilhelmshaven im Bombenkrieg. Oldenburg 1992.

Vogt, Hans; Brenne, Herbert: Krefeld im Luftkrieg 1939–1945. Bonn 1986.
Vogt, Helmut: Bonn im Bombenkrieg. Bonn 1989.

Wasmus, Volker: Bunker in Braunschweig. o. O. o. D.
Wasser- und Schiffahrtsdirektion Nord (Hrsg.): Der Nordostseekanal. Kiel 1993.
Die Wehrmachtsberichte 1939–1945. Bd. 2, München 1985.
Weinmann, Martin (Hrsg.): Das nationalsozialistische Lagersystem. Frankfurt/Main 1990.
Die Weltkriegsbunker. Hannovers vergessene Mahnmale. Eine Untersuchung des Geschichtsleistungskurses der Wilhelm-Raabe-Schule (betreut durch Ulrich Maaß), Winter 1992/1993. Hannover 1993.
Wermusch, Gunther; Remdt, Gerhard: Rätsel Jonastal. Die Geschichte des letzten »Führerhauptquartiers«. Berlin 1992.

Wleklinski, Oliver: Die Befehlsstelle des Reichsverteidigungskommissars im Wehrkreis X Hamburg. In: Interessengemeinschaft für Befestigungsanlagen beider Weltkriege e.V. (IBA) 18/1991.
Ders.: Mannschaftsbunker Salzgitter. In: IBA 23/1994.
Ders.: Rundturmbunker für den Zivilschutz. In: IBA 19/1992.
Ders.: Tarnung von Luftschutzbunkern. In: IBA, 17/1991.

Zduniak, Jan; Ziegler, Klaus-Jürgen: Wolfsschanze. Olsztyn o. D.

Archive

Amt für Denkmalsschutz, Lübeck
Amt für Wohnungswesen, Hannover
Amtsgericht Kiel
Arbeitskreis Geschichte e.V., Salzgitter-Lebenstedt
Archiv Allgemeine Bauzeitung, Hannover
Archiv Braunschweiger Zeitung, Braunschweig
Archiv Caritas Landesverband, Hannover
Archiv der Kirchenkanzlei der Evangelisch-lutherischen Landeskirche, Hannover
Archiv Deutsche Messe AG, Hannover
Archiv Emder Zeitung, Emden
Archiv Hannoversche Allgemeine Zeitung, Hannover
Archiv Hecht & Zimmermann, Hannover
Archiv Kieler Nachrichten, Kiel
Archiv Lübecker Nachrichten, Lübeck
Archiv Mitteldeutsche Zeitung, Halle
Archiv Nordwest-Zeitung, Oldenburg
Archiv Stephanstift, Hannover
Archiv St. Jürgens Krankenhaus, Bremen
Archiv Truppenübungsplatz der Bundeswehr, Ehra Lessien
Archiv Weser-Kurier, Bremen
Axel-Springer-Archiv, Berlin

Bauordnungsamt Braunschweig
Bauordnungs- und Verwaltungsamt Oldenburg
Berlin Document Center
Bezirksamt Eimsbüttel, Hamburg
Bundesamt für Zivilschutz, Bonn
Bundesarchiv, Berlin
Bundesarchiv-Militärarchiv, Freiburg
Bundesarchiv, Koblenz
Bundesmarine, Standort Flensburg
Bundesmarine, Standort Wilhelmshaven
Bundesvermögensamt, Braunschweig
Bundesvermögensamt, Bremen
Bundesvermögensamt, Hannover
Bundesvermögensamt, Kiel
Bundesvermögensamt, Rostock
Bundesvermögensamt, Wilhelmshaven
Bunkermuseum e.V., Emden

Feuerwehr Braunschweig, Amt für Zivil- und Katastrophenschutz
Feuerwehr Hannover, Amt für Zivil- und Katastrophenschutz
Feuerwehr Kiel, Amt für Zivil- und Katastrophenschutz
Feuerwehr Lübeck, Amt für Zivil- und Katastrophenschutz
Feuerwehr Oldenburg, Amt für Zivil- und Katastrophenschutz
Feuerwehr Wilhelmshaven, Amt für Zivil- und Katastrophenschutz
Firmenarchiv Dräger, Lübeck
Firmenarchiv Duisburg-Ruhrorter Häfen AG
Firmenarchiv Elektrizitätswerk Siegerland/RWE
Firmenarchiv Giese, Kiel
Firmenarchiv Hochtief-AG, Essen
Firmenarchiv MaK, Kiel
Firmenarchiv Neptun Industrie, Rostock
Firmenarchiv OXYGEN, Hamburg
Firmenarchiv Preussag-AG, Salzgitter
Firmenarchiv Thomson, Hannover
Firmenarchiv Thyssengas, Duisburg
Firmenarchiv Varta, Hannover
Firmenarchiv Volkswagen, Wolfsburg
Friedenszentrum Braunschweig

Gemeindebauamt Helgoland
Geschichtswerkstatt Braunschweig
Geschichtswerkstatt Bremen

Handelskammer, Hamburg
Historisches Museum, Hannover
Hochbauamt Braunschweig
Hochbauamt Cuxhaven
Hochbauamt Hannover
Hochbauamt Kiel
Hochbauamt Lübeck
Hochbauamt Wilhelmshaven

Imperial War Museum, London
Industrie- und Handelskammer, Hannover

Landesarchiv Schleswig-Holstein, Schleswig
Landesbauamt, Flensburg
Landesbibliothek, Kiel
Landesbildstelle Schleswig Holstein, Schleswig
Landesmedienzentrum Niedersachsen, Hannover
Landesmuseum, Braunschweig
Landesverband DRK, Hannover
Landesvermessungsamt, Hannover

Landsvermögensamt und Baudirektion, Bremen

Marineamt, Wilhelmshaven
Marinemuseum, Flensburg-Mürwik

Niedersächsische Landesbibliothek, Hannover
Niedersächsisches Hauptstaatsarchiv, Hannover
Niedersächsisches Innenministerium, Hannover
Niedersächsisches Staatsarchiv, Aurich
Niedersächsisches Staatsarchiv, Oldenburg
Niedersächsisches Staatsarchiv, Wolfenbüttel
Oberfinanzdirektion, Hannover
Oberfinanzdirektion, Kiel

Personalamt, Kiel
Polizeigeschichtliche Sammlung, Hannover
Public Record Office, London
Senator für Inneres, Bremen
St.-Annen-Museum, Lübeck
Staatliche Landesbildstelle, Hamburg
Staatsarchiv, Bremen
Staatsarchiv, Hamburg
Staatshochbauamt, Hannover
Staatshochbauamt I, Braunschweig
Staatshochbauamt II, Braunschweig
Staatshochbauamt, Wilhelmshaven
Stadtarchiv, Braunschweig
Stadtarchiv, Bremerhaven
Stadtarchiv, Cuxhaven
Stadtarchiv, Flensburg
Stadtarchiv, Hannover
Stadtarchiv, Kiel
Stadtarchiv, Langenhagen
Stadtarchiv, Lehrte
Stadtarchiv, Lübeck
Stadtarchiv, Oldenburg
Stadtarchiv, Rostock
Stadtarchiv, Salzgitter
Stadtarchiv, Wilhelmshaven
Stadtarchiv, Wismar
Stadtbauamt, Langenhagen
Stadtbildstelle, Hannover
Stadtbildstelle, Wilhelmshaven
Stadtmuseum, Oldenburg
Stadtplanungsamt, Braunschweig
Städtisches Museum, Braunschweig

Technische Universität Braunschweig

Universität Hannover
Universtiy of Keele

Wasser- und Schiffahrtsamt, Brunsbüttel
Wehrbereichsbibliothek, Hannover
WZ-Bilderdienst, Wilhelmshaven

Zwischenarchiv, Oldenburg

Sammlungen

Abele, Hans Jörg (Wolfsburg)
Angerer, Henning (Hamburg)
Arentzen, A. C. (Garlstedt)
Arnold, Dietmar (Berlin)

Benn, Dietrich (Braunschweig)
Berger, Dietrich (Kiel)

Dans, Max (Hannover)
Denkert, Wilhelm (Schwülper)
Dünnhaupt, Jens Peter (Wilhelmshaven)

Engelhardt, Siegfried (Hannover)

Foedrowitz, Michael (Hannover)
Freitag, Günter (Lübeck)

Grothe, Eckart (Braunschweig)

Heitmann, Jan (Hamburg)

Janßen, Dietrich (Emden)

Kampen, Ralf (Wilhelmshaven)
Klenz, Karl-Ludwig (Rostock)
Klose, Hartmut (Wilhelmshaven)
Knuppe, Günter (Bremen)

Lehmann, Hans-Christel (Braunschweig)
Linhardt, Andreas (Braunschweig)

Möhlmann, Günter (Wilhelmshaven)
Mütze, Peter (Hannover)

Nienhaus, Elisabeth (Bremen)
Nuhn, Andreas (Wilhelmshaven)

Paust (Bremen)
Peters, Klaus-Peter (Braunschweig)
Rohdenburg, Günther (Bremen)

Schilling, Axel (Hannover)

Seiler, Eberhard (Flensburg)

Tönnies, H. F. (Braunschweig)
Traupe, Karl (Braunschweig)

Unger, Günther (Hude)

Wachenhausen, Anneliese (Wilhelmshaven)
Weiss, Ingrid (Braunschweig)
Widmann, Elmar (Apfeltrach)
Wleklinski, Oliver (Wedel)
Woll, Karl-Heinz (Hannover)

Zoch, Ursula (Lübeck)

Abbildungsnachweis

Abele, Hans Jörg: S. 38
Archiv Duisburg-Ruhrorter Häfen AG: S. 37
Archiv Michael Foedrowitz: S. 4, 14, 23, 36, 48, 59, 61, 62, 65, 68, 71, 100, 107, 110 (oben, unten), 116, 117, 120, 121, 122, 123, 128, 136, 174, 180, 182, 187
Archiv DG-Bank: S. 52
Archiv Theodor Dräger: S. 66
Archiv Schulzentrum Beckumer Siel: S. 67
Arentzen, A. C.: S. 106, 134, 135, 138
Arnold, Dietmar: S. 75

Bundesarchiv, Berlin (BAB): S. 45, 86
Bundesarchiv-Militärarchiv, Freiburg (BAMA): S. 10/11, 24, 28, 114, 115

Eichstädter, Wolfgang: S. 148, 149, 150 (Mitte, unten)
Emder Zeitung: S. 87

Giese, Max: S. 33, 39 (beide), 44, 172
Grote, Eckart: S. 47, 112, 125, 126, 142

Hamburger Abendblatt: S. 181 (rechts)
Heuser, Ursula: S. 26
Historisches Museum Hannover: S. 19, 20, 42, 94, 108

Janßen, Dietrich: S. 113, 118, 119, 127, 129

Kieler Nachrichten: S. 177
Klingenberg, Hella: S. 13
Klose, Hartmut: S. 156, 181 (links), 183

Mütze, Peter: Vorsatzmotiv, S. 16, 17, 18, 30, 34, 92

Neumärker, Uwe: S. 179

Oberfinanzdirektion Kiel: S. 160, 166
OXYGEN: S. 43, 54, 79, 153 (Mitte, unten), 155, 158, 159, 165, 167

Pielkalkiewicz, Janusz: S. 15

Rheinisches Landesmuseum, Bonn: S. 139

Sammlung Günter Möhlmann: S. 77, 110 (Mitte)
Schieweck, Käthe: S. 173
Schmidt, Georg: S. 64, 141
Seiler, Eberhard: S. 111 (Mitte)
Sonnenberg, G.: S. 111 (oben, unten)
Staatliche Landesbildstelle Hamburg: S. 21, 32, 57, 58, 91, 99, 102, 103, 144, 145, 146, 152, 153 (oben), 154
Staatsarchiv Bremen (STAB)/Fotoarchiv: S. 29, 31, 56, 82, 83, 84, 101, 131
Stadtarchiv Braunschweig: S. 60, 72, 73 (beide), 95, 151, 168, 169, 170, 171
Stadtarchiv Bremerhaven: S. 133
Stadtarchiv Hannover: S. 148 (links)
Stadtarchiv Kiel: S. 50, 80
Stadtarchiv Wilhelmshaven: S. 132, 150 (oben), 157, 161, 163
St.-Annen-Museum: S. 185

Technische Universität Braunschweig: S. 25, 27

Unger, Günther: S. 40, 104

WZ-Bilderdienst: S. 164

Zoch, Ursula: S. 41, 89

Danksagung

Dieses Buch hätte ohne die selbstlosen Helfer und Zeitzeugen in dieser Form nicht entstehen können. Insbesondere den Journalisten der norddeutschen Tagespresse, die mein Projekt vorgestellt und die örtliche Bevölkerung zu Zeit- und Augenzeugenberichten aufgefordert haben, gebührt großer Dank. Fast 1 000 Zuschriften und Gespräche zum Thema habe ich deshalb in den letzten drei Jahren auswerten können.
Mein besonderer Dank gilt selbstverständlich meiner Ehefrau Izabela Foedrowitz, meiner Mutter Alice und meiner Schwiegermutter Maria Nizio, die mit Geduld und Hilfe dieses Buchprojekt erst ermöglicht haben. Zudem bedanke ich mich bei Frank Hoppe in Hamburg, Familie Pagel in Kiel, Familie Maaß in Lübeck, Herrn Denkert in Wilhelmshaven, Familie Janßen in Emden und Dietmar Arnold in Berlin für die Unterstützung. Für die umfangreichen und mühevollen Korrekturen danke ich Herrn Seiler (für Flensburg), Herrn Janßen (für Emden), Herrn Linhardt (für Braunschweig), Herrn Liebehenz (für Hannover). Nicht zuletzt danke ich denjenigen, die mir ihr wertvolles Bildmaterial für dieses Buch zur Verfügung gestellt haben. Weiterer Dank gilt folgenden Personen:

Braunschweig:
Wilhelm Denkert, Harald Duin (Braunschweiger Zeitung), Wolfgang Eichstädter, Marco Fischer, Herrn Gebauhr (Bauordnungsamt), Eckard Grote, Ursula Heuer, Prof. Karl Kordina (Technische Universität), Andreas Linhardt, Herrn Nickel (Stadtarchiv), Herrn Peters, Herrn Schimpf (Braunschweiger Zeitung), H. J. Tönnies (Architekt), Karl Traupe, Rosemarie Voigt, Ingrid Weiss, Ehepaar Zawaty;

Bremen:
Herrn Fricke (Staatsarchiv), Volker Junck (Weser Kurier), Günter Knuppe (Landesvermögensamt und Baudirektion), Elisabeth Nienhaus, Herrn Pampel (Zentralkrankenhaus St. Jürgens), Frau Pasterkamp (Bundesvermögensstelle), Herrn Paust (Senator des Innern), Hans Günther Prigge, Dr. Günther Rohdenburg (Staatsarchiv), Melitta Thomas (Fotoarchiv beim Staatsarchiv);

Bremerhaven:
Dr. Bickmann (Stadtarchiv), Frau Kikker (Nordsee-Zeitung);

Cuxhaven:
Herrn Tees (Stadtarchiv), Gerd Wildfang (Hochbauamt);

Emden:
Dietrich Janßen, Helmut Teßmer, Inge Wagner (Emder Zeitung);

Flensburg:
Frau Archilles (Flensburger Tageblatt), Eberhard Seiler (Landesbauamt), Jürgen Nagel (Marinestandort Flensburg-Mürwik), Herrn Nowc (Flensburger Tageblatt);

Hamburg:
Henning Angerer, Herrn Carbow (OXYGEN-Wilhelmsburg), Dr. Jan Heitmann, Michael Holtmann (Bezirksamt Eimsbüttel), Herrn Leitsenring (Morgenpost), Ilse Lorentzen;

Hannover:
H. J. Breuste, Max Danz, Sigfried Engelhardt, Herrn Garzke (Landesmedienstelle), Herrn Innenminister von Niedersachsen Glogowski, Ralf Greulich (Stephanstift), Günther Hartmann, Herrn Haase (Polizeihistorische Sammlung), Herrn Heine (Stadtarchiv), Jürgen Herm (Allgemeine Bau Zeitung), Doris Jander, Michael Jerchel, Gerda Kieper, Hella Klingenberg, Andreas Körlin (Neue Presse), Herrn Köster (Niedersächsisches Hauptstaatsarchiv), Herrn Korziura (Wehrbereichsbibliothek), Herrn Liebehenz (Amt f. Zivil- u. Katastrophenschutz), Dr. Hanno Martin, Dr. Mlynek (Stadtarchiv), Peter Mütze, Dariusz Muszer, Werner Noltemeyer, Margot Pohle, Axel Schilling (Bauunternehmen), Herrn Schmidt (Oberfinanzdirektion), Wolfgang Steinweg (Hannoversche Allgemeine Zeitung), Inge Wagner, Karl Heinz Woll, Lieselotte Zerkowski;

Helgoland:
Benno Krebs, Max Küß;

Kiel:
Herrn Babo (Amt f. Zivil- u. Katastrophenschutz), Dietrich Berger, Herrn Dagge (Stadtarchiv), Dr. Ernst (Oberfinanzdirektion), Herrn Giese (Bauunternehmer), Herrn Dose, Frau Kramer (Oberfinanzdirektion), Frau Nua (Kieler Nachrichten), Herrn Wehling (Oberfinanzdirektion);

Lübeck:
Theodor Dräger (Drägerwerk), Ernst Günther Freitag, Dr. Irmgard Hunecke (Amt für Denkmalspflege), Hans Uwe Lorenzen (Drägerwerk), Ursula Zoch;

Oldenburg:
Herrn Claus Ahrens (Stadtarchiv), Herrn Beerhaupt (Amt f. Zivil- u. Katastrophenschutz), der DG-Bank, Herrn Elerd (Stadtmuseum), Herrn Heimberg, Gabriele Heins (Nord West Zeitung), Günther Heuzeroth;

Osnabrück:
Herrn Mix (Staatshochbauamt), Henrich Vark (Neue Osnabrücker Zeitung);

Rostock:
Wolfgang Bründel, Wolfgang Grahl (Norddeutsche Neueste Nachrichten), Karl Ludwig Klenz, Frau Lenz, Hans Otto Möller, Dr. Karsten Schröder (Stadtarchiv), Hans Joachim Tolzien (Neptun Industrie);

Watenstedt-Salzgitter:
Frau Comes (Salzgitter Zeitung), Dr. Leuschner (Stadtarchiv), Bernhard Schroeter, Elke Zacharias (Arbeitskreis Stadtgeschichte e.V.);

Wilhelmshaven:
Jens Peter Dünnhaupt, Hans-Ulrich Felmberg (Wilhelmshavener Zeitung), Herrn Frerich (Bundesvermögensamt), Herrn Gese (Amt f. Zivil- u. Katastrophenschutz), Ralf Kampen, Hartmut Klose, Günter Möhlmann, Frau Mosebach-Tegtmeier (Stadtarchiv), Andreas Nuhn, Dr. Ingo Sommer (Hochbauamt), Heinz Tapkenhinrichs (Staatshochbauamt), Anneliese Wachenhausen-Baur;

Wismar:
Gerd Giese (Stadtarchiv), Herrn Leipelt (Hochbauamt);

Wolfsburg:
Hans Jörg Abele, Wilhelm Bernstein (VW), Frau Wanske (VW);

sowie:
A. C. Arentzen (Garlstedt), Michael Brown (Phoenix/Arizona, USA), Jörg Fuhrmeister (Lautzkirchen), Prof. Rudolf Hauptner (Wien), Loremarie Heilmann (Bielefeld), Dr. Dirk Jachomowski (Landesarchiv Schleswig-Holstein, Schleswig), Herr Kaatz (Bundesamt f. Zivil- u. Katastrophenschutz, Bonn), Dr. Franz Kadell (Magdeburger Volksstimme, Teutschenthal), Maciej Lagiewski (Historisches Museum, Wroclaw/Breslau, Polen), Dr. Marcello La Speranza (Wien), Oberleutnant Leuthold (Truppenübungsplatz Ehra-Lessien), Hauptmann d. Res. Igor Nefjodow (Kaliningrad/Königsberg, Rußland), Dr. Hans Dietrich Nicolaisen (Büsum), Waltraut Schoelzel (Gifhorn), Herrn Schrumpf (Isenbüttel), Louise Schweigart (Stadtarchiv Lehrte), Zbigniew Siemaszko (London), Fam. Tack (Bonn), Edith Tewes (Bielefeld), Günther Unger (Hude), Oberst a. D. Helmut Wenck (Hermannburg-Bonsdorf), Elmar Widmann (Apfeltrach), Oliver Wleklinski (Wedel), Herrn Wollmer (Osang-Verlag, Bonn), Herrn Voigtländer (Truppenübungsplatz, Ehra-Lessien).

Ortsregister

Kursiv gesetzte Seitenzahlen verweisen auf eine Bildunterschrift.

Aachen 137, 188
Altengraben 28
Århus 15
Aurich 88

Bad Charlottenbrunn 23
Bad Wildungen 24, 190
Berlin 9, 12, 14 f., 17, 19 f., 22–24, 32, 43, 45, 51, 53, 66, 74, 77, 85, 89, 94 f., 99, 116, 118, 137, 185, 188 f., 191, 193, 201
Berlin-Dahlem 23, 191
Berlin-Zehlendorf 23
Bielefeld 188 f.
Bitterfeld 188
Bochum 188 f.
Bonn 137, 188
Borssum-Hilmarsum 87
Brandenburg 188
Braunschweig *25*, *26*, 27, 29, 32, 41, 43, 45, 49, 55, 60, 63, 65, *72*, *73*, 76, 94 f., *95*, 102, 105, *112*, 114, 120 f., *125*, *126*, 133, 135, 137 f., 145, 149, 151, *151*, 167 f., *168*, *171*, *174*, 184, 188, 191-193, 196
Bremen 15, 19, *29*, *31*, 34 f., *39*, *40*, 43, *43*, 45–49, 52–56, 58–60, 63, *64*, 65, *65*, 66, 69 f., 73, 76, 80–82, *82*, 83, *83*, *84*, 98, 100, *101*, 102, 106, *106*, 108–110, 115 f., 118, 120 f., 126–130, *131*, *133*, *134*, *135*, 137 f., *138*, 139, *139*, 140, *149*, *150*, 151 f., 167 f., 183, 186, 188 f., 193 f., 196
Bremen-Farge 67, *69*, 70, 98
Bremen-Findorff 183
Bremen-Lesum 84
Bremen-Mahndorf 49
Bremen-Mißler 183
Bremen-Oslebshausen 55
Bremen-Vegesack 69,
Bremerhaven 31 f., 51–53, 55, 70, 76, 85, 96, 98, 137, 148, 153, 167 f., 188 f., 193 f., 196
Breslau 137, 188
Brunsbüttel 70, 196

Carinhall 24
Cuxhaven 76, 95 f., 98, 137, 145, 176, 196

Delmenhorst 196

Dessau 188 f.
Dortmund 188 f.
Dresden 7, 22, 191
Duisburg 188 f.
Düsseldorf 26, 188 f.

Ehra-Lessien 29
Eimsbüttel 181
Emden 34, 43, 45, 53, 60, 63, 73 f., 76, 86 f., *87*, 88, 97 f., 101, 108, 113, *113*, 114, *127*, *128*, *129*, 132, 134 f., 137, 140, 157, 184, 186, 188 f., 193 f., 196 f.
Emden-Lookvenne *54*
Essen 137, 167, 188 f.

Faßberg 28
Flensburg 39, 63, 70, 76, 96 f., 137, 151, 192, 196
Flensburg-Mürwik 156
Frankfurt/Main 188, 191
Gdingen/Gotenhafen 46
Gelsenkirchen 189
Göttingen 173
Guernica 9

Hagen 129, 188 f.
Halle 188 f.
Hamburg 20-22, 29, 32, *33*, 38, 41 f., 44 f., 49, 52, 58, 60, 63 f., 66 f., 70–74, 76, 78, 80 f., 89 f., *91*, 98 f., *99*, 100, 102, 116 f., 124, 133, 137, 140, 145–148, 151, *154*, 156, 165 f., 168, 172, 177, *180*, 181, *181*, 184, 186, 188 f., 191–194, 196–198
Hamburg-Altona 59
Hamburg-Barmbek 58
Hamburg-Eppendorf *57*, 58
Hamburg-Finkenau 58
Hamburg-Ottensen *158*
Hamburg-St. Pauli *140*
Hamburg-Wandsbek 71
Hamburg-Wilhelmsburg 71 f., *102 f.*, *152 f.*, 165
Hamm 188 f.
Hammersbeck 84
Hannover 15, *16*, 17, *18*, *20*, *31*, 34, *34*, *42*, 43, 45, 49, 52, *59*, 60, 63 f., 72, 76, 78, 92 f., *93*, 94, *94*, 98, *108*, 113, *116*, 117, *117*, 118 f., 121–123, 126, *136*, 137, 138, 143, 145, 147, 151, 167 f., 170–172, 176, 184, 188 f., 192–194, 196
Hannover-Hainholz 61
Hannover-Kleefeld 137
Hannover-Langenhagen 157
Hannover-Misburg 101
Heidmühle 196
Helgoland 60, 70, 76, 96–98, 192, 195 f.
Hemswell 9
Immendorf 95

Jena 188

Kassel 188
Kiel 15, 32, 39, 52, 60, 63, 66, 70, *71*, 74, 76, 78, *79*, *80*, 97, 105, 137, 140, 151, 156, 160, 162, *166*, 167 f., *172*, 175, *177*, *182*, 183, 186, *187*, 188 f., 192 f., 195 f.
Kiel-Ellerbek 202
Kiel-Gaarden 183 f.
Kiel-Holtenau 70
Koblenz 188
Köln 188 f., 191
Königsberg 188
Krefeld 16, 167, 188 f.

Leer 88, 136
Lehrte 62
Leipzig 188
Leuchtenburg-Löhnhorst 69
Leverkusen 188 f.
Lingen 132
Linton on Ouse 9
Linz 188
London 7, 9, 199
Lübeck *41*, 42 f., *44*, 60, 63, 66, *66*, 76, 88, 89, *89*, 102, 137, 145, 153, 159, 162, 164 f., 167, *167*, 176, 184, *185*, 188, 192 f., 195 f.
Ludwigshafen 189
Lüneburg 28, 140

Magdeburg 188 f.
Mannheim 188 f.
Mariensiel 196
Mönkeberg 80
Mülheim/Ruhr 189
München 46, 188
München-Gladbach-Rheydt 188 f.
Münster 15, 188 f.
Munsterlager 28

Neuengamme 55
Neumünster 186
Neuss 188 f.

Nevada 174
Nürnberg 188
Oberhausen 188
Ohrdruf 23
Oldenburg *52*, 76, 95 f., 137, 150, 194, 196
Osnabrück 39, 76, 121, 126, 130 f., 188 f., 192, 196

Paris 24
Potsdam 25

Querumer Forst *25*, 27

Rastenburg 24
Ratzeburg 46
Rechlin 27, *27*
Recklinghausen 188 f.
Reutershagen 92
Rheinhausen 188
Rostock 22, 60, 63, 66, 76, 91 f., 117 f., 137, 153, 155, 179, 188, 191 f., 195–197
Rotterdam 9

Salzgitter 60, 76, 95, 112, 150
Salzgitter-Hallendorf 55, 73
Salzgitter-Ringelheim 95
Sande 196
Schleswig 119, 162
Schwanenwerder 25
Schweinfurt 188
Schwerin 96
Semi-Palatinsk 174
Siegen 188
Soest 188
Stettin 188 f.
Stuttgart 188
Sylt 60, 70, 195

Timmerlah 137
Trier 188

Unterlüß *24*, 28, *28*

Wangerooge 60, 70, 195
Wanne-Eickel 189
Warnemünde 66, 92
Warschau 9
Watenstedt-Salzgitter 40, 51–53, 60, 63, 65, 94 f., 137, 196
Watten 98
Wedel 70
Wesendorf 28
Wesermünde (siehe unter Bremerhaven)
Wien 46, 188
Wilhelmshaven 32, 34, 45, 53, 59, 63, 65, 70, 72–77, *77*, 78, 87, 97-99, 110, 120, 132, 137, 140, 147, 150, 156, *156*, 157, *157*, *161 f.*, *164 f.*, 173, 180, *183*, 186, 188 f., 193 f., 196, 198
Wilhelmshaven-Bant *77*
Wismar 15, 63, 66, 96 f., 137, 196
Wittenberg 188
Wolfsburg 29, *38*, 60, 63, 66, 112
Wölpfelde 49
Wuppertal 167, 188

Personenregister

Kursiv gesetzte Seitenzahlen verweisen auf eine Bildunterschrift.

Adenauer, Konrad 173
Assmann, Georg 19, 34, *45*, 46, 55, 81, 100, 107

Badoglio, Pietro 194
Becker (Generalleutnant) 138–140
Berlitz (Reichsbaurat) 189
Bernhardt (Oberst) 15
Blanke, Ewald 166, 168
Böcklin, Arnold *187*
Boelck, Detlef 79
Borgward, Carl 66
Bormann, Martin 22, 29
Brauchitsch, Walther von 23
Brugmann, Walter 22 f., 189

Cäsar, Julius 144
Charmi, Shahin 183 f.
Curtis (Leutnant) 167

Debusson (SA-Hauptsturmführer) 121
Dettmann (Kreisleiter Rostock) 118
Dönitz, Karl 71, 140
Dorpmüller, Julius 61 f.
Douglas, Sholto 146
Dröge, Karl *13*
Dunker, Erich 110

Ehrtmann (Senator Lübeck) 164
Eichstädter, Kurt 149
Eickmeier (Oberstadtdirektor Wilhelmshaven) 180 f.
Eisenbart (Senator Hamburg) 147
Elder (Leutnant) 156
Elkart (Stadtbaurat Hannover) 92 f., 123, 197
Eppelmann, Rainer 179
Everwien (Kreisleiter Emden) 88
Ewert, Emma 113

Feld, Oskar 115
Finsterwalder 198
Fischer (Senator Bremen) 47, 55
Forster (Baurat) 77
Franke, Horst Werner 183
Fröhlich, Helmut 183
Furtwängler, Wilhelm 25

Goebbels, Joseph 22, 24, 43 f., 46, 88, 190, 198
Göring, Hermann 14–16, 18, 24–26, 29, 34, 38, 45, 51 f., 61–63, 65, 117, 119, 133, 185, 190
Gritzbach, Erich 24
Groehler, Olaf 189
Groenewold, Kurt 172
Großkreuz (Ministerialdirig. Reichsluftfahrtministerium) 173
Grunow (Leiter Bauverwaltung Bremen) 47
Gumpert, Georg 106
Gutschow, Konstanty 41, 44, 96, 192, 197
Gutterer, Leopold 24

Haltenhoff (Oberbürgermeister Hannover) 92
Hampe, Erich 173, 189
Hans (Kreisleiter Flensburg) 97
Heinemann, Gustav 173, 181
Heintze, Friedrich 192
Hellmers 129
Helmcke 16
Henninger 83 f.
Hespeler, Otto 159 f., 192
Heß, Rudolf 119
Heuss, Theodor 146
Himmler, Heinrich 105
Hitler, Adolf 9, 12, 14, 16, 20, 22–25, 29, 36, 54, 55, 61, 67, 69, 116, 118, 134, 137, 140, 185, 188–190, 197
Hoffmann, Heinz 178
Hofmann (Wirtschaftsminister Niedersachsen) 157
Hofmeister (Stadtamtmann) 74
Hofstatter 143
Honecker, Erich 179
Horstmann (Kreisleiter Wilhelmshaven) 140
Howland, Chris 150
Hume (Brigadier) 157 f.

Johanning, Rolf 184

Kaßler, Franziska 123
Kaufmann, Karl 73
Keitel, Wilhelm 23, 49
Klenz, Karl-Ludwig 197
Klingenberg, Hella 134
Knipfer, Kurt 15, 19, 21, *23*, 29, 45, 173, 188 f.
Koch, Max 46
Kopf, Hinrich Wilhelm 157 f.
Körner, Peter René 150
Krämer-Zschäbitz, Grete *47*
Kristen, Theodor *26*, 27–29, 32, 65, 81, 173, 191
Kröger (Sicherheitsdienst-Abschnittsführer) 138
Krumhaar (Polizeipräsident Kiel) 79
Kummer (Oberbaurat Bremen) 46, 81

Lange, Anita 113
Lauterbacher (Gauleiter Hannover) 73, 137
Lehr, Robert 173
Leppla (Architekt) 149
Linden, Wilfried 177
Löfken, Alexander 63, 173
Lotha, Edeltraud 143
Luxemburg, Rosa 184

Manske (Referent Bildende Kunst Bremen) 183
Martins, Manfred 177
Mat, Jozef 146
Mayhew (Unterstaatssekr. britisches Außenministerium) 164
Meyer-Ottens (Oberbaudirektor) 166
Mielenz (Ministerialdirigent Reichsluftfahrtministerium) 173
Mielke, Erich 179
Milch, Erhard 15, 19 f., 22, 28 f.
Montgomery, Bernard Law 164
Morell, Theodor 25
Müller (Oberst) 140
Mussolini, Benito 54, 194
Mutschmann, Martin 22

Nevermann (Bausenator Hamburg) 147, 165, 166

Nicolai, Franz 91

Oberheide 133
Ohm (Stadtoberbaurat Emden) 87

Paulsen (Regierungsbaurat) 19
Paustag, Rosemarie 124
Pautke (Bischof Lübeck) 164
Piepenschneider, Kurt 198
Pieper (Stadtbaudirektor Lübeck) 160
Pleiger, Paul 65
Pleuger (Oberbürgermeister Wismar) 96

Renken, Carl *86*, 87 f., 140
Repp (GAL Kiel) 184
Röver, Carl 87, 96
Rust, Bernhard 53
Ruteberg (Ortsgruppenführer Luftschutz Bremerhaven) 85

Salges 49
Sauckel, Fritz 54
Schäfter, Fritz 201
Schäuble, Wolfgang 178
Schmauser (Polizeipräsident Braunschweig) 94
Schnittker (KPD Hannover) 147
Schröder (Leiter Luftschutzstelle Hamburg) 20, 44, 197
Schröder, Karsten 197
Schweer 49
Schwerin von Krosigk, Ludwig Johann Graf 190
Schwichow, Friedemann 78
Seldte, Franz 194
Seywald, Ludwig 57, 189
Skeffington-Lodge 164
Sommer, Irma 134
Speer, Albert 14, *15*, 16, 19, 22, 24 f., 28, 34, 51, 66 f., 71, 99, 190
Spieker, Werner 137
Spratte, Wido 130
Steffens, Wilhelm 189
Stoph, Willi 178
Streeten (Brigadier) 157 f.
Streibel, Otto 32
Suhrbier, Günter 125
Sullivan (Resident-Officer) 164

Tarnowski, Wolfgang 181
Telschow, Otto 32
Teßmer, Helmut 108, 113 f., 132, 134–136, 157
Tewes, Edith 114
Thierack, Otto 55
Thomsen, Arnold 177
Tiemann, Lieselotte 137
Todt, Fritz 12, *14*, 15–17, 19 f., 42 f., 45, 50–52, 62 f., 88, 189
Toebe, Werner 139
Traupe, Karl 55
Tschechowa, Olga 24

Ullmann, Elisabeth von 135
Ullrich (Amtmann) 166

Vogt 135

Wagner (Generalleutnant der Flak) 84
Waller, Jürgen 183
Wallis, Barnes 98
Wark, Ingeborg 57, 128
Wenzel, Erhard 168
Wenzel, Hanna 138
Winkel, Leo 26, 27
Witt, Arno 184
Wolff, Ludwig 15, *29*, 82, 98, 129
Wolz, Alwin 74
Wuttke, Manfred 181

Zimmer, Wolfgang 135, 137
Zombeck, Paul 26

Michael Foedrowitz

Jahrgang 1953, 1975–85 Studium der mittel- und osteuropäischen Zeitgeschichte und der Germanistik an der Universität Hannover. 1976/77 Aufenthalte in Spanien, Algerien und Holland; während des Studiums Fotograf für verschiedene Rockbands, die er auf zahlreichen Tourneen begleitete.
1988/89 Auslandsstipendium, Studien in Warschau und London, danach freiberufliche Mitarbeit an zahlreichen Film- und Fernsehdokumentationen, unter anderem für die BBC und das polnische Fernsehen, Vorträge an Universitäten in England und Polen.
1985 Heirat seiner Frau Izabela in Polen; 1992 Geburt der Tochter Larissa.
1994–97 Erforschung der Bunker in Norddeutschland, 1995 Beginn der Dissertation über die deutschen Sicherheits- und Nachrichtendienste im Kampf gegen die polnische Widerstandsbewegung während des Zweiten Weltkrieges.

Eine tabellarische Aufstellung der bisher erfaßten 1 080 Luftschutzanlagen in Norddeutschland und ihrer technischen Daten, die vom Autor ständig aktualisiert wird, kann über den Ch. Links Verlag, Zehdenicker Straße 1, 10119 Berlin gegen eine Schutzgebühr von DM 5.- bezogen werden.

Gerhard Kaiser
Sperrgebiet
Die geheimen Kommandozentralen in Wünsdorf seit 1871

3., erw. Aufl., 200 S., 215 Abb. u. 15 Karten
Festeinband, 21,5 x 25 cm, DM 58,00
ISBN 3-86153-152-6

Gerhard Kaiser hat sich auf unbekanntes, unerforschtes Terrain begeben und dabei Erstaunliches zur Baugeschichte der einzigartigen unterirdischen Kommandozentrale der deutschen Wehrmacht zutage gefördert. Mit diesem Buch wird eine wichtige Seite der deutschen Militärgeschichte aufgeschlagen.

Die Zeit

Einblicke in einen geheimnisvollen brandenburgischen Landstrich mit seiner mehr als hundertjährigen Militärtradition vermittelt dieses Geschichtsbuch besonderer Art: Akribisch aufgefädeltes Faktenmaterial wird verbunden mit einer erregenden Folge von historischen und aktuellen Fotos.

Wochenpost

Laurenz Demps
Berlin-Wilhelmstraße
Eine Topographie preußisch-deutscher Macht

2. Aufl., 344 S., 407 z.T. farbige Abb., 16 Karten
geb. mit Schutzumschlag, 24 x 30 cm, DM 128,00
ISBN 3-86153-080-5

Beginnend bei den ersten Planungen für die „Friedrichstadt" 1685 und endend mit dem Bundestagsbannkreis 1994, bietet diese ebenso beeindruckende wie informative politische Baugeschichte mit umfangreichem Text, reicher Bebilderung sowie zahlreichen Karten und Plänen eine Fundgrube von Seltenheitswert.

Rheinischer Merkur

Daß die Wilhelmstraße, zwielichtig verbunden mit Verdienst und Verbrechen, dauerhaft in Erinnerung bleibt, ist dem Berliner Historiker Laurenz Demps zu danken, der als akribischer Rechercheur einen höchst instruktiven Bild-Text-Band vorgelegt hat.

Die Welt

Ch. Links Verlag, Zehdenicker Straße 1, 10119 Berlin, Tel. (030) 44 02 32-0, Fax (030) 44 02 32-29

Heinz Knobloch/Thomas Wenzel/Michael Richter
Geisterbahnhöfe
Westlinien unter Ostberlin

3. Auflage, 112 S., 20 Farb- und 75 s/w-Fotos
4 Karten, Festeinband, 21,5 x 25 cm, DM 45,-
ISBN 3-86153-034-1

Den „Westlinien unter Ostberlin“ haben die Autoren ein Buch gewidmet, das über die Geschichte der U- und S-Bahnen nach dem Mauerbau ebenso berichtet wie von den technischen Fallen und den Raffinessen, mit denen sie sich überwinden ließen. Ein Buch, das mit bedrückenden Fotos Zustände vor Augen führt, die heute fast schon irreal wirken.

Badische Neueste Nachrichten

Die Autoren haben Bahnsteige, Treppen, Gänge und Fahrkartenschalter im Zustand des Jahres 1961 unter dem Staub der Geschichte entdeckt – noch bevor die Baukolonnen eintrafen. Ein kleines Pompeji.

Wochenpost

Jürgen Rostock/Franz Zadniček
Paradiesruinen
Das KdF-Seebad der Zwanzigtausend auf Rügen

4., akt. Aufl., 140 S., 130 Abb. u. 5 Karten
Festeinband, 21,5 x 25 cm, DM 48,-
ISBN 3-86153-149-6

Eine ungemein fesselnde Dokumentation, hervorragend bebildert. Besonders informativ sind die über den Einzelfall Rügen hinausgehenden Kapitel zur KdF-Geschichte und über die Architektur im Nationalsozialismus.

ARD-Bücherjournal

Jürgen Rostock und Franz Zadniček stellen das monströse Ferienobjekt der Nationalsozialisten auf der Ostseeinsel Rügen ausführlich und in seiner historischen Dimension vor. Sie greifen zugleich in die aktuelle Diskussion um die künftige Nutzung dieser Hinterlassenschaft ein.

Bauwelt

Ch. Links Verlag, Zehdenicker Straße 1, 10119 Berlin, Tel. (030) 44 02 32-0, Fax (030) 44 02 32-29